Heinz Günter Holtappels (Hrsg.)
Entwicklung von Schulkultur

Beiträge zur Schulentwicklung

Heinz Günter Holtappels (Hrsg.)

Entwicklung von Schulkultur

Ansätze und Wege schulischer Erneuerung

Mit Beiträgen von:

Karl-Oswald Bauer, Claus G. Buhren, Christoph Burkard, Sabine Fels/Elsbeth Krieg, Heinz Günter Holtappels, Uwe Hameyer, Hans Haenisch, Rolf Hanisch, Tassilo Knauf, Jörg Schlömerkemper, Ulrich Steffens

Luchterhand

Institut für
Schulentwicklungsforschung
Universität Dortmund

Die Deutsche Bibliothek – CIP-Einheitsaufnahme

Entwicklung von Schulkultur:
Ansätze und Wege schulischer Erneuerung /
Heinz Günter Holtappels (Hrsg.). Mit Beitr. von
Karl-Oswald Bauer... – Neuwied; Kriftel; Berlin:
Luchterhand, 1995
ISBN 3-472-02467-4
NE: Holtappels, Heinz Günter (Hrsg.); Bauer, Karl-Oswald

Diese Veröffentlichung basiert auf der Grundlage der
IFS-Werkheftreihe

Druck: Wilhelm & Adam, Heusenstamm
Printed in Germany, September 1995

Inhalt

Einführung

Der vorliegende Sammelband gibt Einblicke in die Entwicklung von Schulqualität und in entsprechende Erneuerungsprozesse einzelner Schulen. Die Beiträge beziehen sich ausschließlich auf pädagogisch-organisatorische Aspekte und somit auf innere Schulreform. Dabei wird jedoch deutlich werden, daß die innere pädagogische Entfaltung von Schulqualität keineswegs unabhängig von strukturellen Rahmenbedingungen verläuft. Die Beiträge des Bandes befassen sich insgesamt sowohl mit Resultaten und Entwicklungsständen, die Schulen aufgrund innovativer Ansätze erzielt haben, als auch mit Wegen und Strategien für schulische Innovationsprozesse.

Im ersten Teil geben die Beiträge von HOLTAPPELS und STEFFENS einen Überblick über den empirischen Forschungsstand zu schulischer Innovation und Schulqualitätsentwicklung. Der eigene Beitrag thematisiert den Perspektivenwechsel der Schulentwicklung von Gesamtsystemstrategien hin zur Entwicklung der Einzelschule. Dies führt zum Begriff der Schulkultur, dessen Explikation exakt jene Aspekte in den Blick nimmt, die auch zentrale Komponenten von Schulqualität ausmachen. Dabei darf das Wechselverhältnis zwischen Schulstruktur und Schulkultur nicht übersehen werden. Wenngleich durchgreifende Erneuerung entscheidend durch Gestaltungskompetenzen und Innovations-Management auf der Ebene der Einzelschule geschieht, sind Initiation und Steuerung von Innovation seitens der Ebene des Gesamtsystems und regionaler Unterstützungssysteme vonnöten.

STEFFENS gibt in seiner Meta-Analyse von Innovationsstudien einen Überblick über innerschulische Struktur- und Prozeßmerkmale effektiver Schulen. Für die Entfaltung der Schulkultur bzw. eines förderlichen Schulklimas formuliert er Konsequenzen für die Schulentwicklung, etwa Grenzen externer Steuerbarkeit, innerschulische Freiräume und zu entwickelndes Gestaltungsbewußtsein der Lehrerschaft. Daran anknüpfend zeigt er Strategien zur Erreichung höherer Schulqualität auf, etwa intensivere Lehrerkooperation und Arbeit am Schulkonzept. Handlungsbedarf zur Förderung dieser Entwicklung sieht Steffens in einer erweiterten Autonomie der Einzelschule, Fortbildung, Schulberatung und -begleitung.

Im zweiten Teil des Bandes werden verschiedene Ansätze und Beispiele der Entwicklung von Schulkultur vorgestellt. Freilich können hier beispielhaft nur einige Felder der pädagogisch-organisatorischen Entwicklung von Schulen herausgegriffen werden. Die hier gewonnenen sechs Beiträge beziehen sich in hohem Maße auf Lehrerkooperation und Teamhandeln, aber auch auf die Entwicklung interkulturellen Schullebens, Probleme professionellen Lehrerhandelns im Unterricht und die Eröffnung von Gestaltungsspielräumen durch Rahmenlehrpläne.

Die schwierige Aufgabe für Schulen, in multikulturellen Umfeldern angemessene Konzepte für die pädagogische Bearbeitung interkultureller Aspekte zu entfalten, zeigt der Beitrag von HORNBERG. Nach einer theoretischen Standortbestimmung für Konzepte interkultureller Bildung und Erziehung gibt sie am Beispiel der Stadt Frankfurt Einblicke in Ansätze der Schulpraxis aufgrund einer empirischen Bestandsaufnahme. Über Projektthemen und Schulöffnung werden neue Lernchancen, aber auch Probleme sichtbar. Deutlich wird, daß sich die weitaus meisten Schulen trotz beachtlicher Ansätze erst auf dem Weg zu interkulturellen Schulprofilen befinden.

Mit der ganztägigen Gestaltung des Schullebens in Grundschulen eines alten und eines neuen Bundeslandes befassen sich FELS und KRIEG. In ihrem Beitrag berichten sie aus einem Modellversuch zur Kooperation von Lehrpersonen und sozialpädagogischen Fachkräften in unterschiedlich entwikkelten Ganztagsgrundschulen. Aufgrund der divergierenden Rahmenbedingungen - der Horttradition in Sachsen-Anhalt und der additiv bzw. integrativ angelegten Ganztagsorganisationen in Nordrhein-Westfalen - arbeiten die Autorinnen vor dem Hintergrund unterschiedlicher Qualifikationsstrukturen des Personals verschiedenen Kooperationsansätze und -perspektiven heraus.

Als Teilaspekt von Schulqualität beschreibt KNAUF verschiedene Ebenen und Ansätze der Kooperation von Lehrer/innen in Grundschulen europäischer Nachbarländer (Italien, Dänemark, Niederlande und England) in drei Feldern: die Verschiedenartigkeit entwickelter Kooperations- und Teamformen der integrationspädagogischen Praxis, die distanzierte Kooperation von Pädagog/innen in Ganztagsschulen, die Chancen der Intensivierung von Kooperation aufgrund erweiterter Autonomie von Schulen.

Eine Organisation der Schule, die selbstreflexive Problemlösesysteme fördert, wird von SCHLÖMERKEMPER im Team-Kleingruppen-Modell gesehen, wo das Team Kristallisationspunkt pädagogischen Handelns ist. Er plädiert für eine Schultheorie, die den divergierenden Erwartungen der in der Schulpraxis Beteiligten gerecht wird und die vielfach widersprüchliche pädagogische Handlungssituation erklären hilft. So werden antinomische Strukturen in Bildungsprozessen ebenso herausgearbeitet wie Anhaltspunkte für den pädagogischen Umgang damit.

Mit Methoden der qualitativen Feldforschung in der Schule zeigt BAUER beispielhaft Formen des erzieherischen Lehrerhandelns in bezug auf die Unterrichtsorganisation. Auf diese Weise werden Strukturelemente unterrichtlicher Lernkultur offengelegt, womit der Versuch eines heuristischen Modells für die Entwicklung professionellen pädagogischen Lehrerhandelns verbunden wird.

Funktionen und Chancen von Rahmenlehrplänen für die Lernkulturentwicklung verdeutlicht HANISCH am Beispiel der Reformbemühungen in Brandenburg. Er skizziert die Entwicklung von Rahmenlehrplänen, in dem er nach einer Bestimmung ihres Grundverständnisses die Berücksichtigung von exemplarischem Lernen, Problemorientierung und differenzierten Lernformen in Inhalten und Methoden zeigt.

Im dritten Teil des Bandes befassen sich fünf Beiträge mit weiteren Feldern der Schulkulturentwicklung; im Zentrum stehen hier jedoch die Wege, Prozesse und Vorgehensweisen schulischer Erneuerung. Innovationsprozesse und -strategien werden zum einen daraufhin beleuchtet, welche Gelingensbedingungen für Innovation zu veranschlagen sind. Zum anderen werden gezielte Verfahren, Methoden und Unterstützungssysteme der Schulqualitätsentwicklung vorgestellt.

Curriculare Innovationen sind Gegenstand der Meta-Analyse von HAENISCH über Erkenntnisse zu Reformverläufen in der Schul- und Unterrichtspraxis. Aus den von ihm sekundäranalytisch ausgewerteten Innovationsstudien arbeitete er systematisch einen Katalog von Gelingensbedingungen für eine erfolgreiche Umsetzung von Curriculum-Innovationen heraus, die für die Praxis von Lernkulturentwicklung äußerst wertvolle Erkenntnisse liefern.

Spezielle Erneuerungsprozesse im Grundschulunterricht zeigt HAMEYER am Beispiel entdeckenden Lernens durch Selbsttätigkeit im Sachunterricht. Er analysiert Innovationsprozesse und -wirkungen anhand von fünfzehn Fallstudien in Grundschulen aus vier Nationen (Deutschland, Niederlande, Schweden und USA) und arbeitet praxisrelevante Indikatoren einer selbsterneuerungsfähigen Schule in Form von Schlüsselmerkmalen heraus.

In meinem eigenen Beitrag über Innovationsprozesse in Grund- und Sonderschulen werden ebenfalls Gelingensbedingungen schulischer Erneuerung am Beispiel von Schulen mit erweiterten und festen Öffnungszeiten in Niedersachsen herausgearbeitet. Auf der Basis einer Schulbefragung und der Auswertung von Schulkonzepten werden neben Innovationsanlässen, Belastungs- und Unterstützungsfaktoren Struktur- und Prozeßmerkmale der Innovationsverläufe ermittelt. Dabei lassen sich für die „Vollen Halbtagsschulen“ beachtliche Entwicklungsschübe in der Lehrerkooperation und in der Lernkultur des Unterrichts und des Schullebens feststellen.

Wie die Lernkultur der Schule durch Organisationsentwicklung entfaltet werden kann, verdeutlicht der Beitrag von BUHREN. Nach einer Klärung des Verhältnisses von Lernkultur und Schulorganisation ordnet er die pädagogischen Dimensionen von Lernkultur in Entwicklungsperspektiven von Schulqualität ein. Anschließend zeigt er auf, wie über OE-Verfahren Schulen auf den Weg zu einer selbstlernenden Organisation gelangen können. Aus dem Modellversuch zur Lernkultur-Entwicklung in Schulen der Sekundarstufe werden Ziele und Themen von OE-Prozessen vorgestellt und am Beispiel eines realen Fallverlaufs illustriert.

Damit in Zusammenhang steht der grundlegende Ansatz, Selbstevaluation von einzelnen Schulen als Instrument für die Qualitätsentwicklung zu begreifen. In systematischer Weise verdeutlicht BURKARD in seinem Beitrag, daß Evaluation der schulinternen Selbstreflexion, Planung und Entwicklung dienen kann und beschreibt Gegenstand, Methoden und Verfahren von Evaluation. Anknüpfend an erste Erfahrungen aus Fortbildungsmaßnahmen zur Qualitätsentwicklung von Schulen unter Einbezug der Schulaufsicht zeigt er beispielhaft die Durchführung von Evaluationsvorhaben und leitet daraus vorläufige Standards für solche Prozesse ab.

Die Texte des Sammelbandes sind im wesentlichen aus zwei von mir initiierten Tagungen in Dortmund entstanden: einer IFS-Fachtagung im Jahre 1992 zum Start eines BLK-Modellversuchs zur Erforschung und Entwicklung von Lernkultur in Schulen der Sekundarstufe sowie einer Arbeitsgruppe auf dem DGfE-Kongreß 1994 zum Thema "Schulorganisation und Lernkultur".

Dortmund, Mai 1995 Heinz Günter Holtappels

I. Schulische Innovation und Qualitätsentwicklung - Forschungsstand und Perspektiven

Heinz Günter Holtappels

Schulkultur und Innovation - Ansätze, Trends und Perspektiven der Schulentwicklung

"Pädagogische Institutionen müssen in besonderem Maße um ihre Lernfähigkeit bemüht bleiben“, schreibt POPP 1978 (S. 115), "sie dürfen sich nicht begnügen mit bloßer Stabilität und Kontinuität, sie bedürfen der permanenten Reflexivität und Lernfähigkeit, wenn sie ihren pädagogischen Auftrag erfüllen wollen."

Mit schulischen Erneuerungsprozessen befaßt sich der folgende Einführungsbeitrag, wobei sich der zentrale Fokus auf die innere pädagogisch-organisatorische Entwicklung der Schulkultur der einzelnen Schule richtet. Im ersten Teil werden zentrale Überlegungen und Erkenntnisse zu schulischen Wandlungsprozessen sowie empirisch gestützte Reflexionen zum Paradigmenwechsel in Reformstrategien Forschungsrichtungen skizziert. Im zweiten Teil soll basierend auf der Schulqualitätsforschung die Bedeutung der Schulkultur als zentrale Kategorie der Schulentwicklung geklärt werden. Im dritten Teil werden empirische Resultate über Schlüsselfaktoren von Innovationsprozessen referiert, bevor im vierten Teil Innovationsverläufe und gezielte Strategien der Innovationssteuerung in den Blick genommen werden.

1 Perspektivenwechsel: Von Gesamtsystemstrategien zur Entwicklung der einzelnen Schule

Wie kommt es zu Veränderungsprozessen? Welche Initiationen und Schubkräfte lassen sich ausmachen? Die Implementationsforschung verweist immer wieder auf *"Druck" und "Zug"* als wesentliche Schubkräfte des Wandels. Schulische Innovationen konnten bislang weitgehend mit im wesentlichen zwei verschiedenen Theoriemodellen (vgl. PAULSTON 1976) erklärt werden, die mit Druck und Zug zusammenhängen:

(1) Dialektisches Paradigma: Eine an der Schulpraxis orientierte Analyse rekurriert auf institutionelle Widersprüchlichkeiten, Gegensätze oder Zielkonflikte. Eine solche Schultheorie bezieht sich auf die systemimmanenten Antinomien der Schule (z.B. Fördern versus Auslese). Diese Antinomien, die schulalltäglich in Ungereimtheiten und Widersprüchen zum Vorschein kommen, können für einzelne Schulen und ihre Lehrerkollegien Ausgangspunkte für Innovationsprozesse sein, etwa um eigenes pädagogisches Han-

deln oder Organisationsstrukturen mit den für zentral gehaltenen Bildungs- und Erziehungszielen der Schule in Einklang zu bringen. Die Beteiligten müssen dabei den Dissens transparent machen und Konsens entwickeln (vgl. dazu SCHLÖMERKEMPER in diesem Band). Die schulinterne Aufarbeitung solcher Antinomien kann Innovationsprozesse einleiten.

(2) Gleichgewichtsorientiertes Paradigma: Das institionelle "Gleichgewicht" einer Schule kann durch äußere Umfeldfaktoren und innere Organisationsprobleme gestört sein. Der Ruf nach Veränderung resultiert hier zumeist aus der Unzufriedenheit oder Belastung der Schulmitglieder ("No pain - no change"), die bestimmte Zustände oder Abläufe nicht mehr für tragbar oder nicht für förderlich halten. Diese Befindlichkeiten oder auch deren Folgewirkungen (z.B. schlechte Schülerleistungen, Auffälligkeiten, niedrige Elternakzeptanz, "Burn-out-Syndrom" bei Lehrer/innen) können in Veränderungsbedürfnisse münden, um wieder ein "Gleichgewicht" (oder eine als zufrieden empfundene Schulqualität) herzustellen. Im Innovationsprozeß geht es dann um eine konsenshafte Analyse der Störfaktoren und um eine kommunikative Entwicklung einer Neuorientierung zur Wiederherstellung eines Gleichgewichts.

Auf beide Paradigmata soll hier nicht näher eingegangen werden (vgl. jedoch BAUER/ROLFF 1978a; DALIN 1986). Es wäre empirisch zu untersuchen, ob diese Paradigmata auch aktuell noch ihre Bedeutung innehaben oder andere Erklärungen für die Initiation von Wandel greifen. Allerdings zeigen sich in den letzten Jahren schon weitere Druck- und Zug-Komponenten, die auf eine weitergehende Ausdifferenzierung der Erklärungslinie hindeuten, etwa ökonomische Restriktionen im Bildungssektor, neue Autonomie- und Steuerungsmodelle oder neue Schulkonzepte und Funktionserweiterungen in den bildungsspezifischen und sozialen Aufgaben der Schule (z.B. Schülerbetreuung, Gemeinwesenarbeit, Intensivierung von Verkehrs-, Friedens-, Umwelt- und Gesundheitserziehung).

Die zuletztgenannte Erklärungslinie - im Sinne einer *Kompensation schulumfeldbezogener Defizite durch Funktionserweiterung* - hat für innovative Konzepte bereits empirisch nachweisbare Bedeutung erlangt (vgl. HOLTAPPELS 1994b): Die Schule reagiert auf sozialisatorische Besonderheiten oder Defizite in der sozio-kulturellen Infrastruktur des Schuleinzugsbereichs. Die außerschulischen Erziehungs- und Entwicklungsbedingungen können Schulen zu veränderten pädagogischen Handlungsweisen herausfordern oder zwingen. Denn die Schule kann sich den Umfeldproblemen nicht entziehen, wenn beispielsweise Schüler/innen lebensweltliche Probleme in die Schule importieren oder Eltern neue Anforderungen an Unterricht, Schulleben oder zeitliche Kinderbetreuung stellen. Ignoriert die Schule außerschulische Sozialisationsbedingungen und infrastrukturelle Defizite, so kann dies zu einer Verschärfung schulischer Widersprüche (z.B. zu verschärfter Leistungsauslese, niedrigen Lernerfolgen) bzw. zu gestörtem Gleichgewicht führen. Eine schulische Lernkultur kann - etwa über Schulöffnung und Ganztagskonzepte - versuchen, außerschulische Defizite zu kompensieren oder zur lokalen Entwicklung eines förderlichen Umfelds beitragen. Sie kann als alternative Gegenkultur zum Schulumfeld wirken, aber auch bestätigende Elemente zu einem pädagogisch förderlichen soziokulturellen Umfeld entfalten. Von Bedeutung ist dabei, ob diese Veränderungen und Zusatzfunktionen die pädagogische Arbeit in den Kernaufgaben der Schule beeinträchtigt oder nicht oder sie sogar fördert.

Für den Wandel von Bildungs- und Erziehungsprozessen können zunächst drei *Strategien des Wandels* (vgl. DALIN 1986, S. 24 ff.) unterschieden werden, die sich möglicherweise aber auch komplementär ergänzen könnten: Machtstrategien, rational-empirische Strategien und normativ-reedukative Strategien.

Vordringliche Merkmale eines herkömmlichen Verständnisses von Organisationen im Sinne eines Bürokratiemodells sind Personenunabhängigkeit und Weisungsgebundenheit. Hier bewirkt die dienstliche Weisung in der Hierarchie die Innovation; schulischer Wandel vollzieht sich hier durch Machtausübung, z.B. erneuerte Richtlinien für ein Fach. Die Effizienz der implementierten Innovationen erhöht sich bei rational-empirischen Strategien, also dann, wenn die Innovationsanlässe empirisch zu stützen, einsichtig und nachvollziehbar sind (z.B. die Einführung eines Ausbildungsgangs durch Erlaß nach erfolgreichem Schulversuch). Machtstrategien und rational-empirische Strategien haben jedoch für schulische Innovationen ihre Grenzen, nämlich dann, wenn sie in Widerstreit zu den konkret Handelnden geraten, die die Innovation letztlich umsetzen und tragen sollen: zu ihren Werten und Motiven, Kenntnissen, Erfahrungen und Fertigkeiten, ihren Routinen und Orientierungen. Normativ-reedukative Strategien gehen von den Betroffenen und ihren Werten aus, setzen allerdings zu optimistisch auf die Fähigkeit des einzelnen zu sinnvollen Veränderungen.

Zahlreiche Reformversuche, insbesondere zur strukturellen Veränderung des Bildungssystems, führten unter anderem zu der Einsicht, daß *systembezogene Strategien*, die auf das System als Ganzes (oder auf dessen Teile) gerichtet sind, die intendierten Ziele zumindest teilweise verfehlten. "Top-Down"-Modelle als singuläre Strategie konnten bestenfalls äußere Strukturen - und auch diese nicht durchgängig - verändern, nicht aber die zugleich intendierte Innovation der inneren pädagogischen Organisation und Handlungsweisen auf der unteren Ebene der einzelnen Schule erzielen. Resultate der Implementationsforschung haben hinreichend verdeutlicht, daß die von oben angezielten, konzipierten und inganggesetzten Innovationen über die verschiedenen Implementationsebenen vielfach gebrochen und selten so wie intendiert umgesetzt werden. TÜRK (1989, S. 23 ff.) und ROLFF (1991, S. 871 ff.) beschreiben Merkmale von Organisationen, die darauf hindeuten, daß die Wirklichkeit des sozialen Systems Schule viel komplexer und deshalb nicht technokratisch handhabbar ist. Diese Komplexität gilt es in Rechnung zu stellen durch zum einen *personenbezogene* und zum anderen *organisationsbezogene Strategien des Wandels*: Die Mitglieder der Organisation werden hier nicht auf Empfänger von dienstlichen Weisungen reduziert, sondern vielmehr als Subjekte innerschulischer Entwicklungsprozesse begriffen, da sie ja auch letztlich die Neuerungen mittragen und ausführen sollen. Belegt wird diese Erkenntnis durch etliche Analysen zum Verlauf schulischer Innovationen (vgl. ausführlich DALIN 1986, S. 76 ff.). Zudem wird davon ausgegangen, daß Schulen als soziale Organisation lernen können. Personen- und organisationsbezogene Strategien zielen auf die Selbstentwicklung der Lehrpersonen (fachliche und pädagogische Kompetenzentwicklung, Teamentwicklung) und die Entwicklung der Organisation.

Aufgrund des bisherigen Erkenntnisstands der Innovationsforschung bestehen vor allem drei Einsichten (vgl. auch ROLFF 1993): Erstens dürfen Lehrpersonen nicht als Konsumenten neuer Ideen und Ansätze und die Schule nicht als Zulieferinstitution für die Adoption von im Gesamtsystem entwickelten Konzepten angesehen werden, eher wären solche Konzepte für die eigene Schulsituation behutsam zu adaptieren. Zweitens sind Innovationen nicht von oben zielgetreu und technokratisch zu implementieren, da sie an der Basis womöglich anders verstanden werden und Schulen einer eigenen Entwicklungsdynamik folgen; die Veränderung von Schulen besteht offenbar in erster Linie in der Änderung der "Schulkultur", wie SARASON (1971) aufzeigt. Drittens arbeiten Schulen unter recht unterschiedlichen Bedingungen, so daß standardisierte Modelle zum Scheitern verurteilt sind.

Standen noch in den siebziger Jahren Fragen der Schulstruktur und Schuladministration im Mittelpunkt von Veränderungsansätzen, so rückt seit geraumer Zeit immer mehr die Einzelschule in den Blick von Reformbemühungen, was nicht zuletzt auch damit zusammenhängen dürfte, daß im Zuge stagnierender Strukturreformen die Schulforschung einen Perspektivenwechsel vollzogen hat. Die Wendung von der Makropolitik zur Mikropolitik ist durchaus Ausdruck empirischer Erkenntnisse: Schulbezogene Implementationsstudien kamen immer wieder zu dem Befund, daß sich die Umsetzung und damit der Erfolg von Plänen nicht auf der Gesamtsystemebene, sondern auf der Ebene einzelner Schulen vollzieht und entscheidet (vgl. vor allem DALIN 1973; BERMAN u.a. 1974; HUBERMAN/MILES 1984; FULLAN 1991). Die einzelne Schule wird somit als "pädagogische Handlungseinheit" (FEND 1986) betrachtet, ihr pädagogisches Konzept und ihre Organisation wird zum Gegenstand von Innovationsansätzen.

2 Schulkultur und Schulqualität als Kategorien der Schulentwicklung

Damit rückt eine Perspektive in den Mittelpunkt, die den Begriff der Schulkultur ins Feld führt. Der Begriff der Kultur impliziert dabei dreierlei: *Erstens* verweist er auf ein eigenes kulturelles Gebilde, ein kulturelles Eigenleben der Schule mit spezifischen Wert- und Normgefügen, inhaltlich-methodischen Konfigurationen, Umgangs- und Verkehrsformen. *Zweitens* korrespondieren mit Kultur die Kategorien von Wandel und Entwicklung;

schulkulturelle settings haben Geschichte, hängen mit Traditionen zusammen, können durch Entwicklungstrends beeinflußt werden. Schulkultur kann jedenfalls nicht als feste Größe angesehen werden, sondern pädagogische Ideen, Symbolgehalte und Handlungsmuster sind Ergebnis von Entwicklungsprozessen, die Schule ist permanent in Bewegung, wobei nicht zuletzt eine Eigendynamik hinsichtlich ihrer Entwicklungsprozesse in Rechnung zu stellen ist. *Drittens* beinhaltet der Kulturbegriff, daß die Schulkultur kein unmittelbares Resultat der von oben getroffenen Entscheidungen oder von außen gesetzten Bedingungen sein kann, sondern daß die interaktiven Aushandlungsprozesse auf der Ebene der einzelnen Schule und die subjektiven Einstellungs- und Handlungsmuster der Beteiligten in ganz entscheidendem Maße kulturprägend sein dürften.

Im folgenden soll nach dem Versuch einer begrifflichen Annäherung an das Konstrukt der Schulkultur geklärt werden, welche Komponenten Schulkultur und Schulqualität ausmachen; dabei werden auch einige zentrale empirischen Erkenntnisse der Schulqualitätsforschung referiert und die Bedeutung schulstruktureller Aspekte hervorgehoben.

2.1 Schulkultur als schultheoretischer Bezugsrahmen

"Schulkultur" kann in mindestens zweierlei Hinsicht verstanden werden (vgl. auch TERHART 1994):

Einerseits begegnen wir häufig einer einengenden Bedeutung des Kulturbegriffs, wenn unter Schulkultur im wesentlichen die - nicht rein unterrichtsbezogenen - Aufgaben und Potentiale der Schule in den Blick genommen werden, also sozio-kulturelle Bereiche und Aktivitäten des Schullebens: soziale, künstlerische, kreativ-ästhetische und politische Betätigungsfelder in der Schule (vgl. z.B. REISS/VON SCHOENEBECK 1987; BEHR/KNAUF 1989), etwa Schülerbetreuung und Freizeitangebote in der Schule, Schule als Treffort und Begegnungsstätte, Informationsveranstaltungen, Kunst-, Musik-, Theaterprojekte etc. Über solche Aktivitäten nehmen Schulen "kulturelle" und soziale Aufgaben für ihre Schulmitglieder (Schüler/innen, Lehrer/innen, Eltern) oder auch für das regionalc Schulumfeld (Stadtteil, Gemeinde) wahr. Manche Schulen avancieren gar zu einem kulturprägenden Ort für ihre Region. Nicht selten handelt es sich jedoch um additive Aktivitäten, die nicht oder nur mittelbar mit dem bildungsbezogenen Sektor, dem Unterrichtsbereich als Zentrum schulischer Aufgabenbestimmung zusammenhängen; oft dienen die sozio-kulturellen Felder gar lediglich einer Kompensationsfunktion (kritisch dazu: LIEBAU 1992; BÖHNISCH 1993) für problemfördernde Defizite des Schulumfelds oder der schulischen Unterrichtsprozesse selbst. Gleichwohl können die sozio-kulturellen Sektoren als Gestaltungskomponenten auf die gesamte pädagogische Arbeit einer Schule einschließlich der curricularen und didaktischen Elemente des Unterrichtssektors Einfluß nehmen und somit die pädagogische Qualität des Schullebens und der Schulgemeinde insgesamt prägen.

Eine zweite Perspektive versteht den Begriff der "Schulkultur" als schultheoretische Kategorie und bezieht damit die pädagogische Schulkultur auf die Schule als Ganzes (vgl. dazu Fauser 1989; DUNCKER 1992), im Gegensatz zur Einengung auf einzelne Aufgabenfelder und Elemente pädagogischen Handelns und schulorganisatorischer Bedingungen. Statt einer Aufspaltung in schul- und sozialpädagogische Sektoren, in curricular-didaktische und sozio-kulturelle Aufgaben, wird damit eine ganzheitliche Betrachtung von Schulkultur proklamiert, die sich auf die pädagogische Qualität der Schule in ihren Bildungs- und Erziehungsaufgaben, in ihrer Qualifikations- und Sozialisationsfunktion bezieht:

> *"Der Begriff der pädagogischen Kultur wendet sich gegen eine solche Spaltung des pädagogischen Blicks entsprechend einer institutionellen Aufspaltung der Schule in womöglich isolierte Funktionsbereiche und Zuständigkeiten für Inhaltliches, Soziales oder Individuelles: Lehrer unterrichten, Sozialpädagogen kümmern sich um das Schulleben, Psychologen um individuelle Lernstörungen. Der Begriff der pädagogischen Kultur will hervorheben, daß Schule mehr ist als eine anstaltsförmige Bündelung oder Addition voneinander unabhängiger Funktionen und Angebote. Solche Funktionen werden vielmehr als Aspekte eines praktischen Gesamtzusammenhangs und seiner rationalen Qualität betrachtet. Dieser Zusammenhang ist es, der die pädagogische Kultur einer Schule ausmacht und den Kontext bildet, in dem einzelne Funktionen und Aspekte ihren Sinn erst gewinnen" (FAUSER 1989, S. 7)*

So verstanden werden gleichzeitig die ebenso kulturgeprägten wie kulturprägenden Bildungsinhalte und Vermittlungsformen in Lehr- und Lernprozessen nicht ausgegrenzt, sondern als Bestandteil der pädagogischen Schulkultur betrachtet. Konzediert man, daß Bildungsprozesse die intensivste Form der Aneignung von Kultur darstellen, so müssen Curriculum und unterrichtliche Lernprozesse sogar als Kernbereich der Schulkultur und als Zentrum der Schulgestaltung (vgl. auch ROLFF 1993) angesehen werden. Zugleich ist die Qualität des Schullebens aber kein kulturelles Beiwerk, sondern bildet womöglich eine zweite zentrale Säule für die Kultivierung von Lernen und Erfahrung.

Bei diesem weitergehenden Begriffsverständnis der zweiten Perspektive kann unter Schulkultur nur folgendes verstanden werden: Wenn gesellschaftliche Kultur als Gesamtheit aller Verhaltenskonfigurationen und Symbolgehalte, Ideen und Werte definiert wird, so bezieht sich analog dazu die Schulkultur auf die inhaltliche Ausrichtung, Qualität und Organisation der pädagogischen Ressourcen der Schule. Pädagogische Schulkultur umfaßt damit die Gesamtheit der in schulischen Bildungs- und Erziehungsprozessen vermittelten Inhalte, die sie vermittelnden Lehr- und Erziehungsformen und bereitgestellten Lern- und Erfahrungsmöglichkeiten. Schulkultur bezieht sich damit auf Bildungsinhalte und -anforderungen, erzieherische Werte und Normen ebenso wie auf die Ausprägungen der Interaktionsformen und Beziehungsstrukturen. Damit sind auch Führungsstil und Umgangsformen, Kooperationshandeln und Entscheidungsstrukturen, Engagement und emotionaler Bezug zur Schule sowie Berufsethos und erzieherische Einstellungen der Schulleitung und des Kollegiums Bestandteil von Schulkultur.

Schulkultur als Lern-, Erziehungs- und Organisationskultur

Welche Komponenten und Bereiche machen die Schulkultur aus? Hier könnten jene drei klassischen Felder der erziehungswissenschaftlichen Schultheorie die Systematisierung erleichtern: 1) Curriculum und Didaktik, 2) schulische Sozialisation, 3) institutionelle Organisation der Schule. So lassen sich für die Schulkultur analytisch drei Ebenen unterscheiden, die jedoch in vielfältiger Weise zueinander in Beziehung und Wechselwirkung stehen und erst in ihrem Zusammenwirken den schulkulturellen Kontext bilden: 1. die Lernkultur, 2. die Erziehungskultur, 3. die Organisationskultur der Schule (vgl. Abb. 1).

Abb. 1: Komponenten der Schulkultur

(c) Holtappels 1994

❑ *Lernkultur:* Im Mittelpunkt des Schullebens steht die Vermittlung und Aneignung von Lerninhalten, also der Erwerb von Wissen und Fähigkeiten, die Entwicklung von Interessen und Kompetenzen. Die Lernkultur bezieht sich demnach auf die in einer Schule oder in einzelnen Lerngruppen arrangierten Lehr-Lernprozesse und umfaßt somit curriculare und didaktische Aspekte:

- die faktischen Realisierungsformen und Wirkungen struktureller Rahmenbedingungen auf Unterrichtsorganisation und Lernarrangements (zeitliche Rhythmisierung, die räumliche Lernumgebung, Differenzierungsformen, Förderkonzepte),
- die Struktur der curricularen Angebote: z.B. Fachzuordnung oder fächerübergreifende Ansätze, Neigungsangebote und Projekte, zentrale didaktische Orientierungen (z.B. Stoffauswahl und Schlüsselfragen, Ganzheitlichkeit, soziale Lernansätze, Lebensweltbezug und Umweltbezug, Balance zwischen Wissenschafts- und Schülerorientierung), erweiterte Lern- und Erfahrungsmöglichkeiten über den Unterricht hinaus (Projekte in Schulumfeld und Schulleben, Schüleraustausch, Schulfahrten etc.),
- die didaktisch-methodische Qualität der Lehr-Lernprozesse: methodische Vielfalt der Lern- und Sozialformen, Lernzugänge, -gelegenheiten und -orte, Medieneinsatz, Lern- und Arbeitsmittel.

Die Lernkultur einer Schule umfaßt demnach die Formen der Lernarrangements und der Lernorganisation, die Gesamtheit des Lernangebots und der Lernmöglichkeiten sowie die Qualität der didaktischen Fundierung und methodischen Differenzierung. Unter Berücksichtigung von Traditionen, entwickelten Profilen und lokalen Erfordernissen bezeichnet die Lernkultur die Handlungskonzepte und Lernmöglichkeiten in einer Schule, die auf Lernbereitschaft und Lernchancen, Erfahrung und persönlicher Entwicklung abzielen.

❑ *Erziehungskultur*: Eine zweite Dimension stellt die erzieherische Kultur der Schule dar, in deren Mittelpunkt das Sozialklima der Schule gesehen werden kann. Insbesondere die Untersuchungen von FEND (1977) und RUTTER u.a. (1979) haben die Bedeutung und den Einfluß des Schulklimas verdeutlicht. Das Schulklima bezeichnet die schulinterne Sozialisationsumwelt, die institutionelle Normierungen schulischer Verhältnisse ebenso umfaßt wie erzieherische Intentionen und Handlungsformen, die entwikkelten Interaktionsmuster und Umgangsformen der Schulmitglieder ebenso wie etablierte Beziehungsstrukturen. Dabei versteht FEND (1977, S. 63 ff.) unter seiner sozialisationstheoretischen Konzeption des Schulklimas dreierlei: "die Art und Weise, wie Sozialisationsprozesse in veranstalteter Form durchgeführt werden, die \`Verlebendigung\` institutioneller Verhältnisse durch die Individualität der Lehrer und Schüler und die dabei entstehenden Lebensformen" (ebenda, S. 64). Bei FEND unterscheidet dabei Erwartungen, Interaktionen und Beziehungen und arbeitet vor allem Merkmalsbündel heraus, die die Qualität von "Anpassungsdruck" und "Sozialbeziehungen" beinhalten.

Schulklima umfaßt demnach hier solche pädagogisch-sozialen Dimensionen, die - jenseits von curricular-didaktischen Aspekten der Lernarrangements das soziale Erziehungs- und Beziehungsklima betreffen:

- normative Erwartungsstrukturen auf der Leistungs- und Sozialverhaltensebene (Leistungsanforderungen, soziale Verhaltensregeln),
- soziale Interaktions- und Beziehungsstrukturen auf der Ebene kommunikativer Umgangsformen (Erziehungsstile, Konfliktregulierung, soziale Kontrolle), der Ebene von Partizipation (Mitbestimmungs- und Gestaltungsmöglichkeiten) und der Ebene der Qualität sozialer Beziehungen (Wertklima, Beziehungsintensität).

Die Erziehungskultur einer Schule ist auf die personale und soziale Identitätsentwicklung und die soziale Handlungsfähigkeit der Subjekte gerichtet. Dabei wird die Erziehungskultur der Schule, wie sie sich im Schulklima manifestiert, jedoch nicht einseitig durch institutionelle Normierungen und erzieherisches Einwirken der Lehrpersonen bestimmt, sondern ebenso nachhaltig von der subjektiven Wahrnehmung, Interpretation und aktiven Gestaltung der Schulumwelt durch alle Schulmitglieder.

❑ *Organisationskultur*: Die dritte Komponente bezieht sich auf die innere soziale Organisation der Schule. Mit dem Begriff der Organisationskultur könnten organisatorische Strukturmerkmale, das Organisationsklima und Entwicklungsprozesse der Schule gefaßt werden. Nach DALIN (1986, S. 56 ff.) vollzieht sich in der sozialen Organisation der Schule eine wechselseitige Entwicklung und Anpassung auf fünf Ebenen (vgl. Abb. 2).

- *Ziele und Werte* der Schule umfassen die Lern- und Erziehungstheorien, das pädagogisches Berufsethos, die Erziehungsphilosophie und Reformeinstellungen des Kollegiums, programmatische Ziele in Curriculum und Schulleben;
- die *Strukturen* beziehen sich darauf, wie eine Schule organisiert ist (Aufbauorganisation: z.B. Raumverteilung, Zeit-/Stundenplan, Differenzierungssystem), wie Aufgaben verteilt sind (Arbeitsorganisation: z.B. Kooperationsformen der Lehrpersonen, vorhandene Gremien, Stabsfunktionen, Teambildung) und wie Entscheidungen getroffen werden (z.B. Einflußformen, Abstimmungsprozesse);
- unter dem Bereich *Beziehungen* sollen alle zwischenmenschlichen Beziehungsformen gefaßt werden, die das Organisationshandeln betreffen (z.B. Umgang mit unterschiedlichen Erziehungsauffassungen, Konflikte bei Entscheidungen, Kontrolle, Führungs- und Verhandlungsstil), da sonst Überschneidungen zum Schulklima bestehen;
- der *Umfeldbezug* betrifft das Verhältnis der Schule zum regionalen Umfeld der Schule und zur Lebenswelt von Schüler/innen und Eltern, aber auch zur Schuladministration (Schulaufsicht, Schulträger); Um-

feldbezug meint auch Art und Qualität der Kooperationsbeziehungen und Öffnung zu anderen Organisationen und Institutionen im Umfeld, soweit sie für die Schule konzeptrelevant sind;
- die *Strategien* beziehen sich auf Interventionsmethoden und Innovationsprozesse und beinhalten Arten und Mittel der pädagogischen Planung und Konzeptentwicklung, der Problemlösungsprozesse (z.B. Analyse, Beteiligungsformen), der Personalentwicklung (Team- und Kompetenzentwicklung, Rekrutierung, Belohnung, Fortbildung), der Ressourcenverwendung (Zeit, Räume, Finanzmittel) und der Qualitätskontrolle und Revision (Evaluationsverfahren, Akzeptanzkontrolle etc.).

Abb. 2: Die Schule als soziale Organisation

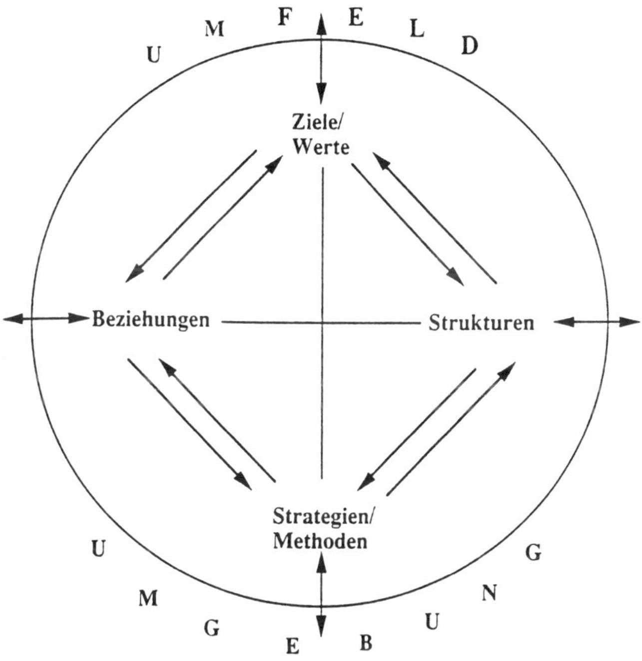

Quelle: Dalin 1978.S.51

Auch für die Organisationsebene wird deutlich, daß die Schulkultur ganz wesentlich von den personellen Einstellungs- Umgangs- und Beziehungsformen der Schulmitglieder bestimmt sein dürfte, die zugleich Aspekte des Organisationsklimas (vgl. BESSOTH 1989) ausmachen: vor allem Erziehungsauffassungen, Involvement, Offenheit, Engagement, Arbeitsverhalten, Gemeinschaftsdenken, Konfliktfähigkeit.

Eine solche Schulkultur entwickelt sich einerseits durch innerschulische Bedingungen auf der Grundlage der jeweiligen Erziehungsphilosophie (Wertestruktur), der pädagogischen Fähigkeiten und Erkenntnisse (Kompetenzen, Wissen) einer Schule sowie der Qualität an Lern-, Erfahrungs- und Interaktionsmöglichkeiten und nicht zuletzt auch der pädagogischen Organisation der Schule und ihrer Strategien zur Entwicklung. Andererseits hängt die Qualität der Schulkultur von gesellschaftlichen, schulsystemspezifischen und schulumfeldspezifischen Strukturen ab.

Hier schließlich führt die schultheoretische Kategorie der Schulkultur zur Frage der Qualität von Schule zurück. Wenngleich der Begriff der "Kultur" stets positiv besetzt ist, stellt sich die Frage: Was aber ist eine wünschenswerte Schulkultur? Wann kann einer Schule hohe pädagogische Qualität bescheinigt werden? Dies kann ohne Frage nur normativ entschieden werden (vgl. ROLFF 1990; BOHNSACK 1991), was sowohl die Abhängigkeit von der gesellschaftlichen Systemebene (der globalen und regionalen Bildungspolitik und der Steuerung des Bildungssystems) als auch von der lokalen Erziehungsphilosophie der Einzelschule unterstreicht. Was eine gute Schule ist, entscheiden letztlich die Beteiligten auf der interaktiven Aushandlungsebene der Einzelschule - also das Lehrerkollegium, die Elternschaft sowie die Schüler/innen.

2.2 Lernkultur, Schulklima und Schulorganisation als Komponenten von Schulqualität

Bis weit in die 70er Jahre wurden zwischen einzelnen Schulen unterscheidbare Wirkungen bestritten. Insbesondere die Schulsystemvergleiche und Schulklima-Untersuchungen der Konstanzer Gruppe um Fend und die Rutter-Studie in Londoner Gesamtschulen führten rasch zu neuen Einsichten. Zahlreiche Überblicksarbeiten (vgl. insbesondere AURIN 1990; ROLFF 1990; TILLMANN 1989; PURKEY/SMITH 1983; REYNOLDS 1990, BARGEL/STEFFENS 1993) belegen mittlerweile die Relevanz des Einflusses der einzelnen Schule als Handlungseinheit. Alle empirischen Analysen verdeutlichen zudem, daß nicht einzelne Faktoren entscheidend sind, sondern das Augenmerk auf *synergetisch wirkende Faktorenbündel* zu richten sind.

Allerdings zeigen sich in der Schulwirkungsforschung hinsichtlich der *Größe* und der *Konstanz* der Unterschiede in den Effekten verschiedener Schulen gegensätzliche Befunde; ebenso verhält es sich in der Frage, ob Schulen auf alle Alters- und Sozialgruppen von Schüler/innen die gleiche Wirkung haben. Für die Frage der *Wirkungsbreite* zeigen die Einflußfaktoren guter bzw. schlechter Schulen nicht nur singuläre Effekte. In den Forschungen von RUTTER u.a. (1979) und REYNOLDS (1976) korrespondieren unterrichtliche und soziale Wirksamkeit (vgl. auch FEND u.a. 1980; REYNOLDS u.a. 1987).

Was die *unterrichtliche Lernkultur* anbetrifft, so ist auffällig, daß offenbar immer noch in den meisten Schulen eine geringe didaktisch-methodische Ausdifferenzierung des Unterrichts besteht: lehrerzentrierte lehrgangsorientierte Unterrichtsformen dominieren, offene Lernformen gewinnen am ehesten in der Primarstufe an Boden; in den Effekten verschiedener Lernformen zeigen sich ambivalente Befunde. Weiterführende Antworten zur Frage von Wirkungen im Lern- und Leistungsbereich liefert vor allem HELMKE (1988), in dem er nachweist, daß es "Optimalklassen" gibt, in denen aufgrund bestimmter Merkmale ihrer Lernkultur über Lernförderung eine Angleichung in den Leistungsniveaus bewirkt werden, ohne daß dies auf Kosten des Gesamtleistungsniveaus geht (vgl. auch BAUMERT u.a. 1987). Die Realisierung von Leistungszuwächsen insgesamt ist also offenbar auch bei egalisierendem Unterricht möglich. Die zentralen Merkmale solcher Optimalklassen sind nach HELMKE (1988): Klare und eingeübte Verhaltensregeln, effektive Zeitnutzung, binnendifferenzierte individuelle Förderung durch Kleingruppenbildung, anspruchsvolle Aufgaben bei variablem Zuschnitt auf individuelle Lernentwicklungen und bei angemessenem Tempo, Förderungsorientierung für Lernschwächere und diagnostische Sensibilität für Lernprobleme und -versagen.

Die Studie von RUTTER u.a. (1979) verdeutlicht, daß die Eingangsmerkmale der Schülerschaft allein nicht verschiedene erzieherische Effekte bei Schüler/innen erklären können, sondern die Erfahrungen in der Sekundarschulzeit in verschiedenen Schulen einer Schulform unterschiedliche Wirkungen hervorrufen: in Schulleistungen, in der Regelmäßigkeit des Schulbesuchs, der Delinquenz, der Hausaufgaben und der Mitwirkung am Schulleben. Dabei bestehen systematische Zusammenhänge zwischen den Erfolgen der guten Schulen und förderlichen Einstellungen und Verhaltensweisen der Lehrer, etwa hoher Lehrerkooperation, Klarheit der Schulziele, gute Unterrichtsvorbereitung, effektive Zeitnutzung, geringe Disziplinierung und fairer Umgang, aber konsequente Kontrolle sowie positive Leistungserwartungen gegenüber Schüler/innen.

Zur Interaktion in der Schule belegen eine Reihe von Forschungen (vgl. insbes. BRUSTEN/HURRELMANN 1973; HOLTAPPELS 1987), daß restriktive Normierungen und hohe Disziplinierungen bei Schüler/innen soziale Etikettierungsprozesse hervorrufen können, die letztlich jene Einstellungs- und Verhaltensmuster verstärken oder sogar erst bewirken, die Schulen zu verhindern suchen: "abweichende" Formen wie Störverhalten, Schulverdrossenheit und Schulunlust, Aggresionen und Gewalt, Absentismus und Rückzugsverhalten. Zudem zeigen sich starke Zusammenhänge zwischen schulischen Problemen und abweichendem Schülerverhalten. Dabei sind in Schulen mit hoher Schülerorientierung des Unterrichts und einem in hohem Maße fördernden pädagogisch-sozialen Lehrerengagement Schüler/innen weniger durch Schulprobleme belastet (s. HOLTAPPELS 1987).

Bei unterschiedlichen Erziehungsbedingungen von Sekundarschulen werden verschiedene Wirkungen erzielt (vgl. etwa FEND u.a. 1976; FEND 1977; BAUER 1980): Insbesondere geht ein weniger lehrerzentrierter Unterricht mit geringerer Schulangst und höheren Selbständigkeitserwartungen der Schüler/innen einher. Integrierte und kooperative Schulformen schneiden unter dem Strich im Schulklima und in Erziehungseffekten besser ab. Deutlich wird der vielfältige - schulsystemspezifische wie auch generelle - *Einfluß des Schulklimas* (vgl. FEND 1977): So tritt in Schulen und Schulklassen mit hohem Leistungsdruck Schulangst und Leistungsresignation erhöht, Erfolgszuversicht und Selbstwertgefühl bei Schüler/innen vermindert auf. Spürbare Wirkungen gehen offenbar auch von Kontexten mit Unterschieden in der Qualität von Anpassungsdruck und Sozialbeziehungen zu Lehrern aus. Insbesondere die Schulklima-Merkmale Leistungsdruck, Restriktivität, förderndes Lehrerengagement, Lehrer-Schüler-Beziehungen und Mitbestimmung haben offenbar für die Qualität der Schule Bedeutung.

FEND (1977 u. 1982) stellt trotz zahlreicher Schulsystemeffekte, vor allem zugunsten der Gesamtschule, fest, daß für die meisten Variablen die Varianzen zwischen einzelnen Schulen eines Systems größer waren als die Schulsystem-Unterschiede. Aufgrund einer Reanalyse seiner Daten im Hinblick auf Schulqualität konstatiert FEND (1986), daß die Problembearbeitung und Zielerreichung im unterrichtlichen und außerunterrichtlichen Bereich in guten Schulen aktiver, pädagogischer und schülerzentrierter sind. Dabei identifiziert FEND (1986) eine Reihe von Merkmalen, die gute Schulen von weniger erfolgreichen unterscheiden: Nicht Disziplin- und Leistungsanforderungen unterscheiden gute von schlechten Schulen, sondern der Stil des Umgangs mit Schülern und die Annahme der pädagogischen Herausforderung durch einzelne Schülergruppen.

Wie irreführend ein voreiliger Schluß auf Schulsystemeffekte sein kann, wenn nicht gleichzeitig auch die Schulkultur analysiert wird, verdeutlicht die britische Studie zum "Comprehensive Experiment": REYNOLDS u.a. (1987) kommen in ihrer Analyse zu überraschend negativen Befunden der Comprehensive Schools in Delinquenz, Anwesenheit und Schulabschlüssen im Vergleich zum selektiven System. Bei genauem Hinsehen zeigt sich jedoch, daß die Schul- und Lernkultur entscheidend war: Die untersuchten comprehensives orientierten sich in hohem Maße an grammar schools (hinsichtlich Curriculum, Leistungswettbewerb und Elterndistanz), ihre Schulleiter und die meisten Fachleiter stammten von ehemaligen grammar schools. Die Lehrerkollegien waren in grammar-school- und secondary-modern-school-Lehrer gespalten, was sich in divergierenden Einstellungen und Zuständigkeiten für Schülergruppen mit unterschiedlichem Leistungsniveau zeigte. Zudem wurden Regeln restriktiv mit körperlichen Bestrafungen gehandhabt.

Auch HARGREAVES (1986) zeigt am Fall zweier Mittelstufenschulen unterschiedliche Lernkulturen, die primär durch bestimmte Bildungstraditionen, spezifische Berufskarrieren und ein entsprechendes Berufsethos des Lehrkörpers bestimmt werden. Dabei wird deutlich, daß die zum Zweck eines besseren Übergang vom Primar- in den Sekundarbereich gegründeten middle schools ihre pädagogischen Ziele deshalb verfehlen, weil die Schulen im Innern von zwei gegensätzlichen "Kulturen des Schulunterrichts" verschieden stark beherrscht bzw. gespalten wurden: Auf der einen Seite zeigen sich Lehrkräfte mit "akademisch-elementarer" Orientierung, die eine abstrakt-formale wissenschaftsorientierte Wissensvermittlung, strikte Fächerabgrenzung und Disziplinerwartung präferieren bei hohen Leistungsstandards, rigider äußerer Differenzierung und geringem Austausch zwischen den Jahrgangsteams. Die "entwicklungsorientierten" Lehrkräfte präferieren hingegen eine kindzentrierte Primarschulpädagogik, zeigen generalistische Orientierungen und gute Lehrer-Schüler-Beziehungen; eine weniger rigide Differenzierung, geblockte Fach- und Projektzeiten und Vorrang für die pädagogische Interaktion in der Schulklasse sind die Merkmale der Schulorganisation.

Dies verweist auf den Einfluß der Einzelschule, denn einzelne Schulen arbeiten unter recht verschiedenartigen Bedingungen: Hierzu zählen erstens Merkmale der Region bzw. des Umfelds, in dem sich die Schule befindet (z.B. Wohnbedingungen, das bauliche Wohnumfeld, das soziale Milieu der Nachbarschaft und peer-groups, die sozio-kulturelle Infrastruktur des Schulumfelds, die Größe des Schuleinzugsgebiets); zweitens Eingangsmerkmale der Schüler/innen wie soziale Herkunft, Schulbildung der Eltern, sPrachlicher Fertigkeiten Lernmotivation usw.; drittens spezifische Merkmale der Einzelschule wie die Schulraumsituation in Schulgebäude und -gelände, die Schulform, Tradition und Gründungsbedingungen einer Schule, Ausbildungsart, Berufserfahrung und Berufsethos sowie soziale Struktur des Lehrerkollegiums und der Schulleitung, aber auch das interne Arbeitsklima und die Rollenstruktur, und viertens schließlich die von ihr entwickelten pädagogischen Konzepte und spezifischen Organisationsstrukturen und entsprechenden Handlungsformen. Dabei spielen fünftens die jeweiligen Unterstützungs- oder Kontrollstrukturen der Schulaufsicht einerseits und des Schulträgers andererseits eine nicht zu unterschätzende Rolle.

Die Schulkultur einer Schule und ihre pädagogische Wirksamkeit entwikkelt sich also in Abhängigkeit von *schulexternen* wie auch von *schulinternen* Bedingungen. Es wäre zu untersuchen, welche dieser Einflußfaktoren die Entwicklung einzelner Schulen als soziales System bestimmen. Jede einzelne Schule entscheidet als relativ autonomes System weitgehend selbst darüber, wie Schulbedingungen des Umfelds und des eigenen sozialen Systems wahrgenommen und verarbeitet werden. Je nachdem, welche förderlichen und nicht förderlichen Konstellationen definiert und welche Lösungsmuster entwickelt werden, entsteht ein jeweils spezifisches - mehr oder weniger differenziertes - System pädagogischer Konzepte, das als die "Schulkultur" oder "Lernkultur" einer Schule bezeichnet werden kann.

Mit dem Begriff der "Schulkultur" soll demnach ein System innerhalb der Einzelschule bezeichnet werden, das in Auseinandersetzung mit den jeweiligen Umfeldbedingungen und den spezifischen schuleigenen Ausgangs- und Entwicklungsbedingungen entsteht und durch pädagogische Handlungskonzepte und Problemlösungsversuche gekennzeichnet ist. Bislang ist empirisch ungeklärt, wie Schulkulturen entstehen und durch welche variablen Formen sich Schulkonzepte unterscheiden.

2.3 Schulstruktur und Schulkultur - Wechselverhältnis zwischen äußerer und innerer Schulreform

Der Perspektivenwechsel, im Sinne einer Hinwendung zu innerer Reform und zur Einzelschulentwicklung, erscheint allerdings auch geeignet, um Systemfaktoren und damit auch das mögliche Wechselverhältnis zwischen äußeren und inneren Komponenten der Schulentwicklung allzu fahrlässig in Vergessenheit geraten zu lassen. In der neueren Schulwirkungsforschung scheinen die Umfeldbedingungen von Einzelschulen eher in den Hintergrund zu rücken. Doch gerade die Erkenntnis, daß sich Schulkulturen in Abhängigkeit von Umfeldbedingungen verschieden entwickeln können, müßte dazu führen, daß Schulumfeldfaktoren, unter denen sich die pädagogische Arbeit einer Schule gestaltet, in Theorien zur Schulentwicklung in besonderem Maße Berücksichtigung finden.

Damit würde auch der Zusammenhang zwischen äußerer und innerer Schulentwicklung eine Verdeutlichung erfahren, wie sie richtigerweise eindringlich bereits von FURCK (1967) beschworen und von ROLFF (1990, S. 269 ff.) auch für die Diskussion um die pädagogische Schulqualität erneut verlangt wird. Denn alle Entwicklungen in der inneren Qualität von Schule vollziehen sich nicht losgelöst von strukturellen Aspekten der Schulentwicklung; insbesondere sind sie abhängig vom sozialräumlichen und schulstrukturellen Umfeld einer Schule.

Zum einen prägen *sozialräumliche Strukturen*, also die Siedlungs-, Erwerbs- und Wirtschaftstrukturen das sozio-kulturelle Umfeld von Schulen (vgl. dazu auch RUSSIG-KALLFASS 1977, S. 181 ff.; KUTHE u.a. 1979). Denn sie gehen insbesondere einher mit sozio-demographischen Merkmalen der Bevölkerungsstruktur. Für die Schule bleibt das damit in Zusammenhang stehende kulturelle Leben einer Region, die soziale Struktur der Eltern- und Schülerschaft und damit korrespondierende familiäre Erziehungsbedingungen und Bildungshintergründe nicht ohne Folgen: Bildungsinteresse und Schulwahlverhalten der Eltern sowie die Sozialisationswirkungen von Familien und Wohnumfeldern haben für die pädagogische Arbeit einer Schule erhebliche Bedeutung. Dies zeigt sich beispielsweise in der Unterrichtsarbeit, in Lernmotivation und Erziehungsproblemen, im Schulleben und der Elternmitwirkung. Dazu gehört auch die Qualität der soziokulturellen Infrastruktur im Schulumfeld, die Schulen besondere Lernchancen und Unterstützung bieten, bei defizitärer Ausprägung Schulen aber auch Kompensationsfunktionen abverlangen können.

Zum anderen hat die im Einzugsbereich einer Schule vorfindbare *Schulstruktur* nicht selten Einfluß auf die pädagogische Entfaltungswirksamkeit. Insbesondere bestimmt sich damit die soziale Zusammensetzung der Schülerpopulation einzelner Schulen. Es ist zu vermuten, daß Schulen, die weitgehend alle Schüler/innen der Gemeinde oder des Stadtteils aufnehmen, unter anderen pädagogischen Bedingungen arbeiten als Schulen, deren Schülerpopulation sich in hohem Maße aus Pendlern aus einem weiträumigen Umfeld (z.B. aus Umlandgemeinden oder dem gesamten Stadtgebiet) rekrutiert. Ebenso ergeben sich unterschiedliche Bedingungen für Schulen mit Standorten in Industriearbeiter-Vierteln im Gegensatz zu Schulen in sozial durchmischten oder mittelschichtsspezifischen Neubaugebieten. Sowohl die regionale Versorgungssituation als auch die Entfernung und Qualität von Schulstandorten können somit für den pädagogischen Alltag der einzelnen Schule relevant werden.

In der aktuellen Debatte um die Schulstrukturkrise zeigt sich, daß die Entwicklungschancen und pädagogischen Handlungsbedingungen einzelner Schulen auch in Abhängigkeit vom schulstrukturellen Angebotsprofil im Schulumfeld und der lokalen Konkurrenz der Schulen bzw. Schulformen untereinander stehen: Beispielsweise verlieren Hauptschulen im Wettbewerb mit anspruchsvolleren Schulformen kontinuierlich an Zulauf und stehen vor der pädagogisch problematischen Situation, nur noch eine mit Lernschwierigkeiten behaftete Schülerschaft zu versorgen; Gesamtschulen können sich als "Solitärschule" oder bei flächenhafter Integration gut entwickeln, geraten jedoch in einem vier- oder dreigleisigen Marktmodell in Ausleseprobleme (durch Zulauf förderungsbedürftiger Schüler/innen und Abschöpfen der leichtlernenden Schüler/innen durch Gymnasien) und beschulen deshalb nicht selten nur eine Teil-Schülerschaft; Realschulen und Gymnasien erfahren über die veränderte Schülerzusammensetzung zunehmend eine Enttypisierung ihres traditionellen Profils.

Es muß angenommen werden, daß die aufgezeigten regionaltypischen Komponenten, der sozialräumliche und der schulstrukturelle Kontext, erheblichen Einfluß auf Chancen und Handlungsspielräume für schulinterne Innovationen sowie auf Verlauf und Richtung innovativer Prozesse nehmen dürften. Unter anderem zeigt die Analyse von Fallstudien bei NOBLIT/PINK (1987, S. 145 ff.), daß sich in einer eigenen Entwicklungsdynamik Schulen mit ihrer Umwelt verändern und eine neue "organizational identity" entwickeln. Ebenso wären in der Innovationsforschung Wechselwirkungen zwischen schulorganisatorischen Bedingungen und den didaktischen und erzieherischen Arrangements der Lern- und Erziehungskultur zu thematisieren, um wirksame Ansatzpunkte für Innovationen identifizieren zu können: Denn die "inneren" pädagogischen Abläufe in Lern- und Erziehungsprozessen vollziehen sich nicht unabhängig von organisatorischen Strukturen, wie Zeitstruktur, Raumgestaltung, Verhältnis und Öffnung der Schule zum Umfeld, personelle Struktur sowie die Lehr-Lern-Organisation in Unterricht und Schulleben (vgl. dazu HOLTAPPELS 1994).

3 Schule als lernende Organisation: Schlüsselfaktoren für Schulwirksamkeit und Selbsterneuerung

Innovationsvorhaben als solche wie auch empirische Forschungsprogramme zur Analyse der Innovationswirkungen setzen voraus, daß eine Verständigung über die grundlegenden Ziele der Schulentwicklung besteht. Die Klärung der Zielsysteme von Innovationen, also der angezielten Komponenten der zu erreichenden Schulqualität, kann freilich nicht auf empirischer Ebene erfolgen, sondern hängt von der normativen Bestimmung eines bildungstheoretisch und pädagogisch begründeten Schulkonzepts ab. Empirische Befunde der Schulqualitätsforschung über die Wirkungen unterschiedlicher pädagogischer Organisations- und Handlungsformen können für die Zielrichtung von Innovationen jedoch Qualitäts- und Gütekriterien liefern.

Alle empirischen Analysen zur Schulqualität (vgl. v.a. RUTTER u.a. 1979; REYNOLDS 1976; FEND 1986; REYNOLDS u.a. 1987; STEFFENS 1987). verdeutlichen, daß nicht einzelne Faktoren, sondern ein Ensemble zusammenhängender Einflußvariablen die Schulkultur, Qualität und Wirksamkeit einer Schule bestimmen. Als zentrale Strukturelemente der Ausprägungen schulischer Lernkultur könnten etwa das von RUTTER u.a. vorgefundene *Schulethos* oder die *Erziehungsphilosophie* (bei LIGHTFOOT 1983) gelten. Daneben haben eine Reihe von Forschungserkenntnissen *strukturelle Schlüsselmerkmale* zu Tage gefördert (vgl. MORTIMORE/SAMMONS u.a. 1987, PURKEY/SMITH 1983 oder BROPHY/GOOD 1983), die eine erfolgreiche Schule mit förderlicher Lernkultur kennzeichnen. Immer wieder wird der Schlüssel zur Verbesserung der Schulqualität im wesentlichen in der Herstellung des pädagogischen Konsens innerhalb der Schulleitung und Lehrerschaft einer Schule gesehen, und zwar über Ziele, Mittel und Wege der eigenen pädagogischen Schulkultur.

In künftigen Innovationsforschungen wäre zum einen zu untersuchen, wie sich ein solch *konsenshaftes Schulethos* entwickelt, zum anderen was die *pädagogische Selbsterneuerungsfähigkeit* der einzelnen Schule kennzeichnet. Damit ist ihre Fähigkeit zur ständigen Überprüfung ihres Entwicklungsstands und ihrer Wirksamkeit sowie zu notwendigen Korrekturen, Erweiterungen oder gar Neuanfängen gemeint, um auf neue oder veränderte Gegebenheiten innerhalb der Schule oder ihres sozialen Umfelds angemessen reagieren zu können. Gegenstand entsprechend angelegter Studien wäre demnach das, was die *Schule als lernende und selbstreflexive Organisation* ausmacht - also Fragen der Struktur und der Entwicklung eines Systems mit hoher Problemlösefähigkeit, flexibler Organisation und differenzierter Gestaltungskompetenz. Innovationsbereitschaft, Organisations- und Gestaltungsbewußtsein des Lehrerkollegiums stellen dabei womöglich korrespondierende Variablen dar.

3.1 Grundlegende Schlüsselmerkmale und Gelingensbedingungen für innovative Entwicklungen

Für schulische Innovationsprozesse und -wirkungen von zumindest mittelbarer Bedeutung sind die von PURKEY und SMITH (1983) gelieferten Schlüsselmerkmale, mit denen sie aufgrund der vorliegenden Forschungserkenntnisse der Schulwirkungsforschung das "Porträt einer wirksamen Schule" skizzieren:

1) Die Leitung der Schule benötigt und gewährt Autonomie zur Entwicklung förderlicher Methoden und zur Adaption von Innovationen.

2) Die Schulleitung oder ein Lehrerteam übernehmen die unterrichtsbezogene Führung im Innovationsprozeß.

3) Das Kollegium bleibt in der Zusammensetzung stabil, um einen kohärente und beständige Schulkultur zu erhalten.

4) Das Curriculum wird zielorientiert geplant und organisiert, betont also jene Leistungen und Fähigkeiten der Lernenden, die angezielt sind.

5) Erforderlich ist die Weiterbildung der Lehrer/innen, die vornehmlich über kollegiumsbezogene Fortbildung geschieht; sie sollte eng mit den Unterrichtsprogrammen der Schule verbunden sein und auf den Bedürfnissen der Lehrer/innen für den Erwerb gemeinsamen Planens und kollegialer Beziehungen.

6) Die Information und Mitarbeit der Eltern ist zur Unterstützung schulischer Arbeit förderlich.

7) Fachunterrichtliche Leistungserfolge sollen schulweit über Zeremonien und Symbole schulöffentlich Anerkennung finden.

8) Im Schulalltag wird die zur Verfügung stehende Unterrichtszeit wirksam genutzt, werden Störungen, Leerlauf und Unterbrechungen vermieden.

9) Grundlegende Veränderungsprozesse benötigen die Unterstützung durch die regionale Schulbehörde, die dabei die Rolle eines Beraters und Helfers einnimmt.

Zusätzlich nennen Purkey und Smith vier Prozeßvariablen, die für eine produktive Schulkultur charakteristisch zu sein scheinen und ein erfolgreiches Schulkima ausmachen:

❑ *Gemeinsame Planungen und kollegiale Beziehungen* im Lehrerkollegium und zwischen Schule und Administration zugunsten von Kooperation und Konsens.

❑ *Aufbau eines Zusammengehörigkeitsgefühls* der Schulmitglieder durch angemessenen Gebrauch von Zeremonien, Symbolen, Regeln.

❑ Klare Ziele und hohe Erwartungen, die von allen geteilt werden: klar definierte und konsenshafte Ziele, Konzentration auf zielorientierte Aufgaben, kontinuierliche Kontrolle des Lernfortschritts.

❑ *Ordnung und Disziplin:* Die zielorientierten Aufgaben werden mit Ernsthaftigkeit und Zielstrebigkeit wahrgenommen, wofür regelhafte Gefüge erforderlich scheinen.

Die von der OECD (1989) aus einem internationalen Vergleich von Schulqualitätsstudien zusammengetragenen Resultate decken sich mit jenen von PURKEY/SMITH weitgehend; zwei Forderungen heben die Bedeutung a) der Teamarbeit und b) der Personalentwicklung klarer hervor (1989, S. 126 f.):

a) "...Collaborative planning, shared decision-making, and collegial work in the frame of experimentation and evaluation"

b) "...A strategy for continuing staff development related to each school`s pedagogical and organizational needs."

Die meisten Forschungen konzentrieren sich auf die Identifikation gelingender Faktoren, was offenbar auch damit zusammenhängt, daß bereits gut entwickelte Schulen innovative Weiterentwicklungen in Angriff nehmen und zum Gegenstand von Begleitforschungen werden. Mindestens ebenso bedeutsam wären jedoch Erkenntnisse über gescheiterte Erneuerungsprozesse und deren Mißlingensfaktoren. Gesichert scheint jedenfalls: Innovationsbemühungen treffen im Regelfall auf Widerstände. Zum Teil sind es gegensätzliche Auffassungen über pädagogische Ziele, Methoden und Vorgehensweisen, zum Teil sind es sozio-emotionale Hemmnisse (Ängste, Unsicherheit, mangelnde Risikobereitschaft etc.), zum Teil basieren Widerstände auch auf rationalen Abwägungen, etwa auf antizipierten Arbeitsbelastungen, ungesicherten Innovationswirkungen, unklarer Zielprogrammatik. Empirische Forschungen zur Resistenz gegen Wandel sind insbesondere in Form von identifizierten Mißlingensbedingungen interessant; nach MCLAUGHLIN (1990) werden Innovations-Widerstände offenbar umso geringer,

- je mehr die Betroffenen in gemeinsame Situationsanalysen einbezogen werden,
- je mehr Konsens bei Entscheidungen angestrebt wird,
- je mehr Verständnis für Opposition deutlich wird,
- je mehr unterschiedliche Vorschläge zur Geltung kommen,
- je mehr Schritte zum Abbau unnötiger Ängste unternommen werden,
- je mehr Mißverständnisse und Unklarheiten einkalkuliert werden und versucht wird, diese auszuräumen,
- je mehr ein Projekt für Revisionen der Ziel und Mittel offengehalten wird,
- je mehr die Betroffenen Verständnis, Vertrauen, Unterstützung und Anerkennung in ihren Projektbeziehungen erfahren.

Entscheidenden Einfluß auf das Zustandekommen und den Verlauf von Innovationen dürfte von subjektiven Faktoren auf der Ebene der Lehrerinnen und Lehrer ausgehen, also von der Innovationsbereitschaft, der Einsicht in die Gestaltbarkeit von Schule und des Entwicklungsstands der individuellen pädagogischen Kompetenzen. Bei einer weniger förderlichen Ausprägung dieser Faktoren wird es zweifelhaft bleiben, ob Innovationen bis auf die Ebene unterrichtlichen und erzieherischen Handelns in der pädagogischen Interaktion wirken (vgl. auch Resultate der neueren Lehrerforschung, etwa BAUER/KOPKA 1994).

SENGE (1990, S. 139) weist darauf hin, daß Organisationen durch Individuen lernen, wobei individuelles Lernen zwar noch kein Organisationslernen garantiere, jedoch ohne es kein Organisationslernen zustandekomme. Er verdeutlicht zudem, daß Organisationslernen zuerst beim Teamlernen ansetze, aber vier weitere Komponenten hinzukommen müssen: die Selbstentwicklung und Persönlichkeitsbildung der Lehrperson, mentale Modelle (wie Organisationsbewußtsein), gemeinsame Visionen und Systemdenken.

3.2 Steuerung und Management schulinterner Innovation

Für den Erfolg von Innovationen wird entscheidend sein, wer sie initiiert, vorantreibt und trägt, aber auch wer sie fördert und unterstützt. Die pädagogisch-organisatorische Selbsterneuerungsfähigkeit einer Schule dürfte insbesondere vom Innovationspotential des Lehrerkollegiums, von der schulinternen Personalentwicklung (Rollen- und Kooperationsstrukturen), vor allem aber von der Fähigkeit der Schulleitung (oder anderer Steuergremien) zu pädagogischem Management abhängen.

Schulleiter nehmen im Zuge erfolgreicher schulischer Innovationsprozesse stets eine Schlüsselrolle ein, fungieren als "gatekeeper" (Türöffner) von Innovationen (FULLAN 1991). Zumeist initiieren sie auch die Erneuerung oder fördern innovative Ansätze und steuern und modellieren maßgeblich den Erneuerungsprozeß. Ohne oder gar gegen die Schulleitung sind pädagogische Innovationen offenbar kaum zu verwirklichen, wie auch ROSENBUSCH (1989) zeigt. Aufgrund ihrer strategisch bedeutsamen Position zwischen Kollegium, Eltern, Schulträger und Schulaufsicht werden Schulleiter strukturell zu einflußreichen Schlüsselpersonen (vgl. auch BAUMERT 1980).

Für den Management-Experten SCHEIN ist die Beeinflussung der Kultur die einzigartige und wesentliche Aufgabe der Leitung einer Organisation und damit auch die schwierigste Herausforderung (vgl. SCHEIN 1991, S. 317). Überträgt man seine allgemeinen Befunde auf den Schulsektor, so können nach SCHEIN (1991) die Basisauffassungen und Prinzipien einer Organisationskultur ganz wesentlich durch die Ziele und Auffassungen der Schulleiter bestimmt werden. Dabei kann eine innovative Leitung ihre eigenen (schulkulturellen) Vorstellungen im Interaktionshandeln vor allem auf folgende Weise in die vorhandene Schulkultur erfolgreich einbetten: a) durch konsistente und klare Artikulation der eigenen Vorstellungen als Reformerwartungen, b) durch selektive Aufmerksamkeit und Belohnung innovativer Ansätze, c) durch Modellierung der Rollen im Innovationsprozeß, d) über die Art und Weise des Umgangs mit kritischen Schulproblemen, e) über die Formulierung förderlicher Kriterien für Rekrutierung, Unterstützung, Entscheidungen (ebenda, S. 224 ff.).

In ähnlicher Weise wird die moderne Rolle des Schulleiters von FULLAN (1988) als die eines "instructional leaders" (als didaktischer und pädagogischer Führer) bezeichnet; damit ist gemeint, daß Schulleiter im Team arbeiten können und Innovationen lediglich intelligent initiieren und steuern, ohne sie dominant "durchziehen" zu wollen. Auch HALL (1989) zeigt empirische Ergebnisse, wonach Schulleiter in Innovationen eher die Rolle eines Agenten einnehmen, Teams bilden und Gruppen moderieren, über kooperative Prozesse motivieren, selbst aber möglicherweise weniger entscheidend sind als Steuergruppen, gebildete Projektteams oder andere Schlüsselpersonen im Kollegium. Auf die hohe Bedeutung von Steuergruppen und Teambildungen im Lehrerkollegium für den Innovationsprozeß weisen auch DALIN/ROLFF (1990) und FULLAN (1993) hin.

Die Fallstudien-Analyse von NOBLIT/PINK (1987) verdeutlicht, daß die Schule keine wohlstrukturierte Institution mit planvollen Veränderungsansätzen darstellt, sondern eher ein Gefüge von Subsystemen (loosely coupled systems), die nur lose und instabil miteinander verbunden sind. Schulen mit "fragmentierten" Ansätzen oder einzelnen "Projekten" (vgl. ROLFF 1991, S. 881 f.) scheinen in der Praxis ohnehin den Regelfall auszumachen. Äußerst aufschlußreich wären demnach Studien, die zeigen könnten, wie aus solchen Durchschnittsschulen innovative Veränderungen heraus geschehen.

3.3 Schulexterne Unterstützungssysteme

Schulträger und Schulaufsicht sind gleichermaßen gefordert, im Zuge ständiger Evaluation Qualitätssicherung im Hinblick auf pädagogische Konzepte und deren Realisierung zu garantieren. Die Innovationsforschung gewinnt hier zwei neue Felder: Zum einen wäre die *Entwicklung der Schulaufsicht zu einer Beratungs- und Unterstützungsinstanz* für schulische Erneuerung zu untersuchen, zum anderen, ob qualitative *schulinterne Entwicklung im Rahmen regionaler Schulentwicklungsplanung* Berücksichtigung findet und zu fördern ist. Auf Steuerungsaspekte soll hier nicht eingegangen werden; folgende Überlegungen, die in der Autonomie-Debatte eine Rolle spielen dürften, wären jedoch einer empirischen Prüfung hinsichtlich möglicher Wirkungen zu unterziehen:

Die Steuerungsebene des Gesamtsystems wird nicht verzichtbar, sondern erlangt für die Entwicklung der Einzelschule eine neue Bedeutung, nämlich in der Vorgabe gesamtstruktureller Ordnungskriterien und die Entwicklung von spezifischen Rahmenkonzeptionen und Programmen der Innovationsförderung, die sowohl pädagogisch-organisatorische Qualitätskriterien vorgeben als auch notwendige Ressourcen bereitstellen und gezielt zuweisen. Neben Qualitätssicherung sind auf der regionalen Ebene lokale Unterstützungssysteme unverzichtbar. Diese Untertützung könnte durch eine Schul-Vernetzung gewährleistet werden, also ein regionaler Verbund in Form lokaler Organisationsgremien und Koordinationsstellen mit vor allem folgenden Aufgaben:

- Erarbeitung regionaler Entwicklungs- und Förderprogramme,
- Koordination von Vorhaben, Anbahnung von Kooperation und Vernetzung zwischen Schulen und zwischen Schulen und sozio-kulturellen Organisationen und Institutionen,
- Organisation von Erfahrungsaustausch, Diskusssionsforen und regionaler schul- bzw. institutionenübergreifender Fortbildung,
- Entwicklung curricular-didaktischer Materialien und Organisationskonzepte (z.B. über pädagogische Werkstätten),
- Erfahrungssicherung und Wissenstransfer, über Informationsbörsen, Dokumentationen, Materialien und Handreichungen, themenbezogene Fortbildung,
- schulinterne Fortbildung, Systemberatung und Organisationsentwicklung, durch abrufbare Moderatoren aus regionalen Zentren.

4 Schulische Innovation unter verschiedenen Bedingungskonstellationen

Für empirisch fundierte Erkenntnisse über Prozeßverläufe schulischer Innovationen sind die Forschungsdefizite, vor allem für die Schulentwicklung hierzulande, offensichtlich. Aus einer Reihe von Studien, auch in neuerer Zeit, wurden aus schulischen Innovationsverläufen allerdings auch in Deutschland schon detailliertere Gelingens- und Mißlingensbedingungen zu Tage gefördert. Dabei wird deutlich, daß die unterschiedlichen Bedingungskonstellationen der "Innovations-steuerung" in Form struktureller und motivationeller Einflußfaktoren bei der Initiation und während des Innovationsprozesses an Bedeutung gewinnen und somit Forschungsperspektiven aufzeigen.

4.1 Innovation als Selbsterneuerungsprozeß einzelner Schulen

Ein erster Typus von Innovationen sind Selbsterneuerungsprozesse, die *nicht durch gezielte Initiative oder Programme von oben*, aber durch verschiedene Faktoren bedingt, in Schulen *aus eigenem Antrieb* vonstatten gehen. Dies können Druck-Faktoren aufgrund schulstruktureller Bedingungen (z.B. für Hauptschulen, Gesamtschulen) oder der veränderten Sozialisationsbedingungen in der Lebenswelt der Schüler/innen sein; oder aber Zug-Faktoren wie Wunsch nach einem gemeinsam geteilten Schulkonzept oder pädagogische Qualitätsansprüche an Unterricht und Schulleben durch die einzelnen Lehrer/innen. Entsprechende empirische Befunde über erfolgte Innovationen finden sich in mehreren Überblicksarbeiten und Fallstudien (vgl. u.a. BAUER/PARDON 1981; TILLMANN 1989; HAMEYER u.a. 1991; HOLTAPPELS 1993; BARGEL/STEFFENS 1993; ALTRICHTER u.a. 1994). Von den Schulen ausgehende Innovationen werden dabei in allen Schulformen berichtet; mit Abstand am durchgreifendsten ist jedoch der Erneuerungsprozeß im Grundschulsektor, auf breiter Front auch im Gesamtschulbereich. Einige Beispiele aus aktuellen Studien können dies illustrieren (vgl. HAENISCH 1993; HAMEYER 1991 bzw. den Beitrag in diesem Band). Für die Innovationsforschung wären weitere Vergleichsstudien, aber auch Fallstudien, die Prozeß und Wirkungen präzise aufzeichnen (vgl. beispielhaft BENNER/ RAMSEGER 1981), dringend erforderlich.

In der Grundschule haben in zahlreichen Bundesländern neue und pädagogisierte Richtlinien sicherlich den Weg für innovative Pädagogik geöffnet; jedoch nicht die obere Steuerungsebene sondern förderliche Schlüsselfaktoren in der Einzelschule bringen erst die Erneuerung auf den Weg: HAENISCH (1993) hat in nordrhein-westfälischen Grundschulen in einer explorativen Studie die schulische Erneuerung aufgrund der Umsetzung der neuen Grundschulrichtlinien untersucht. Als Schlüsselfaktoren für eine voranschreitende Entwicklung der Grundschulen findet HAENISCH (1993) durchgängig folgende vor: Sockelniveau an Kompetenzen, vielschichtige Infrastruktur an Kooperation und Kommunikation, Schulleitung als treibende Kraft, gemeinsame Wellenlänge im Menschlichen und Erzieherischen, neues Personal schafft neue Impulse, Unterstützung von außen. Für den Entwicklungsprozeß selbst zeigen sich folgende sieben - für die Erneuerung offenbar bewährte - Prinzipien:

1) Konzentration auf wichtige Ziele
2) Bewährtes wird nicht vorschnell aufgegeben
3) Entwicklung in kleinen Schritten
4) Verändern durch Neugierigmachen und Überzeugen
5) Gezieltes Hereinholen von Informationen und Kompetenzen
6) Die Innovation zur offiziellen Sache machen
7) Transparenz und Öffnung nach außen

Zahlreiche empirische Befunde und in der Schulentwicklungsarbeit als Modell hervorhobene Einzelschulen deuten darauf hin, daß vor allem solche Schulen eine beachtliche Schulqualität hervorbringen, die eine Abkehr von der reinen Unterrichtsanstalt mit konventionellem Stundenhalten vollzogen und ein vielseitiges Schulleben mit differenzierten Arrangements von Lern- und Erfahrungsmöglichkeiten geschaffen haben. Dabei geben offenbar insbesondere *Schulen mit Ganztags- und Öffnungskonzepten* einen pädagogisch-organisatorischen Rahmen für die Entfaltung der schulischen Lernkultur her und eröffnen damit eine innovative Perspektive für die innere Schulentwicklung (vgl. ausführlich HOLTAPPELS 1994); die Sekundäranalyse von Schulkonzepten identifiziert fast durchgängig sechs Ebenen, die innovative Merkmale dieser Schulen kennzeichnen :

1) ein lerngerechter und schülerorientierter Zeitrhythmus,
2) eine didaktisch-methodisch differenzierte Lernorganisation,
3) die Ausgestaltung des Schullebens,
4) die schulräumliche Gestaltung,
5) die Öffnung der Schule zur Schulumwelt,
6) eine offenere Rollenstruktur und teamartige Personalorganisation.

4.2 Innovation durch überregionale Rahmenkonzepte

In den letzten Jahren wurden in verschiedenen deutschen Ländern Rahmenkonzepte (Modellversuche, Entwicklungsprogramme) auf den Weg gebracht, die Innovationen initiieren oder fördern sollen. Beispiele dafür sind im curricular-unterrichtlichen Sektor die Informationstechnische Grundbildung oder das "PUSCH"-Programm in Hessen zur Förderung von Projektlernen, im Bereich der Schullebensgestaltung etwa das Rahmenkonzept des Kultusministers in Nordrhein-Westfalen zur "Gestaltung des Schullebens und Öffnung von Schule" oder das hessische Programm der "Europaschulen". In bezug auf eine wirksame Erneuerung des Schul- und Unterrichtsalltags ist bemerkenswerterweise die in konkrete Implementation (Aufnahme in Lehrpläne) mündende flächenhafte Innovation der informationstechnischen Grundbildung eher zurückhaltend zu bewerten; sie wird vielfach auch als von oben durchgesetzte Maßnahme betrachtet. Währenddessen haben die anderen beispielhaft genannten Entwicklungsprogramme zahlreiche pädagogische Innovationen bewirkt, die zudem auf die Erneuerung der Schule als Ganzes zielen (vgl. LSW 1988; BURKARD u.a. 1992; HIBS 1986; KUBINA 1993), was aber freilich nur eine Reihe von Schulen betrifft.

Manche solcher Programme treffen nicht zuletzt deshalb auf breite Akzeptanz, weil sie Schulen und Lehrpersonen nicht zu bestimmten - vor allem nicht zu durchgängigen und umfassenden - Veränderungen zwingen, sondern *Erlaubnis-, Anregungs- und Aufforderungscharakter* besitzen. Die Akzeptanz solcher Rahmenkonzepte erweist sich jedoch zugleich als ihre Schwäche, welche in ihrer Unverbindlichkeit liegt. So haben etwa Rahmenkonzepte der Schulöffnung einiger Bundesländer bei einem Großteil der Schulen wenig oder überhaupt nichts bewirkt. Erlaubnis und Aufforderung zu Innovationen genügen demnach offensichtlich nicht. Deshalb operiert die Gesamtsystemebene mittlerweile einerseits mit Fortbildung durch Multiplikatoren und umfangreichen didaktischen Handreichungen, andererseits mit zusätzlichen Personal- und Material-Ressourcen in Verbindung mit der Entwicklung in "Pilot"- oder Modellschulen, wovon man sich Transfer-Effekte verspricht. Vergleichende Untersuchungen könnten die Frage erhellen, in welcher Konstellation und mit welcher Reichweite sich Rahmenkonzeptionen als innovationsfördernd erweisen. Dabei wäre zu beachten, ob nicht regionale Rahmenprogramme zur Schulentwicklung (wie z.B. in

Frankfurt/Main zur Schülerbetreuung oder Umwelterziehung, in Oldenburg/Oldb. zur Ganztagsbetreuung oder Solingen zur Schulöffnung) stringenter und gezielter Wirkungen erbringen.

4.3 Innovation durch Organisationsänderung und Schulkonzeptentwicklung

Die sichtbar zu machenden Elemente der Schulkultur einer Schule können in einem pädagogischen Schulprofil im Sinne von Schwerpunktsetzungen zum Ausdruck kommen oder sich in einem pädagogisch intendierten zielorientierten und als verbindlich geltenden pädagogischen Schulprogramm niederschlagen. Ein Schulprogramm kann als bewußt gemachtes Schulprofil, auf der Basis von Verständigungsprozessen im Lehrerkollegium einer Schule, betrachtet werden. Mit dem Begriff Schulkonzept sind schulpädagogisch begründete Schulmodelle gemeint, die verschiedene curricular-didaktische, sozialisatorische und organisatorische Ansätze in einem abgestimmten Gesamtkonzept auf Schulebene integrieren und aufeinander beziehen. In jedem Fall deutet auch die Schulqualitätsforschung auf die Bedeutung eines auf der Ebene der Schule entwickelten und in die praktische Arbeit umgesetzten pädagogischen Gesamtkonzepts hin.

Dabei stellt sich die empirische Frage, ob eine Verpflichtung zur Schulkonzeptentwicklung über strukturelle Maßnahmen oder ressourcengebunden über materielle Anreize erreicht bzw. forciert werden kann. Die Erarbeitung eines Schulprogramms scheint jedenfalls vor allem dann wirksame Innovationsprozesse einzuleiten wenn gleichzeitig *strukturelle Veränderungen* in Form schulorganisatorischer Maßnahmen damit in Zusammenhang stehen: So etwa im Zuge von Neugründungen von Gesamtschulen (Beispiel: Schulentwicklungsplan Frankfurt/Main, vgl. PFEIFFER u.a. 1991) oder der Umwandlung von Schulen in integrierte Systeme (vgl. etwa RIEGEL 1989) bzw. der Arrondierung kooperativer Systeme um einen weiteren Schulzweig. Ein dritter Typus umfaßt Veränderungen in der zeitlichen Tagesorganisation (Umwandlung von Halbtags- in Ganztagsschule bzw. bis oder über mittags erweiterte Schulzeit, vgl. z.B. BURK 1990). Wie wirksam Umstellungen in der Zeitorganisation (erweiterte Tageszeit mit täglich festen Öffnungszeiten bis mittags) in Verbindung mit der Verpflichtung der Entwicklung eines pädagogischen Schulkonzepts innovative Prozesse im Hinblick auf die Lernkultur und die Lehrerkooperation herbeiführen können, zeigt sich am Beispiel von "Vollen Halbtagsschulen" in Niedersachsen (vgl. HOLTAPPELS 1994a bzw. den Beitrag in diesem Band).

4.4 Innovation über Verfahren der Organisationsentwicklung

Die Erarbeitung eines pädagogischen Konzepts, das vom gesamten Kollegium einer Schule getragen werden soll, erfordert ebenso einen längerfristigen Schulentwicklungsprozeß der einzelnen Schule wie die Entwicklung von vernetzenden Kooperationsbeziehungen zwischen verschiedenen Einrichtungen: Über Organisationsentwicklung und kollegiumsbezogene Fortbildung (vgl. DALIN/ROLFF 1990) sind Zielklärungen, konsenshafte pädagogische Konzepte, Verständigungen über Schwerpunktsetzungen und einzelne Maßnahmen sowie über Zeit-, Organisations- und Personalfragen unerläßlich. Jede Schule muß dabei ihr eigenes Konzept und Profil finden, welches sowohl den spezifischen Problemlösekompetenzen des Kollegiums und seinen einzelnen Mitgliedern entspricht als auch die lokalen soziokulturellen Umfeldbedingungen der Schule in Rechnung stellt.

Verfahren der *Organisationsentwicklung* beinhalten damit die Selbstuntersuchung und Diagnose, Selbststeuerung und Selbstevaluation eines Lehrerkollegiums (vgl. dazu DALIN 1986; DALIN/ROLFF 1990; PHILIPP 1992). Nach ROLFF (1986) ist Organisationsentwicklung "ein offenes, planmäßiges, zielorientiertes und langfristiges Vorgehen im Umgang mit Veränderungsforderungen und Veränderungsabsichten in sozialen Systemen." Sie will die pädagogischen, technischen und menschlichen Aspekte einer Schule integrieren. Ziel eines solchen Prozesses ist die Selbstentwicklung der Mitglieder und die Selbsterneuerung der Organisation. Organisationsentwicklung stellt praktisch ein systematisches Verfahren zur gezielten Entwicklung förderlicher Schulkulturen und innovativer pädagogische Schulprogramme dar. Dabei wären Innovationen dann erfolgreich, wenn sie dazu beitragen, die Problemlösefähigkeit und Selbsterneuerungsfähigkeit - und damit die Selbstorganisation und -evaluation - der einzelnen Schule zu erhöhen. Schulentwicklung wird so als prozeßhafte Daueraufgabe des sozialen Systems der Einzelschule verstanden.

Hinsichtlich des Einstiegs mit OE-Projekten zur Schulgestaltung leiten FOLTZ u.a. (1974) aus einer Meta-Analyse und eigenen Erfahrungen folgendes ab: Es sollte dort angefangen werden, wo die Mißstände am größten sind oder die Schule die gößten Stärken sieht und wo bereits kurzfristig sichere und sichtbare Erfolge zu erwarten sind. Dabei müssen die Maßnahmen von einer Mehrheit gewollt und vom gesamten Kollegium zumindest akzeptiert werden. ROLFF (1993, S. 173 f.) hebt hervor, daß die Maßnahmeentwicklung auf das Ganze der Schule als soziale Organisation bezogen sein sollte, wobei das gesamte Kollegium eine Zielklärung vornimmt und in einer Mehrzahl von Teams operiert.

Was die Teamentwicklung anbetrifft, sind etwa Studien über Entwicklung und Arbeitsprozesse von Team-Modellen (vgl. z.B. BRANDT/LIEBAU 1978) ebenso wertvoll wie selten. Ein neuerer Ansatz zur Weiterentwicklung der

Lehrerkooperation in Gesamtschulen (vgl. DÖRGER 1992) unterstreicht die Bedeutung des schulinternen Konzeptteams als Steuergruppe, offenbart aber auch die begrenzten Einwirkungsmöglichkeiten in uneinigen Kollegien; ebenso führten die Prozeßinstrumentarien (Pädagogische Tage, Pädagogische Werkstatt, Erarbeitung des Schulporträts) nicht durchgängig zu Innovationsfortschritten. Dies verweist auf Defizite in elaborierten und erprobten Verfahren für die gesamtstrategische Arbeit von Steuergruppen und die Schulkonzept- und Teamentwicklung.

BULLA/DOMNICK (1980) machen zum einen aufmerksam auf die Gefahr von Zielkonflikten zwischen Strategiemodellen der Forscher-/Moderatorengruppe und den Veränderungsbedürfnissen einzelner Schulen, die nicht in jedem Einzelfall diskursiv zu einer Synthese zu führen sind; zum anderen scheint in Survey-Feedback-Ansätzen sowohl die Erhebung valider Informationen als auch die problemgerechte diagnostische Verarbeitung der Daten im System der Einzelschule - aufgrund unterschiedlicher Kompetenzen, Einstellungen und Hemmnisse - noch nicht gelöst zu sein. Am Beispiel der Entwicklung des Schulprogramms in Grundschulen verdeutlichen LANGENBUCH u.a. (1992) die Hemmnisse und Widerstände gegenüber den Einzelphasen des OE-Prozesses, insbesondere hinsichtlich der Offenlegung der Bestandsaufnahmen mit standardisierten Instrumenten.

5 Fazit und Ausblick

Als Perspektiven der zukünfigen Schulqualitäts- und Innovationsforschung sind einige zu bearbeitenden Felder hervorzuheben: Sowohl für die Aktualisierung einer Theorie der Schule als auch für die Praxis schulischer Erneuerung sind zunächst Erkenntnisse darüber erforderlich, wie schulische Innovationsprozesse in Gang kommen, wie sie verlaufen und von welchen gelingenden und mißlingenden Faktoren die Verbesserung der Schulqualität abhängt. Dabei wären flankierend Untersuchungen zu Instrumenten, Prozessen und Wirkungen schulexterner Innovationssteuerung und schulinternen Innovations-Managements ebenso erhellend wie Evaluationsstudien über Verfahren der Organisationsentwicklung und schulischer Evaluation selbst. Makroanalysen über das Zusammenwirken verschiedener Steuerungsebenen und zu Interdependenzen zwischen äußeren und inneren Aspekten der Schulentwicklung könnten dazu beitragen, daß die Gesamtsystemebene und Strukturfaktoren nicht vergessen werden.

Zur Bestimmung der Richtung von Schulentwicklung ist allerdings - neben normativen Zielvorgaben - empirisch zu klären, was überhaupt eine förderliche Schulkultur ausmacht und welche unterschiedlichen Konzepte auf den Ebenen von Lern-, Erziehungs- und Organisationskultur welche Wirkungen hervorrufen - also empirische Entscheidungshilfen für Schulmodelle der Zukunft.

Literatur

Altrichter, H./Radnitzky, E./Specht, W.: Innenansichten guter Schulen. Portraits von Schulen in Entwicklung. Wien 1994

Aurin, K. (Hrsg.): Gute Schulen - worauf beruht ihre Wirksamkeit? Bad Heilbrunn 1990

Bargel, T./Steffens, U.: Erkundungen zur Qualität von Schule. Neuwied/Kriftel/Berlin 1993

Bauer, K.-O.: Erziehungsbedingungen von Sekundarschulen. Weinheim 1980

Bauer, K.-O./Kopka, A.: Vom Unterrichtsbeamten zum pädagogischen Profi - Unterrichtsarbeit auf neuen Wegen. In: H.-G. Rolff/K.-O. Bauer/K. Klemm/H. Pfeiffer/R. Schulz-Zander (Hrsg.), Jahrbuch der Schulentwicklung, Band 8. Weinheim/München 1994, S. 267-307

Bauer, K.-O./Pardon, H.: Können sich Schulen ändern? Bericht aus einem Forschungsprojekt. Weinheim und Basel 1981

Bauer, K.-O./Rolff, H.-G. (Hrsg.): Innovation und Schulentwicklung. Bildungssoziologische Analysen und Fallstudien. Weinheim und Basel 1978

Bauer, K.-O./Rolff, H.-G.: Vorarbeiten zu einer Theorie der Schulentwicklung. In: dies. (Hrsg.), a.a.O. 1978, S. 219-263

Baumert, J.: Aspekte der Schulorganisation und Schulverwaltung. In: Max-Planck-Institut für Bildungsforschung (Hrsg.), Bildung in der Bundesrepublik Deutschland, Bd. 1. Reinbek 1980, S. 589-748

Baumert, J./Schmitz, B./Sang, F./Roeder, P.M.: Zur Kompatibilität von Leistungsförderung und Divergenzminderung in Schulklassen. In: Zeitschrift für Entwicklungspsychologie und Pädagogische Psychologie 19 (1987)3, S. 249-265

Behr, M./Knauf, T. (Hrsg.): Kulturelle Bildung und kulturpädagogisches Handeln in interdisziplinärer Sicht. Baltmannsweiler 1989

Benner, D./Ramseger, J.: Wenn die Schule sich öffnet. Erfahrungen aus dem Grundschulprojekt Gievenbeck. München 1981

Berman, P. u.a.: Federal Programs Supporting Educational Change. Vol. I-VII. Santa Monica, Ca. 1974ff.

Bessoth, R.: Organisationsklima an Schulen. Neuwied/Frankfurt a.M. 1989

Böhnisch, L.: Schule als anomische Struktur. In: W. Melzer/W. Schubarth (Hrsg.), Schule, Gewalt und Rechtsextremismus. Opladen 1993, S. 147-158

Bohnsack, F.: Strukturen einer guten Schule heute - Versuch einer normativen Begründung. In: H.Ch. Berg/U. Steffens (Hrsg.), Schulqualität und Schulvielfalt, Wiesbaden 1991, S. 23-30

Brandt, H./Liebau, E.: Das Team-Kleingruppen-Modell. Ein Ansatz zur Pädagogisierung der Schule. München 1978

Brophy, J.E./Good, T.L.: School Effects. In: M.C. Wittrock (Hrsg.), Handbook of Research on Teaching. New York 1986

Buhren, C.G.: Entfaltung der Lernkultur durch Organisationsentwicklung. In: H. G. Holtappels (Hrsg.), a.a.O., 1995 (im Erscheinen)

Bulla, H.-G./Domnick, J.: Wandel durch Organisationsentwicklung - Ein Arbeitsbericht über Strategieprobleme in einem handlungsorientierten Innovationsforschungsprojekt. In: K.-O. Bauer/H.-G. Rolff (Hrsg.), a.a.O., 1978, S. 71-90

Burk, K. (Hrsg.): Die Ganze Halbtagsschule. Grundschule mit festen Öffnungszeiten, Frankfurt/M. 1990

Burkard, Ch.: Selbstevaluation - ein Instrument zur Qualitätsentwicklung von Einzelschulen? In: H. G. Holtappels (Hrsg.), a.a.O., 1995 (im Erscheinen)

Burkard, Ch./Holtappels, H.G./Mauthe, A./Rösner, E.: Stadtentwicklung und Öffnung von Schule. IFS-Werkheft 37, Dortmund 1992

Dalin, P.: Case Studies of Educational Innovation. Vol. IV. Paris: OECD 1973

Dalin, P.: Organisationsentwicklung als Beitrag zur Schulentwicklung. Paderborn/München/Wien/Zürich 1986

Dalin, P./Rolff, H.-G.: Institutionelles Schulentwicklungsprogramm. Eine neue Perspektive für Schulleiter, Kollegium und Schulaufsicht, Soest 1990

Dörger, U.: Projekt Lehrerkooperation. Eine pädagogische Konzeption zur Weiterentwicklung von Gesamtschulen. Weinheim/München 1992

Duncker, L.: Kulturfragen der Schulpädagogik. Anstöße zur Überwindung des schultheoretischen Funktionalismus. In: Neue Sammlung 32(1992), S. 17-33

Fauser, P.: Nachdenken über pädagogische Kultur. In: Die Deutsche Schule 81(1989), S. 5-25

Fend, H.: Schulkima: Soziale Einflußprozesse in der Schule. Weinheim/Basel 1977

Fend, H.: Gesamtschule im Vergleich - Bilanz der Ergebnisse des Gesamtschulversuchs. Weinheim/Basel 1982

Fend, H.: "Gute Schulen - schlechte Schulen". Die einzelne Schule als pädagogische Handlungseinheit. In: Die Deutsche Schule 78 (1986)3, S. 275-293

Fend, H./Dreher, E./Haenisch, H.: Auswirkungen des Schulsystems auf Schulleistungen und soziales Lernen - Ein Vergleich zwischen Gesamtschule und dreigliedrigem Schulsystem. In: Zeitschrift für Pädagogik, 26 (1980)5, S. 673-698

Fend, H./Knörzer, W./Nagl, W./Specht, W./Väth-Szusdziara/R.: Sozialisationseffekte der Schule. Weinheim/Basel 1976

Foltz, J.A./Harvey, J.B./McLaughlin, J.: Organization Development. In: J.D. Adams (Ed.), Theory and Method in OD. Arlington: Institute for Applied Behavioral Sciences 1974

Fullan, M.: What`s worth fighting for? Toronto: Ontario Public School Teachers Federation 1988

Fullan, M.: The New Meaning of Educational Change. New York 1991

Fullan, M.: Change Forces. Probing the Depths of Educational Reform. London/New York/Philadelphia 1993

Furck, C.-L.: Innere oder äußere Schulreform? Kritische Betrachtungen. In: Zeitschrift für Pädagogik 13, Heft 2/1967, S. 99-115

Haenisch, H.: Wie sich Schulen entwickeln. Eine empirische Untersuchung zu Schlüsselfaktoren und Prinzipien der Entwicklung von Grundschulen. Soest 1993

Hameyer, U.: Die innere Qualität innovativer Grundschulen - Ergebnisse aus Fallstudien der Selbsterneuerungsfähigkeit. In: U. HamEyer u.a. (Hrsg.), a.a.O., 1991, S. 77-103

Hameyer, U./Lauterbach, R./Wiechmann, J. (Hrsg.): Innovationsprozesse in der Grundschule. Fallstudien, Analysen und Vorschläge zum Sachunterricht. Bad Heilbrunn/Obb. 1991

Hall, G.E.: The Principal as Leader of the Change Facilitating Team. In: Journal of Research and Development in Education 22 (1989) 1, S. 49-59

Hargreaves, A.: Two Cultures of Schooling: The Case of Middle Schools. London, New York, Philadelphia 1986

Helmke, A.: Leistungssteigerung und Ausgleich von Leistungsunterschieden in Schulklassen: Unvereinbare Ziele? In: Zeitschrift für Entwicklungspsychologie und Pädagogische Psychologie 10 (1988)1, S. 45-76

HIBS - Hessisches Institut für Bildungsplanung und Schulentwicklung (Hrsg.): Gemeinsames Lernen in Projekten. Eine Perspektive für die schulformbezogene Gesamtschule in Hessen. Wiesbaden 1986

Holtappels, H.G.: Schulprobleme und abweichendes Verhalten aus der Schülerperspektive. Empirische Studie zu Sozialisationseffekten im situationellen und interaktionellen Handlungskontext der Schule. Bochum 1987

Holtappels, H. G. (Hrsg.): Lernkultur an Sekundarschulen. IFS-Werkheft 42. Dortmund 1993

Holtappels, H.G.: Ganztagsschule und Schulöffnung. Perspektiven für die Schulentwicklung. Weinheim und München 1994

Holtappels, H.G.: Schulzeit als Schulqualitätsfaktor. Erneuerungsprozesse und Entwicklungsstand in "Vollen Halbtagsschulen. In: Die Deutsche Schule 86 (1994) Heft 2/1994, S. 327-343 (1994a)

Huberman, A.M./Miles, M.B.: Innovation Up Close. How School Improvement Works. New York 1984

Kubina, Ch. (Hrsg.): Europaschule in Hessen. Eine Perspektive für die Schule von morgen. Wiesbaden 1993

Kuthe, M./Bargel, T./Nagl, W./Reinhardt, K.: Siedlungsstruktur und Schulstandort. Paderborn 1979

Langenbuch, G./Philipp/Rolff, H.-G./Schnoor, D.: Anätze und Schwierigkeiten, Schule zu entwickeln. IFS-Werkheft 39. Dortmund 1992

LSW - Landesinstitut für Schule und Weiterbildung (Hrsg.): Gestaltung des Schullebens und Öffnung von Schule - ein Beitrag zur Qualitätsverbesserung von Schule? Soest 1988

Liebau, E.: Die Kultivierung des Alltags. Weinheim/München 1992

Lightfoot, S.L.: The good High School - Portraits of Character and Culture, Basic Books, New York 1983

McLaughlin, M.B.: The Rand Change Agent Study Revisited. In: Educational Researcher 19 (1990) 9, S. 11-16

Mortimore, P./Sammons, P. u.a.: The Yunior School Project. Inner London Education Authority, Research ans Statistic Branch. London 1987

Noblit, G.W./Pink, W.T. (Hrsg.): Schooling in Social Context: Qualitative Studies. Norwood, N.J., 1987

OECD (Hrsg.): Schools and Quality. An International Report. Paris 1989

Paulston, R.G.: Conflicting Theories of Social and Educational Change: A Typological Review. University Center fpr International Studies, University of Pittsburgh 1976

Pfeiffer, H. u.a.: Schulentwicklungsplan Frankfurt/Main. Teil A - Allgemeinbildendes Schulwesen. Dortmund 1991

Philipp, E.: Gute Schule verwirklichen. Ein Arbeitsbuch mit Methoden, Übungen und Beispielen der Organisationsentwicklung. Weinheim und Basel 1992

Popp, W.: Die Lernfähigkeit der Schule. In: F. Kümmel (Hrsg.), Vergißt die Schule unsere Kinder? München 1978

Purkey, St.C./Smith, M.S.: Effective Schools: A Review. In: The Elementary School Journal, Heft 4/1983, S. 427-453

Reiss, G./Schoenebeck, M.v.: Schulkultur. (2 Bände). Frankfurt/M. 1987

Reynolds, D.: The Delinquent School. In: P. Woods (Hrsg.), The Process of Schooling, London 1976

Reynolds, D.: Forschung zu Schulen und zur Wirksamkeit ihrer Organisation - das Ende des Anfangs? Eine kritische Bilanz aus der Sicht britischer Erfahrungen. In: K. Aurin (Hrsg.), a.a.O. 1990, S. 88-100

Reynolds, D./Sullivan, M./Murgatroyd, S.J.: The Comprehensive Experiment. Falmer Press, Lewes 1987

Riegel, E.: Schule von innen verändern. In: K.-J. Tillmann (Hrsg.), a.a.O., 1989, S. 120-134

Rolff, H.-G.: Schulleitungsseminar. Grundkurs Organisationsentwicklung, Band 2.1. Soest 1986

Rolff, H.-G.: Wie gut sind gute Schulen: Kritische Analysen zu einem Modethema. In: H.-G. Rolff/K.-O. Bauer/K. Klemm/H. Pfeiffer (Hrsg.), Jahrbuch der Schulentwicklung, Band 6. Weinheim/München 1990, S. 43-261

Rolff, H.-G.: Schulentwicklung als Entwicklung von Einzelschulen? Theorien und Indikatoren von Entwicklungsprozessen. In: Zeitschrift für Pädagogik 37 (1991), Heft 6/1991, S. 865-886

Rolff, H.-G.: Wandel durch Selbstorganisation. Theoretische Grundlagen und praktische Hinweise für eine bessere Schule. Weinheim/München 1993

Rosenbusch, H.S.: Der Schulleiter - ein notwendiger Gegenstand organisationspädagogischer Reflexion. In: H.S. Rosenbusch/ J. Wisssinger (Hrsg.), Schulleiter zwischen Administration und Innovation. Braunschweig 1989

Russig-Kallfass, S.: Handlungsspielräume kommunaler Schulentwicklungsplanung. Zur Theorie und Praxis dezentraler Schulpolitik. Weinheim und Basel 1977

Rutter, M./Maughan, B./Mortimer, P./Ouston, J.: Fifteen Thousand Hours. London 1979; deutsche Übers.: 15.000 Stunden, Schulen und ihre Wirkung auf die Kinder. Weinheim 1980

Sarason, S.B.: The Culture of the School and the Problem of Change. Boston 1971

Schein, E.H.: Organizational Culture And Leadership. A Dynamic View. San Francisco/Oxford 1991

Schlömerkemper, J.: Lernen zwischen Dissens und Konsens - Zur Verbindlichkeit des Lehrens und Lernens in Team-Modellen. In: H. G. Holtappels (Hrsg.), a.a.O. 1993, S. 49-60

Senge, P.: The Fifth Discipline. New York 1990

Steffens, U.: Gestaltbarkeit und Qualitätsmerkmale von Schule aus Sicht der empirischen Schulforschung. In: U. Steffens/T. Bargel (Hrsg.), Erkundungen zur Wirksamkeit und Qualität von Schule (Qualität von Schule, Heft 1). Wiesbaden 1987, S. 21-39

Terhart, E.: SchulKultur. Hintergründe, Formen und Implikationen eines schulpädagogischen Trends. In: Zeitschrift für Pädagogik 40 (1994), Heft 1/1994, S. 685-699

Tillmann, K.-J. (Hrsg.): Was ist eine gute Schule. Hamburg 1989

Türk, K.: Neuere Entwicklungen der Organisationsforschung. Stuttgart 1989

Ulrich Steffens

Schulqualität und Schulkultur - Bilanz und Perspektiven der Verbesserung von Schule

1 Schule als pädagogische Gestaltungseinheit

Die Gründe für die Befassung mit der Frage nach Schulqualität - nach der "guten" Schule - liegen maßgeblich in der Einsicht, daß Schulen untereinander sehr unterschiedlich sind und daß dafür - neben den Lernvoraussetzungen der Schüler - der Schule als *"pädagogischer Handlungseinheit"* eine entscheidende Bedeutung zukommt (vgl. FEND 1987). Schulen sind *"Individualitäten"* mit eigenem Profil und unterschiedlicher Qualität (vgl. STEFFENS/BARGEL 1987a). Diese Sichtweise von Schule hat mittlerweile in der Schulforschung und Schulentwicklung zu einer breiteren Rezeption und Diskussion geführt (vgl. v.a. TILLMANN 1989; AURIN 1990; ROLFF 1990).

In der Perspektive der *einzelnen* Schulen und ihre Qualität wird der Ausgestaltungsspielraum betont, der jeder Schule zu eigen ist und der in Kenntnis von Befunden aus größeren empirischen Untersuchungen (vgl. dazu FEND 1982; HAENISCH 1987; STEFFENS 1987) und aus Fallstudien (vgl. dazu die Beiträge von FEND/SCHRÖER; HERZ; MESSNER; ROEDER; SCHULZ/TILLMANN und STEFFENS in Heft 2 der "Beiträge aus dem Arbeitskreis Qualität von Schule"; STEFFENS/BARGEL 1987b) als beträchtlich anzusehen ist. Die schulaufsichtliche Steuerung von Schule erfährt ihre Eingrenzung oder gar ihr Gegengewicht durch die pädagogischen Einstellungen im Kollegium, durch die Art und Weise, wie eine Schule ihren Schulbetrieb und den Unterricht organisiert, sowie durch die in einer Schule gewachsene Kultur, sei sie beschreibbar als ein gelungenes pädagogisches Ethos oder als ein zerrüttetes Schulklima.

Der Sichtweise von Schule als eine gestaltbare soziale Einheit liegt die Auffassung zugrunde, "daß Erscheinungsformen sozialen Lebens Ausdruck der handlungsgeleiteten Problemlösungen sind" (FEND/SCHRÖER 1987). Die spezifische Qualität einer Schule kann damit als Resultat kollegialer Problemlösungen begriffen werden, wobei die Art und Weise der gewählten Lösungen von den *wahrgenommenen* Rahmenbedingungen und Problemkonstellationen, vom pädagogischen Anspruch und von der Bereitschaft und den Fähigkeiten der Kolleginnen und Kollegen sowie von den Aushandlungsprozessen im Kollegium und der Verbindlichkeit ihrer Einhaltung beeinflußt wird.

Das Ergebnis solcher Problemlösungs- und Aushandlungsprozesse in Kollegien führt zu bestimmten Schulgestalten, die in den vergangenen Jahren - vorwiegend in den USA - unter dem Stichwort "effektive Schulen" in umfassender Weise untersucht worden sind. In diesen Untersuchungen wurden vorwiegend anhand von Fachleistungstests "gute" und "schlechte" Schulen miteinander verglichen. Aus diesen Vergleichen lassen sich zwölf innerschulische Struktur- und Prozeßmerkmale herausschälen:

(1) Leistungsorientierung der Schule;
(2) forderndes Lernen;
(3) pädagogisches Engagement der Lehrer;
(4) kontrollierte Beobachtung und Begleitung der Lernfortschritte der Schüler;
(5) Sicherung der Mindestbedingungen von Disziplin und Ordnung in der Schule;
(6) Führungsqualitäten von Leitungs- und Lehrpersonen einer Schule;
(7) Klima des Vertrauens;
(8) arbeitsorganisatorisches Funktionieren einer Schule;
(9) Lehrerkooperation;
(10) Innovationsbereitschaft und -fähigkeit der Lehrer;
(11) Einbeziehung der Eltern;
(12) schulaufsichtliche flankierende Stützmaßnahmen.

Auf eine Erläuterung dieser Merkmale wird verzichtet, da sie bereits an anderer Stelle dargestellt wurden; vergleiche auch HAENISCH (1987) und STEFFENS (1987). Für einen internationalen Überblick siehe MITTER (1991) sowie OECD (1989).

Trotz der berechtigten Kritik an diesen Studien (vgl. dazu STEFFENS/BARGEL 1992) bestätigen die Befunde maßgebliche schulpädagogische Positionen, die - auf einen Begriff gebracht - mit *Schulklima oder Schulkultur* bezeichnet werden können:

- hoher Stellenwert der Berufsauffassungen und pädagogischen Orientierungen von Lehrern (z.B. die Sorge um und Verantwortlichkeit für Schüler, Engagement und Indentifikation mit der Schule sowie ständige Bemühungen um eine Verbesserung der unterrichtlichen Arbeit).
- ausgebildete Fähigkeiten im didaktisch-methodischen Bereich und zur Unterrichtsführung;
- effektive Schul-, Arbeits- und Lernorganisation (z.B. Zielorientierung; Abstimmung und Koordination; Konzentration auf wesentliche pädagogische Herausforderungen und Aufgaben; bewußte Gestaltung von Schule);
- eine Umgangskultur im Kollegium und zwischen Lehrern und Schülern, die von Verständnis, Vertrauen und Verständigung ("3/Vs") geprägt ist und die Grundlage für innerschulische Normen und Werte darstellt.

Die identifizierten Binnenmerkmale von Schule können sicherlich nicht als vollständig angesehen werden (zumal sie anhand von Kriterien bestimmter fachlicher Leistungen ermittelt wurden). Der Wert der Befunde liegt zunächst weniger in seinen praktischen Verwertungsmöglichkeiten; vielmehr sind die Befunde dazu geeignet, schulische und unterrichtliche Probleme zu identifizieren, Alternativen aufzuzeigen und systematischer über Lehr- und Lernprozesse und ihre möglichen Wirkungen nachzudenken. In Anbetracht der Tatsache, daß eine bewußte innerschulische Gestaltung in der Schulpraxis noch keine Tradition hat, kommt bereits einer diesbezüglichen Bewußtseinsbildung eine entscheidende Funktion zu.

2 Konsequenzen für die Schulentwicklung

Die mit der Schulqualitäts-Ansatz verbundene neue Sichtweise von Schule bleibt nicht folgenlos für die weitere Schulentwicklung, sofern bildungspolitisch, bildungsplanerisch und bildungsadministrativ ein Anliegen zur beständigen Verbesserung von Schule besteht. Die Spezifität einzelner Schulen legt erstens die Vermutung nahe, daß es bessere und schlechtere oder - zugespitzt formuliert - "gute" und "schlechte" Schulen gibt. Demgegenüber war bisher die Vorstellung vorherrschend, daß die Schulaufsicht durch entsprechende Maßnahmen sicherstellen kann, daß an allen Schulen gleich gute Lehr- und Lernbedingungen gegeben sind.

Eine zweite Konsequenz für die weitere Schulentwicklung liegt in der Einsicht begründet, daß Schulen offenbar weniger von "außen" steuerbar sind, als es die zweite Schulreformbewegung dieses Jahrhunderts erwarten ließ: Die Einrichtung von Gesamtschulen in den 70er Jahren - als die entscheidende Maßnahme "äußerer Schulreform" - konnte beispielsweise durch strukturelle organisatorische Veränderungen zwar die Zielsetzungen teilweise einlösen (vgl. dazu HAENISCH/LUKESCH 1980; FEND 1982), nicht jedoch automatisch eine bestimmte pädagogische Kultur herbeiführen. Dazu bedarf es einer innerschulischen Entwicklungsarbeit im Sinne einer bewußten pädagogischen Ausgestaltung durch das jeweilige Kollegium.

Eine solche Entwicklung kann angesichts der organisatorischen Verfaßtheit von Schule schwerlich durch Erlasse oder Verordnungen gesichert werden. Hiermit ist eine dritte Konsequenz für die weitere Schulentwicklung angesprochen: Schulen lassen sich in einigen relevanten Belangen nicht zutreffend als hierarchischbürokratisch organisierte Einrichtungen beschreiben, die "von oben" vorgeschrieben bekommen, was sie zu tun und zu lassen haben und was der einzelne Lehrer (betrachtet als unterstes Glied in dieser Hierarchie) als weisungsempfangender Beamter auszuführen hat. Schulen erscheinen vielmehr als Systeme nur lose miteinander gekoppelter Subeinheiten (etwa Schulleitung, Gesamtkonferenz, Fachkonferenzen, Jahrgangsteams und vor allem die einzelnen Lehrer), die nicht hierarchisch aufeinander bezogen sind. Beispielsweise kann der Mathematiklehrer in der Klasse 6a ein ganz anderes pädagogisches Konzept praktizieren als jener in der Parallelklasse, der sich möglicherweise über Verabredungen der Fachkonferenz hinwegsetzt, damit zugleich aber den Vorstellungen des Rektors sehr nahe kommt. Letzterer wiederum kann versprechen, den Auflagen der regionalen Schulaufsicht nachzukommen, zugleich gesteht er aber gegenüber Vertrauten ein, daß er intern doch anders verfährt, um den Wünschen bestimmter Eltern entsprechen zu können. Das kann wiederum schon zu einer vorsichtigen Intervention des Personalrates geführt haben, der sich bei dieser Intervention zwar des Votums der Deutsch-Fachlehrer sicher ist, allerdings nicht genau abschätzen kann, ob die Gesamtkonferenz dies mittragen wird.

Dieses kleine Szenario ist zwar fiktiv, aber für den Schulalltag nicht untypisch. Es soll verdeutlichen, daß Schulen faktisch einen beträchtlichen Freiraum besitzen, der häufig jedoch nicht erkannt wird. Damit ist - als vierte Konsequenz - die Einsicht verbunden, daß Schulen als Organisationen zu begreifen sind, die durch die in ihr handelnden Organisationsmitglieder, insbesondere durch die Kolleginnen und Kollegen, gestaltet werden. Kollegien, die sich nicht als pädagogische Instanzen von Aushandlungs- und Problemlösungsprozessen begreifen, können keine gemeinsame Schulkultur entwickeln, verfügen über kein kollektives Anliegen und begreifen ihre Schule nicht als ein Ganzes, das es gemeinsam zu verantworten gilt.

Obwohl die schulspezifischen Gestaltungsfreiräume nachweisbar sind, werden die Gestaltungsmöglichkeiten von Kollegien nur selten erkannt. Es wird eben nicht bewußt gestaltet und organisiert, zielgerichtet geplant und beständig weiterentwickelt. Ebensowenig werden die Auswirkungen von Schule bei den Schülern kontrolliert in den Blick genommen und Konsequenzen gezogen.

Die fünfte Konsequenz der neuen Sichtweise von Schule lautet deshalb, daß es für eine Verbesserung von Schule zunächst ein Gestaltungsbewußtsein in der Lehrerschaft zu wecken gilt, verbunden mit der Einsicht in die Organisierbarkeit innerschulischer Veränderungen (die weit mehr meint als nur verwaltungstechnische Belange).

Dies setzt eine bewußte Pflege von Partizipation voraus. Nach innen gewendet bedeutet Partizipation die aktive Teilhabe des einzelnen am Schulleben. Nach außen gewendet setzt Partizipation eine schulspezifische Autonomie voraus. Eine weitere, sechste Konsequenz besteht demnach darin, daß die bereits bestehende Autonomie der Einzelschule den Kollegen und insbesondere den Schulleitungen bewußter zu machen ist, daß den Schulen offiziell mehr Autonomie gewährt wird und daß durch flankierende Maßnahmen Partizipation und Autonomie gefördert und entsprechende Kompetenzen entwickelt werden. Dies erfordert zugleich ein Umdenken innerhalb der Schulaufsicht selbst (vgl. dazu PFISTER/WEISHAUPT 1988).

3 Handlungsleitende Aspekte für innerschulische Erneuerungsprozesse

Wenn innere Schulentwicklung Erfolg haben soll, so kommt es entscheidend darauf an, ein pragmatisches Konzept zu entwickeln, um zum Beispiel die Arbeit am Schulkonzept in ihren relevanten Bezügen beachten und im schulischen Gesamtzusammenhang verorten zu können. Fünf handlungsleitende Aspekte sind auf dem Hintergrund der Erkundungen zur "Qualität von Schule" für innerschulische Erneuerungsprozesse beachtenswert (vgl. dazu ausführlicher STEFFENS/BARGEL 1987a):

(1) Personenaspekt:

Hier sind die individuellen Haltungen und Qualifikationen von Lehrern angesprochen. Als Leitkategorien werden Verantwortungsbewußtsein und pädagogisches Engagement angesehen.

(2) Inhaltsaspekt:

Dieser Aspekt fokussiert die inhaltliche Ausrichtung der Veränderungsbemühungen auf die "Schlüsselprobleme" unserer Gesellschaft (vgl. KLAFKI 1991). Hier bedarf es der Aushandlung von Zielkriterien, die "jenseits scheinbarer Alternativen" zu suchen sind (vgl. BOHNSACK 1991):

- "Systemzwang oder Selbstbestimmung?"
- "Interesse oder Leistung?"
- "Person oder Objekt?"
- "fachorientierte Analyse oder 'Begegnung' mit der Welt?"
- "Schule als Schonraum oder Funktionär der Arbeitswelt?"

(3) Interaktionsaspekt:

Die Arbeit am Schulkonzept setzt institutionalisierte Arbeitsbeziehungen und Organisationsformen voraus, die die Gewähr für pädagogisch-professionelle Aushandlungs- und Problemlösungsprozesse leisten. Der Leitbegriff ist der der innerschulischen Partizipation.

(4) Beziehungsaspekt:

Die Befunde zeigten auf, daß eine "gute" Schule nur in einer befriedigenden zwischenmenschlichen Atmosphäre gedeihen kann. Bei Gleichgültigkeit, Anonymität, übertriebener Konkurrenz- und Druckorientierung kann kein gegenseitiges Vertrauen und kein "Wir-Gefühl" aufkommen. Gefragt sind humane Umgangsformen und eine Beziehungspflege für eine demokratische Schulgemeinschaft.

(5) Strukturaspekt:

Für die Arbeit am Schulkonzept ist zuallererst der Gestaltungsspielraum von makroorganisatorischen Vorstrukturierungen (in Form von Gesetzen, Verordnungen und Erlassen) zu identifizieren, um ihn schulindividuell nutzen zu können. Die Wirksamkeit des schulischen Gestaltungspotentials hängt entscheidend davon ab, wie die vorfindbaren Ressourcen optimiert und miteinander vernetzt werden. Die personellen und sächlichen Ressourcen, individuellen Fähigkeiten und Haltungen sowie das herrschende schulische Werte- und Normengefüge sind deshalb auf die Aktivitäten der vorgenannten vier Aspekte abzustimmen. Zu einer solchen strukturorientierten Planung und Vernetzung gehören Informations-, Organisations-, Koordinations-, Entscheidungs-, Lenkungs- und Prüfungsfunktionen.

Alle Anstrengungen wären unter dem Gesichtspunkt von Schule als Ganzheit vergebens, wenn die genannten fünf Aspekte nicht in einen *systemischen Zusammenhang* gestellt worden würden: Bei Mißachtung des Personenaspekts keine Sorge um das Wohl des einzelnen, ohne Inhaltsaspekt keine zielbezogene Ausrichtung der Schule, ohne Interaktionsaspekt keine Kanäle zur kollektiven Aushandlung, ohne Beziehungsaspekt keine Verständigungsbasis und ohne Strukturaspekt keine Schulgestaltung.

Bei der Arbeit am Schulkonzept sollte deshalb die Frage nach den möglichen Wirkungen bestimmter Maßnahmen unter diesen fünf Aspekten zu beantworten sein.

Es liegt in der Natur der Sache, daß aus der schulindividuellen Ausrichtung der Arbeit am Schulkonzept schulspezifische Konzepte entstehen, wie dies auch fallorientierte Schulanalysen ausweisen. Aus der systematischen, geplanten und intentionalen Arbeit am Schulkonzept resultieren daher bewußt gestaltete Schulindividualitäten mit eigenem Gepräge und spezifischem Profil (vgl. dazu DÖRGER 1992).

4 Wege zu Schulqualität

Für das Beschreiten von Wegen zu höherer Schulqualität sind folgende Aspekte beachtenswert:

Problembewußtsein entwickeln

Den Ausgangspunkt innerschulischer Veränderungsprozesse stellt ein zu entwickelndes Problembewußtsein dar, das es durch eine Diagnose der eigenen Schulpraxis - sozusagen durch "Pädagogische Bestandsaufnahmen" - erst zu evozieren bzw. hervorzurufen gilt. Die Untersuchungserfahrungen sind gleichsam durch eigene Erfahrungen nachzuzeichnen und finden so zu einer subjektiv gültigen "Wahrheit".

Bei der Themen- und Problemauswahl empfiehlt sich - entsprechend den Ansätzen und Erfahrungen einer "Organisationsentwicklung" von Schule -, sich vom erlebten Problemdruck leiten zu lassen. Es ist dabei ratsam, sich zuerst um die Beseitigung erkennbarer Defizite bereits praktizierter Konzepte zu kümmern, bevor das Kollegium die Umsetzung weiterer Konzepte einzuleiten versucht. Es sollte dabei mit berücksichtigt werden, daß es neben relativ einfach zu lösenden Aufgaben auch schulische Verhältnisse gibt, die der Veränderung nur schwer zugänglich sind.

Die entscheidende schulpraktische Funktion der in Abschnitt 1 skizzierten Merkmale von Schulen liegt zunächst in der Bewußtseinsbildung für die Schulgestaltung. Ein solcher Prozeß kann zuallererst Fragehaltungen im Kollegium entwickeln helfen (z.B.: Wie läuft es eigentlich an unserer Schule? Was wollen wir als Kollegium erreichen?), zu pädagogischen Diskussionen in Konferenzen animieren und als handlungsleitende Kategorien Eingang in Aushandlungsprozesse finden. Die Merkmale können als "Merkposten" und Prüffragen verstanden werden und zur Orientierung dienen, um die eigene Unterrichtspraxis und den Schulalltag kritisch zu hinterfragen und zu beobachten. In der Regel wird man dabei feststellen müssen, daß ein Gestaltungsverständnis, wie es dem Schulqualitätsansatz zugrundeliegt, in den Kollegien bisher nicht weit verbreitet ist.

Lehrerkooperation

Aus den Untersuchungsbefunden geht hervor, daß die Lehrerkooperation als entscheidende Gestaltungsgröße für die innere Entwicklung und Verbesserung von Schule fungiert (vgl. dazu STEFFENS 1991). Dazu sind schulinstitutionelle Gelegenheiten erforderlich, die eine Kooperation zur Entfaltung bringen können:

> *"Um als Subsystem wirkungsvoll kooperieren und sich konstruktiv verständigen zu können, sind in Anlehnung an eine zusammenfassende Darstellung von Runkel u.a. (1991, S. 43) folgende Fähigkeiten erforderlich:*

- *offene und jeweils alle Beteiligten umfassende Kommunikation herbeiführen und aufrechterhalten können,*
- *explizite Einigung auf gemeinsame Ziele vornehmen können,*
- *die Zusammenarbeit hindernde Konflikte erkennen, aufgreifen und klären können,*
- *Gruppentreffen, Besprechungen, Konferenzen etc. effizient vorbereiten und durchführen können,*
- *Problemlösungen als konzentrierte Gruppenleistungen herbeiführen können,*
- *realitätsgerechte und tragfähige Entscheidungen in kooperativer Weise treffen können,*
- *regelmäßig Prozeß und Ergebnisse der Zusammenarbeit systematisch bilanzieren können." (PIEPER 1986, S. 44)*

LITTLE (1982, S. 331) nennt folgende Aufgabenstellungen einer Lehrerkooperation, die mit kontinuierlichen Bemühungen um eine Verbesserung der pädagogischen Arbeit an einer Schule einhergehen:

(1) konkrete, präzise Gespräche über Unterrichtspraxis, die eine gemeinsame Sprache unter den Lehrern fördern, differenziertere Wahrnehmungen unterrichtlicher Vorgänge und einsinnigere Planungsperspektiven ermöglichen;

(2) eine gemeinsame Erarbeitung von Unterrichtsmaterialien, eine gemeinsame Planung und Auswertung von Unterricht;

(3) ein kritisches Befragen des Lehrerhandelns im Unterricht und der Wirkungen des eigenen Tuns;

(4) eine nützliche, gegenseitige Kritik der Unterrichtsarbeit, die pädagogische Gespräche für die eigene Praxis sinnvoll und hilfreich erscheinen läßt;

(5) gegenseitiges Lehren und Lernen im Kollegenkreis ("play the role of instructor für others"), was einer maximalen Nutzung der im Kollegium vorhandenen Kompetenzen gleichkommt.

Auch für die Entwicklung einer solchen Kooperationskultur bedarf es der Anregungen und des Trainings. SCHMUCK u.a. (1977) berichten von einem schulischen Interventionsprojekt, in dem Kommunikationstraining und die Erarbeitung von Problemlösungstechniken bei kurzzeitlichen Interventionen über einen längeren Zeitraum in und mit einem Kollegium Auswirkungen auf mehreren Ebenen und in verschiedenen Aspekten nach sich zogen (auf der Basis von Selbsteinschätzungen der Lehrer über wahrgenommene Veränderungen und unter Vergleich mit mehreren Kontrollschulen). Neben dem Interesse des Schulleiters und des Kollegiums, an weiteren Trainingsprogrammen teilzunehmen, wurde vor allem festgestellt:

- deutlich häufigerer Einsatz von Verfahren zur Verbesserung von Gruppenprozessen in der Klasse;
- ausgeprägte positive Veränderungen beim Schulleiter hinsichtlich Management-, Sozialkompetenzen sowie Anregungsgehalt;
- eine deutliche Verbesserung in der Durchführung von Konferenzen (z.B. Klarheit, Effektivität, Offenheit, Problemlösungen);
- Zunahme der Innovationsfreudigkeit (v.a. hinsichtlich neuer Organisationsformen und Methoden der Problemlösung);
- Verbesserungen der Arbeitsbeziehungen zwischen Kollegen und zwischen Schulleitung und Lehrern sowie in den zwischenmenschlichen Beziehungen (gegenseitiges Helfen und gegenseitige Rücksichtnahme; Umgang mit Gefühlen; sachliche Orientierung bei Meinungsverschiedenheiten);
- Fähigkeiten bei der organisatorischen Gestaltung der Schule; unter anderem: Teilhabe an Entscheidungen (z.B. wurde der Beratungsausschuß in einen ernstzunehmenden schulischen Entscheidungsausschuß umgewandelt); effektiver Umgang mit Ressourcen (z.B. entwickelte sich

ein schulischer Ausschuß, der vor der Intervention für schulische Veränderungen zuständig war und stark angefeindet wurde, zu einer anerkannten Einrichtung mit wichtigen Funktionen).

Arbeit am Schulkonzept

Bei einer Erneuerung der Schule von innen geht es folglich darum, die verschiedenen schulischen Handlungsebenen zu einem Gesamtzusammenhang zu vernetzen. Eine solche Entwicklungsarbeit könnte mit den Begriffen "Organisationsentwicklung" oder "schulinterne Lehrerfortbildung" umschrieben werden, die auf die Schulkultur und auf das Schulkonzept auszurichten sind. Dazu bedarf es mehrerer Voraussetzungen und Einsichten:

(1) Einsicht in die Gestaltungsmöglichkeiten von Schule;

(2) Gestaltungswille (der angesichts vorfindbarer Burn-out-Syndrome nicht mehr selbstverständlich ist);

(3) klare Vorstellungen darüber, was erreicht werden soll (das ist meistens das größte Problem an Schulen);

(4) Orientierung an pädagogischen Standards, wie etwa der Glaube an die Lernfähigkeit von Kindern, die Sorge um deren Wohlergehen und Lernfortschritte;

(5) professionelles Verfahren in der kollegialen Zusammenarbeit (z.B. klären, was Schule erreichen kann, was an der eigenen Schule erreicht werden soll; z.B. bestehende Techniken zur Feststellung der bisher erzielten Wirkungen an der Schule oder zur Zielfindung); namentlich einen Ausschuß des Kollegiums, der den innerschulischen Entwicklungsprozeß betreut und moderiert; Anwendung von Moderationstechniken;

(6) Pflege einer bestimmten Kooperationskultur und die Sicherung bzw. Herstellung eines "Minimalkonsenses";

(7) Planung von Maßnahmen, die sowohl auf der Kollegiums- als auch auf der Unterrichtsebene Konsequenzen haben (z.B. Kollegiumskooperation und Lehrerteams, Verantwortlichkeit für die Schule als Ganzes als auch für die eigene Klasse);

(8) Einsicht, daß kollegiale Kooperation und Aushandlungsprozesse Zeit kosten und nicht in förmlichen Konferenzen und Konferenzritualen abzuhalten sind;

(9) erster Einstieg in solche Entwicklungsvorhaben, die der Veränderung leicht(er) zugänglich sind (vom Leichten zum Schweren, vom Äußeren zum Inneren);

(10) Aktivitäten in einem vertretbaren Umfang halten (nicht zu viel auf einmal angehen, sich nicht überfordern);

(11) Konzentration auf die wesentlichen Fragen und Probleme der Schule sowie ein Ausblenden bzw. Vernachlässigen randständiger oder zweitrangiger Themen ("Mut zur Lücke");

(12) ständige Vergewisserung im Kollegium über die verabredeten Ziele und Regeln, eine kritische Begleitung und Überprüfung des Entwicklungsprozesses.

Für eine Konkretisierung der "Arbeit am Schulkonzept" vergleiche vor allem DÖRGER (1992) und STEFFENS/BARGEL (1992). Für ähnliche Vorgehensweisen im Rahmen einer "Organisationsentwicklung von Schule" sowie einer "schulinternen Lehrerfortbildung" vergleiche vor allem DALIN u.a. (1990) und PHILIPP (1992) sowie WENZEL u.a. (1990) und GREBER u.a. (1991).

5 Hemmnisse und Handlungsbedarf

Forschungsbefunde zu den Gestaltungsmöglichkeiten von Schule und Erfahrungen mit schulischen Veränderungsprozessen verweisen darauf, daß einzelne Schulen von sich aus und sozusagen mit "Bordmitteln" zu einer Selbsterneuerung fähig sind. Dennoch sind die auffälligen Ausnahmen - wo es einzelnen Schulleitungen und Kollegien gelungen ist, aus eigener Kraft einen substantiellen Entwicklungsprozeß zu initiieren und zu durchlaufen - zugleich ein Beleg dafür, wie schwer angesichts von Verkrustungen und Schulverdrossenheit Erneuerungen in Bewegung kommen. Deshalb bedarf es selbst für solche ungewöhnlichen Selbstinitiativen der äußeren stützenden und förderlichen Vorgaben, auch der "symbolischen" Anerkennung dergestalt, daß der innerschulischen Erneuerung ein hoher Stellenwert beigemessen wird.

Bisher stellt jedoch die Schulaufsicht der einzelnen Schule keine ausreichenden Ressourcen zur Zieldefinition und für innerschulische Aushandlungsprozesse zur Verfügung. Dies erklärt sich zu einem guten Teil dadurch, daß selbst innerhalb der Schulaufsicht die Einsicht in die Gestaltungsmöglichkeiten der Schule von innen heraus nicht hinreichend etabliert ist. Vielmehr herrscht vielerorts noch der Glaube vor, daß sich eine bestimmte pädagogische Ausrichtung der Schule durch verwaltungstechnische Vorgaben sichern ließe. Daß diese Vorgaben in nicht wenigen Fällen nahezu unwirksam bleiben, wird dabei übersehen. Ihre Wirkung dürfte vielmehr darin bestehen, daß sie bei Lehrern den Eindruck, gegängelt zu werden, und die Sicht einer Dichotomie von Verwaltung und Pädagogik noch verstärken. Organisationsbewußtsein im Kollegium kann auf diese Weise nicht wachsen, weil durch die Art der Intervention Organisieren mit unpädagogischen, verwaltungstechnischen Eingriffen gleichgesetzt wird. Diese "heimliche" Wirkung ist zudem in prekärer Weise gekoppelt mit Machtdemonstrationen seitens der Schulaufsicht und Ohnmachtsgefühlen seitens der Lehrerschaft.

Direkte schulaufsichtliche Eingriffe erscheinen mithin als kontraproduktiv. So formuliert auch COHEN (1983, S. 34), daß Schulen nicht durch erzwungene Macht zur Ordnung gebracht werden können. GOODLAD schlägt vielmehr vor, daß die einzelne Schule und ihr Selbstbewußtsein zu stärken sind und daß es gilt, "die Fähigkeit der Schulen zu fördern, mit ihren Problemen selbst fertig zu werden und sich weitgehend selbst zu erneuern" (DICHANZ/PODESCHI 1986, S. 60). Die Reformvorschläge von GOODLAD münden deshalb konsequenterweise "in dem Hauptvorschlag, die Autonomie und Kompetenz der einzelnen Schule zu stärken" (DICHANZ/PODESCHI 1986, S. 62).

Weiterreichende Vorschläge laufen darauf hinaus, daß Schulaufsicht ihre Funktion weniger auf das "Wie" als vielmehr auf das "Was", "das heißt die Einhaltung bestimmter, langfristig zu erreichender Rahmenvorgaben", konzentrieren sollte ("Ergebnis- statt Prozeßkontrolle"; vgl. PFISTER/WEISHAUPT 1988, S. 136 f.). Am "radikalsten" wird diese Position von VOGEL (1991) und von KÖLLER (1991) vertreten, die das Prinzip der "Gleichartigkeit" durch das der "Gleichwertigkeit" ersetzt wissen wollen und die die Aufsichtsfunktion nach den Bestimmungen des Privatschulgesetzes "positionieren". Unbeschadet der Frage, welchen Autonomiebestrebungen letztendlich der Vorzug gegeben wird, gilt es, darauf aufmerksam zu machen, daß die Gewährung von Schulautonomie nur ein Baustein für Schulqualität und Schulkultur darstellt und daß sie ohne eine Kompetenzerweiterung der Lehrer zum verantwortlichen Umgang mit ihr nicht gedeihen kann. Fort- und Weiterbildung sowie Schulberatung und -begleitung sind nicht nur deshalb entscheidende Eckpfeiler für mehr Schulqualität.

Die vorliegenden Erfahrungen verweisen darauf, daß die Bemühungen um eine verstärkte Selbständigkeit der einzelnen Schule nicht durch "eindimensionale" Maßnahmen erfolgen können: Die bloße formale Gewährung von Autonomie, die ausschließliche Ausrichtung auf die Rolle des Schulleiters, die alleinige Konzentration auf eine Kooperationskultur im Kollegium (z.B. "Minimalkonsens"), ein kontrollierendes Einklagen von pädagogischen Konferenzen (z.B. "Pädagogische Tage" oder "schulinterne" Lehrerfortbildung), die Gewährung von externer Schulbegleitung und -beratung, die Sicherung von zentraler Fortbildung für individuelle Kompetenzerweiterungen zur Schulgestaltung oder eine Betonung von neuen Anreizstrategien (z.B. Anrechnungsstunden für die Arbeit am "Schulkonzept") - alle diese Maßnahmen werden das Gestaltungsdilemma von Schule nicht lösen können, wenn sie nicht in einen organisierten Innovationszusammenhang gestellt werden.

Bei der Suche nach erfolgreichen Interventionsansätzen ist das - über die verschiedenen Studien zur "effective school" hinweg (vgl. Abschnitt 1) - recht einmütige Ergebnismuster aufschlußreich, daß sich die ermittelten "effektiven" Schulen gerade durch das Vorhandensein mehrerer günstiger schulischer Binnenbedingungen auszeichnen, die sowohl die Schulleitung, das Kollegium und den einzelnen Lehrer als auch Führungsqualitäten, Schulethos und Unterrichtsqualität betreffen.

Dieser Befund läßt sich auch an unsystematischen Beobachtungen hessischer Schulen ablesen, die in größerem Ausmaß an innerschulischen Erneuerungen arbeiten. Sie kennzeichnen sich in der Regel durch eine sehr engagierte, aufgeschlossene, starke und stützende Schulleitung, durch ein besonderes Engagement der Lehrer, durch gemeinsame pädagogische Überzeugungen, durch eine veränderte Arbeitsstruktur (z.B. Lehrerteams), durch andere Umgangsformen zwischen Lehrern untereinander sowie zwischen Lehrern und Schülern, durch ein anderes Bild von der Schülerrolle (z.B. hinsichtlich Selbständigkeit, Selbsttätigkeit und Unterstellung von Lernfähigkeit) und eine pädagogischere Orientierung in der Unterrichtstätigkeit.

Veränderungsbemühungen müssen offensichtlich auf die verschiedenen schulischen Handlungsebenen und auf verschiedene Aspekte der Sozialstruktur einer Schule gerichtet sein, um einen spürbaren praktischen Niederschlag zu finden.

Es muß zudem die Einsicht wachsen, daß sich entsprechende Erfolge nicht von heute auf morgen einstellen, sondern einen längeren Entwicklungsprozeß verlangen, der beständig zu begleiten und zu fördern ist. Hierfür ist insbesondere die Schulaufsicht mit einem neuen Verständnis von offener Steuerung, Gewährung von Eigenständigkeit und Sicherung der Entwicklungsmöglichkeiten gefordert.

Literatur

Aurin, K. (Hrsg.): Gute Schulen - worauf beruht ihre Wirksamkeit? Bad Heilbrunn/Obb.: Julius Klinkhardt, 1990.

Berg, H.C.; Steffens, U. (Hrsg.): Schulqualität und Schulvielfalt. Das Saarbrücker Schulgüte-Symposium 1988 (Beiträge aus dem Arbeitskreis Qualität von Schule, Heft 5). Wiesbaden: Hessisches Institut für Bildungsplanung und Schulentwicklung (HIBS), 1991.

Bohnsack, F.: Strukturen einer guten Schule heute - Versuch einer normativen Begründung. In: Berg, H.C., Steffens, U. (Hrsg.), a.a.O., 1991, S. 23-30.

Cohen, M.: Instructional, management and social conditions in effective schools. In: Odden, A.; Webb, L.D. (Hrsg.): School Finance and School Improvement. Linkages for the 1980s. Fourth Annual Yearbook of the American Education Finance Association. Cambridge, Mass., 1983, S. 17-50.

Dalin, P.; Rolff, H.-G-; Buchen, H.: Institutionelles Schulentwicklungsprogramm. Eine neue Perspektive für Schulleiter, Kollegium und Schulaufsicht. Soest: Soester Verlagskontor, 1990.

Dichanz, H.; Podeschi, R.: Krise im amerikanischen Schulwesen? In: Zeitschrift für Pädagogik 32, 1986, Heft 1, S. 51-68.

Dörger, U.: Projekt Lehrerkooperation. Eine pädagogische Konzeption zur Weiterentwicklung von Gesamtschulen. Weinheim und München: Juventa, 1992.

Fend, H.: "Gute Schulen - schlechte Schulen" - Die einzelne Schule als pädagogische Handlungseinheit. In: Steffens, U.; Bargel, T.(Hrsg.): Schulleben und Schulorganisation (Beiträge aus dem Arbeitskreis Qualität von Schule, Heft 4. Wiesbaden: Hessisches Institut für Bildungsplanung und Schulentwicklung (HIBS), 1987a, S. 55-79.

Fend, H.: Gesamtschule im Vergleich - Bilanz der Ergebnisse des Gesamtschulversuchs. Weinheim und Basel: Beltz, 1982.

Fend, H.; Schröer, S.: Das individuelle Profil guter Schulen - Fallstudien Wolfsburg und Hannover-Linden. In: Steffens, U.; Bargel, T. (Hrsg.): Fallstudien zur Qualität von Schule (Beiträge aus dem Arbeitskreis "Qualität von Schule", Heft 2). Wiesbaden: Hessisches Institut für Bildungsplanung und Schulentwicklung (HIBS), 1987, S. 49-85.

Greber, U.; Maybaum, J., Priebe, B.; Wenzel, W. (Hrsg.): Auf dem Weg zur "Guten Schule": Schulinterne Lehrerfortbildung. Bestandsaufnahme, Konzepte, Perspektiven. Weinheim und Basel: Beltz, 1991.

Haenisch, H.: Was ist eine "gute" Schule? Empirische Forschungsergebnisse und Anregungen für die Schulpraxis. In: Steffens, U.; Bargel, T. (Hrsg.), a.a.O., S. 41-54.

Haenisch, H.; Lukesch, H.: Ist die Gesamtschule besser? Gesamtschulen und Schulen des gegliederten Schulsystems im Leistungsvergleich. München u.a.: Urban/Schwarzenberg, 1980.

Klafki, W.: Perspektiven einer humanen und demokratischen Schule. In: Berg, H.C.; Steffens, U. (Hrsg.), a.a.O., 1991, S. 31-41.

Köller, F.: Gute Schulen in der Sicht hessischer Schulverwaltung: Welchen Gestaltungsspielraum brauchen gute Schulen? In: Berg, H.C.; Steffens, U. (Hrsg.), 1991, a.a.O.

Little, J.W.: Norms of Collegiality and Experimentations: Workplace Conditions of School Success. In: American Educational Research Journal, Jg. 82, 1982, H. 3, S. 325-340.

Mitter, W.: Europäische Wege zu einer "guten" Schule. In: Berg, H.C./Steffens, U. (Hrsg.): a.a.O., S. 85-91.

OECD: Schulen und Qualität. Ein internationaler OECD-Bericht (Bildungsforschung internationaler Organisationen, Band 2). Frankfurt/M. u.a.: Lang, 1991.

Pfister, J.; Weishaupt, H.: Schulische Autonomie - Organisatorische Aspekte der Schulqualität. In: Steffens, U.; Bargel, T. (Hrsg.): Schulleben und Schulorganisation (Beiträge aus dem Arbeitskreis Qualität von Schule, Heft 4). Wiesbaden: Hessisches Institut für Bildungsplanung und Schulentwicklung (HIBS), 1988, S. 123-141.

Philipp, E.: Gute Schule verwirklichen. Ein Arbeitsbuch mit Methoden, Übungen und Beispielen der Organisationsentwicklung. Weinheim und Basel: Beltz, 1992.

Pieper, A.: Verbesserung der Zusammenarbeit im Lehrerkollegium als Aufgabe einer systembezogenen schulpsychologischen Beratung. Frankfurt/M. u.a.: Lang, 1986.

Rolff, H.-G.: Wie gut sind gute Schulen? Kritische Analysen zu einem Modethema. In: Rolff, H.-G.; Bauer, K.-O.; Klemm, K.; Pfeiffer, H. (Hrsg.): Jahrbuch der Schulentwicklung. - Daten, Beispiele und Perspektiven, Bd. 6, Weinheim, München 1990, S. 243-261.

Schmuck, F.A.; Runkel, P.J.; Langmeyer, D.: Die Verbesserung des Problemlösungspotentials von Organisationen im Lehrerkollegium einer Schule. In: Sievers, B. (Hrsg.): Organisationsentwicklung als Problem. Stuttgart 1977, S. 205-235.

Steffens, U.: Gestaltbarkeit und Qualitätsmerkmale von Schule aus Sicht der empirischen Schulforschung. In: Steffens, U.; Bargel, T. (Hrsg.), 1987, a.a.O., S. 21-39.

Steffens, U.: Kooperation in Kollegien und Schulqualität - Empirische Befunde aus der Konstanzer Schulforschung. In: Wissinger, J.; Rosenbusch, H.S. (Hrsg.): Motivation durch Kooperation (Schulleiter-Handbuch, Band 58). Braunschweig: SL Verlag, 1991.

Steffens, U.; Bargel, T. (Hrsg.): Erkundungen zur Wirksamkeit und Qualität von Schule (Beiträge aus dem Arbeitskreis Qualität von Schule, Heft 1). Wiesbaden: Hessisches Institut für Bildungsplanung und Schulentwicklung (HIBS) 1987a.

Steffens, U.; Bargel, T. (Hrsg.): Fallstudien zur Qualität von Schule (Beiträge aus dem Arbeitskreis Qualität von Schule, Heft 2). Wiesbaden: Hessisches Institut für Bildungsplanung und Schulentwicklung (HIBS), 1987b.

Steffens, U.; Bargel, T.: "Qualität von Schule" - Ein neuer Ansatz der Schulentwicklung. In: Steffens, U.; Bargel, T., 1987a, a.a.O., S. 1-20.

Steffens, U.; Bargel, T.: Erkundungen zur Qualität von Schule. Neuwied: Luchterhand, 1992.

Tillmann, K.-J. (Hrsg.): Was ist eine gute Schule? ("PB-Bücher", Heft 13). Hamburg: Bergmann und Helbig, 1989.

Vogel, J.P.: Die Privatschulbestimmungen des Grundgesetzes - Ein Verfassungsmodell für das gesamte Schulwesen. In: Berg, H.C.; Steffens, U. (Hrsg.), 1991, a.a.O.

Wenzel, H.; Wesemann, M.; Bohnsack, F. (Hrsg.): Schulinterne Lehrerfortbildung. Ihr Beitrag zu schulischer Selbstentwicklung (Studien zur Schulpädagogik und Didaktik, Band 4). Weinheim und Basel: Beltz, 1990.

II. Entwicklung von Schulkultur - Ansätze und Beispiele

Sabine Hornberg

Schule in multikulturellen Ballungszonen - Ansätze interkultureller Erziehung und Bildung in Frankfurt am Main

Die Schülerschaft der Bundesrepublik Deutschland ist in unterschiedlicher Ausprägung zunehmend eine multiethnische und multikulturelle, auch wenn nach wie vor ein Stadt-Land Gefälle vorherrscht und in einigen Stadtteilen der Anteil der dort lebenden ethnischen Minoritäten höher ist als in anderen (ALPHEIS 1990, S. 147-184). Die interkulturelle Erziehung und Bildung rückt angesichts dieses Prozesses für Schulen und außerschulische Bildungseinrichtungen zunehmend in den Blickpunkt ihres Interesses, insbesondere in urbanen Ballungszonen. Dies hat langfristig Konsequenzen für die Schulorganisation und den Schulalltag, wie die jüngsten Entwicklungen veranschaulichen: In Nordrhein-Westfalen hat der Kultusminister 1995 den Religionsunterricht an allgemeinbildenden Schulen auch für die drittstärkste Glaubensgemeinschaft, die der in der Bundesrepublik lebenden Muslime geöffnet. "Begegnungssprachen in der Grundschule" oder "Türkisch als 1. Fremdsprache" sind weitere Beispiele für eine Annäherung des Schulträgers an interkulturelle Erziehungs- und Bildungskonzepte. Dennoch: weder die theoretischen Grundlagen interkultureller Ansätze sind bis dato befriedigend bearbeitet worden noch herrscht Einmütigkeit über die angestrebte Schulpraxis. Es können jedoch zwei Hauptströmungen identifiziert werden, die in Anlehnung an HOHMANN (1989, S. 1-32) unter den Stichwörtern "begegnungspädagogische" oder "konfliktorientierte Ansätze" zu fassen sind (vgl. JUNGMANN 1992; S. 465-480). Während erstere stärker auf den Kulturbegriff als pädagogische Kategorie abheben und eine transkulturelle, kosmopolitische Identität anstreben (BORELLI 1986, S. 8-36; RUHLOFF 1982, S. 175-205; vgl. kritisch SCHWEITZER 1994, S. 310-315), warnen letztere vor einer Pädagogisierung sozialer Ungleichheiten unter dem Stichwort von der kulturellen Differenz (HAMBURGER 1986, S. 124-157; RADTKE 1991, S. 79-96).

Anders als ihr Vorläufer, die Ausländerpädagogik, versteht sich die interkulturelle Erziehung und Bildung gleich welcher Couleur als ein Ansatz, der sämtliche Bereiche des Schulalltags umfaßt und von allen Beteiligten aktiv gestaltet wird. Dies markiert einen zentralen Perspektivenwechsel: nicht die den ethnischen Minoritäten zugeschriebenen "Defizite" stehen im Zentrum bildungsplanerischer Vorgaben und pädagogischer Angebote, sondern die ethnische, sprachliche und kulturelle Vielfalt der Bundesrepublik

Deutschland. Die Anerkennung dieser Vielfalt mündet in der Suche nach Konzepten und einer Schulpraxis, die die unterschiedlichen Lebenslagen der Schülerinnen und Schüler mit Blick auf die angestrebte Chancengleichheit berücksichtigt. Die interkulturelle Erziehung und Bildung zielt damit auf Unterrichtsinhalte und Methoden der Vermittlung, auf Organisationsformen von Schule ebenso wie auf die Ausstattung der Gebäude und die Gestaltung des Schullebens. Einige zentrale Aspekte in diesem Kontext sind:

- Das Erkennen und die Bearbeitung ethnozentrischer Lehr- und Lerninhalte, von Vorurteilen und Stereotypen in Unterrichtsmaterialien und dem Denken und Handeln aller am Schulalltag Teilhabenden.
- Die Übernahme von Unterrichtsinhalten und der Einsatz von Unterrichtsmaterialien, die der multiethnischen, multikulturellen Schülerschaft und ihren mannigfaltigen Lebenswelten Rechnung tragen und unterschiedliche Perspektiven auf einen Sachverhalt reflektieren.
- Die Adaption demokratischer Lehr- und Lernformen, wie z.B. Projektlernen, Gruppenarbeit und themenzentrierter fächerübergreifender Unterricht.
- Die Befähigung der Schülerschaft, Diskriminierungen von Individuen oder Gruppen aufgrund ihrer ethnischen Zugehörigkeit, ihres Geschlechts oder ihres gesellschaftlichen Status zu erkennen und ggf. am Ziel der "Chancengerechtigkeit" orientierte Strategien oder Maßnahmen zu entwickeln.
- Die Berücksichtigung der Muttersprachen der Schülerinnen und Schüler im Rahmen des Regelunterrichts und nicht als zusätzliches freiwilliges Angebot (Stichwort "Muttersprachlicher Unterricht").
- Die Einstellung von Angehörigen ethnischer Minoritäten als Lehrpersonal, um positive Identifikationsangebote zu schaffen und ihrer Unterrepräsentation entgegen zu wirken.
- Der frühzeitige und möglichst umfassend in den Regelunterricht integrierte Unterricht in der "Zweitsprache Deutsch".
- Das Angebot des Islamischen Religionsunterrichts im Rahmen des Regelunterrichts.
- Die Berücksichtigung der über die Schülerschaft an einer Schule vertretenen Muttersprachen und Lebenswelten in der räumlichen Gestaltung der Schule und des Schulgeländes (z.B. Hinweisschilder in verschiedenen Sprachen, Bilder, etc.).
- Die Schaffung außerunterrichtlicher Angebote, z.B. Stützkurse, Hausaufgabenbetreuung, Freizeitangebote wie Photokurse, Tanz, Theater u.ä. an der Schule.

1 Aspekte interkultureller Erziehung und Bildung in der Schulpraxis

Wieweit die theoretisch skizzierten Ansätze einer interkulturellen Erziehung und Bildung tatsächlich Eingang in die Schulpraxis finden, ist bislang nur bruchstückhaft erforscht. Die folgenden Beispiele geben einen knappen Einblick in einige der dokumentierten bundesrepublikanischen Bestrebungen.

Im Rahmen eines Krefelder Modellversuchs, einem bikulturell orientierten Projekt, an dem von 1975-1979 drei Grundschulen beteiligt waren, erfuhr insbesondere die Muttersprache der Migranten besondere Aufmerksamkeit (Dickopp 1982). Deutsche und türkische Kinder (zwei Schulen) und deutsche und griechische Kinder (eine Schule) wurden in einigen Fächern in nationalhomogenen Gruppen von Muttersprachlern unterrichtet, in anderen Fächern gemeinsam. Der Anteil des gemeinsamen Unterrichts von z.B. türkischen und deutschen Schülern nahm jährlich zu. Neben der Spracharbeit lag der Schwerpunkt auf der Bereitstellung von Förderangeboten und sozialpädagogischen Integrationshilfen, zum Beispiel in Form von Freizeitangeboten. Lehrende wiesen abschließend daraufhin, daß sie die an sie gestellten Anforderungen nicht im Rahmen ihres Stundenetats abdecken konnten. Die Eltern der ausländischen Schüler bewerteten besonders positiv den Stellenwert ihrer Muttersprache an den Schulen.

CZOCK (1985) berichtet aus ihrer Untersuchung zu den "Alltagstheorien von Lehrern ausländischer Kinder" von der Tendenz der Lehrer und Lehrerinnen, die Schülerinnen und Schüler als Experten für ihre Kultur im Unterricht heranzuziehen und damit einer neuerlichen Stigmatisierung Vorschub zu leisten. Die Mitglieder einer Ethnie würden dabei unter Ausblendung ihrer je spezifischen Lebenslagen als eine homogene Einheit angesprochen. Eine Identifizierung der ausländischen Kinder und Jugendlichen mit den Unterrichtsinhalten sei über ein solches Vorgehen nur punktuell möglich, häufiger löse es bei vielen von ihnen Unbehagen darüber aus, daß sie von den Angehörigen der Mehrheitskultur als die "Anderen" wahrgenommen werden.

LEENEN u.a. (1990) fanden in ihrer Studie mit "bildungserfolgreichen" Migrant/innen der zweiten Generation, daß diese sich vor allem "ohne elterliche Unterstützung gegen zum Teil massive Widerstände und Schwierigkeiten im Schulsystem" (ebenda, S. 763) behaupten mußten. Auch wenn die schulischen Leistungen der Schülerinnen und Schüler den Besuch einer weiterführenden Bildungseinrichtung und den Erwerb der Hochschulreife nahelegten, neigten Vertreter und Vertreterinnen der Schulen und des Arbeitsamtes in ihrer Beratungspraxis häufig dazu, den ausländischen Schülerinnen und Schülern eine praktische Berufsausbildung vorzuschlagen (ebenda, S. 764). Zu ähnlichen Ergebnissen kam HORNBERG (1989, S. 30-

74) im Rahmen ihrer Befragung britischer Collegestudenten und -studentinnen bezüglich Frauen indischer Herkunft.

DIEHM und KODRON (1990) verfolgten mit ihrer "Pilotstudie zur Erstellung eines Fragebogens in vier europäischen Ländern" das Ziel, die Aus- und Fortbildungsbedürfnisse von Lehrern und Lehrerinnen im Bereich der Konzeption und Umsetzung der interkulturellen Erziehung an Schulen zu ermitteln. Mit 79% forderte die Mehrheit der Befragten die Integration interkultureller Ansätze in die Lehrerausbildung sowie entsprechende Fortbildungsangebote für bereits Berufstätige (ebenda, S. 55f.).

Eine seit langem diskutierte Form der Einbeziehung der Lebenswelten aller Schüler ist die Öffnung der Schule zum Stadtteil. Die in einigen Städten im Ruhrgebiet und in Berlin eingerichteten "Regionalen Arbeitsstellen zur Förderung ausländischer Kinder und Jugendlicher" (RAA) verfolgen einen solchen Ansatz in Stadtteilen mit hohen Ausländeranteilen, die häufig auch soziale Brennpunkte darstellen, seit Anfang der 80er Jahre (HOFMANN 1993, S. 24-40; RAA 1993: TREPPTE 1993, S. 11-23). Insbesondere eines der primären Ziele der interkulturellen Erziehung und Bildung, den Abbau von Ethnozentrismus und Xenophobie auf Seiten der ethnischen Majorität, unterstütze die Vernetzung von Schule und Nachbarschaft, da neben der Aufklärungsarbeit, die im kognitiven Bereich des Lernens angesiedelt ist, auch ein affektiver Zugang zu diesem Themenkomplex möglich wird.

Die skizzierten Projekte können die Vielschichtigkeit der Thematik lediglich andeuten, zahlreiche weitere Fragestellungen sind denkbar. In diesem Beitrag werden im folgenden Ergebnisse einer Studie zur interkulturellen Erziehung und Bildung in der Schulpraxis vorgestellt, die das Institut für Schulentwicklungsforschung (IFS) im Rahmen der Schulentwicklungsplanung für die Stadt Frankfurt am Main durchgeführte. Dort wurden über die traditionelle rein quantitative Schulversorgungsplanung (IFS 1993) hinaus auch "qualitative" Aspekte der pädagogischen Profilbildung von Schulen in die Planung einbezogen. Dies geschah ausgehend von der Annahme, daß die Unterstützung der pädagogischen Profilbildung von Schulen zukünftig eine zunehmend wichtige Aufgabe von Städten und Gemeinden sein werde (vgl. STRYCK 1994). Um Hintergrundinformationen für entsprechende Konzepte und Angebote des Schulträgers zu bekommen, führte das IFS im Winter 1991/92 an allen allgemeinbildenden Schulen in Frankfurt am Main ein Fragebogenerhebung zum Stand der "Öffnung von Schule und interkulturellen Erziehung in Frankfurt am Main" durch. Knapp die Hälfte (65) der angeschriebenen allgemeinbildenden Schulen beteiligte sich an der Erhebung. Die gewonnen Ergebnisse wurden anschließend im Rahmen von 13 Interviews mit Schulleitungen und Lehrenden ausgewählter Schulen vertieft. Ziel war es, einen Eindruck über bereits ergriffene und geplante Initiativen und Aktivitäten der interkulturellen Erziehung und Bildung zu gewinnen und mögliche Hindernisse und Unterstützungsleistungen durch den Schulträger zu identifizieren (hinsichtlich der Ergebnisse zur Öffnung von Schule, vgl. BURKARD 1993).

2 Ergebnisse der Studie

Bevor im folgenden Ergebnisse der Erhebung zum "Stand der interkulturellen Erziehung und Bildung an allgemeinbildenden Schulen in Frankfurt am Main" vorgestellt werden, ein Blick auf die demographische Entwicklung der Bevölkerung in Frankfurt am Main, unter besonderer Berücksichtigung ihrer ethnischen Zugehörigkeit, ihres Alters und ihrer Bildungsbeteiligung:

Am Jahresende 1991 waren in Frankfurt am Main insgesamt 648.018 Einwohner und Einwohnerinnen gemeldet. Der Anteil der ausländischen Wohnbevölkerung an der Gesamtbevölkerung war im Verlauf einer Dekade von 22,1% (138.371 Personen) in 1981 auf 25,6% (166.113 Personen) in 1991 angestiegen. Angehörige aus dem ehemaligen Jugoslawien waren mit 20,4% am stärksten vertreten, gefolgt von türkischen Staatsangehörigen (19,5%), italienischen (9,7%), griechischen und marokkanischen mit je 5,1%. Spanische und portugiesische Staatsbürger stellten lediglich 4,1% und 1,8% der ausländischen Wohnbevölkerung. Die große Gruppe der Personen aus Nichtanwerbeländern belief sich Ende 1991 auf 36,1%.

Von je 100 Deutschen waren 4,7% im noch nichtschulpflichtigen Alter, bei der ausländischen Wohnbevölkerung traf dies auf 7,8% zu. In der Gruppe der Schulpflichtigen, also der 6- bis unter 15-jährigen, stellten die Deutschen von je 100 Personen 5,6% - die ausländischen Einwohner Frankfurts fast doppelt soviele, nämlich 10,9%. Unter den berufsschulpflichtigen 15- bis unter 18-jährigen überragte der Anteil der ausländischen Jugendlichen mit 4,2% den der deutschen Jugendlichen mit 1,8% je 100 Personen sogar um mehr als das doppelte.

An den allgemeinbildenden Schulen in Frankfurt am Main verlief die Entwicklung der Schülerzahlen zwischen 1980 und 1991 folgendermaßen: Statistisch als "ausländische" erfaßte Schülerinnen und Schüler waren im Schuljahr 1980/81 mit 19,8% vertreten - im Schuljahr 1990/91 war ihre Zahl auf 35,1% angestiegen. 1980/81 belief sich der Anteil der ausländischen Schülerschaft an den Grundschulen auf 19,8% - 1990/91 auf 35,1%. An den Hauptschulen stieg ihr Anteil in den Vergleichsjahren von 41,1% auf 66,2%; an den Realschulen von 10,4% auf 42,8%. An den Gymnasien, wo die ausländische Schülerschaft traditionell unterrepräsentiert ist, stellte sie 5,8% in 1980/81 und 20,6% im Schuljahr 1990/91 (HORNBERG 1993). Trotz dieser positiven Tendenz (Anstieg des Gymnasialanteils), wird deutlich, daß die "ausländischen" Kinder und Jugendlichen im Vergleich mit ihren deutschen Peers nach wie vor im Hinblick auf ihre Bildungsbeteiligung benachteiligt sind, höhere Abschlüsse häufig über verschlungenere Wege erreichen müssen (über den Zweiten Bildungsweg beispielsweise).

Zur Methode der Studie: Bereits bei der Konzeption und später bei der Auswertung des Fragebogens zu Ansätzen der interkulturellen Erziehung und Bildung an Frankfurter allgemeinbildenden Schulen offenbarte sich ein Dilemma: einerseits sollte die ganze Spannweite der Projekte und Initiativen des interkulturellen Lernens erfaßt werden, andererseits wollten wir Schulen, die für sich reklamierten, die interkulturelle Erziehung und Bildung als durchgängiges Unterrichtsprinzip zu verfolgen, nicht in Einzelmaßnahmen "zerlegen". So waren wir bemüht, trotz der notwendigerweise auf Teilaspekte des Schullebens abzielenden Fragen, bei der Auswertung die Antworten einer Schule immer wieder zueinander in Beziehung zu setzen, um so ein möglichst umfassendes Bild dieser Einrichtung zu gewinnen. Als besonders hilfreich erwiesen sich in diesem Zusammenhang die von uns im Anschluß an die schriftliche Befragung mit einigen Schulleitungen und Lehrenden durchgeführten Interviews.

Ein weiterer, bedenkenswerter Aspekt ist die Tatsache, daß die an den befragten Schulen unterrichtenden Lehrpersonen im Laufe ihres Studiums und ihres Referendariats kaum mit interkulturellen Ansätzen in Berührung gekommen sein dürften. Diese Annahme erscheint insofern berechtigt, als diese Thematik auch heute noch im Rahmen der Lehrerausbildung eine eher marginale Position einnimmt und die Spannweite der darunter gefaßten Themen breit ist. Wir konnten also davon ausgehen, daß die von den Schulen entwickelten Initiativen auf einen Problemdruck oder persönliches Interesse einiger an interkulturellen Fragestellungen zurückzuführen sind, daß Lehrende ihre Ansätze entlang ihrer Praxis, im Rahmen von Weiterbildungsangeboten, im Austausch miteinander und anderen Institutionen und deren Vertreter entwickelt haben. Unsere Frage hinsichtlich des Wunsches nach inhaltlichen Fortbildungen zum Themenkomplex "interkulturelle Erziehung und Bildung" beantwortete dann auch die Mehrzahl der Schulen positiv. Die Schulen dokumentierten ihr Interesse an schulinternen und schulübergreifenden Fortbildungs- oder Beratungsveranstaltungen zu Fragen hinsichtlich:

- des sozio-kulturellen Hintergrundes ihrer Schülerschaft
- der Kontaktaufnahme mit verschiedenen Organisationen der ausländischen Bevölkerung
- der Koordination und Kooperation von Schule und Sozialpädagogen und Sozialpädagoginnen
- der Zusammenarbeit mit Organisationen für ausländische Familien (möglichst standortnah)
- der Vermittlung von Kenntnissen über religiöse und kulturelle Traditionen verschiedener Kulturen
- des Erlernens der türkischen Sprache.

Auch der Wunsch nach einer schulinternen, auf die speziellen Bedürfnisse ihrer Schule ausgerichteten Fortbildung wurde genannt. Die Einrichtung einer Anlaufstelle für Fragen der Kontaktaufnahme und Kooperation mit ortsansässigen Vereinen, Initiativen und Organisationen der ethnischen Minoritäten würde von der Mehrzahl der Schulen als Arbeitserleichterung begrüßt.

Trotz des angesprochenen und sich in den Antworten der Schulen niederschlagenden Mankos einer nur unzureichenden Behandlung interkultureller Fragestellungen im Rahmen der Lehrerausbildung haben die befragten Einrichtungen zahlreiche Initiativen entwickelt. Vornehmlich unter dem Stichwort "Projekte" lassen sich eine Vielzahl von Aktivitäten fassen.

2.1 Fächerübergreifende Unterrichtsprojekte und Projektwochen

Auf die Frage nach fächerübergreifenden Unterrichtsprojekten (UP) oder Projektwochen (PW), die dem interkulturellen Lernen zuzuordnen sind, war die Resonanz groß. Die von den Schulen entwickelten Aktivitäten lassen sich zwei Hauptströmungen zuordnen: Die eine umfaßt Projekte, die eher künstlerische, kulinarische und religiöse Aspekte betonen. Solche Angebote finden sich primär im Grundschulbereich. Die andere reflektiert Aktivitäten, die die sozialen und politischen Aspekte von Emigration bzw. Immigration und die Gegenwartssituation der ethnischen Minoritäten in der Bundesrepublik zum thematischen Schwerpunkt machen. Letztere sind hauptsächlich an Schulen der Sekundarstufe I und II angesiedelt.

Projekte mit künstlerisch, kulinarisch, religiösen Schwerpunkten

- Zusammenleben und Kennenlernen: z. B. „Wir lernen Europa kennen" (PW); Kinder aus anderen Ländern (PW); „In unserer Schule leben Schüler aus vielen Ländern zusammen" (PW).
- Feste: z. B. Feste feiern in anderen Kulturen und Religionsgemeinschaften (PW); „Wie in anderen Ländern Weihnachten gefeiert wird" (UP).
- Musik, Tänze, Spiele: z. B. Afrikanisches Trommeln (PW); Rep - Soul - Reggae (PW); Türkische Freizeitspiele (PW).
- Internationale Küche: z. B: Kochen internationaler Gerichte (PW); Gerichte einzelner Länder.

Daß sich solche Projekte gerade im Primarschulbereich durchsetzen, liege, darauf verwiesen einige Befragte in den Interviews, nicht zuletzt auch in den Möglichkeiten und Grenzen dieser Schulform. Wie eine über zwei Jahre (1989-1991) in Großbritannien an einer Grundschule durchgeführte, aktuelle Untersuchung eindrucksvoll belegt, haben bereits Vierjährige Vorurteile und Stereotypen über ethnische Minoritäten verinnerlicht (TROYNA & HATCHER 1992). Die Haltung des Elternhauses gegenüber ethnischen Minoritäten, die über die Medien transportierten Bilder und Einstellungen fließen bereits bei Kindern in ihre Wahrnehmung und Einschätzung anderer ein. Zwar sind diese Vorstellungen in der Regel noch recht vage, allerdings kommen sie, wenn die Kinder in die Grundschule gehen, bereits zum Tragen. Die bei Jugendlichen und Erwachsenen anzutreffenden Stereotypen z.B. über Türken und Türkinnen werden dann zwar in Bezug auf einen Freund oder eine Freundin modifiziert, haben aber nach wie vor Gültigkeit bezieht man sie auf "die Türken". Vorurteile dienen jedoch auch zur Reduktion von Komplexität und sind für Kinder zunächst eine Möglichkeit der Orientierung. Grundschulkinder befinden sich in einer Lebensphase, in der vermeintliche Gewißheiten immer wieder in Frage gestellt werden, wo immer wieder Neues entdeckt und allerdings nicht in komplizierten abstrakten gesamtgesellschaftlichen Zusammenhängen gedacht und erkannt wird, deshalb erscheint es besonders hilfreich, an ihre Erfahrungswelt anzuknüpfen. Die ohnehin in vielen Grundschulen ethnisch heterogene Schülerschaft, darauf verwiesen auch viele Lehrende an diesen Schulen, erleichtere ein an der Lebenspraxis orientiertes Lernen. Dabei können sowohl die Muttersprachen als auch die Herkunfts- und Gegenwartskulturen der Kinder in den Schulalltag einbezogen werden. Dies geschieht vielerorts vor allem über Märchen und Geschichten aus verschiedenen Ländern, über gemeinsames Kochen, Feste feiern, Kostümieren und vieles andere mehr. Das bedeutet nicht, daß eine konfliktfreie heile Welt vorgegaukelt werden muß - dies würde der Alltag der meisten Großstädte auch gar nicht zulassen. Kinder wachsen damit auf, daß "nicht alle gleich sind", sie gehen in ihrer Freizeit entlang ethnischer, kultureller und schichtspezifischer Grenzziehungen vorgenommene eigene Wege, streiten und vertragen sich. Einige Lehrende plädierten in diesem Kontext dafür, unterschwellige Konflikte oder offene Beleidigungen und Ausgrenzungen bereits bei Grundschülern und -schülerinnen zu thematisieren und nicht zu ignorieren, da dies den Weg ebnen könne für eine Auseinandersetzung mit den eigenen Vorurteilen und Handlungen, ein zentraler Aspekt der interkulturellen Erziehung und Bildung. Dabei weder die ethnischen Minoritäten zu bedauernswerten Opfern, noch die ethnische Majorität zu Sündenböcken zu machen, ist in der Praxis ein anspruchsvoller Balanceakt, setzt er doch zunächst die Reflexion der Pädagogen und Pädagoginnen selbst darüber voraus. Angesichts der zunehmenden Pluralität der Lebensformen in der bundesrepublikanischen Gesellschaft insgesamt (Wohngemeinschaftskinder, Kinder Alleinerziehender, Kinder aus bi-nationalen Ehen, hier geborene Nachfahren ethnischer Minoritäten, etc.) ein herausragender Aspekt schulischen Alltags, der ein Verständnis interkulturellen Lernens impliziert, das anstelle eines statischen einen dynamischen Kulturbegriff setzt (CLARKE u.a. 1981, S. 41).

Obwohl im Sekundarbereich I und II Projektwochen und fächerübergreifende Projekte mit kulinarisch, künstlerischen und religiösen Schwerpunkten ebenso häufig genannt wurden wie im Primarschulbereich, tritt hier doch auch ein ganzes Bündel an Projekten zu gesellschaftspolitischen Fragestellungen hinzu.

Projekte zu sozialen und politischen Themen

- Multikulturelles Leben: z. B. Community Life" in Frankfurt/M. und Umgebung (Besuch amerikanischer Einrichtungen (PW)); Ausländer und Deutsche (PW); Die Lebenssituation ausländischer Mitbürger/innen

(PW); Gemeinsames Schulleben - Leben mit Ausländer/innen fördern (PW).
- Lebenssituation in Heimatländern: z. B. Unsere Nachbarn (PW); Lebenssituation in den Heimatländern unserer Schüler/innen aus 26 Nationen (UP-Klassenübergreifend); "Länder aus denen wir kommen" (UP); "Wo unsere Mitschüler auch zu Hause sind" (UP).
- Deutsche und Ausländer heute und in der Geschichte: z. B. Reportage: Juden in Hoechst (PW); Faschismus und Neofaschismus (PW); Rassenhaß früher und heute (PW).
- Ausländerfeindlichkeit und Asylprobleme: z. B. "Gemeinsam sind wir stark" (UP); Der Ausländerfeindlichkeit begegnen (PW); Asyl-Flüchtlingsproblematik (UP).

Die Adressaten dieses Unterrichts legen ein solches Vorgehen ja auch nahe: ältere Kinder und Jugendliche begreifen zunehmend auch abstrakte Zusammenhänge, setzen sich gerade in der Phase der Pubertät mit den Ursachen und Konsequenzen gesellschaftlich erzeugter Mißstände auseinander. Sie nehmen die Urteile der Erwachsenen nicht widerstandslos und unhinterfragt hin, sondern wollen Erklärungen, rebellieren und suchen ihr eigene Position gegenüber anderen sowie sozialen und politischen Fragen auszuloten. Dabei tragen sie ihre Überlegungen immer auch in den Unterricht hinein. Diese Fragen dann auch aufzugreifen und dabei möglichst viele Sichtweisen einfließen zu lassen, ist ein Hauptanliegen des interkulturellen Ansatzes. Die von uns befragten Schulen in Frankfurt greifen historische und aktuelle gesellschaftspolitische Themen an allen Schulformen der Sekundarstufe auf. Allerdings bleibt es, so unser Eindruck, nach wie vor häufig bei einer punktuellen Behandlung solcher Fragestellungen, werden sie zum überwiegenden Teil im Rahmen von Projektwochen zum Thema gemacht. Als fächerübergreifender Unterrichtsgegenstand sind sie dagegen eher selten.

Unsere Frage, welche sozialen, kulturellen und ökologischen Probleme und Themen aus dem regionalen Umfeld an der Schule bisher angesprochen wurden, knüpft im Grunde an die nach den fächerübergreifenden Unterrichtsprojekten und Projektwochen an. Explizit sich auf das regionale Umfeld beziehende Themen, die im weitesten Sinne Aspekte eines multikulturellen Zusammenlebens reflektieren, sind denn auch nicht ganz so häufig genannt worden. Dennoch gewinnt man bei der Durchsicht der Antworten den Eindruck, daß die oben genannten Projektthemen an vielen Stellen implizit erneut aufgegriffen und vertieft wurden.

Unterrichtsthemen zum Stichwort "multikulturelles Zusammenleben im Stadtteil"

- Geschichte jüdischer Lehrer und Schüler in der NS-Zeit
- Stadtteilgeschichte/Stadtgeschichte
- Schülerzeitung "Kastanie" zum Thema "Ausländerfeindlichkeit"
- Vorurteilsfreier interkultureller Umgang in der Schule
- Gespräche im Unterricht: Umgang mit Roma-Kindern

- Protestveranstaltung zum Golfkrieg
- Besuch einer Ramadanfeier

Schulen knüpfen mit Blick auf aktuelle politische und rechtliche Themen im Unterricht auch an historische Fragestellungen an. Insbesondere wenn es um Ausländerfeindlichkeit oder das bestehende Asylrecht geht, kann ein solches Vorgehen beobachtet werden. Die Nazidiktatur, der zweite Weltkrieg, die Verfolgung der Juden unter dem Naziregime sind ohnehin Bestandteil von Lehrplänen. Im Rahmen ihrer Aufarbeitung auch aktuelle Problembereiche aufzugreifen, werde häufig von den Schülern und Schülerinnen selbst eingefordert.

Auf die Frage, welche Probleme und Themen aus dem Zusammenleben von Deutschen und Ausländern und Ausländerinnen an der Schule, im Schulleben oder im Unterricht bisher behandelt wurden, fanden sich viele Nennungen, die bereits unter dem Stichwort "Projekte und fächerübergreifende Aktivitäten" gefallen waren. Im folgenden wird ein Überblick über die von den Schulen am häufigsten aufgeführten Antworten gegeben. Diese lassen sich einteilen in spezifische Themen (T) oder Verweise darauf, daß das interkulturelle Lernen den gesamten Unterricht bzw. den Schulalltag erfasse (U/S). Sie zielen auf Angebote, die sich zusammenfassen lassen unter den Stichworten:[1]

Aktivitäten zum Bereich Multikulturelles Leben

- Thema "Muslime unter uns" im Religionsunterricht (T).
- Ausländerfeindlichkeit im Rahmen einer Unterrichtsreihe mit anschließender Diskussionsveranstaltung (T).
- Feste, Tänze und kulinarische Aspekte der Herkunftsländer der Migrant/innen im Unterricht (T).
- Informationsveranstaltung für jugoslawische Schüler/innen im Unterricht (T).
- Wahlmodus, politischer Stellenwert und Probleme der Kommunalen Ausländer-Vertretung (KAV) im Unterricht (Fach Gemeinschaftskunde) (T).
- Thematik "Zusammenleben von Deutschen und Ausländern" in den Unterrichtsfächern Soziologie, Religion, Deutsch und Geschichte (T).
- "Umgang mit Roma" als Unterrichtsgegenstand (T).
- Behandlung akuter und latenter Probleme im Rahmen von Treffen der Schülermitverwaltung und der SV-Stunden (T).
- Thematisierung unterschiedlicher Erziehungsstile im Unterricht (T).
- Themen wie Klassenfahrten, religiöse Feiertage und die Freizeitgestaltung der Schüler/innen im Unterricht (T bzw. U/S).
- Toleranz gegenüber fremdländischen Sitten und Brauchtum sowie Fragen zum Asylrecht im Unterricht. Aktionen gegen Ausländerhaß und für die Integration wurden durchgeführt (T bzw. U/S).

[1] Religion und Alltagsbezug bzw. politische Aufklärung.

- „Im Sachunterricht findet regelmäßig eine Unterrichtseinheit statt, deren Anliegen es ist, sich gegenseitig über die Herkunftsländer der Eltern zu informieren" (U/S).
- „Probleme, die sich aus dem Zusammenleben ergeben, werden direkt im Unterricht angegangen. Interkulturelles Lernen als integraler Bestandteil des Unterrichts" (U/S).
- „Die Verschiedenheit von Wertsystemen wird im Unterricht behandelt" (T bzw. U/S).
- „Wir verfolgen das Unterrichtsprinzip, über die verschiedenen Herkunftsländer, Religionen, Sitten, Gebräuche, Lebensgewohnheiten und Hautfarben der Kinder zu sprechen und die sich daraus ergebenden Probleme aufzuarbeiten und Verständnis für die Verschiedenartig der Menschen zu wecken" (U/S).

An einer von uns besuchten Gesamtschule wurden sowohl herkömmliche als auch zahlreiche von den Lehrenden entwickelte oder zusammengestellte Materialien im Unterricht der Sekundarstufe I und II eingesetzt. Der Schwerpunkt lag bei diesen Materialien auf der Auseinandersetzung mit der sozialen, rechtlichen und politischen Situation der Immigranten in der Bundesrepublik, hergestellt wurden aber immer auch Bezüge zur Herkunftskultur. Einige der interviewten Lehrenden betonten im Gespräch die Notwendigkeit, vor allem die Sensibilität zu entwickeln, Probleme oder Unklarheiten immer dann anzugehen, wenn sie aufzutreten - also nicht nur in den eigens dafür vorgesehenen Unterrichtsreihen oder typischen Fächern, wie Deutsch, Politik oder Geschichte. Ein an der multikulturellen Schülerschaft orientiertes Curriculum könne sich auch im Mathematikunterricht niederschlagen, soziale Fragestellungen in vermeintlich rein mathematischen Aufgaben Berücksichtigung finden, Stereotypenbildungen, wie bereits die Frauenforschung im Hinblick auf die Koedukation hinreichend belegt hat, auch dort vermieden werden.

Bei der Durchsicht der Fragebögen stießen wir darauf, daß an einigen Gymnasien aktuelle Fragestellungen wie z.B. das Asylrecht, oder der Aufbau und die Wirkungsmöglichkeiten der Kommunalen Ausländervertretung (KAV) in Frankfurt/M. Thema von Projektwochen waren. Dies überraschte ein wenig, da nach wie vor weniger Schüler und Schülerinnen aus den Reihen der ethnischen Minoritäten Gymnasien besuchen als zum Beispiel Haupt- oder Realschulen. Eine mögliche Erklärung wäre allerdings, daß Gymnasien diese gesellschaftspolitischen Themen in eher abstrakter Weise behandeln, während an Hauptschulen aufgrund der alltäglichen Multikulturalität aus der Lebenswelt der Schüler und Schülerinnen hervorgehende Fragestellungen aufgegriffen werden müssen, die einer dringenden Bearbeitung bedürfen. Dies wären beispielsweise Konflikte zwischen Elternhaus und Kindern, der Wunsch nach einer spezifischen Hausaufgabenbetreuung oder Unterstützungsmaßnahmen bei der Suche nach einer Lehrstelle.

2.2 Schulen in "Sozialen Brennpunkten"

Auf die Frage nach besonderen pädagogischen und sozialen Problemstellungen an ihrer Schule, auf die mit Aktivitäten zur Öffnung von Schule oder der interkulturellen Erziehung und Bildung bereits reagiert wurde oder reagiert werden sollte, antworteten viele Schulen, indem sie auf die Sozialstruktur im Stadtteil verwiesen. Die Familien der ehemals als Gastarbeiter und Gastarbeiterinnen angeworbenen Immigranten leben häufig in den Stadtteilen der unteren sozialen Schichten. Die Väter und Mütter dieser Kinder und Jugendlichen sind in der Regel entweder als Arbeiter und Arbeiterinnen beschäftigt oder erwerbslos.

Exemplarisch für Schulen in Stadtteilen der "sozialen Brennpunkte" steht die Situationsbeschreibung eines Schulleiters an einer Schule, die von Schülern und Schülerinnen aus 20 Nationen besucht wird:

> *"Die Jugendlichen sind sich selbst überlassen. Zahlreiche Familien werden vom Sozialamt betreut. Diese Familien sind zum Teil dauerarbeitslos. Hier leben viele Halbfamilien mit arbeitender Mutter. Die Schule kann die bisher aus dem Zusammenleben auftretenden Probleme größtenteils lösen. Die grundsätzliche Schwierigkeit der Schule liegt trotz 45% Ausländeranteil mit steigender Tendenz nicht in der interkulturellen Thematik, sondern in den sich selbst überlassenen ausländischen und deutschen Schülern und Schülerinnen".*

Während unter den Deutschen die Zahl der alleinerziehenden Elternteile, meistens der Mütter, ansteigt, sind die Problemlagen der ausländischen Familien häufig anders gelagert. Die befragten Schulen in diesen Stadtteilen führen an, daß Eltern aufgrund der Berufstätigkeit von Vater und Mutter oft entweder nur unzureichend Zeit aufbringen können, um sich um die schulischen Angelegenheiten ihrer Kinder zu kümmern, oder die notwendige Unterstützung aufgrund von sprachlichen und schichtsspezifischen Barrieren verhindert wird. Auch Aspekte wie eine beengte Wohnsituation, die den Schülern und Schülerinnen eine angemessene Unterrichtsvor- und -nachbereitung erschwert, beklagen einige Schulen. Grundsätzlich muß in diesem Kontext jedoch hervorgehoben werden, daß die unter dem Stichwort vom "sozialen Brennpunkt" genannten Probleme deutsche und ausländische Familien gleichermaßen betreffen. Anonyme Wohnsiedlungen, mangelhafte bis gänzlich fehlende Freizeitangebote für Kinder und Jugendliche und zunehmende Gewaltbereitschaft bestimmen die Lebenssituation aller im Stadtteil. Im Fall der ausländischen Wohnbevölkerung kann das Moment des "Anderssein" allerdings noch als zusätzlicher Faktor hinzukommen und einer weiteren Stigmatisierung Vorschub leisten. Lehrende, Schulleiter und -leiterinnen an Schulen in solchen Stadtteilen sehen sich im Schulalltag nicht nur herausgefordert, die eigene Schichtschranke zu reflektieren, sondern auch eine Sensibilität für mögliche soziokulturelle Formen der Alltagsbewältigung zu entwickeln, die im Kontext selbstgewählter oder zugeschriebener Ethnizität entstehen und gelebt werden.

Mit ganz besonderen Problemlagen sehen sich Schulen mit einer hohen Fluktuation innerhalb ihrer Schülerschaft konfrontiert. In einem Fall gab eine in der Frankfurter Innenstadt gelegene Schule an, daß ihre Schülerschaft faktisch alle zwei Jahre völlig neu zusammengesetzt wird. Ein solches Phänomen ist an Schulen zu beobachten, die primär von den Kindern von Asylbewerbern und -bewerberinnen besucht werden. Der nur vorübergehende Aufenthalt in den für die Asylbewerber angemieteten Hotels und anderen Unterkünften zwingt die Kinder früher oder später zu einem Schulwechsel. Für eine Schule, an der die meisten Schüler und Schülerinnen Kinder von Asylbewerbern sind, ist "normaler" Unterricht kaum realisierbar. Die Schüler sprechen in der Regel, wenn sie an die Schule kommen, noch kein oder wenig Deutsch. Die meisten von ihnen haben strapaziöse Fluchterfahrungen gemacht, deren Aufarbeitung noch auf sie zukommt. Sie leben in beengten Wohnverhältnissen, wo kaum die Möglichkeit besteht, in Ruhe zu lernen und in einer ihnen völlig fremden Umgebung. Häufig leiden diese Kinder unter Vitaminmangel, der neben den übrigen Belastungen zu Konzentrationsschwierigkeiten führt. Die Lehrenden an solchen Schulen übernehmen neben ihrer Lehrtätigkeit Aufgaben, die eigentlich in das Ressort von Sozialarbeitern und -arbeiterinnen fallen. Die folgenden Aussagen von Lehrenden unterschiedlicher Schulen in ähnlicher Situation sollen einen Eindruck von der dortigen Alltagssituation vermitteln.

Schule A: *"Unsere Schule setzt sich aus 20 Nationalitäten zusammen und aus noch mehr verschiedenen Ethnien. Die Schülerfluktuation ist sehr hoch. Der überwiegende Teil der Schülerschaft ist islamisch, d.h. für uns zunächst also kulturfremd. Das Lehrerkollegium ist klein und rein deutsch".*

Schule B: *"Kulturelle Öffnung von Schule? Was bleibt uns noch an Zeit und Energie, dieses Ideal zu verfolgen? Die Lehrenden sind absolut überlastet. Sie müssen im Zweitberuf Sozialarbeiter und Ersatzmütter und -väter sein".*

Schule C: *"Die Betreuungsangebote im Stadtteil sind katastrophal. Es fehlen Kindergarten- und Hortplätze. Es gibt kein Kinder- oder Jugendhaus".*

Schule D: *"Die Schule sollte am Nachmittag Arbeitsgemeinschaften anbieten können, damit die Schüler und Schülerinnen nicht auf der Straße stehen".*

Viele Schulleitungen und Kollegien kritisieren, Daß sie für die auf sie zugekommenen Aufgaben nur ungenügend vorbereitet sind. Sie wünschen sich mehr Anleitung, Hilfe und Unterstützung von außen. Eine intensive Kooperation von Schule und sozialen Einrichtungen würde aus Sicht der Befragten die Arbeit sehr erleichtern. Das Beispiel von Schule A macht auch deutlich, daß Hilfe und Unterstützung durch Ansprechpartner aus den Reihen der ethnischen Minoritäten gewünscht werden, ein Aspekt der zum

Kernstück der interkulturellen Erziehung und Bildung gehört. Zwar sollen die Erzieher und Erzieherinnen, Lehrende und Sozialarbeiter der ethnischen Minoritäten nicht ausschließlich als "Feuerwehr" für "ihre" ausländische Schülerschaft eingesetzt werden, aber daß ihre auf eigenen Erfahrungen beruhende Kenntnis der Lebenssituation als Angehörige ethnischer Minoritäten sowie ihre Sprachkenntnisse gerade an solchen Schulen hilfreich wären, belegt die Praxis der Schulen, die solche Kooperationen pflegen. Vielerorts wird heute bereits die Hilfe der Lehrenden für den Muttersprachenunterricht in solcher Weise von Schulen in Anspruch genommen, allerdings sind die Kapazitäten und die Möglichkeiten dieser Pädagogen und Pädagoginnen sehr eingeschränkt.

2.3 Kooperation mit Organisationen der ethnischen Minoritäten

Die Verknüpfung von Schule mit der außerschulischen Lebenswelt der Schüler und Schülerinnen ist ein zentraler Aspekt der interkulturellen Erziehung und Bildung. Über die Berücksichtigung der Alltagserfahrungen der Kinder und Jugendlichen im Unterrichtsgeschehen und der Schulorganisation soll ein am soziokulturellen Umfeld der Adressaten orientiertes Lernen ermöglicht werden. Angesprochen werden dabei nicht nur die kognitiven, sondern auch die affektiven Kompetenzen aller am Schulalltag Beteiligten. Ein wichtiger Ansatzpunkt für die Integration dieser außerschulischen Erfahrungsräume sind Organisationen der ethnischen Minoritäten und solche, die für sie oder mit ihnen arbeiten. Über sie können Lehrende Kenntnisse und Erfahrungen in das Unterrichts- und -freizeitgeschehen der Schule einbeziehen, die sonst häufig außen vor bleiben. Ein solches Vorgehen kann in vielen Fällen die oftmals kritisierte Mythen- und Stereotypenbildung bezüglich der Herkunfts- und Gegenwartskulturen der ethnischen Minoritäten abwenden und einen Dialog über (vermeintliche) Schranken hinweg initiieren. Uns interessierte in diesem Zusammenhang, mit welchen Vereinen, Stadtteilgruppen oder Initiativen der ausländischen Wohnbevölkerung in Frankfurt die Schulen kooperieren. Denn in Stadtteilen, in denen der Anteil der ethnischen Minoritäten besonders hoch ist, nehmen Vereine oder Initiativen der ausländischen Bevölkerung eine zentrale Rolle bei der Freizeitgestaltung der Kinder und Jugendlichen ein. Darüber hinaus finden Schulen über solche Organisationen möglicherweise am ehesten Zugang zu den Eltern der ausländischen Schülerschaft, da sich die Kontaktaufnahme im Rahmen von Elternabenden oft schwierig gestaltet. Die folgenden Beispiele zeigen, mit welchen Organisationen, Vereinen und Initiativen der ethnischen Minoritäten die Schulen in Frankfurt zusammenarbeiten.

Organisationen der ethnischen Minoritäten als Kooperationspartner von Schulen

- Ausländische Elternvereine
- Sportvereine mit ausländischen Mitgliedern
- Laienschauspielgruppe mit ausländischen Mitgliedern
- Gemeinden, Vereine und Volkshäuser
- Missionen und Generalkonsulate
- Beratungsstellen und Initiativen für Ausländer und Ausländerinnen
- Projekte für ausländische Schüler/innen
- Hausaufgabenbetreuung
- Lehrerkooperative
- Internationale Kinder- und Jugendzentren
- Amt für Multikulturelle Angelegenheiten
- Sozialverbände

Einzelpersonen

- Türkische Sozialarbeiter und -arbeiterinnen
- Lehrkräfte für den Muttersprachenunterricht
- Sozialarbeiter des Internationalen Jugendzentrums
- Eltern (ausländische und deutsche)

Die Fülle der von den Schulen genannten Kooperationspartner macht einerseits deutlich, welchen Stellenwert Schule dieser Möglichkeit, externe "Fachleute" in ihre Praxis einzubeziehen, beimißt, und reflektiert andererseits das Interesse und die Bereitschaft solcher Einrichtungen zur Zusammenarbeit. Dies ist sicherlich nicht an allen Bildungseinrichtungen in gleichem Umfang gegeben, sondern hängt maßgeblich von der Angebotsstruktur und dem Interesse der Betroffenen an einer Kooperation ab. Auffällig ist allerdings, daß insbesondere Hauptschulen mit außerschulischen Einrichtungen kooperieren. Eine mögliche Erklärung hierfür wäre, daß Eltern von Gymnasiasten die Freizeit ihrer Kinder häufig organisieren, während dies die Eltern der Hauptschülerschaft in geringerem Ausmaß tun. Um auch Hauptschülern und -schülerinnen nach Unterrichtsschluß Möglichkeiten und Freiräume einer Freizeitgestaltung jenseits der Straße zu ermöglichen, erscheint deshalb eine Kooperation von Schule mit Freizeiteinrichtungen sinnvoll. Denn so erfahren die Schüler von bestehenden Strukturen und Möglichkeiten, die sie andernfalls häufig gar nicht wahrnehmen würden.

2.4 Probleme bei der Entwicklung und Umsetzung interkultureller Aktivitäten

Auf die Frage nach Schwierigkeiten, die bei dem Anliegen Aktivitäten der interkulturellen Erziehung und Bildung zu entwickeln, an der Schule auftraten, ergab sich ein differenziertes Bild. Die von den Schulen genannten Probleme lassen sich zusammenfassen unter den Bereichen "Elternarbeit", "Kollegium" und "kulturelle Barrieren"/"ethnische Konflikte".

Elternarbeit: Probleme des Zugangs zu Eltern

- Es fehlt den ausländischen Eltern die Bereitschaft zur aktiven Teilnahme an Schulbelangen.
- Sprachschwierigkeiten von Seiten der Eltern, mangelnde Verständigung, teilweise auch Interessenlosigkeit, Schichtarbeit.
- Eltern ausländischer Schüler und Schülerinnen sind schwer für Aktivitäten zu gewinnen.

Personalprobleme im Kollegium

- Mangelnde Kooperation von deutschen und ausländischen Kollegen und Kolleginnen.
- Unterstützung durch Lehrer und Lehrerinnen von Muttersprachenkursen ist erwünscht, aber nicht möglich.

Kulturelle Barrieren / ethnische Konflikte

- Kulturelle Barrieren, besonders bei Menschen aus afrikanischen oder arabischen Ländern.
- Moslemische Mädchen dürfen oft nicht am Schwimmunterricht teilnehmen, das gilt auch für Klassenfahrten und Landschulheimaufenthalte.
- Das Zusammenleben von jugoslawischen Volksgruppen ist spürbar schwieriger geworden.
- An unserer Schule sind 16 verschiedene Nationalitäten, die untereinander zum Teil Probleme haben. D.h. es geht nicht nur um das Verhältnis Deutsche-Ausländer, sondern darum, ethnische Gruppen füreinander zu erwärmen.
- Eigentlich keine, vielleicht verdeckte Ressentiments bei unterprivilegierten deutschen Familien.

Insbesondere der schwierige Zugang zu den ausländischen Eltern wurde mehrfach von den Schulen beklagt. Oft scheitert ein kontinuierlicher Informationsaustausch zwischen Lehrenden und Eltern an Sprachbarrieren oder an der Arbeitsüberlastung der ausländischen Väter und Mütter. Bei typischen ausländischen Mittelschichtsfamilien, z.B. im Falle des iranischen Arztes und seiner Familie, ist der Kontakt zwischen der Schule über die meist nicht berufstätige Mutter leichter herzustellen als zu der türkischen Arbeiterfamilie. Wenn der Vater und die Mutter berufstätig sind oder, wie dies häufig vorkommt, die Mütter in den Abendstunden Aushilfsarbeiten nachgehen, bleibt diesen Eltern kaum die Zeit oder die Energie, sich für die schulischen Belange ihrer Kinder einzusetzen. Dieses Problem ist also, wie so viele andere auch, nicht nur ein Sprach-, sondern im wesentlichen auch ein Schichtproblem. Einige Schulen berichten, daß die gezielte Ansprache ausländischer Eltern z.B. in Einzelgesprächen oder das Hinzuziehen der Muttersprachenlehrenden als Dolmetscher zu einem intensiveren Kontakt zwischen Schule und Elternhaus der ausländischen Schülerschaft geführt hat. Dieser Form der Kooperation gestaltet sich dann zwar eingangs sehr aufwendig, kann aber auf lange Sicht dazu führen, daß

Schwellenängste der ausländischen Eltern abgebaut werden und sie zukünftig häufiger an Elternabenden teilnehmen.

Zu beobachten ist auch, daß ausländischen Eltern die Struktur und Organisation des bundesrepublikanischen Schulwesens nicht geläufig ist und sie deshalb den Kontakt mit den Lehrenden meiden. Aber auch Erfahrungen aus anderen kulturellen Kontexten können die Ursache für die Haltung der Eltern gegenüber der Schule sein: In der Türkei ist es in vielen ländlichen und teilweise auch in städtischen Gebieten heute noch so, daß Lehrende Respektspersonen darstellen, deren Handeln von den Eltern nicht in Frage gestellt oder kritisiert wird. Viele türkische Eltern verstehen Schule nach wie vor als eine Einrichtung, in deren Obhut sie ihre Kinder für einige Stunden am Tag geben. Dazu gehört auch, daß sie sich in den Schulalltag, in Fragen der Erziehung und Wissensvermittlung nicht einmischen. Das Problem hat also viele Facetten, die nur jeweils im Einzelfall benannt und bearbeitet werden können.

2.5 Unterstützung und Zukunftsperspektiven der Schulen

Plant die Schule Initiativen zur interkulturellen Erziehung und Bildung und wenn ja, wie sollen diese aussehen? Die Antworten auf diese Frage lassen darauf schließen, daß etwa jede dritte der befragten Schulen auch weiterhin Aktivitäten zum interkulturellen Lernen durchführen wird. Das Spektrum ist weit gefaßt, viele Projekte und Themen knüpfen an bereits Erprobtes an. Die anvisierten Aktivitäten sind im folgenden wiederum in Anlehnung an die zuvor gebildeten Bereiche (vgl. 2.1) "Aktivitäten mit kulinarisch, kulturellen und religiösen Schwerpunkten" und "Aktivitäten mit sozialen und politischen Schwerpunkten" zugeordnet worden.

Unter den Einzelprojekten rangiert insgesamt ein Schulfest als Möglichkeit einander näherzukommen, besser kennenzulernen und so Vorurteile und Barrieren abzubauen an erster Stelle. Einige Schulen betonten auch, daß eigens als solche ausgewiesene interkulturelle Aktivitäten an ihrer Schule nicht stattfänden, da die interkulturelle Erziehung und Bildung durchgängig im Schulalltag praktiziert werde. Die Einrichtungen, die dies für sich in Anspruch nehmen, haben in der Regel einen besonders hohen Ausländeranteil. Eine Schule formulierte es so: *"Interkulturelle Aktivitäten werden häufig durch unsere Schüler und Schülerinnen in das Unterrichtsgeschehen eingebracht".*

Im Anschluß an die Frage nach den geplanten Aktivitäten wollten wir wissen, welche Unterstützungsleistungen aus Sicht der Schulen für die Realisierung und Entwicklung von Initiativen und neuen pädagogischen Ansätzen notwendig seien. Die von den Schulen genannten Forderungen und Wünsche betreffen vorrangig a) die interne schulorganisatorische Ebene und erst daran anknüpfend b) eine intensivierte Zusammenarbeit von Schule mit externen Einrichtungen und schulfremden Personen.

a) Gewünschte Unterstützungsleistungen

- Mehr Lehrende und pädagogische Mitarbeiter und Mitarbeiterinnen
- Verstärkte Schulsozialarbeit
- Mehr Lehrerstunden für den Deutschunterricht für Seiteneinsteiger
- Intensivkurse für Seiteneinsteiger oder Kinder ohne deutsche Sprachkenntnisse auch für die Grundschule
- Vermehrter Einsatz von Lehrkräften zur Betreuung ausländischer Kinder
- Der Islamische Religionsunterricht sollte in der Schule stattfinden
- Möglichkeit der Mitarbeit der ausländischen, muttersprachlichen Lehrenden im Regelunterricht
- Nachmittagsbetreuung in der Schule, insbesondere für ausländische Mädchen
- Betreuungspersonalstellen sollten eingerichtet werden

b) Nachgefragte Zusammenarbeit mit schulfremden Einrichtungen und Personen

- Hausaufgabenbetreuung
- Zusammenarbeit mit externen Sozialpädagogen, z.B. von Kinder- und Jugendzentren
- Intensivierte Zusammenarbeit mit ausländischen Eltern
- Zuweisung von Sozialarbeitern, Sozialpädagoginnen, Sonderschullehrenden, Schulpsychologen, Ernährungsberaterinnen u.a. als Mitarbeiter- bzw. Beraterteam für mehrere Schulen in einem Stadtteil

Am häufigsten genannt wurde der Wunsch nach dem Auf- bzw. Ausbau von Hausaufgabenhilfen für ausländische und deutsche Kinder und Jugendliche. Eine zwischen Schule und Organisation gut abgestimmte Hausaufgabenhilfe erleichtert, wie die Erfahrungen der Schulen belegen, Lehrenden und Schülerschaft den Schulalltag. Im Rahmen der Hausaufgabenhilfe können Unklarheiten erneut aufgegriffen, kann Interessantes vertieft werden. Wenn Schule und Hausaufgabenhilfe ihre Bemühungen gut aufeinander abstimmen, wird den Schülern und Schülerinnen in einer Art und Weise geholfen, die aufgrund der Klassenfrequenzen im Unterricht in der Regel nicht realisierbar ist.

3 Perspektiven für die Entwicklung eines interkulturellen Schulprofils

Die aufgeführten Beispiele und Anlässe zeigen, daß sich die Entwicklung eines interkulturellen Schulprofils nicht schon über die Bereitstellung von Räumen und Materialien verwirklichen läßt, sondern abhängig ist vom Handeln der Lehrenden, von ihren Überzeugungen, Herangehensweisen und Kompetenzen. Eine interkulturelle Erziehungspraxis wird überhaupt erst möglich, wenn Lehrerinnen und Lehrer sich mit dieser auseinandersetzen. Diesen Prozeß anzuregen und zu unterstützen, kann beispielsweise über folgende Initiativen geschehen:

- Kooperation mit den Lehrenden für den Muttersprachenunterricht und ihre Teilnahme an Konferenzen;
- Regelmäßige Informationen über Fortbildungsveranstaltungen zur interkulturellen Erziehung und Bildung allgemein;
- Angebote schulinterner Fortbildungsangebote zur interkulturellen Erziehung und Bildung;
- Teilnahme bei stadtteilbezogenen Veranstaltungen und Vernetzung von Schulen mit ortsansässigen Vereinen und anderen Initiativen, insbesondere der ethnischen Minoritäten;
- Einrichtung von fachspezifischen Arbeitskreisen an Schulen zu interkulturellen Themenschwerpunkten;
- Unterstützung bei der Vernetzung von Schulen hinsichtlich gemeinsamer Interessen bis hin zur Einrichtung solcher Stellen, wie die nordrhein-westfälischen Regionalen Arbeitsstellen für Ausländische Schülerinnen und Schüler (RAA);
- Aufbau von Dokumentationsstellen zu bereits entwickelten und erprobten Projekten, Unterrichtsmaterialien, u.ä.. Diese können als Anlaufstellen für Schulen Anregungen und Hilfestellungen geben.

Der immer umfangreicher werdende Katalog praktischer Ansätze und die Vielfältigkeit der Ansprüche lassen bei Lehrerinnen und Lehrern leicht ein Gefühl der Überforderung aufkommen, deshalb ist es wichtig, Entlastungen zu schaffen. Eine Schule kann die interkulturelle Erziehung und Bildung nicht im "Hau-Ruck-Verfahren" adaptieren, vielmehr muß die Entwicklung eines solchen Schulprofils als ein Prozeß verstanden werden, der Raum läßt zum Experimentieren, Reflektieren und Revidieren. Dies kann z.B. darüber geschehen, daß ein Kollegium sich zunächst Teilziele steckt. In einem ersten Schritt könnten z.B. Schulen mit ähnlichen Interessen- oder Problemlagen thematische Schwerpunkte formulieren und daran anknüpfend in einen Austausch über Prozesse, bereits Entwickeltes oder Anzustrebendes treten. Sind kleine Arbeitsschritte erst einmal definiert, kann die Realisierung des Angestrebten durch einen kontinuierlichen Erfahrungsaustausch gestützt werden. Ein nicht zu unterschätzender Aspekt ist dabei, daß die Umsetzung des interkulturellen Lernens im Schulalltag abhängig ist von der Bereitschaft und dem Engagement des gesamten Kollegiums und der Schulleitung. Deshalb ist es wichtig, zunächst vor allem diesbezüglich an den Schulen einen Diskussionsprozeß zur Entwicklung eines konsenshaften Schulkonzepts zu initiieren. Interkulturelle Ansätze werden, so der überwiegende Eindruck, nach wie vor primär über das Engagement einzelner Lehrender in die Schulen hineingetragen. In der Schulpraxis herrschen dabei fächerbezogene Einzelprojekte und Projektwochen zu interkulturellen Themen vor. Als integraler Teilaspekt eines vom gesamten Kollegium einer Schule getragenen Schulprofils ist die interkulturelle Erziehung und Bildung dagegen nach wie vor eher die Ausnahme.

Literatur

Alpheis, H.: Erschwert die ethnische Konzentration die Eingliederung? In: Esser, H./Friedrichs, J. (Hrsg.): Generation und Identität. Opladen 1990, S. 147-184

Borelli, M.: Interkulturelle Pädagogik als pädagogische Theoriebildung. Hypothesen zu einem (neuen) Bildungsbegriff. In: ders. (Hrsg.): Interkulturelle Pädagogik, Positionen - Kontroversen - Perspektiven. Baltmannsweiler 1986, S. 8-36

Burkard, C./Hornberg, S.: Öffnung von Schule und Interkulturelle Erziehung in Frankfurt am Main. Forschungsbericht. In: Stadtschulamt der Stadt Frankfurt am Main/Institut für Schulentwicklungsforschung (Hrsg.): Öffnung von Schule und Interkulturelle Erziehung in Frankfurt am Main. Werkheft 41 des Instituts für Schulentwicklungsforschung, Dortmund 1993, S. 7-98

Czock, H.: Alltagstheorien von Lehrern ausländischer Kinder. Bericht zum Projekt. Zentrum für Lehrerbildung, Universität Bielefeld 1985

Dickopp, K.-H.: Erziehung ausländischer Kinder als pädagogische Herausforderung. Das Krefelder Modell. Düsseldorf 1982

Diehm, I./Kodron, C.: Unterricht und Erziehung für eine Multikulturelle Gesellschaft. Interagla Dokumentation 14, Frankfurt a. M. 1990

Hamburger, F.: Erziehung in der Einwanderungsgesellschaft. In: Borelli, M. (Hrsg.): Interkulturelle Pädagogik. Positionen - Kontroversen - Perspektiven, Baltmannsweiler 1986, S. 124-157

Hofmann, K. T.: Community Education in der Multikulturellen Gesellschaft. Eine notwendige Erweiterung des Konzepts Interkulturelle Erziehung als Beitrag der RAA. In: Kalb/Petry/Sitte (Hrsg.): Leben und Lernen. Weinheim/Basel 1993, S. 24-40

Hohmann, M.: Interkulturelle Erziehung - eine Chance für Europa? In: Hohmann, M./Reich, H. H. (Hrsg.): Ein Europa für Mehrheiten und Minderheiten. Diskussionen um interkulturelle Erziehung. Münster/New York 1989, S. 1-32

Hornberg, S.: Multikulturelle Ansätze in der Jugend-, Erwachsenen- und Weiterbildung. Bielefeld 1989, unv. Diplomarbeit

Hornberg, S.: Dokumentation zur Situation ausländischer Schülerinnen und Schüler an allgemeinbildenden Schulen in Frankfurt am Main 1987 - 1992. Dortmund, 1993, unv. Bericht

Institut für Schulentwicklungsforschung (IFS): Schulentwicklungsplan Frankfurt am Main, Teil A: Allgemeinbildendes Schulwesen, Dortmund 1993

Jungmann, W.: Interkulturelle Pädagogik und europäische Bildungsreform. In: Die Deutsche Schule (3) 1992, S. 465-480

Leenen, W. R./Grosch, H./Kreidt, U.: Bildungsverständnis, Plazierungsverhalten und Generationskonflikt in türkischen Migrantenfamilien. In: Zeitschrift für Pädagogik, 36. Jg., 1990, Nr. 5, S. 753-771

Radtke, F.-O.: Lob der Gleich-Gültigkeit. In: Bielefeld, U. (Hrsg.): Das Eigene und das Fremde. Neuer Rassismus in der Alten Welt? Hamburg 1991, S. 79-96

Regionale Arbeitsstelle für Ausländische Kinder und Jugendliche (Hrsg.): gemeinsam, (H. 27), Nov./Dez. 1993

Ruhloff, J.: Bildung und national-kulturelle Orientierung. In: ders. (Hrsg.): Aufwachsen im fremden Land. Probleme und Perspektiven der „Ausländerpädagogik", Frankfurt a. M. 1982, S. 175-205

Schweitzer, H.: Der Mythos vom interkulturellen Lernen. Münster - Hamburg 1994, S. 310-315

Stryck, T.: Schulträger. Lust und Last der kummunalen Selbstverwaltung. In: Buchen, H./Horster, L./Rolff, H.-G. (Hrsg.): Schulleitung und Schulentwicklung. Erfahrungen - Konzepte - Strategien, Stuttgart 1994

Treppte, C.: Das Projekt „Türkische Kinder und Mütter“ in Gelsenkirchen. Skizzen aus dem multikulturellen Alltag. In: Kalb u. a. (Hrsg.): Leben und Lernen, Weinheim/Basel 1993, S. 11-23

Troyna, B./Hatcher, R.: Racism in children's lives. London 1992

Sabine Fels/Elsbeth Krieg

Kooperation von Lehrkräften und sozialpädagogischen Fachkräften in der ganztägigen Grundschule

1 Problemaufriß

Durch die Veränderung individueller Erfahrungsräume von Kindern und Jugendlichen sowie gesellschaftlichen und ökologischen Problemlagen steht die Schule heute vor großen Herausforderungen. Um auf die veränderte Kindheit mit ihren weitreichenden Folgewirkungen für die Schule sinnvoll zu antworten, muß Schule nicht nur ein Lern-, sondern vor allem ein Lebensort für Kinder sein, der ihnen einen sicheren Rahmen, Vertrauen und Wärme, sowie freie Gestaltungsmöglichkeiten bietet (KNAUF 1992 S. 119). Gerade die Ganztagsschule kann durch die längere Verweildauer der Kinder Chancen bieten, dies zu realisieren. Ein ganztägiger Schulbetrieb kann im besonderen Maße die Entwicklung der kindlichen Persönlichkeiten stärken, das soziale Lernen fördern und Erfahrungsmöglichkeiten gezielt erweitern. Um dies zu erreichen, bedarf es pädagogischer Handlungselemente, die in den Berufsfeldern von LehrerInnen und sozialpädagogischen Fachkräften zu finden sind.

In den Ganztagsschulen der alten Bundesländer haben sich zwei Organisationsmodelle ganztägiger Betreuung in der Schule herauskristallisiert, in denen sich die Zusammenarbeit zwischen LehrerInnen und sozialpädagogischen Fachkräften unterschiedlich gestaltet. Das sogenannte additive Modell zeichnet sich dadurch aus, daß an den Unterricht der Bereich der Hausaufgabenbetreuung, Fördermöglichkeiten und unterschiedliche Freizeitangebote angehängt werden. Diese nachmittäglichen Betreuungsangebote stehen dabei in der Regel in keiner inhaltlichen Verbindung zum Unterricht. Bei diesem Modell wird die Verantwortung für das Kind auf verschiedene Berufsgruppen aufgeteilt. Die LehrerInnen sind für den Unterricht am Vormittag verantwortlich, während die sozialpädagogischen Fachkräfte für den Freizeitbereich am Nachmittag zuständig sind.

Bei dem sogenannten integrierten Modell übernehmen LehrerInnen und sozialpädagogische Fachkräfte dagegen gemeinsam die Verantwortung für die Kinder. Sie gestalten den Tagesablauf auf der Grundlage eines pädagogischen Konzepts, das zusammen erarbeitet wurde und auf einem gemeinsamen Bildungs- und Erziehungsauftrag basiert. Durch die Verbindung von unterrichtlichen sowie Freizeit- und sozialpädagogischen Angeboten findet eine flexiblere Rhythmisierung des Ganztags statt, die es erst ermöglicht, zu einer ganzheitlichen Pädagogik zu kommen, die Kopf, Herz und Hand verbindet. Zwischen dem additiven und dem integrierten Modell gibt es viele Mischformen, die in der Praxis häufig realisiert werden.

Am Beispiel des Modellversuchs "Integration schul- und sozialpädagogischer Handlungskonzepte im Rahmen ganztägiger Gestaltung des Schullebens in der Grundschule", an dem Schulen aus Nordrhein-Westfalen sowie Schulen und Horte aus Sachsen-Anhalt beteiligt sind, sollen Formen der Zusammenarbeit und ihr Einfluß auf die pädagogische Gestaltung des Ganztags untersucht werden.

2 Ziele ganztägiger Gestaltung des Schullebens[1]

Ziel des Modellversuchs ist es, die Schulen in Nordrhein-Westfalen und die Schulen und Horte in Sachsen-Anhalt darin zu unterstützen, den Kindern einen heimatlichen Lebensort anzubieten, an dem sie ihre sozialen, emotionalen, sinnlich-ästhetischen und kulturellen Bedürfnisse ausdrücken, weiterentwickeln und in pädagogisch sinnvoller Weise befriedigen können. Die Ausgangsbedingungen in den beiden Ländern sind dazu sehr unterschiedlich, da die beteiligten Schulen in Nordrhein-Westfalen Ganztagsgrundschulen sind, während in Sachsen-Anhalt jeder Schule ein Hort mit selbständiger Leitung zugeordnet ist. Innerhalb der Länder wurden Schulen sowie Schulen und Horte ausgewählt, die sich durch unterschiedliche Ganztagskonzeptionen auszeichnen.

Auf der Basis von Interviews werden in Gesprächen mit den Kollegien die weiteren Möglichkeiten einer gezielten Schulentwicklung (und Hortentwicklung) besprochen. Darüber hinaus fördern überregionale Austauschmöglichkeiten, Fortbildung und Beratung die Institutionen in ihrer Weiterentwicklung zu einer Ganztagseinrichtung. Dabei wird ihnen kein fertiges Konzept angeboten, sondern sie werden darin unterstützt, aufgrund ihrer eigenen inneren und äußeren Ressourcen zu einer selbstbestimmten Entwicklung zu kommen.

Damit Schule ein ganzheitlicher Lebensort für Kinder werden kann, ist es hilfreich, wenn sich ein ganztägiger Schulbetrieb an dem Prinzip der Schulöffnung nach innen und außen orientiert. Dadurch wird das Sammeln und Aufarbeiten auch von interkulturellen Erfahrungen möglich, die durch den Abbau der Angst vor dem Fremden, sowie dem Aufkeimen von Fremdenfeindlichkeit präventiv wirken können. Wenn sich der ganztägige

---

[1] Wenn im folgenden Text der Einfachheit halber von ganztägigem Schulbetrieb, Schulöffnung usw. gesprochen wird, beziehen sich diese Begriffe im übertragenen Sinn auch auf den Hort in Sachsen-Anhalt, der in enger Kooperation mit der Schule steht.

Schulbetrieb zum Nahbereich öffnet, ermöglicht dies eine projektorientierte Auseinandersetzung mit der natürlichen, technischen, kulturellen und sozialen Umwelt. Die so gewonnenen vielfältigen Umwelterfahrungen können als Ausgangspunkt für organisierte Lernprozesse genutzt werden.

Um dies zu verwirklichen, ist das Zusammenwirken von LehrerInnen und sozialpädagogischen Fachkräften innerhalb eines einheitlichen und ganzheitlichen Erziehungs- und Bildungsauftrags unabdingbar. Aufgrund dieser Basis ist es sinnvoll, wenn beide Berufsgruppen in bezug auf den pädagogischen und sozialen Bedarf im Schuleinzugsbereich gemeinsame Handlungskonzepte erarbeiten, die sie als Orientierungsrahmen allen Beteiligten offenlegen können.

3 Rahmenbedingungen in den Grundschulen der Länder Nordrhein-Westfalen und Sachsen-Anhalt

An dem Modellversuch sind in Nordrhein-Westfalen acht Schulen und in Sachsen-Anhalt acht Schulen und Horte beteiligt. Die Schulen liegen in Städten und Gemeinden unterschiedlicher Größe.

3.1 Rahmenbedingungen der Grundschulen in Nordrhein-Westfalen

Die acht Schulen in Nordrhein-Westfalen befinden sich in unterschiedlichen Ausbaustadien des Ganztagsbereichs. Zwei der Schulen blicken auf eine langjährige Ganztagsarbeit zurück. Die beiden Schulen zeichnen sich durch unterschiedliche pädagogische Profile aus. Die eine Schule orientiert sich am Jena-Plan und organisiert Freizeitaktivitäten am Nachmittag als eigenständigen Bereich mit vielfältigen Aktionsmöglichkeiten. Die Kinder werden jahrgangsübergreifend unterrichtet und auch nachmittags betreut. Dagegen zeichnet sich die andere Schule durch eine Integration von Spannungs- und Entspannungsphasen aus, die den ganzen Tag strukturieren. Bei der letztgenannten Schule bilden jeweils eine Lehrperson und ein Erzieher ein Team, das gemeinsam mit den Kindern den Tagesablauf gestaltet. Die anderen sechs Schulen befinden sich seit Anfang der 90er Jahre in der Aufbauphase, wobei drei der Schulen Ganztagsklassen haben, und bei den anderen drei Schulen sich die Ganztagskinder auf alle Klassen verteilen. Die Ganztagskinder aus verschiedenen Klassen verbringen den Nachmittag entweder in einer festen Gruppe oder können unter verschiedenen Freizeitangeboten wählen. Alle Schulen bieten in der Regel am Nachmittag Arbeitsgemeinschaften an, die von sozialpädagogischen Fachkräften und/oder LehrerInnen allein, oder gemeinsam geleitet werden. An einigen Schulen nehmen auch Kinder aus dem Halbtagsbereich an den Arbeitsgemeinschaften teil.

Neben der Struktur des Vor- und Nachmittagsbereichs ist u.a. auch die Ausstattung der Schulen ein wichtiger Faktor für die Qualität der Ganztagsarbeit. An den meisten Schulen in Nordrhein-Westfalen kann die räumliche Situation und die Ausstattung mit Materialien als relativ gut bezeichnet werden. Nur an einer Schule sind die räumlichen Verhältnisse außerordentlich beengt, was zu einer großen Belastung für Kinder und pädagogische MitarbeiterInnen führt.

Wenn die nordrhein-westfälischen Schulen unter dem Gesichtspunkt additives kontra integriertes Modell betrachtet werden, zeigt sich, daß beim größten Teil der Schulen eine additive Strukturierung in der Tagesgestaltung überwiegt. Allerdings sind in allen Schulen Veränderungsprozesse im Gang, so daß sie sich auf ein integriertes Modell zubewegen. Alle Schulen zeichnen sich im unterrichtlichen Bereich durch Formen der Rhythmisierung, wie offene Eingangphase, Blockunterricht sowie Verlängerung und Gestaltung der Pausen aus. Als vorläufiges Ergebnis des Modellversuches zeigt sich, daß bestimmte Modelle, die sich bei einer Schule bewährt haben, nicht ohne weiteres auf andere Schulen übertragen werden können, da alle Schulen unterschiedliche Ausgangsbedingungen haben.

3.2 Rahmenbedingungen der Schulen in Sachsen-Anhalt

Der Ganztagsbereich in Sachsen-Anhalt kann auf eine langjährige Tradition zurückblicken. Zur Zeit der DDR gehörte zu jeder Grundschule ein Hort, mit dem diese eine feste Einheit bildete. Der Hort war der Schulleitung unterstellt. Die HorterzieherInnen wurden aufgrund ihrer Ausbildung zum Teil auch im Unterricht eingesetzt. Umgekehrt gestalteten die LehrerInnen oft auch den Freizeitbereich. In dieser Konstellation kooperierten die Lehrkräfte und das Hortpersonal, indem sie für das Schuljahr gemeinsam Planungen erarbeiteten. Diese enge Zusammenarbeit ergab sich auch aus der gemeinsamen Aufgabenstellung für Schule und Hort. Der Hort hatte die unterrichtlichen Ziele der Schule zu unterstützen und mitzutragen (LAU, 1987, S.11 ff).

Vor der Einführung des Hortgesetzes besuchten über 90% aller Grundschulkinder den Hort. Mit Inkrafttreten des Hortgesetzes im Oktober 1993 und der damit verbundenen Elternbeiträge sank die Hortkinderzahl auf ein Drittel aller Grundschulkinder ab. Derzeit hat sich die Situation im Hort stabilisiert und der Besuch des Hortes stieg nun wieder an und liegt heute bei 50% aller Grundschulkinder. Belastet wird die Situation in den Schulen und Horten weiterhin aufgrund des markanten Geburtenrückgangs seit 1989/90. Viele GrundschullehrerInnen und ErzieherInnen fürchten für die kommenden Jahre um den Standort ihrer Institutionen und damit um ihren Arbeitsplatz. Es wird befürchtet, daß mit weiteren Erhöhungen der Elternbeiträge die Zahl der Kinder, insbesondere in den höheren Klassen, sinken wird und es zu weiteren Entlassungen bei den ErzieherInnen kommt. Dies führt in einigen Horten zu starken psychischen Belastungen der MitarbeiterInnen, die eine Erarbeitung eines gemeinsamen pädagogischen Konzeptes erschweren.

Mit dem Inkrafttreten des Hortgesetzes sind die Horte nun eine selbständige Einrichtung mit eigener Leitung und eigenem Elternrat. Die Horte sind nach dem Gesetz außerschulische Betreuungseinrichtungen, "die die Beziehung von Schule und Elternhaus ergänzen. Unter fachlicher Aufsicht können sich hier die Kinder nach ihren Bedürfnissen und Interessen beschäftigen, kreativ arbeiten und ihre Freizeit sinnvoll gestalten. Durch entsprechende Bildungsangebote wird die körperliche, geistige und emotionale Weiterentwicklung des Kindes angestrebt. Darüber hinaus ist eine Vervollkommnung des Kindes zum selbständigen Denken und Handeln sowie zur gewaltfreien Konfliktbewältigung anzuregen." (Hortgesetz 1993 § 2) Schul- und Hortleitung arbeiten dabei gleichberechtigt und haben den Auftrag eng zu kooperieren. Beide Institutionen unterstehen dem Schulamt.

In Sachsen-Anhalt ist die räumliche und materielle Ausstattung der Schulen, von wenigen Ausnahmen abgesehen, mittlerweile relativ gut. Die Situation der Horte ist dagegen überwiegend sehr schwierig. Aufgrund der langen Rechtsunsicherheit bis zum Inkrafttreten des Hortgesetzes wurden in der Regel keine Mittel für die Ausstattung zur Verfügung gestellt. Das heißt, daß die räumliche Situation oft unzureichend ist und vor allem die Ausstattung mit Möbeln sowie Spiel- und Beschäftigungsmaterialien sehr zu wünschen übrig läßt. Dies erschwert den ErzieherInnen ihre pädagogische Arbeit und erfordert von ihnen viel Phantasie, Zeit und Kraft, mit den wenigen Mitteln den Nachmittagsbereich zu gestalten.

Die Organisationsstruktur des Ganztagsbetriebs sieht in der Regel so aus, daß die Kinder des ersten Schuljahres klassenweise im Nachmittagsbereich betreut werden. Zum Teil trifft das auch noch für die zweite Klasse zu. Die Anzahl der Hortkinder nimmt in den dritten und vierten Jahrgängen ab, da bei dieser Altersgruppe häufig von den Eltern eine hinreichende Selbständigkeit vorausgesetzt wird. Diese Jahrgänge nehmen deshalb nicht klassenweise am Hort teil, sondern verteilen sich am Nachmittag auf verschiedene Gruppen.

Da die pädagogischen Institutionen zu Zeiten der DDR anderen gesellschaftspolitischen Rahmenbedingungen unterlagen, lassen sich die Modelle der Kooperation zwischen Lehrkräften und sozialpädagogischen Fachkräften weder einem integrierten, noch einem additiven Modell zuordnen. LehrerInnen und HorterzieherInnen verfolgten damals aufgrund ihres Selbstverständnisses weitgehend die gleichen Ziele bei den Kindern. Durch die Unterstellung des Hortes unter die Schulleitung war es dem Hort nicht möglich, ein eigenes sozialpädagogisches Profil zu entwickeln. Ein Aufgabenschwerpunkt des/der HorterzieherIn war es, die Lehrkraft im Erreichen ihrer unterrichtlichen Ziele zu unterstützen. Durch die heutigen Rahmenbedingungen wird allerdings tendenziell ein additives Modell gefördert, da Schule und Hort inzwischen getrennte Institutionen sind.

4 Qualifikationsstruktur der PädagogInnen in Nordrhein-Westfalen und Sachsen-Anhalt

Die Qualifikationsstruktur der PädagogInnen ist aufgrund der historischen Entwicklung in beiden Bundesländern unterschiedlich.

4.1 Die berufliche Stellung von Lehrkräften und sozialpädagogischen Fachkräften in Nordrhein-Westfalen

In Nordrhein-Westfalen arbeiten an zwei Schulen ausschließlich SozialpädagogInnen, an drei Schulen ausschließlich ErzieherInnen und an den anderen Schulen sind beide Professionen vertreten. Die sozialpädagogischen Fachkräfte betreuen die Kinder nach der Unterrichtsphase und zum Teil auch im Unterricht. Entsprechend der unterschiedlichen beruflichen Sozialisation und der Verschiedenartigkeit der bisherigen Arbeitsbereiche unterscheiden sich die Vorstellungen, die LehrerInnen und sozialpädagogische Fachkräfte vom Kind haben und damit auch ihr professionelles Selbstverständnis.

GrundschullehrerInnen verfügen über eine von den Inhalten her vergleichbare Ausbildung. Diese Ausbildung zielt auf einen klar begrenzten Arbeitsbereich, nämlich die Grundschule und auf eine spezielle Altersgruppe, der sechs- bis zehnjährigen Kinder. In ihrem Studium erwerben sie fachwissenschaftliche und didaktische Kompetenzen, die sie in der Schule zur Vermittlung von Unterrichtsinhalten brauchen.

Lehrkräfte sehen das Kind oft unter der Prämisse der kognitiven Leistungsfähigkeit. Sie vermitteln Wissen und Kulturtechniken auf der Grundlage von Rahmenrichtlinien, an denen sie sich orientieren. Deshalb bleibt ihnen häufig wenig Zeit, die Erfahrungswelt der SchülerInnen und deren Bedürfnisse ausreichend zu berücksichtigen. Da Lehrkräfte den Leistungsstand ihrer SchülerInnen zu beurteilen haben, geraten sie häufig in einen Konflikt mit ihren sozialen Zielen. Auch für eine ausreichende Betreuung einzelner Kinder bleibt ihnen in der Regel kaum Zeit. Ihr Hauptaugenmerk liegt stärker auf der Entwicklung der gesamten Klasse.

Diese Orientierung bestätigte sich auch in Interviews, die deutlich machen, daß in der Arbeit der Lehrkräfte die Orientierung an Rahmenrichtlinien und die Erreichung von Lernzielen im Vordergrund steht. Dagegen genießen soziale Fragestellungen und individuelle Probleme der Kinder bei der Mehrheit der befragten LehrerInnen einen geringeren Stellenwert.

Die sozialpädagogischen Fachkräfte verfügen gegenüber den Lehrkräften über unterschiedliche Abschlüsse, einerseits arbeiten hier Diplom-Sozialpädago-gInnen mit Fachhochschulstudium und andererseits ErzieherInnen mit Fachschulabschluß. In der Ausbildung der ErzieherInnen steht die Umsetzung konkreter Handlungspläne sowie der kreative Umgang mit

Materialien im Mittelpunkt. Die Ausbildungsschwerpunkte der Diplom-SozialpädagogInnen liegen in der Förderung interaktiver Gruppenprozesse sowie der Beratung. Weiterhin orientieren sie sich an individuellen Bedürfnissen sowie der Gemeinwesenarbeit. Ihre Ausbildung schließt verschiedene Altersgruppen, sozialpädagogische Berufsfelder, Methoden und mediale Kompetenzen mit ein. Sie vertiefen in der Regel einen Arbeitsschwerpunkt, so daß in einem Team sozialpädagogischer Fachkräfte unterschiedliche Qualifikationsschwerpunkte zum Tragen kommen können. „In der Ausbildung der SozialpädagogInnen sind pädagogische Fragen und damit zusammenhängende sozialwissenschaftliche Inhalte ein Hauptbestandteil." (SCHNEIDER u.a. 1982, S. 65). Sie verfügen aufgrund ihrer Ausbildung in der Regel über eine hohe Reflexionsfähigkeit über die Zusammenhänge von gesellschaftlichen und individuellen Faktoren, die eine Lebensgeschichte beeinflussen können. Sie kennen von ihrer beruflichen Sozialisation her sowohl die Arbeit mit einer Gesamtgruppe, als auch mit Kleingruppen, oder mit einzelnen Kindern und verstehen sich oft als "AnwältIn" der sozial Schwächeren. SozialpädagogInnen verfügen "über besondere Kompetenzen Beziehungskonstellationen unter Schülerinnen und Schüler auch jenseits rein unterrichtlicher Leistungserwartungen wahrzunehmen und zu fördern." (NEUMANN/RAMSEGER, 1991 S. 47). Besondere Fähigkeiten sind ihnen auch im Bereich der Gestaltung von Freizeitangeboten und der Elternarbeit zuzuschreiben.

Sozialpädagogische Fachkräfte vertreten in der Regel eine ganzheitlichere Sichtweise vom Kind als Lehrkräfte. Da sie üblicherweise nicht in die Lehr- und Rahmenrichtlinien der Schule verantwortlich eingebunden sind, können sie sich in ihrer Arbeit an den unmittelbaren Lebens- und Lernbedürfnissen des Kindes orientieren. Dies wird noch dadurch unterstützt, daß sozialpädagogische Fachkräfte keine Leistungsbewertungen vorzunehmen haben. In den Interviews zeigt sich, daß die sozialpädagogischen Fachkräfte ihr Hauptaugenmerk auf Kontakt und Begegnung mit den Kindern legen und die Beziehungen zwischen den Kindern fördern wollen.

Die Arbeit von ErzieherInnen in Ganztagsschulen ist dann kritisch zu bewerten, wenn ihr professionelles Selbstverständnis nicht genügend gefestigt ist. Vor allem bei BerufsanfängerInnen besteht die Gefahr, daß sie vom System Schule vereinnahmt werden und sich den Arbeitsweisen und Zielen der Lehrkräfte unterordnen. (NEUMANN/RAMSEGER, 1991 S. 47) Eine solche Form der Kooperation verhindert eine ganzheitliche Gestaltung des Schullebens. Es gibt jedoch Möglichkeiten, diesem entgegenzuwirken. An einer Schule, qualifizierten sich ErzieherInnen in der Zusammenarbeit mit LehrerInnen durch Team-Teaching. Durch diese Kooperation, die gemeinsame Planung des Tagesablaufs und seiner Inhalte, erarbeiteten sich die ErzieherInnen mit der Zeit ein professionelles Selbstbewußtsein, daß sie nicht nur selbstverständlich einen Teil des Lernbereichs übernehmen, sondern auch ihre sozialpädagogischen Kompetenzen gleichberechtigt in das Team einbringen läßt. Eine andere Schule bietet in gemeinsamer Planung mit und speziell für ErzieherInnen ein Fortbildungsprogramm an, in dem sie sich weitere Kompetenzen für die Arbeit in der Ganztagsschule erarbeiten können. Diese Kompetenzerweiterung der Erzieherinnen führt an dieser Schule dazu, daß Erzieherinnen im Freizeitbereich in der Zusammenarbeit mit Lehrkräften eine führende Rolle innerhalb von Projekten übernehmen.

Die unterschiedlichen beruflichen Ausbildungen führen neben verschiedenen professionellen Selbstverständnissen, auch zu unterschiedlichen sozialen Absicherungen. Das Gehalt der Lehrkräfte ist weitaus höher und die soziale Absicherung ist besser als die der sozialpädagogischen Fachkräfte. In diesem letztgenannten Berufsbereich ist noch einmal zu differenzieren. SozialpädagogInnen haben ein höheres Einkommen als ErzieherInnen. In den Interviews zeigt sich, daß die unterschiedliche Bezahlung für viele KollegInnen ein Ärgernis ist, das jedoch in der täglichen pädagogischen Arbeit keine Bedeutung hat.

4.2 Die berufliche Stellung von Lehrkräften und sozialpädagogischen Fachkräften in Sachsen-Anhalt

Die berufliche Sozialisation und der Arbeitsschwerpunkt der Lehrkräfte in Ostdeutschland unterschied sich zur DDR-Zeit im engeren pädagogischen Sinne nicht von der Situation in Westdeutschland. Deshalb sind die o.g. Aussagen zum beruflichen Selbstverständnis der LehrerInnen in Nordrhein-Westfalen auch für LehrerInnen in Sachsen-Anhalt weitgehend zutreffend. Die Ausbildung pädagogischer Berufe in Ostdeutschland entspricht heute derselben wie in Westdeutschland.

Die Mehrheit der sozialpädagogischen Fachkräfte verfügt aber über die zur Zeit der DDR übliche Ausbildung am Institut für Lehrerbildung. Die Inhalte waren weitgehend identisch mit der des Lehramtsstudiums. Die berufliche Situation der ErzieherInnen hat sich mit dem Inkrafttreten des Hortgesetzes bedeutend verschlechtert. Sie dürfen nun nicht mehr, wie früher, Unterricht erteilen, sondern können am Vormittag nur noch „Betreuungsaufgaben bei Veranstaltungen, bei unvorhergesehenen besonderen Situationen im Schulablauf sowie im Rahmen der Pausenbetreuung und der Zeiten zwischen Unterrichtsbeginn, beziehungsweise Unterrichtsende und An- beziehungsweise Abfahrten der Schülerbeförderung übernehmen." (Hortgesetz 1993 § 10). Damit wird die Tendenz verstärkt, den sozialpädagogischen Fachkräften während der Unterrichtszeiten eine Hilfsrolle zuzuweisen. Dies erschwert eine gemeinsame Entwicklung der ganztägigen Gestaltung des Schullebens. In den Interviews wird deutlich, daß diese Abwertung der beruflichen Kompetenz in der ersten Zeit nach Einführung des Hortgesetzes Empörung und teilweise auch Resignation bei den ErzieherInnen auslöste. Nachdem Schule und Hort eine neue Struktur und Grundlage für eine Zusammenarbeit gefunden hatten, stabilisierte sich das berufliche Selbstbewußtsein der ErzieherInnen. Es zeigen sich zur Zeit viele positive Ansätze die Hortarbeit neu zu profilieren. Ein eigenständiges sozialpädagogisches Berufsbild ist in den nächsten Jahren noch zu entwickeln. Tagungen, die diese berufsspezifische Profilierung thematisch aufgreifen werden vom Modellversuch angeboten und sind zur Zeit bei den ErzieherInnen sehr gefragt.

In Sachsen-Anhalt ist die Besoldungsproblematik besonders prekär, da die bis zum Hortgesetz gleiche Bezahlung beider Berufsgruppen zuungunsten der HorterzieherInnen geregelt wurde. Sie werden nun wie ErzieherInnen in Westdeutschland tariflich eingestuft, was eine extreme finanzielle Schlechterstellung bedeutet. Ihre berufliche Situation wird teilweise dadurch erschwert, daß ihre Stellen in einigen Fällen bereits in Teilzeitstellen umgewandelt wurden. Dadurch ist ihr Einkommen noch einmal beträchtlich gesunken.

5 Kooperation zwischen LehrerInnen und sozialpädagogischen Fachkräften

Die Möglichkeiten der Kooperation zwischen LehrerInnen und sozialpädagogischen Fachkräften gestaltet sich aufgrund der verschiedenen gesetzlichen Grundlagen in Nordrhein-Westfalen und Sachsen-Anhalt unterschiedlich.

5.1 Kooperation in Nordrhein-Westfalen

In Nordrhein-Westfalen unterstehen die sozialpädagogischen Fachkräfte der Dienstaufsicht des/der SchulleiterIn. Die formale Zusammenarbeit findet an allen Schulen über Ganztags-Teamsitzungen oder Konferenzen statt an denen die Schulleitung, LehrerInnen und sozialpädagogische Fachkräfte teilnehmen. Die Häufigkeit dieser Treffen ist sehr unterschiedlich und reicht von wöchentlichen Sitzungen bis zu Treffen, die alle paar Monate stattfinden. Die SozialpädagogInnen haben darüber hinaus regelmäßige Teamsitzungen und für einige besteht die Möglichkeit, sich bei regionalen Treffen mit KollegInnen ihrer Berufsgruppe über Erfahrungen im Ganztagsbereich auszutauschen.

Ist der Austausch des gesamten Kollegiums in der Schule durch Ganztags-Teamsitzungen nur ungenügend abgesichert, so ist eine enge Kooperation zwischen den einzelnen LehrerInnen und sozialpädagogischen Fachkräften vom persönlichen Engagement der einzelnen abhängig. Die Unterteams müssen entweder zwischen "Tür und Angel" Absprachen vereinbaren oder sich außerhalb ihrer Arbeitszeiten zu intensiveren Gesprächen treffen. An den Schulen, die über eine enge Zusammenarbeit zwischen LehrerInnen und sozialpädagogischen Fachkräften verfügen ist die Bereitschaft hoch, sich auch noch außerhalb ihrer Arbeitszeiten zu treffen.

In den Interviews zeigte sich, daß die beteiligten Berufsgruppen häufig unterschiedliche Vorstellungen von Kooperation haben. Die Lehrkräfte wünschen sich oft von den sozialpädagogischen Fachkräften eine Entlastung im unterrichtlichen Bereich. Diese Entlastung kann in der Betreuung und Förderung einzelner SchülerInnen oder SchülerInnengruppen bestehen, der Unterstützung bei Projekten oder aber auch in der Auflockerung des Unterrichts durch freizeitpädagogische Angebote. Die sozialpädagogischen Fachkräfte wünschen sich dagegen von den Lehrkräften häufig eine Änderung des Unterrichtsstils und eine sozialpädagogischere Sichtweise der Kinder. Eine häufig praktizierte Form der Kooperation ist die Betreuung der Klasse im Team, wobei sich die sozialpädagogische Fachkraft im Unterricht den Wünschen der Lehrkraft anpaßt. Eine Minderheit der sozialpädagogischen Fachkräfte verweigert die Übernahme unterrichtlicher Tätigkeiten. So sagt eine Interviewte: „Wenn ich mit in die Klasse reingehe sind das Spiel- und Erholungphasen, aber konkret Unterricht mache ich nicht. Das ist nicht mein Fach. Ich bin Sozialpädagogin und keine Lehrerin.“ Nur an einer Schule wird der Begriff der Kooperation in der alltäglichen Praxis so weit gefaßt, daß er gemeinsame Planungen, Vorbereitungen und die Durchführung von Unterrichts- und Freizeitaktivitäten weitgehend umfaßt, wodurch sich die Rolle der Lehrkraft und die Rolle der sozialpädagogischen Fachkraft weitgehend angeglichen haben. So sagt eine Erzieherin dieser Schule: „Wir bereiten im Team intensiv und detailliert die Woche vor, so daß jeder dann mehr oder weniger gleichberechtigt (den Unterricht, d.V.) durchführt ... daß es gar nicht mehr personenabhängig ist, wer letztendlich die Sache durchführt.“

Eine enge Zusammenarbeit von ErzieherInnen, SozialpädagogInnen und Lehrkräften hat gegenüber klar getrennten Arbeits- und Verantwortungsbereichen den Vorteil, daß die jeweils spezifischen Kenntnisse und Fähigkeiten in die gemeinsame pädagogische Arbeit einfließen können. Gleichzeitig können sich durch das kooperative Planen und Arbeiten neue Kompetenzen für jedes einzelne Teammitglied entwickeln. Die Ergebnisse der Erfahrungen aus dem Vorschulbereich, in denen unterschiedliche Berufsgruppen zusammen arbeiten, zeigen, daß es durch die Teamarbeit und Weiterbildungsmaßnahmen aller MitarbeiterInnen zu einer fruchtbaren Zusammenarbeit kommt und gleichzeitig eine Kompetenzerweiterung aller Beteiligten gefördert wird (BASTIAN-STÖRK/LIMBACH-PERL, 1993, S. 114 f). Die verschiedenen Formen der Kompetenzerweiterung sind geeignet, eine gleichberechtigte Zusammenarbeit von sozialpädagogischen Fachkräften, also SozialpädagogInnen sowie ErzieherInnen, und LehrerInnen zu fördern.

Neben den o.g. Faktoren, die die Kooperation zwischen den Berufsgruppen fördern, bringen die Professionen unterschiedliche Voraussetzungen für ein kooperatives Verhalten mit. So sind LehrerInnen in der Regel gewohnt, allein und weitgehend eigenständig zu arbeiten. Hinzu kommt der Mythos der/des immer erfolgreichen LehrerIn, die/der alle Probleme alleine bewältigen kann. LehrerInnen haben häufig im Referendariat die Erfahrung gemacht, daß die Anwesenheit einer weiteren pädagogischen Fachkraft im Klassenraum mit einer Kritik an ihrer Leistung verbunden sein kann. Die Offenlegung von Konflikten mit der Klasse oder mit einzelnen SchülerInnen ist an vielen Schulen verbunden mit der Angst vor dem Verlust an Ansehen im Kollegium.

Anders als bei den Lehrkräften ist es in sozialpädagogischen Arbeitsfeldern üblich im Team zu arbeiten und gemeinsam mit KollegInnen Verantwortung zu tragen. So kann es dazu kommen, daß kollegiale Ratschläge oder Hinweise von beiden Berufsprofessionen unterschiedlich bewertet werden. Die Lehrkraft erlebt unter Umständen einen Ratschlag oder Hinweis durch die sozialpädagogische Fachkraft als ungerechtfertigte Einmischung in ihrem Arbeitsbereich. Neben der alleinigen Verantwortung für den Unterricht ist es ein weiteres Merkmal der pädagogischen Tätigkeit der Lehrkräfte, daß sie in der Regel mit Kindern, und weniger mit Erwachsenen gleichberechtigt zusammenarbeiten. So kann es dazu kommen, daß es ihnen an einer klaren Selbst- und Fremdwahrnehmung im beruflichen Bereich mangelt, da sie in der Regel wenig Rückmeldung über ihr professionelles Handeln von KollegInnen erhalten. Diese Wahrnehmungsfähigkeit seiner selbst ist nach KREIE (1985, S. 117) Voraussetzung für eine gute Kooperationsfähigkeit. Die Selbstwahrnehmungsfähigkeit erhöht sich in pädagogischen Teams, die über die Organisation ihrer gemeinsamen Arbeiten ihr berufliches Handeln reflektieren.

Weiterhin wird die Zusammenarbeit zwischen den beiden Professionsbereichen belastet, wenn es zu Kompetenzstreitigkeiten in fachlichen Fragen kommt. Solche Probleme können einen Graben zwischen LehrerInnen und sozialpädagogischen Fachkräften entstehen lassen, wenn die Leistung der anderen Berufsgruppe durch die „sozialisatorische Brille“ der anderen Profession gesehen wird. „Damit droht der ganzheitliche Erziehungsauftrag der Schule zum Schaden der Kinder in einen ‘eigentlichen’, nämlich unterrichtlichen Teil und einen irgendwo nachrangigen außerunterrichtlichen Teil zu zerfallen. In dem die Schule die schädliche Teilung der pädagogischen Professionen wiederholt und bekräftigt, spaltet sie das Kind künstlich in ein Verstandes- und ein Charakterwesen - ein in der Pädagogik seit der Aufklärung kritisiertes, von der Schule jedoch immer wieder neu praktiziertes Fehlverhalten.“ (NEUMANN/RAMSEGER, 1991, S. 48 f).

In einigen Schulen in Nordrhein-Westfalen zeigt sich, daß durch die gemeinsame pädagogische Arbeit von LehrerInnen und sozialpädagogischen Fachkräften eine Öffnung hin zum anderen professionellen Arbeitsgebiet gefördert wird. Das heißt, daß Lehrkräfte sozialpädagogischen Aspekten einen höheren Stellenwert in ihrer Arbeit einräumen und daß sozialpädagogische Fachkräfte die Lernstoffvermittlung mitgestalten oder unterstützen.

5.2 Kooperation in Sachsen-Anhalt

In Sachsen-Anhalt gab es bis zur Wende einen gemeinsamen Erziehungsauftrag, der beide Berufsgruppen zur engen Zusammenarbeit verpflichtete (LAU, 1987, S. 16 f). LehrerIn und ErzieherIn stellten häufig zusammen einen Rahmenplan auf. So trugen ErzieherInnen am Nachmittag zur Vertiefung und Veranschaulichung des Unterrichtsstoffes mit Spaziergängen in der Natur, Naturbeobachtungen, Experimenten und didaktischen Spielen bei. Ein besonderer Stellenwert wurde der Hausaufgabenbetreuung zugemessen, in denen die Kinder nicht nur ihre Hausaufgaben erledigten, sondern auch zu weiteren Übungen angehalten wurden.

Auch die LehrerInnen waren in der Hortarbeit tätig, indem sie ihre „Reservestun-den" dafür einsetzten. Die sich dadurch ergebende enge Zusammenarbeit geschah auf der Grundlage des für beide Berufsgruppen geltenden Lehrplans. Darüber hinaus waren sie der Kontrolle durch die Fachberatung ausgesetzt, die mehr oder weniger streng für Anpassung an die amtlichen Rahmenvorgaben und staatlichen Erwartungen sorgte.

Aufgrund der fast identischen Ausbildung der Professionen, des gemeinsamen Erziehungsauftrages und der Verpflichtung zur Zusammenarbeit, waren zu Zeiten der DDR viele gemeinsame Zielsetzungen und Vorstellungen zu finden. Die Rollenbilder, wenn auch nicht die Arbeitsschwerpunkte, von LehrerInnen und HorterzieherInnen waren dem zufolge ähnlich gelagert.

Durch die neue Unabhängigkeit des Hortes ist es den ErzieherInnen zum ersten Mal möglich, ein eigenes sozialpädagogisches Profil zu entwickeln, mit dem sie sich nach außen hin darstellen können. Dies ist mit einer gesellschaftlichen Aufwertung der Erziehungsarbeit im Hort verbunden. Veränderungen hat es auch im LehrerInnenberuf gegeben. Von einigen LehrerInnen wurde berichtet, daß sie es als große Erleichterung empfinden, nun freier arbeiten und experimentieren zu können. Ein heimatlicher Lebensort für Kinder kann aber nur dann geschaffen werden, wenn die Zielsetzungen von Schule und Hort aufeinander abgestimmt werden. Einen besonderen Stellenwert hat in diesem Zusammenhang dic Einbeziehung sozialpädagogischer Kompetenzen in den Unterricht.

In den Interviews zeigt sich im Gegensatz zu Nordrhein-Westfalen, daß Lehrkräfte und ErzieherInnen häufig die gleichen Vorstellungen von Kooperation haben. Im Mittelpunkt wird oft die unterrichtsunterstützende Tätigkeit der ErzieherInnen gesehen. Kooperationsbereiche liegen deshalb vor allem in der Hausaufgabenbetreuung, der kognitiven Förderung einzelner SchülerInnen und der Ausgestaltung des Klassenraums. So sagt eine Lehrerin: „Wir tauschen uns täglich aus, auch was an Hausaufgaben zu machen ist, was geübt werden muß. Ich bin sehr froh, daß die Erzieherin jeden Tag mit den Kindern liest. Das erachte ich als sehr wichtig." Auch eine Erzieherin betont ihre unterrichtsunterstützende Funktion: „In der Hausaufgabenzeit kontrolliere ich die Hausaufgaben und überprüfe sie auf Sauberkeit und Genauigkeit, ob sie fehlerhaft sind. Das wird dann verbessert. Wenn sie sich Mühe geben, dann schreibe ich 'fein' darunter." Auch während des Vormittagsbereichs werden die ErzieherInnen bei unterrichtsunterstützenden Tätigkeiten eingesetzt: „In der offenen Eingangsphase werden wir vom Lehrer mit herangezogen, um Schüler mit Schwierigkeiten zu unterstützen. Wir üben mit ihnen und wirken vertiefend. ... Wenn ich außerhalb der Klasse bin kann es passieren, daß die Lehrerin kommt und sagt 'Ich habe Probleme mit dem Kind. Ich bringe es Dir'. Oder die Lehrerin sagt: 'Wir üben gerade lesen und ich setze hier mal welche hin, die sollen Dir das vorlesen.'" In einigen Teams von Lehrkräften und ErzieherInnen erstreckt sich darüber hinaus die Zusammenarbeit auf die spielerische Ergänzung von Unterrichtsthemen im Hort. Dies betrifft insbesondere die Themen des Sachkundeunterrichts.

Es gibt auch Lehrkräfte und sozialpädagogische Fachkräfte in Sachsen-Anhalt, die eine gemeinsame inhaltliche Planung und Verzahnung des Vor- und Nachmittagsbereichs praktizieren. Dies ist in der Regel jedoch nicht dem pädagogischen Konzept der Schule und des Hortes zuzuschreiben, sondern wird als persönlicher Glücksfall von den Beteiligten bewertet.

Zu einem großen Teil solidarisiert sich das LehrerInnenkollegium mit den ErzieherInnen, wenn es darum geht, den Hort durch neue pädagogische Initiativen attraktiver zu gestalten und damit einen Rückgang der Hortanmeldungen entgegenzuwirken. Der Einsatz von LehrerInnen im Nachmittagsbereich ist aber zur Ausnahme geworden, wenn sie auch nach dem Hortgesetz „zu bestimmten Tageszeiten im Hort eingesetzt werden (können, d.V.), sofern dies zur Aufrechterhaltung eines geordneten Hortbetriebes erforderlich ist" (Hortgesetz 1993 § 5), da die obligatorischen Arbeitszeiten für den Nachmittagsbereich gestrichen wurden. Hinzu kommt, daß mittlerweile eine wachsende Zahl von LehrerInnen nur noch als Teilzeitkräfte tätig ist. Trotzdem arbeiten an einigen Schulen LehrerInnen bei Höhepunkten von Schule und Hort gemeinsam mit oder unterstützen die ErzieherInnen bei besonderen Ereignissen im Hort. Diese Unterstützung durch die LehrerInnen am Nachmittag bedeutet für Sie oft unbezahlte Mehrarbeit. Die Praxis solch eines solidarischen Verhaltens zur Bewältigung der gemeinsamen pädagogischen Aufgabe ist noch weit verbreitet. In vielen Schulen kooperieren auch die Lehrkräfte eines Jahrgangs eng miteinander. Das drückt sich vor allem aus in regelmäßigem Austausch und Reflexion von Unterrichtserfahrung, Materialien und Klassenarbeiten. Obwohl durch die organisatorische Trennung des Schul- und Hortbereichs die Gefahr besteht, daß Vor- und Nachmittagsbereich sich in zwei gesonderte pädagogische Kulturen spalten, kann durch die Tradition der Solidarität zwischen Professionen, ein Brückenschlag zur Durchsetzung eines einheitlichen pädagogischen Konzepts realisiert werden.

Die am Modellversuch beteiligten Schulen in Sachsen-Anhalt versuchen durch verschiedene Maßnahmen der oben angesprochenen Trennung entgegenzuwirken. Einige Schulen legen ihre Konferenzen so, daß die ErzieherInnen mehrheitlich teilnehmen können. Erschwert wird das Problem zusätzlich dadurch, daß viele Lehrkräfte und sozialpädagogische Fachkräfte einer Teilzeitbeschäftigung nachgehen. Das bedeutet, daß die Zeit an der sich beide Berufsgruppen regulär in der Schule und im Hort aufhalten, begrenzt ist und LehrerInnen nach 16.00 Uhr wieder in die Schule kommen. An anderen Schulen treffen sich regelmäßig Schul- und Hortleitung, um anfallende Probleme zu besprechen und die pädagogische Arbeit gemeinsam zu planen. Dieses freiwillige Engagement und die Gesprächsbereitschaft ist sehr positiv zu bewerten. Die Kooperation der Berufsgruppen sollte jedoch als Teil des pädagogischen Aufgabenspektrums gewertet und anerkannt werden. Dies müßte auch in einer Änderung der Rahmenbedingungen seinen Ausdruck finden, die einen regelmäßigen Austausch beider Professionen während ihrer Dienstzeit möglich macht.

6 Perspektiven einer ganztägigen Gestaltung des Schullebens

Die internen und externen Anforderungen, die heute an Schulen gestellt werden, bedürfen vieler Antworten. Anregungen für eine ganzheitliche Gestaltung des ganztägigen Schullebens kommen zum Teil aus reformpädagogischen Ansätzen z.B. durch die Einführung von Projektunterricht, Freiarbeit und Wochenplan. Darüber hinaus kann sich das Schulleben qualitativ verändern, wenn sozialpädagogische Kompetenzen und Sichtweisen einen höheren Stellenwert bekommen. In Verbindung mit einer notwendigen Veränderung von Zielen, Inhalten und Methoden in der Schulgestaltung hat die Rhythmisierung des Tagesverlaufs eine große Bedeutung.

Nur in einem integrierten Modell, daß auf die besonderen Bedingungen jeder einzelnen Institution zugeschnitten ist, kann Schule ein heimatlicher Lebensort für Kinder werden. Bei der Betrachtung der Gestaltung des Tagesablaufs der 16 am Modellversuch beteiligten Schulen sowie Schulen und Horte zeigt sich, daß die Grenzen zwischen additiven und integrierten Modellen fließend sind. Von unterschiedlichen Startbedingungen ausgehend bewegen sich alle Schulen auf ein integriertes Modell zu. Um ein integriertes Modell zu realisieren, müssen in der Gestaltung des Schullebens "pädagogische Handlungselemente enthalten (sein, d.V.), die dem traditionellen Handlungsrepertoire und Berufshabitus sowohl von LehrerInnen als auch von SozialpädagogInnen entsprechen." (KNAUF, 1992, S.122 f) Beide Berufsgruppen haben Kernarbeitsbereiche, in denen die jeweilige Fachkraft allein die Hauptverantwortung trägt. Eine Voraussetzung für ein integriertes Modell ist die gegenseitige Anerkennung der beruflichen Kompetenz der anderen Profession.

Kooperation zwischen Lehrkräften und sozialpädagogischen Fachkräften ist keine Selbstverständlichkeit, so daß die Grundlage der Zusammenarbeit von den PartnerInnen gemeinsam erarbeitet werden sollte. Wichtig ist in diesem Zusammenhang, daß es weder zu einer Ausgrenzung der sozialpädagogischen Position noch zu bedingungsloser Anpassung an LehrerInnenpositionen kommt. Ein zentrales Element der Kooperation ist die Wahrnehmung eines gemeinsamen Bildungs- und Erziehungsauftrags. Auf dieser Grundlage ergeben sich vielfältige Perspektiven wie Schule lebensorientierter gestaltet werden kann. So ist es durch die Einbeziehung einer sozialpädagogischen Fachkraft möglich, den Unterricht in Richtung einer stärkeren Binnendifferenzierung zu verändern. Aufgrund einer gemeinsamen Planung ist zum Teil auch Team-Teaching möglich sowie der verstärkte Einsatz sozialintegrativer Arbeitsformen. Projekte werden zwischen der Lehrkraft und der sozialpädagogischen Fachkraft abgesprochen und teils gemeinsam und teils allein durchgeführt. Bei einer solchen Form der Kooperation erweitern Lehrkräfte ihre Kompetenz, in dem sie sozialpädagogische Sicht- und Arbeitsweisen in ihre Tätigkeit stärker mit einfließen lassen. Betreuung und Beratung von SchülerInnen sowie Kooperation mit den sozialpädagogischen Fachkräften und außerschulischen Trägern gewinnt eine größere Bedeutung für sie. Durch diese Zusatzqualifikationen erweitert und verändert sich die Rolle der Lehrkraft. Bei den sozialpädagogischen Fachkräften ist es wichtig, daß sie ihre Kompetenz erweitern, in dem sie sich mit schulischen Fragen auseinandersetzen und sie in ihre Arbeit mit einbeziehen. Das bedeutet, daß sich beide Berufsgruppen aufeinander zu bewegen müssen. Daß dies ein langer gemeinsamer Prozeß ist, zeigen die Erfahrungen der beiden Schulen in Nordrhein-Westfalen, die über eine langjährige Ganztagserfahrung verfügen.

Damit Kooperation überhaupt möglich wird, ist die erste Voraussetzung, daß ein enger Arbeitszusammenhang zwischen LehrerInnen und sozialpädagogischen Fachkräften besteht. Hier spielt der zeitliche Faktor eine große Rolle. "Tür-und-Angel"-Gespräche reichen mit Sicherheit nicht aus, um einen gemeinsamen pädagogischen Konsens und Kooperationsabsprachen zu treffen. Deswegen sind neben den gemeinsamen Phasen im Unterricht oder der Freizeitbetreuung, Zeit für Teambesprechungen wichtig. Bisher sind regelmäßige Teambesprechungen von KlassenlehrerIn und sozialpädagogischer Fachkraft nur an wenigen Schulen üblich, um die Gestaltung des Tagesablaufs für die Kinder zu planen. Einwände gegen Teambesprechungen richten sich gegen den erhöhten Zeitaufwand. Die Praxis zeigt jedoch, daß die Zeit der Zusammenarbeit viele Früchte tragen kann, wie z.B. eine persönliche Entlastung im Bereich der Planung und Unterrichtsvorbereitung. Daneben kann damit auch eine Kompetenzerweiterung verbunden sein. Eine weitere Entlastungsmöglichkeit ergibt sich aus dem Austausch von Projekt- und Unterrichtsmaterialien zwischen den verschiedenen Klassen.

Die Gemeinschaftlichkeit von Kindern, die in der Ganztagsschule angestrebt wird, sollte sich auch in der Zusammenarbeit zwischen sozialpädagogischen Fachkräften und Lehrkräften widerspiegeln. Um eine integrative Kooperation zu erreichen, ist deshalb die Förderung des Teamgedankens zwischen LehrerInnen und den sozialpädagogischen Fachkräften erforderlich. "Teamentwicklung ist (ein, d.V.) Lernprozeß, bei dem das Funktionieren des Teams permanent evaluiert wird und bei dem neue und effizientere Formen des Zusammenarbeitens entworfen und etabliert werden." (FATZER 1993, S. 262)

Da in Nordrhein-Westfalen die sozialpädagogischen Fachkräfte unter der Dienstaufsicht der Schulleitung stehen, wird es hier vor allem auf die SchulleiterInnen ankommen, wenn es darum geht sozialpädagogisches Gedankengut in der Schule einen höheren Stellenwert einzuräumen. In Sachsen-Anhalt dagegen, wo Schule und Hort zwei getrennte Organisationseinheiten bilden, die zur Zusammenarbeit verpflichtet sind, wird es von der Kooperation von Schul- und Hortleitung abhängig sein, damit die organisatorische Trennung, nicht eine Trennung zwischen Unterricht und Freizeit wird. In diesem Zusammenhang wird ein neues Zusammenwachsen der Institutionen gefördert, wenn Erzieherinnen ein eigenes sozialpädagogisches Profil entwickeln, daß unterrichtsverändernd in die Schule hineinwirken kann.

In beiden Ländern ist es wichtig, einen gemeinsamen Bildungs- und Erziehungsauftrag zu realisieren. Der Modellversuch wird dies unterstützen indem schulinterne und überregionale Fortbildungen, Beratungsgespräche aufgrund der erhobenen Daten und überregionale Tagungen zum Austausch mit den anderen Modellschulen angeboten werden. Die weiteren Schwerpunkte des Forschungsteams beziehen sich auf die Veränderungsprozesse der Kooperation zwischen den beteiligten Berufsgruppen sowie die weitere Ausgestaltung des pädagogischen Konzepts für eine ganztägige Gestaltung des Schullebens im Interesse der Kinder.

Die Entwicklung von Schule zur Ganztagsinstitution kann Anstöße für die einzelne Schule bringen, sich benötigte Ressourcen zu erschließen und sie zielgerecht einzusetzen. Aber jeder gewollte schulische Entwicklungsprozeß stößt an seine Grenze, wenn die politischen, finanziellen und räumlichen Rahmenbedingungen nicht stimmen. So braucht Schule neben der inneren Erneuerung auch eine Unterstützung von außen durch die Zurverfügungstellung von ausreichenden Ressourcen und ein gewisses Maß an Autonomie, um "ihren" Weg zu gehen.

Literatur

Autorenkollektiv unter Leitung von E. Lau u.a. (Hg.): Zur Gestaltung des Lebens der Kinder im Schulhort. Berlin 1987

Bastian-Störk, A./Limbach-Perl, M.: Kooperativ innovativ: Organisation und Rahmenbedingungen in: E. Krieg (Hg.): Hundert Welten entdecken. Die Pä-dagogik der Kindertagesstätten in Reggio Emilia. Essen 1993

Fatzer, G.: Teamsupervision als Organisationsentwicklung. In : Fatzer, G. (Hg.): Supervision und Beratung. Ein Handbuch. Köln 1993, S. 257-276

Gesetz über die Horte an Grundschulen in Sachsen-Anhalt (Hortgesetz) vom 31. August 1993

Knauf, T.: Neue pädagogische Anforderungen an LehrerInnen und SozialpädagogInnen. In: Böttcher, W. (Hg.): Mehr Ganztagsangebote für Kinder und Jugendliche. Beiträge von einer Fachtagung der Gewerkschaft Erziehung und Wissenschaft und der Max-Träger-Stiftung. Witterschlick/Bonn 1992

Kreie, G.: Integrative Kooperation. Weinheim 1985

Neumann, U./Ramseger, J.: Ganztägige Erziehung in der Schule. Eine Problemskizze. (Dritte überarbeitete Auflage) Seelze 1991

Schneider u.a.: Schulsozialpädagogik. Aufruf an Schule und Lehrer, die Bedürfnisse ihrer Schüler und Schülerinnen anzunehmen. München 1982. (DJI-Materialien. Reihe Materialien zur Schulsozialarbeit Bd. 5)

Tassilo Knauf

Lehrerkooperation in europäischen Nachbarländern

Das Thema Kooperation von Lehrerinnen und Lehrern gehört sicher nicht zu den vorrangigen in der pädagogischen Diskussion und erziehungswissenschaftlichen Forschung. Organisierte Formen der professionellen Zusammenarbeit sind auch erst ein relativ junges Phänomen in der Geschichte der Pädagogik. Die Wurzeln liegen zunächst auf der Ebene von berufsständischen Zusammenschlüssen mit berufs-, aber auch bildungspolitischen Zielsetzungen.

Die erste deutsche Lehrerversammlung von 1848 in Eisenach mit ihren während der bürgerlichen Revolution in die Öffentlichkeit getragenen Forderungen dokumentiert die damals erreichte Bedeutung organisierter Zusammenschlüsse von Lehrerinnen und Lehrern (vgl. HERRLITZ u.a. 1981, S. 56 ff.). Die von Céléstin FREINET in den 20er Jahren unseres Jahrhunderts ins Leben gerufene Lehrerbewegung knüpft an solche Erfahrungen an. Neu ist hier jedoch einerseits die zentrale pädagogisch-praktische Komponente in der Zusammenarbeit von Lehrern, zum anderen die regelmäßigen regionalen Arbeitstreffen, die manches der aktuellen Lernwerkstättenbewegung vorwegnimmt. In der Reformpädagogik, etwa bei Rudolf Steiner oder in der Landerziehungsheimbewegung wird dann auch die kollegiale Zusammenarbeit der Lehrkräfte einer Schule als ein Gestaltungsfaktor für das Schulleben verstanden und genutzt.

In der sich während der 50er und 60er Jahre in den USA, Kanada, Norwegen (vgl. u.a. EBELTOFT 1974) und im Kontext des PLOWDEN Reports in England ausdifferenzierenden Schulqualitätsforschung werden dann Interaktion, informelle Regeln und pädagogische Konsensbildung in Lehrerkollegien als generelle Faktoren von schulischer Qualität beschrieben und erforscht.

In Zusammenhang mit der behavioristischen Lerntheorie und den Curriculum- und lernzielorientierten Unterrichtskonzepten der späten 60er und frühen 70er Jahre kommt es dann zu einer Erweiterung und zugleich Relativierung der traditionell dominierenden, auch durch die Reformpädagogik nicht ins Wanken gebrachten Stellung und Rollenfestlegung der Lehrer im Klassenunterricht: Einerseits wird versucht, durch materialisierte Lernprogramme Lehrkräfte tendentiell überflüssig zu machen, andererseits werden im Team-Teaching besonders intensive Formen der Lehrer-Schüler-Interaktion erprobt. Und es werden Formen der Lehrer-Kooperation außerhalb des Unterrichts entwickelt, die sich auf die gemeinsame Materialerstellung und Unterrichtsplanung beziehen, deren Perfektionierung und Standardisierung in behavioristisch orientierten Unterrichtskonzepten eine wichtige Rolle zukam.

In der zweiten Hälfte der 70er und in den 80er Jahren lebten Elemente solcher Kooperationsformen auch nach der Abkehr vom Behaviorismus in der Unterrichtspraxis modifiziert weiter: Grundschullehrerinnen schlossen sich zusammen, um Materialien für die Freie Arbeit oder den Wochenplanunterricht zu erstellen. An Gesamtschulen, wie Göttingen-Hofgeismar oder Köln-Hohlweide, wurde das sog. Team-Kleingruppen-Modell entwickelt, um gemeinsame Planung und unterschiedliche Verdichtungsformen pädagogischer Interaktion zu realisieren (vgl. LIEBAU/BRANDT 1978). Neu sind im TKM die wechselseitige kollegiale Rückmeldung und vor allem die gemeinsame pädagogische Verantwortungsübernahme durch das Team. Durch die Haushalts-Restriktionen im Schulsektor wird die Weiterentwicklung solcher Kooperationsmodelle in den letzten Jahren allerdings schwieriger.

Dennoch haben sich drei Bereiche mit einem besonderen profesionellen Kooperationsbedarf in der letzter Zeit verstärkt herauskristallisiert:

1. Der Unterricht mit heterogenen Schülerpopulationen, wobei hier der gemeinsame Unterricht mit behinderten und nicht behinderten Kindern und damit das Zwei-Pädagogen-System mit Sonder- und Grundschul- oder Sekundarstufenlehrerin im Vordergrund steht. Zu dieser Kategorie gehören aber auch integrierte Schuleingangsstufen, in denen neben Lehrerinnen auch sozialpädagogische Fachkräfte arbeiten, um Kinder mit Schulschwierigkeiten aufzufangen. Entsprechende Modelle wurden schon in den 70er Jahren in Hessen, Berlin und Hamburg entwickelt, sie erfahren z. Zt. eine modifizierte Neuauflage.
2. Kooperation zwischen Lehrerinnen und sozialpädagogischen Fachkräften im Rahmen erweiterter Schulzeiten, etwa in verläßlichen Halbtagsschulen oder Schulen mit Ganztagsangeboten. Die Integration von sozialpädagogischen Fachkräften kann vordergründig ein sozialpolitisch erwünschtes Betreuungsangebot sichern, es kann aber auch dazu benutzt werden, daß Spektrum pädagogischen Handelns in der Schule zu erweitern, etwa durch Förder- oder Neigungsangebote, durch jahrgangsübergreifende Projekte, Aktionsangebote an außerschulischen Lernorten usw. Hierzu wird in den Bundesländern Nordrhein Westfalen und Sachsen-Anhalt seit 1993 der BLK-Modellversuch „Intcgration schul- und sozialpädagogischer Handlungskonzepte im Rahmen ganztägiger Gestaltung des Schullebens in der Grundschule" durchgeführt.
3. Außerunterrichtliche kollegiale Arbeit an der Entwicklung eines pädagogischen Grundkonsenses, an der Herausbildung eines Schulprofils und der Schaffung eines Schulprogramms nicht zuletzt im Zusammenhang mit der Erhöhung des Autonomiegrades von Schulen.

In einigen unserer Nachbarländer ist die Entwicklung in diesen drei Feldern schon weiter fortgeschritten; und es sind breitere Erfahrungen mit der Kooperation von Lehrerinnen und Lehrern, aber auch mit PädagogInnen anderer Ausbildungsprofile gewonnen worden.

Ausgewählte Entwicklungstrends in Dänemark, den Niederlanden, Italien sowie England und punktuell Frankreich möchte ich hierzu skizzieren.

Die Generalisierbarkeit meiner Trendbeschreibung bleibt dabei begrenzt, da meine Beschreibung vor allem auf kleinen Fallstudien mit Interviews und teilnehmenden Beobachtungen an wenigen Schulen beruht. Darüber hinaus habe ich aber teilweise versucht, verfügbare Literatur über die neuere Schulentwicklung der genannten Länder sowie z.T. Gesetzes- und Verordungstexte auszuwerten, so daß die gewonnenen Beobachtungen in ihrem bildungspolitischen und administrativen Kontext interpretiert werden können. Den Schwerpunkt meiner Darstellung werde ich auf die unteren Schulklassen legen. Wir würden von Primarstufe sprechen. Vergleichbare institutionelle Ausdifferenzierungen gibt es in Italien mit der 5-jährigen scuola elementare, in Frankreich mit der ebenfalls 5 Jahrgangsstufen umfassenden école primaire, in England jedoch nur teilweise, weil die 5- bis 6-jährige Primary School, in infant und junior school unterteilt wird. Abweichend ist auch die institutionelle Struktur in den Niederlanden, wo es seit 1985 die den Elementarbereich integrierende, 8 Jahrgangsstufen umfassende Basisschool gibt, sowie in Dänemark, wo in die folkeskole Primarstufe und Sekundarstufe I integriert sind.

1 Italien und Dänemark als Beispiele für die Verschiedenartigkeit der Kooperationsmodelle in der integrationspädagogischen Praxis

Zum ersten Komplex, dem gemeinsamen Unterricht mit behinderten und nicht behinderten Kindern, werde ich mich vor allem auf die Entwicklung in Italien und Dänemark beziehen, die jeweils gut dokumentiert ist und vielfach als Modell für eine integrative Praxis in der Bundesrepublik zitiert wird (vgl. KNAUF 1992 a; dort weitere Literaturhinweise). Die schulische Integration Behinderter ist in Italien seit dem Integrationsgesetz von 1971 schrittweise in Regelpraxis überführt worden. Das Grundschulreformgesetz von 1991 hat die Entwicklung zu einem vorläufigen Abschluß gebracht. Danach ist für alle Grundschulklassen mit behinderten Kindern - im Extremfall ist das nur ein Kind - der zusätzliche Einsatz einer sog. Stützlehrerin vorgesehen („Insegnante di sostegno“). Nach dem Gesetz müßte dies eine Pädagogin oder Therapeutin mit der jeweils notwendigen Spezialausbildung sein, die z.T. von den lokalen Gesundheits- und psychosozialen Beratungsstellen („USL") abgeordnet werden. Nicht selten sind dies aber auch Psychologinnen, die in ihrem Arbeitsbereich keine Stelle gefunden haben oder Hilfskräfte mit geringen professionellen Vorkenntnissen. Durch Fortbildungsmaßnahmen der Schulverwaltung oder universitäre Zusatz-Ausbildungen wird versucht, eine gewisse Vereinheitlichung, Anhebung und Bedarfsorientierung des Qualifikationsstandards zu erreichen.

Ein staatlicher Nachqualifizierungsdruck wird durch die gesetzliche Fortbildungspflicht bei gleichzeitiger Deputatsminderung (um 2 Wochenstunden) und durch Vereinheitlichung der Lehrkräftevergütung ausgeübt, vor allem auch durch das standardisierte Personalauswahlverfahren mittels Tests („Concorsi"). Die Ausbildung einer alltäglichen Praxis von Lehrerkooperation wird durch Regelungen des Grundschulreformgesetzes massiv unterstützt und beinahe unausweichlich gemacht. Das Gesetz schreibt vor, daß ab dem 2. Schuljahr Jahrgangsteams gebildet werden, die auch bei zwei nichtintegrativ arbeitenden Klassen mindestens drei LehrerInnen umfassen sollen. Damit wird das für die Grundschule traditionelle Klassenlehrerprinzip in Frage gestellt. Die Richtlinien („Programmi") für die scuola elementare von 1985 liefern hierfür die theoretische Basis. Dort ist eine der zentralen Aussagen, daß eine gelungene Pädagogik die Antinomie von diversità und ugualità, von Verschiedenheit und Gleichheit, auf Schüler- wie auf Lehrerebene aushalten müsse. Kinder müssen trotz ihrer Verschiedenheit die gleiche pädagogische Zuwendungsintensität erfahren. Und dies gehe vor allem, wenn auch die schulischen Bezugspersonen Verschiedenheit repräsentieren und damit über ein Repertoire verschiedener pädagogischer Interaktionsformen verfügen, ohne daß der Vertrauen vermittelnde Rahmen identischer Regeln und abgestimmter Zielsetzungen gesprengt würde. Das Team sichert im Rahmen pädagogischer Übereinkünfte Verschiedenheit didaktischer Reflexion und Aktivität und damit auch Passung auf die Heterogenität der Schülerpopulation. Das Gesetz verpflichtet das Team zur alljährlichen „programmazione didattica". Die didaktische Planung durch das Team fordert die Teammitglieder heraus zur Artikulation und Kommunikation pädagogischer Norm- und Aktionsvorstellungen und damit auch zur Findung pädagogischer Konsequenzen. Nicht primär durch Empathie und Einsicht, sondern durch rechtliche Verpflichtung gelangen damit die Lehrkräfte zu inhaltlichen Vereinbarungen und zu - in einem breiten Rahmen - abgestimmten pädagogischen Verhaltensmustern. Aus der Kooperationspraxis italienischer Grundschulen gibt es viele positive Berichte deutscher Besucher. Meine Beobachtungen aus dem Jahr 1991, als die Richtlinien, aber noch nicht das Reformgesetz gültig waren, sind ambivalent (vgl. KNAUF 1991 a u. b).

Im Sprach- und Sachunterricht („scienze") zweier besuchter Klassen waren signifikante Rollentrennung zwischen Grund- und Stützlehrerin gegeben. Die Grundschullehrerinnen strukturierten jeweils dominant das Fragen entwickelnde Unterrichtsgespräch oder die eingeschobene Gruppenarbeit. Die Stützlehrerinnen beider Klassen konzentrierten sich auf zwei bis drei behinderte Kinder, die sich aber gelegentlich von ihren Arbeitsmaterialien abwandten und sich in das Unterrichtsgespräch „einklinkten". Nur in einem Fall wurde diese spontane Verknüpfung sozial wie inhaltlich getrennter Arbeitsprozesse von der Stützlehrerin gefördert. Hier blitzte etwas von der engen Verschränkung von Handlungsstrukturen mehrerer Lehrerinnen auf, wie sie im Sport-, Musik- und Kunstunterricht oder bei den häufigen Unterrichtsgängen beobachtet werden konnte. Die Stützlehrerin tauschte hier die Rolle: War sie im Klassenraum auf die Schaffung und Sicherung eines intimen therapienahen Situationsrahmens für zwei bis drei zuwendungsbedürftige „Klienten" bedacht, kam es in den stärker handlungsorientierten Unterrichtsabschnitten zum Loslassen der Kinder, zu expressiven Formen verbaler wie non-verbaler Kommunikation mit der jeweiligen Grundschullehrerin und mit nicht behinderten Kindern. Beide Stützlehrerinnen, die sich im Klassenunterricht (um nicht die Klassenmehrheit zu irritieren) auf eine äußerst sparsame, sprachlich gedämpfte, aber präzise Kommunikation beschränkten, „tauten" nun gewissermaßen stimmlich und gestisch auf. Bei den Grundschullehrerinnen waren vergleichbare Veränderungen nicht erkennbar. Die Einpassung in ein Schema integrativen Unterrichts in ziemlich kleinen Klassenräumen war für die Stützlehrerinnen dem Anschein nach nur mit einer befristet aushaltbaren Beschneidung des Interaktionsrepertoires und Handlungsradius realisierbar. Habitualisierungsprozesse mögen dabei das subjektive Empfinden von Anspannung überlagert haben.

Vergleichbare Intensitätsgrade von Interaktion, auch gebremster Interaktion konnte ich in integrativ arbeitenden dänischen Schulen nicht beobachten. Hier sind auch die institutionellen Voraussetzungen und administrativen Strukturvorstellungen der Integration Behinderter recht verschieden von der italienischen Praxis. Sieht das Volksschulgesetz von 1975 zwar die gemeinsame Unterrichtung aller Kinder in einer Schule vor, so gibt es in der Praxis jedoch noch kein einheitliches Modell der Unterrichtung Behinderter. Z.T. besuchen sie immer noch Sonderschulen oder Sonderklassen an allgemeinen Schulen. Am ver-breitetsten ist aber die Integration in Regelklassen bei zeitweiser äußerer Differenzierung. Dabei wird für jedes Kind entschieden, an welchem Unterricht es integrativ oder in einer Sondergruppe teilnimmt. Große Teile des Schultags verbringen behinderte Kinder in Einzelförderung oder bei therapeutischen Maßnahmen. Dafür haben integrativ arbeitende Schulen Fachräume und Fachpersonal wie z.B. Moto-, Ergo- und LogopädInnen. Das Fachpersonal versteht sich überwiegend nicht als Lehrkräfte, eher als Therapeuten, die ihre Praxisräume in die Schule verlagert bekommen haben, so wie die Kommune auch die Stadtteilbibliothek in das Gebäude der Volksschule gelegt hat. Für die Kinder, vor allem die behinderten, bildet die Schule einen Mikrokosmos z.T. isolierter, eigenständiger Erlebnisbereiche mit jeweils eigenen Räumen, spezifischen Zeiten, Regeln und Bezugspersonen. Die Professionalität dieses Systems basiert auf Arbeitsteilung und Spezialisierung mit administrativ vorgegebenen oder persönlich entwickelten Verknüpfungspunkten. Diese entstehen z. B. dann, wenn ein Sprachlehrer ein behindertes Kind für eine logopädische Behandlung vorschlägt und dafür mündlich oder schriftlich seine Beobachtungen der Logopädin übermittelt. Solche fachlich definierbaren Beziehungen können sachlich und ohne größere persönliche Belastungen gestaltet werden. Das System erhält seine Funktionsfähigkeit nicht durch die Grade persönlicher Beteiligung. Es mag Zufall sein, daß der Feminisierungsgrad bei den Lehrkräften italienischer Grundschulen extrem hoch liegt, während in Dänemark eine Geschlechtsquotenregelung fast einen ausgeglichenen Geschlechterproporz sichert.

Nicht unerwähnt möchte ich in diesem Zusammenhang die Untersuchung von NIAS, SOUTHWORTH und YEOMANS (NIAS u.a. 1993) über Lehrerkooperation in englischen Primary Schools lassen. Die Autoren betonen, daß bei ihren Fallstudien die Kultur der Zusammenarbeit sich vielfach als eine weibliche Kultur darstellt, in der Mitgefühl, Zuwendung, die Beachtung des einzelnen wie des sozialen Zusammenhangs, die Betonung von Emotionalität und die Ablehnung von Wettbewerb und Konkurenz eine besondere Rolle spielen (ebenda, S. 71).

2 Zusammenarbeit auf Distanz: Kooperationsansätze im Rahmen ganztägiger Erziehung

Ich komme zum zweiten ausgewählten Praxisfeld für kooperatives Pädagogenhandeln (vgl. KNAUF 1993; hier weitere Literaturhinweise): Die Erweiterung der täglichen Verweildauer von Kindern in der Schule bis hin zum schulischen Ganztagsbetrieb. Es gibt hier drei verschiedene Funktionsmodelle:

1. Die *Verlängerung* des Unterrichtstages bis in die Nachmittagsstunden,
2. Die *Erweiterung* des Unterrichtsvormittages um eine regenerative und freizeitpädagogisch orientierte Betreuungszeit am Mittag und Nachmittag,
3. Die *Rhythmisierung* des gesamten Schultages durch die Integration von Neigungs- und Förderangeboten, musisch-ästhetischen oder etwa umweltbezogenen Projektaktivitäten.

Das zweite, das additive („Betreuungs"-)Modell, das mit dem schulinternen oder externen Hort in der Primarstufe in Deutschland dominiert, hat kaum Entsprechungen in den westlichen Nachbarländern. Zu den beiden klassischen Ganztagsschulländern, England und Frankreich, war bis Ende der 60er Jahre schulischer Ganztag ausschließlich Unterrichtstag. Der PLOWDEN Report (1967), der in den 60er Jahren den Abbau schichtenspezifischer Benachteiligungen durch stärkere pädagogische Orientierung an der sozialen und personalen Identität des Kindes forderte, führte zu einem markanten Umbruch: Der Schulnachmittag wurde an den meisten Primary Schools zum Ort für neigungsbezogene Differenzierungsangebote für Kleingruppen: Computer-, Theater-, Photographie-, Lyrik- oder Kochkurse, daneben aber auch Fördermaßnahmen wurden und werden, z.T. von Lehrerinnen und Lehrern der Schule, von PädagogInnen mit Spezialqualifikationen, aber auch von pädagogischen Laien, z. B. Schülern oder Eltern, angeboten. Das Lehrerkollegium, z. T. aber auch weitgehend allein der Schulleiter, bestimmen über Personalauswahl und Intensitätsgrade der kooperativen Einbeziehung von schulexternen Lehr- und Betreuungskräften in pädagogische Planungen und Absprachen der Schule. Der„Education Reform Act" von 1988 beschneidet solche Gestaltungsspielräume erheblich; denn 80% der Schulzeit soll an den grundlegenden Vorgaben des „National Curriculum" orientiert werden.

In Frankreich hat es vergleichbare Spielräume wie im England der 70er und 80er Jahre nie gegeben. Schule ist leistungsorientierte Unterrichtsstätte. Die vorsichtige Adaption von Ideen der FREINET-Pädagogik Anfang der 70er Jahre in die Praxis der öffentlichen Schule führte jedoch vor allem für die Nachmittagszeit zu einer tendentiellen Umorientierung (vgl. KNAUF 1993 S. 18 f.): Eingeführt wurden die „études surveillés", Phasen der selbständigen Erledigung von Arbeitsaufträgen, wobei Lehrerinnen und Lehrer jeweils für eine Großgruppe zur Beratung zur Verfügung stehen. An größeren Schulen wurden hierfür unterstützend Bibliotheken und audiovisuelle Medien-Zentren eingerichtet. Um den physiologischen Folgen des langen Sitzens in der Schule entgegenzuwirken, ist in den 80er Jahren ein Programm aufgelegt worden zur Förderung musischer und vor allem sportlicher Aktivitäten am Schul-Nachmittag. Realisiert werden diese Angebote in Verbindung mit Vereinen und kommunalen Institutionen. Eine Kooperation vollzieht sich dabei weniger auf einer personellen als auf institutioneller Ebene.

In Italien sind Ganztagsangebote an Grundschulen erst ab den 70er Jahren ausgebaut worden. Sie sind derzeit noch fakultativ. Die vorgesehene obligatorische 30-stündige Schulwoche ist aus Kostengründen zunächst verschoben worden. Die im englischen PLOWDEN Report angesprochene kompensatorische Funktion von Ganztagsangeboten steht auch in Italien (bis heute) im Vordergrund, wobei sowohl die Verbesserung sozialer Chancengleichheit als auch die Förderung individueller Neigungen und vor allem sinnlich aktiver Erfahrungen angestrebt wird. Schule soll ein „ambiente educativo" sein (vgl. SCUOLA ELEMENTARE 1985, S. 1; OREFICE 1978, S. 101 ff). An den von mir besuchten Schulen dominierten Arbeitsgemeinschaften und Projekte in Kleingruppen mit soziokulturellen und Umweltthemen, z. B. Medien, Stadtgeschichte, Natur in der Stadt, Wohnen (vgl. KNAUF 1991 b) Verantwortlich für diese Angebote waren nicht die Lehrerinnen der Schule, sondern Teilzeit- und Honorarkräfte mit pädagogischer Minimal-Ausbildung. Auch die Honorarkräfte sind jedoch Mitglieder des Jahrgangsteams und nehmen an den Teambesprechungen teil. Die Nachmittagskräfte haben zwar ihren eigenen Bereich, doch waren die thematischen Absprachen selbst bei meinen kurzen Hospitationen unverkennbar. Denn die Erfahrungen und Produkte der Nachmittags-AG wurden mehrfach in den Sprach- und Sachunterricht des Vormittags integriert. Kooperation wurde hier als thematische Nähe bei personaler Distanz organisiert.

3 Lehrerkooperation und Schulautonomie

Ich komme zum letzten und vermutlich komplexesten Bereich für pädagogische Kooperation in der Schule. Er kann mit dem Schlagwort „Schulautonomie" umrissen werden, also mit den Ansätzen, Schulen und den in der Schule arbeitenden Gruppen und Personen mehr Eigenverantwortung und Gestaltungsspielraum zu geben (vgl. u.a. ROLFF 1991). Die Motive und Hintergründe für die gegenwärtige Autonomie-Diskussion sind sicher heterogen. Die betriebswirtschaftliche Diskussion um „flache Hierarchie" und „Deregulierung" (vgl. u.a. LEHNER/WIDMAIER 1992, S. 160 ff.) spielt hier ebenso hinein wie Haushalts- und ordnungspolitische Interessen an Kosten-Verlagerung. Aus pädagogischen Gründen kann die Erweiterung schulischer Autonomie sinnvoll sein, weil sie - so ist die Erwartung - mehr Identifikation, Motivation, Engagement und Handlungsphantasie der Beteiligten evozieren und produktiv nutzen kann, damit Qualifikationspotentiale der Beschäftigten besser aktiviert und die Passung auf situative Bedarfe und Bedingungen erleichtern kann; und schließlich kann die Außenwirkung einer Schule geschlossener und konsistenter erscheinen (Stichwort: „Corporate Identity"). Diese erhofften positiven Effekte können aber nur wirksam werden, wenn die Beteiligten, vor allem die Lehrkräfte, bereit sind, die vor sozialer Kontrolle und Erwartungsdruck partiell schützende Berufssituation in der Klasse und/oder in einem Fach zu öffnen, um die gemeinsame Verantwortung für die pädagogische Qualität einer Schule und für die Entwicklung der Kinder ernstzunehmen. Bürokratie- und Hierarchie-Strukturen verhindern eher eine solche Öffnung zur gemeinsamen Verantwortungsübernahme. Das haben die Studien von WEBER, POPITZ, FÜRSTENAU oder COMBE belegen können (vgl. COMBE 1971). England, mit seinen dezentralen Schulaufsichtsstrukturen der Local Educational Authorities, in denen sich viel vom frühneuzeitlichen englischen Regionalismus widerspiegelt und mit seinen am Vorbild des Parlamentarismus orientierten Selbstverwaltungsstrukturen in der Schule, ist daher nicht von ungefähr das Land, in dem sich (wie es dort gern selber genannt wird) eine „Culture of Collaboration" entwickelte. Bis zur Durchsetzung des Educational Reform Acts konnte jede Schule ihr Curriculum weitgehend selber entwickeln, und der Rat einer Stadt konnte einen größeren Einfluß auf die Schule ausüben als der Erziehungsminister in London. Die Kooperationskultur an englichen Schulen hat sich im wesentlichen unter folgenden Bedingungen entwickelt:

1. Die starke Stellung des Schulleiters, der sich als Betriebsleiter eine Belegschaft nach seiner Philosophie zusammenstellen kann und entsprechende Kontroll- und Personalbewirtschaftungskompetenzen hat.
2. Die Konkurrenz zwischen Schulen, die die Entwicklung eines in der Öffentlichkeit erkennbaren Profils der einzelnen Schule notwendig macht.

3. Der faktische Zwang, schulintern Übereinkünfte über curriculare und methodische Strukturen des Schulalltags zu erzielen.
4. Die bis ins 19. Jahrhundert zurückverfolgbare Tradition schulischer Gemeinschaftssituationen, wie assemby und staff meeting.

Die Ende der 80er Jahre von NIAS und anderen an englischen Primary Schools durchgeführten Fallstudien zur Lehrerkooperation haben ergeben, daß sich unter den benannten strukturellen Bedingungen auch professionelle Haltungen entfalten konnten, die auf der subjektiven Ebene Voraussetzungen für Kooperationsbereitschaft bilden, nämlich

- zu lernen, daß die Stärke einer Gruppe in der Akzeptanz von Verschiedenheit bestehen kann,
- den Mut zu entwickeln, Kritik zu äußern, zu ertragen und als Quelle für die Weiterentwicklung gemeinsamer Vorstellungen zu nutzen,
- Kollegen und Kolleginnen als Individuen wie als Mitglieder der eigenen Gruppe zu schätzen,
- sich selber als Gruppenmitglied wahrzunehmen und daraus auch emotionale Sicherheit und Vertrauen zu gewinnen,
- das informelle Moment der Gruppe höher zu gewichten als die Sicherheit, die Hierarchie und bürokratische Regelsetzung gewähren können (vgl. NIAS u.a.1993, S.48 ff.).

Das Herausarbeiten solcher teamstiftender Haltungen und Einstellungen darf allerdings nicht darüber hinwegtäuschen, daß auch an englischen Primary Schools Lehrerkooperation eher auf Distanz praktiziert wird und sich auf wenige Arbeitssituationen, wie gemeinsame Projekte und Konferenzen sowie die wöchentliche Schulversammlung, reduziert.

Team Teaching ist schon aus Kostengründen selten und wird meist mit Hilfskräften, nicht zwischen LehrerInnen praktiziert. Dennoch können die punktuellen gemeinsamen Situationen des Austauschs, der gemeinsamen Zielfindung, der gemeinsamen Planung und gelegentlich auch der gemeinsamen Aktion in der Schule zu deren Entwicklung von Profil und Arbeitsqualität wesentliche Beiträge liefern. Grundlage ist

a) die Verständigung über gemeinsame pädagogische Grundvorstellungen und
b) die Entwicklung eines Modus wechselseitigen Achtens und Verstehens, vergleichbar den drei Grundforderungen von ROGERS nach Akzeptanz, Empathie und Authentizität.

Zwei europäische Länder sind in den letzten Jahren in der Veränderung schulischer Organisationskultur dem in England entwickelten (dort inzwischen aber wieder gebrochenen) Trend zur Stärkung professioneller Teamstrukturen gefolgt: die Niederlande und Italien. In beiden Ländern ist mit Gesetzen und Verordnungen ein relativ stabiler rechtlicher, administrativer und institutioneller Rahmen für eine schulische Kooperationskultur geschaffen worden. Der Rechtsrahmen ist aber nur der formelle Stützpfeiler für eine seit über zwei Jahrzehnten andauernde Diskussion um die innere Struktur einer kindorientierten Schule. Dabei sind Leitbegriffe geschaffen worden, die bis in amtliche Texte, vor allem aber in die Lehreraus- und weiterbildung hineingetragen wurden:

- in den Niederlanden z. B. die Begriffe Kontinuität, Interkulturalität, Dezentralität der Planung.
- in Italien die Begriffe Verschiedenheit und Gleichheit, Offenheit, Raum und Zeit als Elemente von Lern-Kultur.

In beiden Ländern ist vergleichbar die Erwartung, daß durch konkrete produktförmige Aufgabenstellungen die Kooperationspotentiale im Kollegium aktiviert werden:

- In den Niederlanden muß das Kollegium mindestens zweijährig einen schulischen Arbeitsplan vorlegen, der auch Bereiche, wie Ferientage, Schulzeiten, Leistungsbeurteilungsformen regeln soll (vgl. LUMER-HENEBÖLE/NYSSEN 1988, S. 114ff.).
- In Italien müssen die Jahrgangsteams vergleichbar pädagogische Jahresplanungen vorlegen. Die Aufgabenstellung ist hier enger als in Holland, dafür ist die Entscheidungsautonmie des einzelnen Teams weitreichender; denn die Schulleitung ist nur Empfänger, nicht Beteiligter der Planung.

Ganz im Gegensatz zu der starken, mit dem Educational Reform Act 1988 noch ausgebauten Stellung des Head an englischen Schulen ist die Position des Schulleiters in Italien an Grundschulen reduziert worden: In der Regel gibt es jetzt nur noch für mehrere wohnungsnahe Grundschulen eine formelle Leitung, die sich dann auch noch in die beiden Teilfunktionen des didaktischen Leiters und des Organisationsleiters spaltet. Dieses Moment ‚flacher Hierarchie" fördert die Autonomie des weitgehend selbstverantwortlichen Kollegiums.

Es gibt noch eine weitere partielle Parallele zwischen der Schul-Organisation in Italien und den Niederlanden: Das Prinzip der flachen Hierarchien ist in beiden Ländern auch auf die Schulaufsicht angelehnt worden. Die Zahl der Schul-Inspektoren wie der provveditori delle scuole ist sukzessive ausgedünnt worden. Damit wird beinahe zwangsläufig eine straffe Kontrolle unmöglich. An die Stelle von Controlling tritt Consulting. Eine niederländische Schulleiterin charakterisierte diesen Wechsel so: Der Schulrat guckt nicht mehr, ob die Lehrer gut arbeiten, sondern achtet darauf, ob unser Arbeitsplan funktionieren kann. Der partielle Zerfall von Schulaufsicht wird aufgefangen von einem Netz von kooperierenden und beratenden Organisationen und Institutionen. Das sind die Schulausschüsse auf Kommunal- und Provinzebene, die nach bestimmten Schlüsseln die gesellschaftlichen Gruppen repräsentieren. Das sind die lokalen psychosozialen und Gesundheitsberatungsstellen in Italien und vor allem die Schulbegleitdienste, die in den Niederlanden auf der Basis staatlich finanzierter

Kontrakte eine Art schulische Unternehmensberatung betreiben (vgl. ebenda, S. 164 ff.).

Daß in England, den Niederlanden und Italien kooperations- und autonomiefördernde schulische Organisationsstrukturen eher als in Deutschland entwickelt wurden, hat vielleicht gesellschaftsgeschichtliche Wurzeln. Denken ließe sich an den englichen Parlamentarismus und Regionalismus, an Toleranz und Stiftungswesen in den Niederlanden, an die in Italien in den frühen Stadtrepubliken ebenso wie in der modernen Gewerkschafts- und Genossenschaftsbewegung ausgeprägte Fähigkeit zum phantasievollen, oft spontanen kollektiven Handeln.

Entscheidender wird aber sein, aus den beschriebenen länderspezifischen Entwicklungen Gemeinsamkeiten herauszuarbeiten, die als initiierende oder stützende Faktoren für die Entfaltung einer schulischen Kooperationskultur bedeutungsvoll sein können. Auf der informellen Mikroebene könnte ein solcher Faktor sein die Schaffung eines durch Akzeptanz, Empathie und Authentizität geprägten Kommunikationsklimas. Auf der Makroebene könnte ein kooperations- und autonomiefördernder Faktor die Schaffung rechtlicher und administrativer Bedingungen sein, die sich durch Hierarchie-Abbau, durch stützende Beratung leistende Institutionen und durch konkrete Anforderungen an die Selbst-Organisation und Planungsfähigkeit eines Kollegiums auszeichnen.

Literatur

Combe, A.: Kritik der Lehrerrolle. München 1971

Dörger, U.: Projekt Lehrerkooperation. Eine pädagogische Konzeption zur Weiterentwicklung von Gesamtschulen, Weinheim u. München 1992

Ebeltoft, A.: Kommunikation und Zusammenarbeit in der Schule. Weinheim u . Basel 1974

Herrlitz, H.-G. u.a.: Deutsche Schulgeschichte von 1800 bis zur Gegenwart. Königstein/Ts. 1981

Knauf, T.: Lehrer-Kooperation. Ein Ansatz zur Veränderung der Lehrerrolle. In: Reich, G.: Soziale Studien und Medien. Unterrichtsprojekte zum Spielen in der Grundschule. Köln 1982, S . 85 - 100

Knauf, T.: Grundschule in Italien - vom Hinterhof zum Modell für Europa. In: Grundschulzeitschrift H. 46/1991 (a), S. 47 - 49

Knauf, T.: Im Schatten des Schiefen Turms. Ebenda. (1991 b), S. 46

Knauf, T.: Blick über die Grenzen: Von Italien nach Dänemark. In: Gemeinsam Spielen, Lernen, Leben. Behinderte und nicht behinderte Kinder gemeinsam in Kindergarten und Schule. Essen 1992, S. 175- 179

Knauf, T.: Die Ganztagsschule in Europa. Entwicklungslinien im EG-Bereich. In: Päd extra H. 6/1993, S. 18-21

Lehner, F./Widmaier, U.: Eine Schule für eine moderne Industriegesellschaft Essen 1992

Liebau, E./Brandt, H.: Das Team-Klein-Gruppen-Modell: Ein Ansatz zur Pädagogisierung der Schule. München 1978

Luhmer-Heneböle, B./Nyssen, E.: Basisschulen in den Niederlanden. Frankfurt a.M. 1988

Nias, J. u a.: Staff Relationship in the Primary School: A Study of Organisational Culturs. London 1993

Österreich, D.: Lehrerkooperation und Lehrersozialisation. Weinheim 1988

Orefice, P.: Educazione e territorio. Firenze 1978

Plowden Report: Children and their Primary Schools. Report of the General Advisory Council for Education in England. 2 Bände. London 1967

Rolff, H.-G.: Schulentwicklung als Entwicklung von Einzelschulen? In: Zeitschrift für Pädagogik H. 6/1991, S. 865-886

Schädler, M.: Interaktionsprozesse im Lehrerzimmer. Diss. phil. Zürich 1984

Scuola Elementare. I nuovi programmi. In: Il notiziario della scuola H. 3 1985, S. 1-6

Jörg Schlömerkemper

Lernen zwischen Dissens und Konsens - Zur Verbindlichkeit des Lehrens und Lernens in Team-Modellen

Daß die Schule nicht so ist, wie sie sein könnte - dies dürfte in so allgemeiner Form weitgehend konsensfähig sein. Aber wenn man sich über Details verständigen will, dann gehen die Meinungen darüber, was denn nun konkret passieren sollte, häufig und rasch auseinander. Aber es scheint gleichwohl eine stetige, wenn auch recht langsame Entwicklung zum Guten zu geben, was sich u.a. in den Ergebnissen der regelmäßigen IFS-Befragungen ausdrückt: Der Anteil der Eltern, die den Schulen ihrer Kinder gute Zensuren ausstellen, nimmt von Jahr zu Jahr ein wenig zu ...

Gleichwohl kann dies angesichts der Intensität, mit der sich Bildungspolitiker, Theoretiker, Didaktiker und - nicht zuletzt - die PädagogInnen vor Ort bemühen, nicht so recht befriedigen. Alle, die es gut meinen mit den Kindern - und damit nicht zuletzt auch mit sich selbst, weil sie doch im Alter gut versorgt sein möchten! -, werden die Bedingungen des Aufwachsens (weiter) verbessern wollen.

Nun gibt es theoretische Konzepte für solche Verbesserungen wahrlich genug, und es mangelt auch nicht an konkreten und positiven Erfahrungen. Dennoch kommen viele Schulen nicht in der gewünschten Richtung in Gang. Und die Rahmenbedingungen sind derzeit nicht gerade so, daß die großen Würfe - wie einstmals - große Begeisterung auslösen würden.

Was kann dennoch getan werden, um die Entwicklung von Schulen anzuregen? - Ich möchte eine Perspektive zur Diskussion stellen, von der ich mir erhoffe, daß sie dieser Situation (besser) gerecht wird und (eben dadurch) die "Betroffenen" anregt, ihr eigenes Arbeitsfeld weiterzuentwickeln.

Ich möchte zunächst kurz die derzeitige Situation ansprechen, zweitens ein theoretisches Konzept vorstellen, dann daraus Folgerungen ableiten und schließlich deren Chancen zur Umsetzung erörtern.

1 Zur derzeitigen Situation

Es gibt seit langem eine recht deutliche und vielfältige Kritik der Schule: Aber viele sind durch deren ständige Wiederholungen müde geworden. Schulkritik regt kaum noch auf, wir haben uns damit eingerichtet oder nehmen sie gar nicht mehr zur Kenntnis (z.B. daß das Lernen in der Schule "entfremdet" sei, daß "Bildung" in einem anspruchsvollen Sinne nicht (mehr) stattfinde ...).

Und es gibt andererseits ausreichend viele Konzepte, wie denn eine bessere Alternative aussehen könnte. Meist wird die Schule dabei in recht idealisierter Form ausgemalt, so daß diejenigen, die das verwirklichen sollen, zwischen Begeisterung und der Angst vor dem Scheitern hin und her schwanken (müssen). Viele solcher Programme (manche sagen dazu auch "Theorien") haben deshalb nur noch die Funktion von Sonntagsreden, sie stiften hier und da den ideologischen Konsens von Gruppen, und manchmal - aber eben nur manchmal - findet sich eine Schule, die solche Konzepte umsetzt: sie wird dafür durch Heerscharen von Besuchern "bestraft" - die allerdings häufig mit der festen Gewißheit wieder abziehen, daß "so etwas" zu Hause leider nicht möglich sei...

Ich übertreibe - vielleicht... - Was ich sagen will, ist folgendes: Mit Kritik einerseits und idealisierten Konzepten andererseits kommt die Schulentwicklung allenfalls mühsam voran. Von diesen beiden Polen her springt nur selten ein Funke über, der Initiativen auslöst und Veränderungen in Gang bringt. Kritik allein weist noch keine Perspektiven auf; aber die großen Perspektiven und Entwürfe sind von der alltäglichen Praxis zu weit entfernt. In dieser Praxis haben sich die meisten nämlich mehr oder weniger (pragmatisch oder gar resigniert) eingerichtet, sie fühlen sich zwar nicht ausgesprochen wohl, aber sie haben die Situation durch Routine und/oder Verdrängungen psychisch geregelt. - Kritik kann dies in Frage stellen; sie wird deshalb abgelehnt oder wegrationalisiert. Idealisierte Alternativkonzepte wirken ähnlich: Warum sollen Menschen etwas anders machen wollen, wenn es in den gewohnten Bahnen doch auch ganz gut geht?

All das gilt offenbar nicht für solche Lehrerinnen und Lehrer, die ihre Schule kritisch sehen und/oder sich mit anspruchsvollen Konzepten für die pädagogische Arbeit identifizieren können. - Aber die Anzahl solcher Kolleginnen und Kollegen ist offenbar begrenzt (und wenn ich die gegenwärtige Generation der Studierenden richtig wahrnehme, dann nimmt ihre Zahl auch nicht gerade zu).

Schulentwicklung kann also nicht auf solche "Gesinnungstäter" setzen. Sie muß vielmehr (auch) jene ansprechen, die sich in den derzeit gängigen Strukturen eingerichtet haben und mit den Verhältnissen, wie sie nun einmal sind, weitgehend zufrieden sind. Ich gehe dabei davon aus, daß es in jedem Kollegium "solche und andere" gibt: Engagierte und Routinierte, Aktive und Passive ...

Wenn man also Schulentwicklung in Gang bringen will, dann ist ein Ansatz nötig, der sich auf derart "normale" Bedingungen einstellt. Geballte Kritik an den herrschenden Zuständen hilft da ebenso wenig wie der Appell an das Ethos pädagogischen Handelns.

Wo kann man ansetzen? - Ich gehe bei den folgenden Überlegungen von zwei Annahmen aus:

1.) Wenn Personen handeln bzw. ihr Handeln ändern sollen, dann müssen sie das Gefühl haben, daß ihre Bedürfnisse, ihre Erwartungen und Ängste ernst genommen werden, und sie müssen sicher sein, daß sie nicht mit Ansprüchen konfrontiert werden, denen sie sich nicht gewachsen fühlen oder mit denen sie sich nicht identifizieren können.

2.) Im Grunde möchten alle sich mit den Bedingungen ihres Lebens und Arbeitens identifizieren können. Und sie können dies um so besser tun, je mehr sie diese Bedingungen ihres Handelns selbst gestalten konnten - oder wenigstens das Gefühl haben, dies getan zu haben bzw. in Zukunft tun zu können.

Ich folgere daraus zwei Dinge, die mir für die Entwicklung von Schulen hilfreich bzw. erforderlich erscheinen:

1.) Wir brauchen ein theoretisches Verständnis von Schule, das den unterschiedlichen und wechselnden Erwartungen der Beteiligten gerecht wird und das ihnen Kategorien an die Hand gibt, mit denen sie sich ihre pädagogische Handlungssituation (in einem tieferen Sinne) verständlich machen können. Eine solche Theorie sollte vor allem darauf abzielen, daß sie das gleichzeitige Auftreten (die "Gleichzeitigkeit") zum Teil gegensätzlicher Momente ernst nimmt und auf den Begriff bringt. Und sie sollte aufzeigen, wie die Betroffenen mit solchen Gleichzeitigkeiten umgehen könnten.

2.) Zum anderen ist eine Organisationsform von Schule nötig, in der eine solche Bearbeitung möglich ist bzw. erleichtert und gefördert wird.

Mir scheint, daß die gegenwärtig vorherrschende "Lernkultur" unserer Schulen dem nicht (noch nicht) in der wünschenswerten Weise entspricht: Wenn ich kurz skizzieren sollte, wo ich im besonderen Defizite sehe, würde ich drei Punkte herausheben:

- Die Lehrenden und die Lernenden begegnen sich in der Institution Schule weitgehend als Inhaber von Rollen, sie üben institutionalisierte Funktionen aus; darüber hinaus wissen sie relativ wenig voneinander:
- Es ist ihnen wenig transparent, welche Intentionen den anderen wichtig sind, welche Erwartungen sie für sich selbst und aneinander haben usw.

- Es gibt (über das Unterrichtsgeschehen innerhalb der Fächer hinaus) nur wenig Gelegenheiten, bei denen über solche Erwartungen und Erfahrungen kommuniziert werden könnte.
- Als Folge davon kann über die institutionell gesetzten Normen hinaus kaum eine Verbindlichkeit entstehen, die von den Beteiligten selbst entwickelt worden wäre.

Wenn ich die Forschung über "gute Schulen" richtig verstanden habe, dann können die Merkmale einer guten Schule als eine Umkehrung dieser drei Kritik-Punkte zusammengefaßt und zugespitzt werden:

- In "guten Schulen" sind die Bedingungen transparent: Man weiß voneinander.
- Es wird kommuniziert: Man redet miteinander.
- Es entsteht "Verbindlichkeit": Man trifft Entscheidungen und handelt danach.

In Transparenz, Kommunikation und Verbindlichkeit sehe ich drei Momente, die für die Entwicklungsarbeit an Schule von zentraler Bedeutung sind. Meine These lautet deshalb: Die "Lernkultur" einer Schule wird sich vor allem dann verbessern, ...

... wenn die Beteiligten transparent machen können, worin sie sich in ihren Intentionen unterscheiden;

... wenn sie Zeit und Raum haben, um darüber zu kommunizieren;

... wenn diese Kommunikation zu Verbindlichkeit führt.

Mit einem Satz: An guten Schulen wird Dissens transparent gemacht und Konsens erarbeitet.

Um dies zu ermöglichen bzw. zu fördern, scheinen mir - wie gesagt - zwei Dinge hilfreich: eine entsprechende Theorie schulischen Lehrens und Lernens und zum anderen eine Organisationsform, die eine solche Bearbeitung möglich macht. Ich möchte auf diese beiden Punkte kurz eingehen.

2 Antinomische Strukturen in Bildungsprozessen

Wenn eine Theorie von Schule mehr sein will als deren Kritik bzw. deren idealisierendes Gegenbild, dann muß sie verständlich machen, warum es in der Schule so vieles gleichzeitig gibt, was eigentlich als Gegensatz verstanden werden kann. Mit einem Wort: eine "realistische" Theorie von Schule muß eine "antinomische" sein. Ich kann hier nur einige solcher Antinomien andeuten, ohne im einzelnen darauf einzugehen.

In historischer und gesamtgesellschaftlicher Perspektive steht die Schule in unserer Gesellschaft in einer antinomischen Grund-Funktion: Sie soll allen Heranwachsenden die gleiche Chance vermitteln, in ungleiche berufliche und soziale Positionen zu gelangen: schulisches Lehren und Lernen steht im Spannungsverhältnis zwischen dem gesellschaftlichen Anspruch auf Egalität und der faktischen Hierarchie der sozialen Verhältnisse. Dies drückt sich z.B. darin aus, daß die Schule allen Kindern "Bildung" vermitteln soll, aber zugleich individuelle "Leistung" herausbilden muß; sie soll alle optimal fördern und zugleich "Leistungs"-Unterschiede feststellen; sie soll soziales (solidarisches) Verhalten einüben und zugleich individuellen Ehrgeiz und Wettbewerbsstreben anregen; die SchülerInnen sollen sich gegenseitig helfen und miteinander um bessere Leistungen wetteifern.

Dies drückt sich in Erwartungen der Schülerinnen und Schüler an die Schule aus: Sie gehen mit der Hoffnung in die Schule, dort etwas "für's Leben" zu lernen; sie merken aber sehr schnell, daß sie für Prüfungen lernen (müssen). Der "Gebrauchswert" steht gegen den "Tauschwert" des Gelernten. Zwar hoffen die Lernenden immer noch und immer wieder auf "signifikantes Lernen", aber die Sorge um das Zertifikat und die möglicherweise verpaßten beruflichen und sozialen Chancen drängt sich - wenigstens im Zweifelsfall - in den Vordergrund: der Tauschwert dominiert den Gebrauchswert.

Neben solchen strukturellen, gesellschaftlichen Antinomien steht das Lehren und Lernen in Spannungsverhältnissen, die z.B. anthropologisch, bildungstheoretisch oder lernpsychologisch erklärt werden können:

- Die Gegenwart der Schülerinnen und Schüler darf nicht um der Zukunft willen "geopfert" werden. Aber: pädagogisches Handeln ist prinzipiell auf Zukunft bezogen; Lernen geschieht "auf Vorrat".
- Menschen wollen sich voneinander unterscheiden und entwickeln sich jeweils nur als einzelne Persönlichkeit. Aber: persönliche Entfaltung ist auf Sozialität angewiesen.
- Kognitive Fähigkeiten können sich immer nur in oder an spezifischen Gegenständen entfalten. Aber sie gewinnen eine sinnstiftende Bedeutung erst im Zusammenhang, und unsere komplexe Lebenswelt erfordert ein Denken in Zusammenhängen.
- Die Lernenden brauchen sachbezogene Herausforderungen, Ansporn und Kritik. Aber sie brauchen auch persönliche Erfolgserlebnisse und Ermutigungen.

Die Reihe ließe sich fortsetzen...

Bedeutsam scheint mir ein solcher ausdrücklicher Blick auf antinomische Bedingungen des Lehrens und Lernens nicht etwa, weil beide Pole von gleicher Bedeutung oder gar gleich wünschenswert wären, sondern weil sie im konkreten Handeln eine Rolle spielen. Sie sollten aber nicht unbewußt und unbedacht wirken, weil sich dann nämlich in der Regel jener Pol in den Vordergrund drängt, der elementare Bedürfnisse sichert. Und das sind nicht unbedingt gerade jene, die für die pädagogische Entwicklung der Schule und die Entfaltung der Heranwachsenden wünschenswert sind: "Leistung" statt "Bildung", Konkurrenz statt Solidarität, Prüfungswissen statt kategorialer Bildung ...

Nun lassen sich bei solchen Antinomien die unerwünschten Polarisierungen nicht einfach dadurch vermeiden, daß man sie tabuisiert. Man kann allenfalls versuchen, das Gewicht der antinomischen Pole in dem Maße zu verschieben, wie es den Betroffenen jeweils unter ihren situativen Bedingungen möglich ist.

In Hinblick auf das Spannungsverhältnis von Leistung und Bildung, von Gebrauchswert und Tauschwert stellt sich dann z.B. folgende Frage: Wie weit ist es jeweils aushaltbar, daß eine Lernsituation nicht auf Leistung im Sinne von prüfbarem Wissen bezogen ist? Kann diese Perspektive zugunsten eines bildenden Umgangs mit Themen und Problemen zurückgestellt werden? Wie kann die Sorge vor verpaßten Sozialchancen "aufgehoben" werden?

Bei anderen Antinomien geht es weniger darum, eine bestimmte wünschenswerte Bewegungsrichtung zu unterstützen, sondern es gilt, zwischen gegensätzlichen Bedürfnissen und/oder Erfordernissen eine Balance herzustellen, das Gewicht der Pole immer wieder zu überprüfen und ggf. zu verändern. Also: Wie können z.B. individuelle und soziale Bedürfnisse miteinander so ins Verhältnis gebracht werden, daß es fruchtbar wird? Oder: In welchem Maße kann das Lernen auf Zukunft und/oder Gegenwart bezogen werden? Was ist für das eine, was ist für das andere wichtig, und kann das eine für das andere sinnvoll werden? Oder: Wie kann man herausfordern, ohne zu entmutigen; wie kann man bestätigen, ohne auf Anforderungen zu verzichten?

3 Über den pädagogischen Umgang mit Antinomien

Ausgangspunkt meiner weiteren Überlegungen ist folgender Ansatz: Es wäre zwar möglich, den Umgang mit solchen Antinomien durch administrative Vorgaben zu regeln, also z.B. vorzugeben, welche Bedeutung die jeweiligen Pole zu welcher Zeit haben sollen. Aber dies würde für die Betroffenen äußerlich bleiben, sie könnten sich mit solchen Regelungen nicht identifizieren.

Sinnvoller scheint es mir, es den Betroffenen selbst zu überlassen, die jeweils für ihre spezifische Situation sinnvolle (oder auch nur akzeptable) Konstellation in einem kommunikativen Prozeß herzustellen. Dies wäre prinzipiell auf vielen Ebenen möglich, und natürlich wird auch tagtäglich an vielen Stellen über die Bedeutung von antinomischen Polen verhandelt und entschieden. Ich will diese Ebenen nur rasch aufzählen:

- Politisch wird über Leitlinien entschieden.
- Administrativ werden sie umgesetzt.
- Institutionell, auf der Ebene der einzelnen Schulen, werden daraus pädagogische Konzepte erarbeitet, die das Verhalten der Lehrenden (zueinander und gegenüber den SchülerInnen) koordinieren (sollen).

- In informellen Gruppen werden Prioritäten gesetzt, die für die Mitglieder der Gruppe verbindlich und hilfreich sein können.
- Einzelne Personen können für sich selbst definieren, wie sie mit den Erwartungen der Institution oder anderer Personen umgehen wollen.

Alle diese Ebenen sind unverzichtbar, sie haben aber auch jeweils spezifische Defizite bzw. Grenzen:

- Auf der politischen Ebene dürfen nur Rahmenbedingungen geschaffen werden.
- Die Administration darf nur kontrollieren, ob diese Vorgaben eingehalten werden.
- Die einzelne Schule ist ein komplexes Gebilde und ein immer noch schwerfälliger Apparat, in dem Kommunikation nur in begrenztem Maße stattfinden kann (Gesamtkonferenzen sind unbeliebt, Klassenkonferenzen meist auf formale Verhandlungen bezogen).
- Informelle Gruppen können zu anderen Gruppen oder zu den Konzepten der Schule in Konflikt stehen.
- Individuelle Setzungen können zwar recht originell sein, aber für den gesamten Prozeß des Lehrens und Lernens können sie disfunktional werden; es ist nicht geklärt, in welcher Beziehung sie zu den Orientierungen anderer Personen des Handlungsfeldes stehen.

In der üblichen Organisationsstruktur von Schule fehlt eine Ebene, auf der es (besser) möglich ist, miteinander zu kommunizieren, Transparenz herzustellen und zu verbindlichen Absprachen zu kommen. Und es fehlt eine Ebene, auf der die Subjekte sich wirksam in die (gemeinsame) Gestaltung einbringen können. Anders gesagt: Es gilt eine Ebene zu finden, auf der entscheidend und verbindlich über Antinomien verhandelt werden kann. Diese Ebene ...

... muß so umfassend sein, daß möglichst viele verschiedene Identifikationsmöglichkeiten (mit Zielen, Konzepten, Macken ...) vorhanden sind; sie muß aber so klein sein, daß diese Vielfalt überschaubar - also transparent - bleibt;

... sie muß so groß sein, daß vielfältige Kommunikationskreise möglich sind; sie muß aber so klein sein, daß alle mit allen intensiv kommunizieren können;

... sie muß so groß sein, daß Verbindlichkeit nicht einengt (Spielraum läßt); sie muß aber wiederum so klein sein, daß Verbindlichkeit eingehalten und auch kontrolliert werden kann.

Solche Bedingungen sind nach meinem Verständnis nicht auf der Ebene ganzer Schulen gegeben bzw. herstellbar; sie sind leichter auf einer "tieferen" Ebene innerhalb der Einzelschule zu realisieren. Ich sehe eine solche Ebene in Teams von Lehrenden, die auf etwa drei Klassen bzw. eine Gruppe von ca. 70 bis 90 SchülerInnen bezogen sind. Solche Überlegungen liegen dem "Team-Kleingruppen-Modell" zugrunde, das inzwischen an etlichen Schulen mehr oder weniger konsequent praktiziert wird.

Das Handlungsfeld eines Teams ist hinreichend groß und vielfältig, aber doch für Lehrende und Lernende überschaubar:

Der entscheidende Ansatz der Team-Arbeit liegt darin, daß Gespräche z. B. darüber, welche Bedeutung bestimmte Zielsetzungen haben sollen und/oder wie Erfahrungen zu werten sind, nicht auf einer prinzipiellen Ebene geführt werden müssen, sondern sich auf konkrete Ereignisse beziehen können und daß sie für das eigene Handlungsfeld relevant werden können. Dissens in solchen Fragen kann leichter geklärt werden, weil Zeit und Raum bestehen, um sich über Hintergründe zu verständigen. Und Konsens verbleibt nicht auf der Ebene prinzipieller Übereinstimmungen, die für das konkrete Handeln meist weniger verbindlich bleiben.

Ein Team soll einen Kristallisationspunkt pädagogischen Handelns darstellen; es ist nicht gedacht als ein ausgegrenzter, isolierter Bereich. Zwischen dem Team (bzw. den Teams) und der Schule soll es anregende wechselseitige Beziehungen geben; die Arbeit der Teams soll sich in ein Gesamtgefüge der Schule durchaus einbinden bzw. diese Gesamt-Gestalt selbst aktiv beeinflussen. Insofern kann Teamarbeit ein wesentliches Moment der "Schulkultur" werden.

4 Folgerungen für die Schulentwicklung(sarbeit)

Die Veranstalter dieser Tagung hatten den Referenten eine Liste von Fragen mitgegeben, und ich will versuchen, meine Überlegungen auf einige Punkte zu beziehen.

Gefragt war zunächst, welche "Konstellationen der Lernkultur" welche Effekte haben. - Wenn ich es zuspitzen darf, würde ich sagen, daß es bei der Schulentwicklungsarbeit nicht darum gehen sollte, bestimmte Konstellationen - sozusagen wissenschaftlich geprüft - als diejenigen auszugeben, denen die Schulen nacheifern sollten. Mir schwebt vielmehr vor, den Lehrenden, die sich auf den Weg der Entwicklungsarbeit machen wollen, jene Dimensionen bewußt zu machen, in denen sie über die pädagogische Gestaltung ihrer Schule nachdenken können und entscheiden sollten. Denkbar wäre es, Entscheidungsalternativen vorzuschlagen, vielleicht mögliche Effekte oder Nebenwirkungen (im Sinne von Erfahrungen anderer) zu benennen, im Prinzip aber die eigene Entscheidung der Betroffenen herauszufordern und diese nicht zu präjudizieren. Es geht also eher um Formen der Problembearbeitung, nicht um definite Lösungen. In diesem Sinne qualifiziert sich eine pädagogische Kultur einer Schule nicht durch bestimmte Entscheidungen, sondern dadurch, daß die Beteiligten sich mit der jeweiligen Konstellation identifizieren können. Und sie können dies - wie gesagt - um so besser, je mehr sie selbst diese Konstellation für ihren Handlungsbereich hergestellt haben und nach Bedarf darüber auch wieder verfügen können.

Zweitens war gefragt worden nach den Umfeldbedingungen für eine Verbesserung der Lernkultur. - Ich denke, daß es dabei nur indirekte, aber doch wichtige Wirkungen geben kann. Auf den Ebenen Politik, Administration und Institution sollte signalisiert werden, daß eine größere Autonomie von pädagogischen Teams gewünscht wird. Damit sollte allerdings die Erwartung verbunden werden, daß ein vergrößerter Gestaltungsraum auch genutzt und gefüllt wird. Aus dem schulischen, dem lokalen oder regionalen Umfeld der Schule sollte signalisiert werden, daß Ergebnisse der Teamarbeit (z.B. Projekte, aber auch etwa Lernentwicklungsberichte etc.) erwartet werden.

Drittens wurde angesprochen, ob es unterschiedliche Resultate der Entwicklungsarbeit geben könne. - Dies ist natürlich immer, wenn Betroffenen Autonomie eingeräumt wird, ein mögliches Problem: Es ist auf der einen Seite gewünscht, daß sich aus der Team-Arbeit unterschiedliche "Lernkulturen" entwickeln, aber man möchte ja doch gewisse Standards eingehalten wissen. Nun darf der Rahmen für die Gestaltung nicht zu eng gezogen werden, damit sich Kreativität entfalten kann und die Betroffenen einen echten Handlungsraum erleben. Mir scheint es aber auch gar nicht nötig zu sein, den Rahmen eng zu stecken: Wenn in einem Team verschiedene Persönlichkeiten vertreten sind, dann wird in der Regel der gefundene Konsens sich in einem weitgehend "normalen" Rahmen bewegen. Es wird den Handelnden weniger darum gehen, sich um alles in der Welt von anderen zu unterscheiden; sie werden ihre Befriedigung eher darin finden, daß sie selbst gestalten konnten. Unproduktive Einseitigkeiten werden sich in einem offenen Kommunikations- und Gestaltungsprozeß bald abschleifen.

Damit hängt die vierte Frage zusammen, nämlich ob sich (in bezug auf die bestehenden Verhältnisse) eher "Gegenkulturen" oder "bestätigende Kulturen" entwickeln werden. - Ich würde dies nicht alternativ sehen, sondern mir alternative und bestätigende Elemente in offener und wechselnder Relation wünschen. Es hängt eben von den Rahmenbedingungen ab, ob die Betroffenen sich eher das eine oder das andere wünschen.

Schließlich möchte ich auf Beispiele und Gelingensbedingungen eingehen und die folgenden kurz aufzählen:

- Natürlich ist es leichter, ein engagiertes Kollegium und eine aufgeschlossene Elternschaft "in Gang" zu bringen.
- Wenn man das nicht hat, wird es allerdings einen mehr oder weniger bewußten und erlebten Problemdruck geben ("Burn-out" ...). Wenn man glaubhaft machen kann, daß solche Probleme bearbeitet werden wollen und können, wird die Bereitschaft wachsen, miteinander ins Gespräch zu kommen.
- Wichtig scheint mir am Anfang eine offene Situationsanalyse, in der alle Beteiligten ihre subjektiven Sichtweisen einbringen können, ohne

Sanktionen befürchten zu müssen (z.B. administrativer Art oder in Form "pädagogischer" Zurechtweisungen).

- Im Zusammenhang damit dürfte es als nächster Schritt wichtig sein, positive Anfangserfahrungen zu machen: dazu genügt es häufig schon, daß man überhaupt offen und konkret über Erfahrungen und Perspektiven miteinander reden konnte und gemerkt hat, daß sich verfestigte Wahrnehmungen und eingeschliffene Verhaltensmuster auflösen und daß dies befreiend ist.
- Gleichwohl werden sich nicht alle Kolleginnen und Kollegen an einer intensiveren Arbeit beteiligen wollen. Dies mag hinderlich und bedauerlich sein, aber man sollte sich nicht damit belasten, alle überzeugen zu wollen. Allerdings sollten diejenigen, die nicht mitarbeiten wollen, den anderen den nötigen Freiraum zugestehen und deren Erfahrungen wohlwollend begleiten.
- Wichtig ist es auch, daß für die erforderliche Kooperation wirklich und verbindlich Zeit und Raum geschaffen werden (Entlastungsstunden, Koordinierungsstunden etc.).
- Eine Supervision werden sich viele wünschen, ob sie zur Verfügung gestellt werden kann, scheint mir fraglich.
- Schließlich ist wohl nicht zu gering einzuschätzen, daß die erfolgreiche Arbeit belohnt werden sollte.

Aber mit diesem letzten Punkt gehe ich über den Rahmen meiner konzeptionellen Überlegungen hinaus. Wer Schulentwicklung fordert, sollte allerdings nicht davon ausgehen, daß diese zum Null-Tarif zu haben ist. Andererseits denke ich, daß die Betroffenen aus veränderten und erweiterten Handlungsmöglichkeiten eine größere Befriedigung mitnehmen, weil Lehren und Lernen den eigenen Bedürfnissen besser gerecht werden. Im Konsens läßt es sich zweifellos besser leben und arbeiten als im dauernden oder unausgestandenen Dissens. Aber weil die Bedingungen, unter denen Lehrende und Lernende in der Schule miteinander umgehen (müssen), sich zunehmend schwieriger gestalten, muß "Verbind-lichkeit" erst (wieder) geschaffen werden - auch wenn dies mühsam sein sollte.

Literatur

Die in diesem Vortrag angedeuteten Überlegungen sind teilweise in folgenden Publikationen ausführlicher dargestellt:

Brinkmann, W.: Kindheit im Widerspruch. Zwischen Selbsttätigkeit und Fremdbestimmung - Vorüberlegungen zu einer pädagogischen Theorie vergesellschaftetet Kindheit. Würzburg 1987

Heidegger, G.: Dialektik und Bildung. Widersprüchliche Strukturierungen in Kognition und Emotion. Weinheim und München 1987

Hornstein, W.: Aufwachsen mit Widersprüchen - Jugendsituation und Schule heute. Rahmenbedingungen - Problemkonstellationen - Zukunftsperspektiven. Stuttgart 1990

Schlömerkemper, J.: Duplizität und Konsequenz in der Erziehung - Friedrich Daniel Ernst Schleiermacher. In: Gesamtschul-Informationen. 17, 1985, 3/4, S. 208-233

Schlömerkemper, J.: Bildung für alle. Über das Verhältnis von Egalität und Bildung. In: Die Deutsche Schule. 78, 1986, 4, S. 405-416

Schlömerkemper, J.: unter Mitarbeit von Winkel, K.: Lernen im Team-Kleingruppen-Modell. Biographische und empirische Untersuchungen zum Sozialen Lernen in der Integrierten Gesamtschule Göttingen-Geismar. Studien zur Bildungsreform, Band 14, hg. von Wolfgang Keim. Frankfurt, Bern 1987

Schlömerkemper, J.: Pädagogische Integration. Über einen schwierigen Leitbegriff pädagogischen Handelns. In: Die Deutsche Schule. 81, 1989, 3, S. 316-329

Schlömerkemper, J.: Lehren und Lernen in Freiheit und Verbindlichkeit: das Team-Kleingruppen-Modell. In: Meyer, E./Winkel, R. (Hg.): Lernen in Gruppen. Begründungen - Analysen - Praxishilfen. Baltmannsweiler 1991, S. 154-165

Schlömerkemper, J.: Verbindlichkeit entwickeln. Über den Umgang mit der Widersprüchlichkeit des Lehrens und Lernens. In: dsb (Hg.): Die Schule gestalten. Konzepte und Beispiele für die Entwicklung von Schulen. 2. Beiheft der Zeitschrift "Die Deutsche Schule". Weinheim und München 1992, S. 23-34

Winkel, R.: Antinomische Pädagogik und Kommunikative Didaktik - Studien zu den Widersprüchen und Spannungen in Erziehung und Schule. Düsseldorf 1986

Karl-Oswald Bauer

Lehrerprofessionalisierung und Lernkultur

Wer einem erfolgreichen Pädagogen bei der Arbeit zuschaut, wundert sich oft, wie vieles "ganz von allein" zu laufen scheint, ohne daß Anweisungen oder Ermahnungen erforderlich sind. Ich glaube, hinter dem, was "ganz von allein" passiert, steckt das intensive Bemühen um den Aufbau und die Aufrechterhaltung von pädagogischen Strukturen und Mustern. Erfolgreiche Pädagogen stützen sich auf eine Kultur des Lernens und des persönlichen Umgangs miteinander, die sie gemeinsam mit ihren Schülerinnen und Schülern hervorbringen. Auf der Seite des Lehrers ist hierzu Können erforderlich, das über antrainierte Fähigkeiten weit hinausgeht und den Kern seiner pädagogischen Professionalität ausmacht. Hiervon handelt mein Vortrag.

1 Zur Methode: Qualitative Feldforschung

Ich fasse mich hier kurz und verweise auf ausführlichere Darlegungen zur Methode an anderer Stelle (BAUER/BURKARD 1992, BAUER 1992, 1988, 1995). Wir arbeiten v. a. mit ethnographischen Verfahren, insbesondere mit Methoden der teilnehmenden Beobachtung. Sie kennen das vielleicht aus der vergleichenden Ethnologie. Man untersucht mehrere Kulturen im Hinblick auf dasselbe Phänomen und versucht, durch die vergleichende Analyse Gesetzmäßigkeiten zu finden.

Zu unterscheiden sind *Fallbeschreibungen* und *Fallanalysen*. Die Fallbeschreibung bemüht sich um Authentizität, Glaubwürdigkeit und Anschaulichkeit, die Fallanalyse ist ein Versuch, theoretische Kategorien und Gesetzmäßigkeiten zu finden bzw. zu konstruieren. Im folgenden beginne ich mit zwei Fallbeschreibungen und versuche dann eine Fallanalyse (vgl. STRAUSS 1991).

2 Zwei Fallberichte

Fallbericht I: Nach der Klassenfahrt

Zur dritten Stunde komme ich zusammen mit der Klassenlehrerin der 7 c in den Klassenraum. Auf dem Stundenplan steht Gesellschaftslehre. Als wir die Klasse betreten, stehen die Schülerinnen und Schüler in fünf kleinen Gruppen neben den Tischen und tauschen Fotos von der Klassenfahrt aus, die in der letzten Woche stattgefunden hat. Als wir uns auf eine der Gruppen zubewegen, öffnet sich der Kreis, und auch uns werden Fotos gezeigt. Eine Gruppe fröhlicher, über und über mit Schlamm beschmierter Jungen am Nordseestrand, ein einzelnes Mädchen, auf dem Bauch liegend, in die Kamera lächelnd... Ich zeige auf ein Foto, das mir besonders gut gefällt und sage ein paar Worte dazu. Die Atmosphäre ist locker und entspannt, die Jugendlichen beziehen uns ein und sind an unserem Urteil interessiert. Es ist verhältnismäßig ruhig in der Klasse. Fünf Minuten später: Frau Riesenhuber, die Klassenlehrerin: "Setzt euch auf eure Plätze! Wir haben uns in der letzten Woche mit den Hexen im Mittelalter beschäftigt. Was haben die gemacht?"

Die Mienen verfinstern sich. Murrend gehen einige zu ihren Plätzen, zwei Schüler hängen ihre Oberkörper zum Fenster hinaus.

Weitere fünf Minuten später: Klaus und Andreas verfolgen einander durch den Klassenraum, Thomas und Rene balgen, Wolfgang turnt auf der Fensterbank, zwei Gruppen von Mädchen unterhalten sich. Frau Riesenhuber macht ein verärgertes Gesicht: "Ihr macht heute wieder nur Chaos. Klaus, auf deinen Platz! Wozu haben die Hexen Kräuter gesammelt?"

Inzwischen ist es so laut geworden, daß kaum noch zu verstehen ist, was sie sagt. Bis zum Ende der Unterrichtsstunde bleibt die Situation nahezu gleich.

Fallbericht II: Das Ruhezeichen

Montag, 3. Stunde, Deutsch in der 6 b. Noch ist kein Lehrer anwesend, die Schülerinnen und Schüler unterhalten sich, einige laufen durch die Klasse, einige sitzen auf ihren Plätzen. Herr Kroner, der Klassenlehrer, bewegt sich plaudernd mit mir auf den Klassenraum zu. Unter dem Türrahmen bleibt er stehen und schaut in die Klasse. Dann hebt er die Hand und bleibt schweigend stehen. Einige Schüler nehmen Blickkontakt mit ihm auf, stellen die Gespräche ein und heben ebenfalls die Hand, andere folgen dem Beispiel. Es dauert etwa zwei Minuten, dann ist es in der Klasse vollkommen ruhig, alle Schülerinnen und Schüler haben die Hand gehoben und blicken auf Herrn Kroner, der immer noch schweigend dasteht. Erst als vollkommene Ruhe herrscht, tritt er in den Klassenraum und wünscht mit freundlicher Stimme einen "Guten Morgen".

Fünf Minuten später: An sechs Tischgruppen arbeiten die Schülerinnen und Schüler, vier Gruppen an Arbeitsaufgaben zum Thema "Indianerleben", zwei Gruppen an "Lesetagebüchern".

Vierzig Minuten später: Es klingelt, und die Stunde ist beendet. Aber niemand scheint davon Notiz zu nehmen. Herr Kroner erklärt gerade, wie das Inhaltsverzeichnis zum Lesetagebuch aussehen soll. Er beendet seine Ausführungen und hebt die Hand zum Ruhezeichen. Die Schülerinnen und Schüler tun es ihm nach. Mit einem freundlichen "Auf Wiedersehen" verläßt Herr Kroner die Klasse.

Beide Beispiele stammen aus derselben Schule, einer Sekundarschule im Ruhrgebiet.

Was läßt sich aus dem Vergleich der beiden Fälle entnehmen? Im ersten Fall besteht eine freundschaftliche Beziehung zwischen der Klassenlehrerin und den Jugendlichen. Man versteht und akzeptiert einander. Aber immer, wenn Unterricht durchgeführt werden soll, ist eine merkwürdige Verkrampfung auf beiden Seiten zu beobachten. Die Schüler tun alles mögliche, was sie nicht sollen. Sie machen, mit ihren eigenen Worten und denen der Lehrerin, "Chaos". Die Lehrerin kämpft gegen Unruhe und Desorganisation an, strapaziert dabei ihre Stimme und macht einen ärgerlichen, manchmal auch hilflosen Eindruck. Es gelingt nicht, zu einem für beide Seiten befriedigenden Verlauf der Unterrichtszeit zu kommen.

Im zweiten Fall ist ein hohes Maß an Ordnung und Verläßlichkeit der Interaktionsstruktur festzustellen. Auch hier ist der Umgangston freundlich, auch hier gehen die Schüler locker miteinander um. Während der Gruppenarbeit sprechen die Schüler miteinander, verlassen ihre Plätze, um Materialien zu holen, gehen nach draußen, um dort beispielsweise Entscheidungen abzusprechen. Sie haben keine Angst vor ihrem Lehrer, aber sie respektieren bestimmte, klar erkennbare Grenzen. Es gibt keine nennenswerten Ordnungs- und Disziplinprobleme, und, was noch wichtiger ist, die Schülerinnen und Schüler interagieren problembezogen. Sie arbeiten tatsächlich an ihren Aufgaben (und tun nicht bloß so) und nutzen die vorhandene Lernzeit. Beginn und Ende der Stunde sind klar erkennbare Einschnitte, die nicht von technischen Signalen gesteuert werden, sondern vom Leiter der Lerngruppe, Herrn Kroner. Methodologisch betrachtet, ist es sehr wichtig, daß die beiden Lerngruppen sich aus Schülern zusammensetzen, die in Bezug auf solche Merkmale vergleichbar sind, die oft für Disziplin- und Ordnungsprobleme verantwortlich gemacht werden. Die gefundenen Unterschiede sind tatsächlich auf die Person und die Lehrmethode der Lehrer zurückzuführen und nicht auf Merkmale der Schüler.

3 Lernkultur - ein Definitionsversuch

Ich denke, an dieser Stelle läßt sich der Begriff der *Lernkultur* einführen, um zu bezeichnen, was Herrn Kroner und seiner Lerngruppe gelungen ist: Es gibt ein Muster gemeinschaftlicher Sichtweisen, Einstellungen, Verhaltensweisen und Symbole, das der Verwirklichung pädagogischer Werte dient.

Jede Organisation entwickelt eine eigene Kultur, die als Muster gemeinsamer Wahrnehmungen und Überzeugungen auf neue Mitglieder übergeht (KATZ/KAHN 1966, KASPER 1987).

Medien der Organisationskultur sind Symbole, symbolische Handlungen, symbolische Artefakte.

Mit "Lernkultur" ist somit gemeint: von Lehrenden und Lernenden gemeinsam verwendete Muster der Wahrnehmung und der Überzeugungen, die auf die Verwirklichung pädagogischer Werte zielen. Gestützt werden Lernkulturen durch Symbole, symbolische Handlungen und symbolische Artefakte.

Schule wird gesehen als ein Ort zur persönlichen Entfaltung aller Beteiligten (FUHR/GREMMLER-FUHR 1991). Geschieht dies nicht, kommt es zur inneren Kündigung (Lehrer) und zur Instrumentalisierung schulischen Lernens (Schüler).

Funktionalistisch betrachtet, läßt sich sagen: Kulturen dienen der ökologischen Feineinpassung. Sie bieten dem Individuum Orientierung und ermöglichen Gemeinschaft. Sie sind andererseits flexibler als lediglich formale Regeln und dadurch besser an Bedürfnisse und Problemlagen unterschiedlicher Gruppen angepaßt.

Der Begriff Lernkultur weist über den Rahmen der Schule hinaus und kann auch verwendet werden, um pädagogisch unerwünschte, wenig wirksame Formen schulischen Lernens zu kritisieren. Das Folgende wird durch Abbildung 1 veranschaulicht.

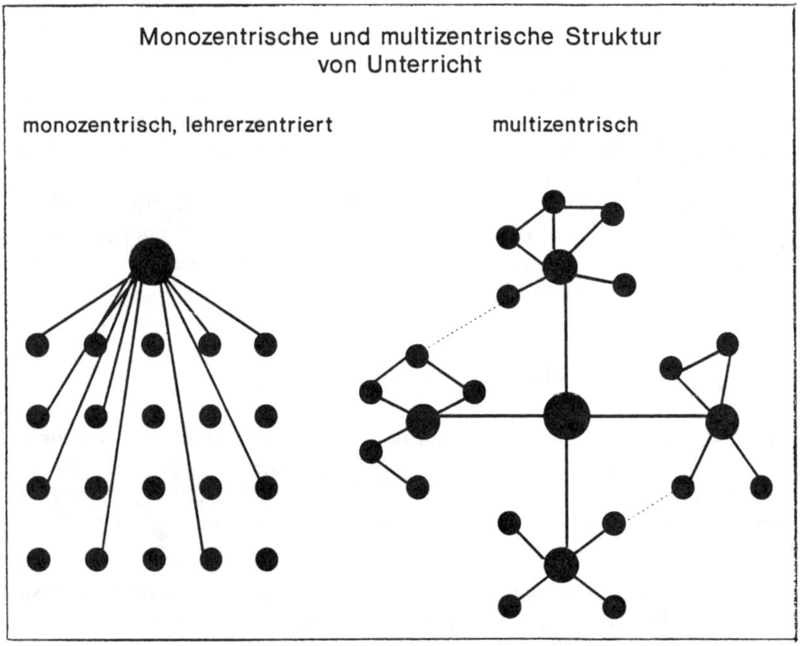

Monozentrische und multizentrische Struktur von Unterricht

Herr Kroner benennt die von ihm und seinen Schülern geschaffene Lernkultur als "informellen Unterricht". Zur Beschreibung und Begründung benennt er im Interview neun Prinzipien:

1. Jeder Schüler weiß, was er zu tun hat und durch welche Regeln Interaktionen und Lernvorgänge gekennzeichnet sind.
2. Jeder Schüler hat einen Arbeitsplatz in der Schule.
3. Kleingruppen mit festen Plätzen, 4 Schüler, bestimmte Auswahlkriterien
4. Lernen an realen Bedingungen, genaue Vorbereitung des Unterrichts
5. Gruppenarbeit wird möglichst früh eingeübt.
6. flexibles Curriculum, individuelle Förderung, Gruppenbezug
7. konsequentes Handeln (z. B. bei Terminabsprachen)
8. Vertrauen in die Schüler setzen
9. Mut und Geduld, Rückschläge einkalkulieren

An die Stelle konkreter Verhaltensweisen treten *Regeln.* Innerhalb dieser Regeln haben die Schüler Freiheit und müssen ihr Handeln selbst verantworten. Kernstück des projektartigen, informellen Unterrichts nach Herrn Kroner ist m. E. die multizentrische Führungsstruktur des Unterrichts.

Wichtig ist dabei, daß die festen Tischgruppen nicht nur Sitzanordnungen darstellen, sondern echte soziale Gruppen, die es gewohnt sind, gemeinsame Arbeitsaufgaben zu lösen. Die Gruppen bei Herrn Kroner haben eine Identität, die auch symbolisch, in diesem Fall durch von den Schülern gewählte Tiernamen, ausgedrückt und gestärkt wird. Die Gruppen heißen Delphine, Panther, Löwen usw. (Affen gibt es auch, ebenfalls Hasen).

4 Lernkultur und pädagogische Professionalität

Was haben nun Lernkulturen mit pädagogischer Professionalität zu tun? Mein Ansatz ist der, daß ich versuche, Elemente, Vorformen, Prototypen aktualisierter pädagogischer Professionalität bei Lehrern in deren Erziehungs- und Unterrichtspraxis aufzufinden.

Ich betrachte Professionalität also als etwas Erwünschtes und umschreibe sie etwa so: Professionell arbeitet, wer selbständig und eigenverantwortlich, auf der Grundlage eines Amalgams von wissenschaftlich überprüfbarem Wissen und Berufserfahrung, unter interkollegialer Abstimmung und Kontrolle auf schwach strukturierte, wechselnde ("fluktuierende") Problemlagen antwortet. Professionelle Pädagogen sind darauf spezialisiert, Probleme der Strukturänderung, des Strukturaufbaus und der Identitätserhaltung von Personen zu bearbeiten (STICH-WEH 1992, S. 43).

Mit der heuristischen Kategorie "Amalgam von wissenschaftlich überprüfbarem Wissen und Berufserfahrung" ist die Frage nach der Wissensbasis für professionelles pädagogisches Handeln gestellt. Ist dieses Wissen explizierbar? Ist es technologisch? Ist es wie eine wissenschaftliche Theorie organisert? In welchem Verhältnis stehen *Wissenschaftswissen* und *Handlungswissen*? (vgl. hierzu DEWE/FERCHHOFF/RADTKE 1992)

Erziehen und Unterrichten können sinnvoll nicht als Anwendung von Technologien begriffen werden. Aber mit dem Hinweis auf die grundsätzliche Nicht-Technologisierbarkeit pädagogischen Handelns ist nicht alles gesagt. Techniken spielen sehr wohl eine wichtige Rolle in der Lehrerarbeit. Hierzu gehören Instruktionshilfen wie Medien und Demonstrationsmaterial, die fachgerecht gehandhabt werden müssen, aber auch gruppendynamische Verfahren, Feedbackmethoden wie das "Blitzlicht" oder die schriftliche Befragung.

Abbildung 2 soll mein heuristisches Modell pädagogischer Professionalität verdeutlichen. Dabei handelt es sich (noch) nicht um ein Modell, in dem die Sichtweisen der von uns beobachteten Lehrer und ihre Selbstinterpretationen ausreichend berücksichtigt wären. Herr Kroner wäre mit diesem Modell sicher nicht einverstanden.

Ein Modell professionellen pädagogischen Handelns

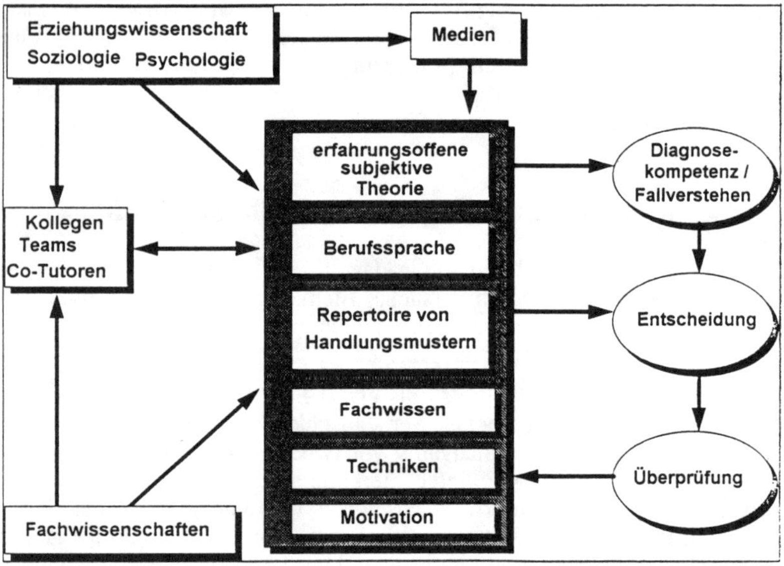

Nach meinen Erfahrungen bewerten Lehrer die Bedeutung von Theorie für pädagogisches Arbeiten eher gering. Hierfür sprechen auch Ergebnisse der berufsbiographischen Lehrerforschung (TERHART u. a. 1994, S. 189 ff.). Trotz dieser Selbsteinschätzung glaube ich, daß Lehrer über ein Professionswissen verfügen, das von theoretischen Elementen durchdrungen und durchzogen ist. Diese Theorieteile sind keine wissenschaftlichen Theorien. Ihre Struktur ist weniger konsistent und systematisch. Ich habe sie versuchsweise "erfahrungsoffene pädagogische Basistheorie" genannt. Einstweilen ist es eine bloße Vermutung, daß erfolgreiches pädagogisches Handeln - insbesondere aber der Aufbau von Lernkulturen - *ohne* theoretisches Denken nicht möglich ist. Gestützt wird diese Vermutung durch Forschungsergebnisse, die zu der Frage vorliegen, wie Lehrer unter Zeitdruck handeln. Vor allem WAHL (1991) konnte zeigen, daß dem Handeln unter Zeitdruck hoch verdichtete Wissensbestände zugrundeliegen.

Eine zweite Komponente des Modells stößt bei einem Teil der Lehrer auf Abneigung. Hier sind die Ansichten aber geteilt. Und zwar betrifft dies die Zusammenarbeit mit Kolleginnen und Kollegen und das Gewicht, das der Kooperation eingeräumt wird. Einige pädagogisch erfolgreiche Lehrerinnen und Lehrer bezeichnen sich emphatisch als *Einzelkämpfer*, die ihren eigenen Weg hätten suchen und finden müssen; andere erklären, sie hätten von Kollegen viel gelernt und profitierten auch gegenwärtig von einer intensiven Zusammenarbeit mit einzelnen Kollegen. Übereinstimmend wird aber der umfassendere Kontext des Kollegiums eher als hinderlich denn als förderlich angesehen. Mit anderen Worten: Professionelles pädagogisches Handeln von Lehrern wird von Lehrerkollegien wahrscheinlich im günstigen Fall zugelassen, im häufigeren, weniger günstigen Fall eher erschwert, selten aber wirksam unterstützt.

Vielleicht noch eine Bemerkung zum Thema "Diagnose"/Fallverstehen. Untersuchungen haben immer wieder gezeigt (zuletzt eine Studie des IPN zur Analyse des Unterrichtsklimas im Chemieunterricht), daß Lehrereinschätzungen und Schülerurteile hinsichtlich der Lernatmosphäre häufig divergieren. Das hängt damit zusammen, daß Feedbackprozesse von einer Großgruppe zu einer Einzelperson ohne technisch-methodische Unterstützung kaum möglich sind.

Auch hier ist ein Ansatzpunkt für eine professionellere Ausgestaltung des Lehrerhandelns durch den Einsatz von Diagnose- und Feedbackinstrumentarien. Dieses Problem haben wir übrigens auch in der Hochschullehre...

Kompetenzen und Persönlichkeit des einzelnen Lehrers/der einzelnen Lehrerin sind *eine* Kategorie von Voraussetzungen für professionelles pädagogisches Handeln, eine zweite Kategorie umfaßt die Besonderheiten auf der Ebene der Organisation (Schule) und der Gruppe (Lehrerkollegium, Lehrerteam).

Nicht jede Organisation ist die geeignete Umgebung für die Aktualisierung professioneller Kompetenzen. Professionelles Handeln setzt Autonomie und zugleich intensive interkollegiale Interaktion voraus.

Diese Zusammenhänge sind in Abbildung 3 veranschaulicht. Der in Abbildung 3 enthaltene Grundgedanke läßt sich auf die Formel bringen: Keine Entwicklung der Lernkultur einer Schule ohne Entwicklung des professionellen Selbst der Lehrer!

5 Ausblick: Weiteres Vorgehen

Die pädagogisch-praktische Frage, von der ich ausgehe, lautet:

Wie können wirksame Lernkulturen geschaffen bzw. gefördert werden?

Die dazu passende Forschungsfrage lautet:

Mit welchen Methoden läßt sich herausfinden, wie pädagogisch wirksame Lernkulturen gefördert werden können?

Ich sehe hier vor allem zwei Wege:

Erstens die Möglichkeit, Lehrer zu beobachten, denen es gelungen ist, Lernkulturen in ihren Lerngruppen zu etablieren. Besonders aufschlußreich sind Beobachtungen in der Anfangsphase, unmittelbar nachdem diese Lehrer eine neue Lerngruppe übernommen haben.

Und zweitens sehe ich die Möglichkeit, Komponenten pädagogischen Handelns, die aus anderen Kontexten entnommen werden (Organisationsentwicklung, Sozialpädagogik, Gestaltpädagogik, Gesprächstherapie usw.), im Rahmen von Feldexperimenten zu erproben. Feldexperimente sind deswegen so wichtig, weil sich immer wieder gezeigt hat, daß Interventionen, die unter Laborbedingungen erwünschte Resultate hervorbringen, in den komplexen Feldern des pädagogischen Alltags versagen oder sogar kontraproduktiv wirken.

Auf dem ersten Weg, dem der Beobachtung von Lehrern, die neue Lerngruppen übernehmen, kommen wir gerade ein kleines Stück voran. Grundlage für erfolreiches pädagogisches Handeln könnten, wie erste Auswertungen unserer Beobachtungsprotokolle nahelegen, u. a. die folgenden fünf Komponenten sein:

- Einführung von verbindlichen Regeln für die Interaktion und Kommunikation im Klassenraum
- Arbeitsorganisation und Gestaltung von Schülerarbeitsplätzen
- unmittelbares Feedback bei der Einübung von Arbeitsweisen
- soziale Strukturbildung durch stabile Kleingruppen
- Binnendifferenzierung

Auf dem zweiten Weg experimentieren wir mit Formen der Selbst-Diagnose von Lerngruppen mit Lernschwierigkeiten, die eindeutig oder vorwiegend in der Gruppensituation begründet sind.

Hier konnten bereits positive Erfahrungen gesammelt werden. Ein weiterer von uns verfolgter Weg zur Förderung pädagogischer Professionalität ist die Bildung von Tandems, die aus einer Lehrperson und einem begleitenden Forscher bestehen. Ähnliche „Praxistandems" wurden bereits mit Erfolg in der Lehrer- und Dozentenfortbildung eingesetzt (WAHL/WÖLFING/RAPP/HEGER 1993, S. 166 ff.). Wir haben festgestellt, daß die kontinuierliche Zusammenarbeit je eines Mitglieds der Forschungsgruppe mit je einer Lehrerin bzw. Lehrer über einen Zeitraum von mehreren Monaten nicht nur forschungsmethodisch sehr ergiebig ist, sondern auch dazu geeignet ist, professionelle Entwicklungsprozesse zu fördern. Ideal wäre eine Kombination von Organisationsentwicklung mit dem gesamten Lehrerkollegium und der Schulleitung einerseits, Personalentwicklung durch Tandembildung - also Arbeit am einzelnen Lehrenden - andererseits.

Literatur

Bauer, K.-O.: Plädoyer für eine "kategorienfreie" und "subjektive" Unterrichtsbeobachtung. In: Deutsches Jugendinstitut (Hrsg.): Medien im Alltag von Kindern und Jugendlichen. München 1988, S. 73-92

Bauer, K.-O.: Von der mechanischen zur professionellen Organisation der Schule. In: Zeitschrift für Sozialisationsforschung und Erziehungssoziologie 4/1992, S. 325-340

Bauer, K.-O.: Qualitativer Zugang zum pädagogischen Handlungsrepertoire von Lehrerinnen und Lehrern. In: Eberwein, H./Mand, J. (Hrsg.): Forschen für Schulpraxis. Weinheim 1995, S. 254-267

Bauer, K.-O./Burkard, C.: Der Lehrer - ein pädagogischer Profi? In: Rolff, H.-G./Bauer, K.-O./Klemm, K./Pfeiffer, H. (Hrsg.): Jahrbuch der Schulentwicklung, Band 7, Weinheim u. a. 1992, S. 193-226

Dewe, B./Ferchhoff, W./Radtke, F.-O. (Hrsg.): Erziehen als Profession. Zur Logik professionellen Handelns in pädagogischen Feldern. Opladen 1992: Leske und Budrich

Fuhr, R./Gremmler-Fuhr: Menschen lernen - Organisationen entwickeln sich. In: Zentralschweizerischer Beratungsdienst für Schulfragen (ZBS) (Hrsg.): Wie lernt die Schule? Ebikon, Schweiz 1991, S. 9-27

Kasper, H.: Organisationskultur. Über den Stand der Forschung. Wien 1987

Katz, D./Kahn, R. L.: The social psychology of organizations. New York 1966

Stichweh, R.: Professionalisierung, Ausdifferenzierung von Funktionssystemen, Inklusion. Betrachtungen aus systemtheoretischer Sicht. In: Dewe u. a. 1992, S. 36-48

Strauss, A.: Grundlagen qualitativer Sozialforschung. Datenanalyse und Theoriebildung in der empirischen soziologischen Forschung. München 1991

Terhart, E. u. a.: Berufsbiographien von Lehrerinnen und Lehrern. Frankfurt u. a. 1994

Wahl, D.: Handeln unter Druck. Der weite Weg vom Wissen zum Handeln bei Lehrern, Hochschullehrern und Erwachsenenbildnern. Weinheim 1991

Wahl, D./Wölfing, W./Rapp, G./Heger, D.: Erwachsenenbildung konkret. Mehrphasiges Dozententraining. Weinheim, 3. Aufl. 1993

Rolf Hanisch

Vom Lehrplan zum Rahmenplan - Die Reformbemühungen in Brandenburg

In vielen Gesprächen, Diskussionen und Veröffentlichungen, die sich in den Jahren 1989 und 1990 mit Bildungsfragen beschäftigt haben, wurde sichtbar, daß sich Lehrerinnen und Lehrer, Eltern, Vertreter der Öffentlichkeit intensiv mit den Möglichkeiten für eine innere Reform der Schulen auseinandergesetzt haben. Bei der zu erwartenden Ambivalenz der Diskussion gab es 1990 eine deutliche Verstärkung folgender Reformziele:

- Wichtiger als ein Konzept für die Einrichtung neuer Bildungswege und als neue Ideen zur Problematik der Bildungsinhalte ist es, in der Schule die Positionen der Schülerinnen und Schüler zu stärken.
- die Schule muß von einer Stätte vorgeplanten und reglementierten Lernens zu einer Lebensstätte werden.
- die zweifelhafte fachwissenschaftliche Orientierung der Bildung sollte zugunsten einer Orientierung des Lernens an wirklichen Lebensproblemen der Gesellschaft sowie der Kinder und Jugendlichen überwunden werden.
- Sozialformen wie Kooperieren, Konsensfinden, Kommunizieren, kollektives Problemlösen u. a. sind wichtiger als das kognitive "Abspeichern" von Wissensbausteinen.
- Lernen muß Gefühle zulassen, eine gefühlsmäßige Aneignung fördern und Gefühle als Quelle persönlicher Stärke in schwierigen Lebenssituationen erfahren lassen.

Solche Intentionen haben relativ breiten Widerhall in der Brandenburger Lehrerschaft gefunden, was viele Konzeptionsentwürfe und Meinungsäußerungen in dieser Zeit belegen.

Die Einrichtung einer neuen äußeren Schulstruktur hat Reformideen und -wünsche zeitweise in den Hintergrund gedrängt.

Mit der Entwicklung neuer Rahmenpläne für die Schulen in Brandenburg wurden diese Vorstellungen aufgegriffen und fortgeführt. Das zeigt sich ganz vordergründig darin, daß die Mitglieder der Entwicklungskommissionen entschieden haben, auf den Begriff Lehrplan für die Textsorte, die sie produzieren, zu verzichten. Es sollte so schon bei der Erstbegegnung mit dem Text der Eindruck vermittelt werden, daß die neuen vorläufigen Rahmenpläne nicht an zentralistischen Traditionen einer detaillierten stofflichen Vorgabepolitik festhalten werden. Mit der Bezeichnung Rahmenpläne soll den Lehrerinnen und Lehrern deutlich gemacht werden, daß die in den Fächern und Lernbereichen beschriebenen Grundintentionen, die Grundqualifikationen oder auch Lernfelder den verbindlichen Rahmen darstellen, in dem sich die Lehrerinnen und Lehrer mit ihren Planungen bewegen können.

Schulinterne Lehrpläne als Beitrag zur Lernkultur

Mit dem Begriff schulinterne Lehrpläne wollen wir verdeutlichen, daß entsprechend der curricularen Idee in Brandenburg verbindliche Regelungen auf der Ebene der einzelnen Schule zu verabreden sind. Das entspricht einer grundsätzlichen Reformidee von der umfassenden Partizipation der an Unterricht Beteiligten am curricularen Prozeß.

Dieses Verfahren ist eine wesentliche Voraussetzung für eine Wende in der Lernkultur in den neuen Bundesländern. Vielerorts ist der Weg vom stoffzentrierten, lehrerfixierten und fremdbestimmten Unterricht zu Schülerorientierung, Problemorientierung, selbstbestimmtem Lernen, bei dem Schülerinnen und Schüler mit Lehrerinnen und Lehrern kooperieren, erst in Anfängen beschritten.

Die auf offenen Rahmenplänen basierende Chance, neuerworbene pädagogische Freiräume für eine Unterrichtsreform im Land zu nutzen, hängt natürlich auch davon ab, ob und in welcher Weise sich die Lehrerinnen und Lehrer mit ihrem bisherigen Bild vom Unterricht kritisch auseinandersetzen. Das schließt ein, daß sie positive Alternativen ent-wickeln.

Zur Unterstützung dieses Prozesses haben die Kolleginnen und Kollegen des Pädagogischen Landesinstitutes didaktische Grundbegriffe zur öffentlichen Diskussion gestellt. Zunächst zum Begriff *Schülerorientierung*:

Die Praxis von Unterricht kann sich in vielfältiger Weise an den Schülerinnen und Schülern orientieren, z. B. durch die Erörterung der vorhandenen Interessen, durch darin begründete Modifikationen der Inhalte bei der Ausarbeitung von mittel- oder längerfristigen Arbeitsplänen, in der gemeinsamen Bewertung von Unterrichtsergebnissen.

Dabei muß das Mißverständnis zurückgewiesen werden, Schülerorientierung bedeute, den Schülerinnen und Schülern den Unterricht selbst zu überlassen oder allein deren Interessen zu bedienen. Fragen, Interessen, Probleme und Erfahrungen sollten, wo immer möglich, Ausgangspunkt, nicht aber ausschließlicher Inhalt des Unterrichts sein. Auch schülerorientierter Unterricht muß über den Status Quo hinausführen, neue Sichtweisen lehren, Verengungen auflockern, erweiterten Informationserwerb unterstützen. Schülerorientierung heißt aber auch, den Schülerinnen und Schülern didaktische Kompetenz zuzutrauen, sie in die Planung und Gestaltung des Unterrichts nach Möglichkeit einzubeziehen. Lehrerinnen und Lehrer müssen gegebenenfalls lernen, sich stärker zurückzuhalten und weniger "lenkend" einzugreifen.

Ein weiterer Begründungszusammenhang für den Anspruch an die Lehrerinnen und Lehrer Brandenburgs, schulinterne Lehrpläne zu entwickeln, ergibt sich aus der Grundidee der Handlungsorientierung des Unterrichts:

Die Handlungsforderung bezieht sich im Kern auf das praktische und geistige Tätigwerden der Schülerinnen und Schüler im Unterricht. Das kann die Erkundung im Rahmen eines Ökologieprojektes ebenso sein wie die Befragung älterer Menschen im Zeitgeschichtsunterricht. Handeln bedeutet in diesem Sinne: Beobachten, Vergleichen, Bedenken aber auch Verändern und Herstellen. Das Handlungsgebot macht es deshalb auch erforderlich, daß die Schülerinnen und Schüler den Sitzplatz, die Klasse, die Schule zeitweise verlassen, um Informationen und Erfahrungen zu sammeln, Erkenntnisse zu gewinnen.

Schulinterne Planung macht es erforderlich, von einem überholten Verständnis von der Orientierung eines Unterrichtsfaches an einer Bezugswissenschaft zu überwinden. Wir haben deshalb unter dem Begriff Wissenschaftsbezug folgendes in die öffentliche Diskussion gebracht:

Die pauschale Forderung, Unterricht solle auf Wissenschaft bezogen sein, kann Verschiedenes meinen. Zunächst geht die Formel vom Wissenschaftsbezug auf die Kritik der sogenannten "Volkstümlichen Bildung" zurück. Die spezifische Aufgabe der allgemeinbildenden Schule wird aber verfehlt, wenn unter Wissenschaftsbezug fälschlich verstanden wird, Unterrichtsinhalte seien lediglich aus den Fachwissenschaften zu deduzieren, die den Unterrichtsfächern korrespondieren. Die Schrittfolge des Lehrens und Lernens ist an die Bedürfnis- und Interessenlage der Schülerinnen und Schüler zu binden. Sie wird deswegen von einer innerfachlichen Logik abweichen müssen.

Diese Beispiele der vom Landesinstitut initiierten didaktischen Diskussion lassen leicht nachvollziehen, daß die Meinungsäußerungen in der Regel sehr kontrovers verliefen. Neben Zustimmung im Sinne des Anknüpfens an Reformdiskussionen der "Wendezeit" gab es auch heftige Kritik am Anzweifeln von "bewährten" fachwissenschaftlichen Linienführungen, die zu DDR-Zeiten niveaugleiche Stoffbehandlung gewährleisten sollte.

Für offene Rahmenpläne engagierte Lehrerinnen und Lehrer argumentierten dagegen. Zentral vorgeplante Linien gewährleisten nach ihrer Erfahrung weder eine gründliche noch eine auf hohem Niveau stattfindende Aneignung. Sie verhindern aber mit relativ hoher Sicherheit schülerbezogenes Lernen.

Auf Rahmenplantexte bezogen bedeutet das: Sicher muß man Lerninhalte in solchen Texten mit einer gewissen Struktur darstellen. Das bedeutet aber nicht, daß mit dieser Darstellungsstruktur Handlungsabfolgen für Lehrerinnen und Lehrer oder Schülerinnen und Schüler zentral vorgeplant sind. Weil es eher um komplexe Qualifikationen als um die "Abarbeitung" vereinzelter Lernziele geht, wurde vom Landesinstitut vorgeschlagen, Lerninhalte so in Rahmenplantexte aufzunehmen, daß sie aus der Darstellungslogik herausgelöst werden können. Es könnte sein, daß sich aus dem Thema eines Unterrichtsprojektes die Logik der Anordnung der Lerninhalte ergibt. Bei der Erarbeitung schulinterner Lehrpläne werden Inhalte aus verschiedenen Lernfeldern eines (oder mehrerer) Rahmenplans um ein Thema oder ein Unterrichtsprojekt integriert. Das erkennen immer mehr Kolleginnen und Kollegen als Voraussetzung für schülerorientierten Unterricht an. Dort, wo in Rahmenplantexten noch relativ "kurzschrittige" Zusammenhänge zwischen Lernzielen, -inhalten und -organisationsformen dargestellt worden sind, wird dieses schülerbezogene Vorgehen eher erschwert.

Mit solchen grundsätzlichen Überlegungen wurde zu Beginn des Schuljahrs 1991/92 die erste Entwicklungsetappe für neue Rahmenpläne am Pädagogischen Landesinstitut Brandenburg gestartet.

In 39 Rahmenplankommissionen wurden in einem relativ kurzen Zeitraum von drei Monaten Entwürfe für alle drei Stufen der allgemeinbildenden Schulen entwickelt. In jeder Kommission arbeiteten 5 bis 6 Lehrerinnen und Lehrer aus Brandenburg. Außerdem eine Kollegin oder ein Kollege aus einem alten Bundesland. Ein Fachdidaktiker stand den Mitgliedern jeder Kommission beratend zur Seite.

Das war für die Lehrerinnen und Lehrer aus der ehemaligen DDR ein ungewohntes Verfahren. Hatte doch die politische Führung in der DDR eine Gruppe von Experten aus dem erziehungswissenschaftlichen Bereich mit solchen Entwicklungsarbeiten unter weitreichender Ausschaltung der Lehrerschaft beauftragt. Curriculare Grundideen und Entwicklungsverfahren blieben als Herrschaftswissen der Öffentlichkeit vorenthalten.

Deshalb gab es unter den Kolleginnen und Kollegen in den berufenen Kommissionen auch anfangs viele Zweifel, ob sie denn als "einfache" Lehrer kompetent genug für solche Aufgaben seien. Wege entstehen beim Gehen: von allen Rahmenplankommissionen wurden positiv begutachtete oder zumindest akzeptierte Entwürfe erarbeitet.

Ein bemerkenswerter Effekt der Rahmenplanarbeiten unter Brandenburger Bedingungen besteht darin, daß parallel mit den Arbeiten an den Texten auch die fachdidaktische und curriculare Kompetenz entwickelt wurde. Viele Kolleginnen und Kollegen aus den Rahmenplankommissionen hatten zunächst die Vorstellung, daß es bei der Entwicklung von neuen vorläufigen Rahmenplänen vor allem um eine ersatzlose Streichung von ideologisch begründeten Lerninhalten aus DDR-Zeiten, um eine deutliche Reduzierung der vormaligen Stoffülle und um eine Kennzeichnung fixer und variabler Inhaltselemente geht. Erst die Auseinandersetzung in den Arbeitsgruppen im Zusammenhang mit einer kritischen Analyse der Unterrichtswirklichkeit in der POS und Informationen über die Geschichte der curricularen Diskussion in den Altbundesländern haben dazu beigetragen, daß die Kolleginnen und Kollegen in den Kommissionen nach und nach einen ernsthaften Reformanspruch entwickelt haben.

Um diese Diskussionsprozesse zu illustrieren: Lehrerinnen und Lehrer haben sich im Zusammenhang mit dem Nachdenken über eine innere Schulreform die Frage gestellt, unter welchen Bedingungen ihnen Lernen leicht- oder schwerfällt. Wie zu erwarten wurden unter förderlichen Bedingungen solche wie Mitbestimmungsmöglichkeiten, Ergebnisorientierung, Anwendbarkeit im Hinblick auf aktuelle oder künftige Lebensprobleme, Kooperation und Kommunikation der am Lernen Beteiligten genannt. Als dem Lernen abträglich dagegen solche Bedingungen wie Konkurrenzdruck, formale und nicht nachvollziehbare Bewertungen, wenig problemorientiertes Arbeiten, fremdbestimmtes Arbeiten, hierarchische Beziehungen zwischen Lernenden und Lehrenden. Die Auswertung der Antworten in der Gruppe verlief so, daß diese Lernbedingungen mit den Erfahrungen der Lehrerinnen und Lehrer von ihrem Schulalltag konfrontiert wurden. Tenor des Gesprächs: Es geht bei den Rahmenplanarbeiten um weit mehr als um Stoffstreichungen oder Ergänzungen. Es geht um die Verbesserung der Lernkultur an den Schulen in Brandenburg.

Um die Arbeit der Kolleginnen und Kollegen in den Rahmenplankommissionen in diesem Sinne zu orientieren, entstand im Herbst 1991 am Landesinstitut ein "Grundsatzpapier" mit dem Titel "Vom Lehrplan zum Rahmenplan".

Für diesen Zweck wurde eine Arbeitsgruppe gebildet, in der Kolleginnen und Kollegen aus alten und neuen Bundesländern gearbeitet haben[1]. Der Text entstand in wenigen Wochen. Er stellt deshalb keinen Anspruch, vollständig und auf wissenschaftlichem Niveau die aktuelle curriculare und didaktische Diskussion wiederzugeben.

Im folgenden stellen wir die drei wesentlichsten Kapitel unseres Grundlagenpapiers mit dem Titel "Vom Lehrplan zum Rahmenplan" zur Diskussion.

1 Rahmenpläne statt Lehrpläne

Neue Rahmenpläne für die Schulen Brandenburgs sind als Teil der schwierigen gesellschaftlichen Neuorientierung des Landes zu begreifen. Sie sollen dazu beitragen, daß sich erste Elemente einer demokratischen Struktur entwickeln, die es den Menschen ermöglichen, ihre Interessen, Bedürfnisse und Vorstellungen zu artikulieren.

Innerhalb des Bildungswesens sind die neuen Rahmenpläne so ein demokratisches Element. Sie initiieren das Nachdenken über eigene Interessen und Bedürfnisse und über die der Schülerinnen und Schüler. Sie vermitteln Vorstellungen von anderen Bildungsprozessen. Um diese wünschenswerte

[1] In dieser Gruppe arbeiteten: Dr. Jürgen LAMBRICH, Cornelia von ILSEMANN, Prof. Dr. Gunter OTTO, Lothar JUNKER, Dr. Frank SCHINDLER und der Autor des Beitrags.

Aufgabe zu erfüllen, müssen neue Rahmenpläne mit der Tradition einer zentralistischen "Vorgabepolitik" brechen.

Lehrpläne im Staatszentralismus der DDR

Lehrpläne standen in der DDR neben anderen Steuerungs- und Disziplinierungsverordnungen auf der Spitze der Machtpyramide des Volksbildungssystems. Sie gingen von einem ideologisch festgelegten "Menschenbild" aus und wurden von zentraler Stelle als Pläne einer entsprechenden Persönlichkeitsentwicklung verordnet.

Solche Lehrpläne förderten deshalb einen Unterricht, der durch Stoffülle, vorgedachte Lernwege, vorgeplante Denkstrukturen, geringe Mitbestimmungsmöglichkeiten, kaum selbstbestimmtes, handelndes Lernen und Dominanz des Lehrers die Freiheits- und Entfaltungsspielräume der Schülerinnen und Schüler weitgehend einschränkte.

Das Individuum mit seinen Möglichkeiten zur Selbstentfaltung und Selbstbestimmung blieb unberücksichtigt. Humanistische Traditionen von einer die Selbstentwicklung der Heranwachsenden begleitenden und fördernden Rolle der Erziehung wurden zwar in Vorworten beschworen, sind aber auf diese Weise verkümmert.

Die Unterrichtsvorstellungen, die diesen Lehrplänen zugrunde lagen, entsprachen dem inneren Zwang jedes autoritären, totalitären Systems, Menschen in zentral Vorgeplantes einzuordnen. Diese dem vergangenen System eigenen Wirkungsmechanismen haben, wie wir alle wissen, nie richtig funktioniert. Viele Lehrerinnen und Lehrer haben mit einem natürlichen Sinn für Gerechtigkeit und Solidarität mit den Schülerinnen und Schülern die Staatsdoktrin behindert; sie haben sich aber auch manchmal zu weit auf Zwänge eingelassen.

Die stoffliche Abfolge und die Lernwege, die in zentralen Lehrplänen als "eherne Gesetze" vorgeplant waren, haben einen großen Anteil an solchen Fehlentwicklungen und Deformierungen. Zentrale Vorplanung und Erziehung und Unterricht ist ein Widerspruch in sich selbst. Wenn Pädagogik jenen Vorgang bezeichnet, der Schülerinnen und Schüler dort "abholt", wo sie in ihrer Kompetenz und Entwicklung stehen, und wenn Individualität ein unveräußerlicher Wert ist und nicht Störgröße in normierten Prozessen, dann können Schülerinnen und Schüler eines ganzen Landes nicht Gleiches im gleichen Takt lernen.

Die pädagogische Kompetenz wurde "von oben" zugleich erwartet und behindert. Es kann nicht anders sein, als daß dieses Denken viele von uns noch stark beeinträchtigt. Dessen kritische Überwindung ist aber auch Quelle von neuen Ideen und Konzeptionen. Und das wird ein langer Weg sein.

Offene Rahmenpläne - offene Rahmenplanentwicklung

Für die Schulreform brauchen wir keine starren Lehrpläne, sondern Rahmenpläne, die ein Feld didaktischer Möglichkeiten aufzeigen und gleichzeitig eine Orientierungshilfe für konkreten Unterricht anbieten. Sie sollen den Lehrerinnen und Lehrrn ein Arbeitsmittel sein, um ihren Unterricht als einen Hilfsprozeß für die Emanzipation ihrer Schülerinnen und Schüler zu begreifen und zu gestalten. Sie sollen den Lehrerinnen und Lehrern helfen, pädagogische Verantwortung wieder selbst wahrzunehmen.

Die Rahmenpläne fordern zu einem produktiven Umgang mit ihnen auf. Das bedeutet, daß sie einen Rahmen für selbstbewußte pädagogische Arbeit vorgeben. Sie vermitteln in erster Linie Leitideen, die möglichst weitgehend mit den Schülerinnen und Schülern gemeinsam in Unterrichtsvorhaben umzudenken sind. Sie weisen auf einen Unterricht hin, der für unterschiedliche Lerninteressen, für selbstbestimmte Lernwege und für die unterschiedlichen Lernstile der Schülerinnen und Schüler offen ist. Niemand sollte leugnen, daß das eine schwere Arbeit ist. Sie gelingt oft auch jenen nicht, an denen wir uns heute orientieren. Daß ein Projekt scheitern kann, ist ein Moment realistischer Schularbeit.

Ein Rahmenplan beschreibt vor allem allgemeine Lernprinzipien und -anfor-derungen, die über verschiedene Lerninhalte realisiert werden können. Er verordnet nicht - oder nur wenig - für alle, weil vieles nicht für alle gilt. Jede 7. Klasse ist anders als die vorige. Keine Schulregion gleicht der anderen. Viele Schulen sind unterschiedlich ausgestattet. Rahmenpläne sollen auch zahlreiche Möglichkeiten dafür eröffnen, daß die Lehrerinnen und Lehrer die Interessen der Schülerinnen und Schüler, ihre eigenen Vorstellungen und Ideen, die landesspezifischen Besonderheiten, aktuelle Problemlagen und fächerübergreifende pädagogische Vorhaben an ihren Schulen ausreichend berücksichtigen können.

Während zentrale Vorgaben schulische Bildung und ihre Inhalte bisher in einem sterilen Gesetzeswerk verkrusten ließen, eröffnen die Rahmenpläne Chancen, eine lebendige und vielseitige Diskussion über schulische Bildung in den Regionen des Landes zu eröffnen.

Künftig sollen in Brandenburg Rahmenpläne in einem offenen Prozeß entstehen. Das bedeutet, daß in Zusammenarbeit von Lehrerschaft, Erziehungswissenschaft und politisch Verantwortlichen in einem längeren Prozeß an vielen Orten im Land Bausteine von Rahmenplänen erarbeitet, erprobt und schließlich in Texten zusammengefaßt werden. Diese sind dann Grundlage für einen produktiv-kritischen Umgang mit dem so entstandenen Bild von Unterricht.

Genauso wichtig wie die Rahmenplantexte sind die vielfältigen Diskussionen und Mitgestaltungsvorgänge unter Lehrerinnen und Lehrern im Land. Solche Textentwicklungen sind dann nicht mehr lediglich Ausdruck des Wunsches einer politischen Führung, ihren steuernden Einfluß geltend zu machen, sondern im wachsenden Maße Resultat des Bemühens von Lehrerinnen und Lehrern um Veränderung ihrer Schule und der Suche nach neuen pädagogischen Wegen.

Der Umgang mit Rahmenplänen ermöglicht einen schöpferischen Arbeitsprozeß der Lehrerinnen und Lehrer von der Ideenfindung über die didaktische Gestaltung bis zur kritischen Reflexion des Unterrichts. Auf vorgeplante Handlungsstrategien wird bewußt verzichtet. Niemand sollte leugnen, daß dieser Anspruch zunächst verunsichern wird, den Arbeitsaufwand erhöhen wird, aber es wird auch eine Chance sein, Schulfrust und Sinnverlust unter Lehrerinnen und Lehrern, Schülerinnen und Schülern zu überwinden.

Rahmenpläne ermöglichen und erfordern neue bzw. erweiterte Formen der Lehrerkooperation und -kommunikation. In Fachkommissionen entstehen die schul-internen Lehrpläne. In klassenstufenbezogenen Arbeitsgruppen kann über fächerübergreifende Fragen gesprochen werden. Die Kooperation geht bis in den Unterricht hinein. Team-Teaching anstelle isolierter "Einzelkämpfer" - Mentalität ist gefragt.

Vorläufige Rahmenpläne als Übergangshilfen

Mit den vorläufigen Rahmenplänen versuchen wir eine Brücke von zentralen Lehrplanvorgaben zu einem langfristig angelegten Entwicklungsprozeß zu schlagen, an dem möglichst viele Lehrerinnen und Lehrer beteiligt sind.

Vorläufige Rahmenpläne entsprechen dem großen Orientierungs- und Sicherheitsbedürfnis, das gegenwärtig immer wieder von Lehrerinnen und Lehrern geäußert wird. Sie stellen auf diese Weise eine Lehrhilfe, aber auch eine Lernhilfe dar, um langfristig zu einem offenen Verfahren der Rahmenplanentwicklung zu gelangen.

Was ihre Vorläufigkeit betrifft: Diese wird auch später in einer anderen Form erhalten bleiben, weil die Texte immer für kritische Diskussionen und Fortschreibungen offen bleiben werden. Kein Lehrplan hat unbegrenzte Gültigkeit - auch kein Rahmenplan.

2 Unterrichtsform

Bei der Erarbeitung von Rahmenplänen und auch beim Umgang mit ihnen geht es um die Auswahl von Unterrichtsinhalten. In allen Fächern gibt es weit mehr Probleme, Inhalte oder Fragestellungen, als unterrichtet werden können. Um eine sinnvolle Auswahl treffen zu können, müssen sich Lehrerinnen und Lehrer eine Grobvorstellung vom Ziel des jeweiligen Faches erarbeiten.

Unterricht geht exemplarisch vor

Ein Beispiel: Im Kunstunterricht kann das bedeuten, Bilder zu machen und Bilder verstehen zu lernen. Jede Lehrerin, jeder Lehrer sollte versuchen, die eigene Zielsetzung in einem vergleichbar einfachen und verständlichen Satz zu formulieren. Wer Unterrichtsinhalte auswählt, muß begründen können, was daran vor allem gelernt werden soll. Ausgewählte Unterrichtsinhalte können in vier Hinsichten exemplarisch sein (siehe Abbildung 1).

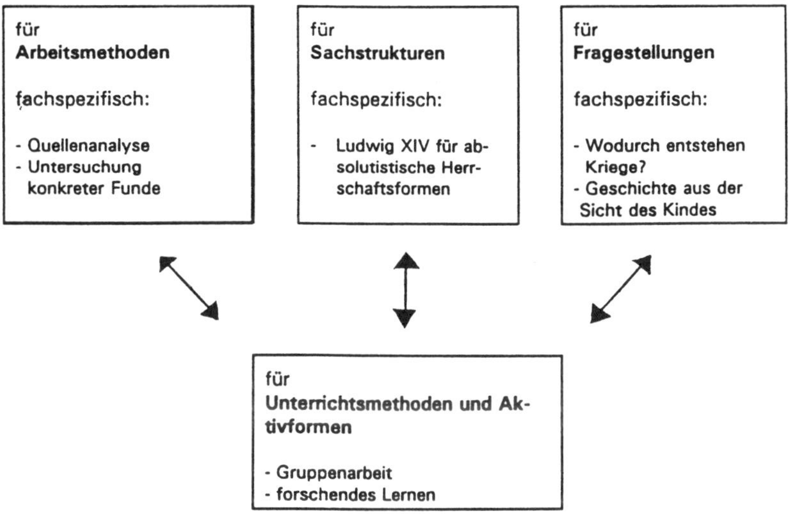

Keine Unterrichtseinheit, die auf dieser Grundlage an Schulen ausgearbeitet wird, kann alle vier Schwerpunkte gleichzeitig bedienen. Jede Unterrichtseinheit sollte aber Aussagen zur Unterrichtsmethode und den Aktivitätsformen der Schüler machen.

Wo bleibt dabei die Systematik?

Zunächst im Kopf des Lehrers. Denn: Schüler nehmen die Welt nicht wissenschaftssystematisch wahr. Eine systematische Ordnung fachlicher Inhalte kann für die Schüler am Ende der Schulzeit entstehen. Sie ist erst sinnvoll, wenn Vertrautheit mit fachlichen Methoden, Strukturen und Fragestellungen entstanden ist. Exemplarisches Lehren und Lernen sind keine Allheilmittel. Auch Überblicke, Zusammenfassungen, Übungen und Wiederholungen haben ihre Berechtigung. Solche Phasen eher angeleiteten Lernens können Voraussetzung für eine exemplarische Unterrichtseinheit sein; sie können sich auch innerhalb einer exemplarischen Unterrichtseinheit als notwendig erweisen; oder sie schließen eine exemplarische Unterrichtseinheit ab.

Exemplarischer Unterricht macht für Schülerinnen und Schüler sowie Lehrerinnen und Lehrer mehr Arbeit. Er gibt guten Anlaß, in der Schule stärker miteinander zu kooperieren.

Schülerorientierung setzt Lehrplanmonopol außer Kraft

Auch bei schülerorientiertem Unterricht müssen Lehrer das Feld, in dem gelernt, Erfahrungen gesammelt und Erkenntnisse gewonnen werden, vorstrukturieren, eingrenzen, Schwerpunkte setzen. Schülerorientierung läßt sich an vier "Suchrichtungen" beschreiben (siehe Abbildung 2).

Schülerorientierung setzt Lehrplanmonopol außer Kraft

Auch bei schülerorientiertem Unterricht müssen Lehrer das Feld, in dem gelernt, Erfahrungen gesammelt und Erkenntnisse gewonnen werden, vorstrukturieren, eingrenzen, Schwerpunkte setzen.

Schülerorientierung läßt sich an vier "Suchrichtungen" beschreiben:

Im Hinblick auf **Bedürfnisse** der Schülerinnen und Schüler z. B. eigene Kompetenzen einbringen zu können, Unterrichtsthemen bestimmen zu können, keine verordneten Hausaufgaben ableisten zu müssen, nur die "eigene" Musik zu hören ...	Im Hinblick auf **Wirklichkeitsbezüge** z. B. die Schüler bei den Problemen abholen, die sie haben - aber dort nicht stehenlassen
Im Hinblick auf **Selbständigkeit/ Mitbestimmungstätigkeit** z. B. Unterricht mitplanen	Im Hinblick auf **Gestaltungsfähigkeit** z. B. in ihrer Lebensumwelt, Berufswahl, auch befremdliche Angebote machen, um entscheiden, zurückweisen und argumentieren zu lernen.

Zwischen dem Vorrang der einen oder anderen Suchrichtung müssen Schülerinnen und Schüler sowie Lehrerinnen und Lehrer immer wieder neu mit dem Ziel der Konsensbildung abwägen. Hier können sich Widersprüche und Konflikte ergeben, d. h., Lehrer und Schüler müssen argumentieren lernen. Unterricht soll an Erfahrungen und Interessen der Schüler anschließen - bei diesen aber nicht stehenbleiben.

- Bedürfnisse artikulieren und auf fachliche Inhalte beziehen,
- Beziehungen zwischen fachlichen Inhalten und der konkreten Lebenssituation herstellen,
- selbständig arbeiten lernen,
- Entscheidungen angesichts vielfältiger Angebote treffen...

...das muß Schule lehren. Jeder Rahmenplan ist daraufhin zu befragen, welche Schritte er in diese Richtung vorschlägt. Bedürfnisartikulation, Mitbestimmungsrecht und Gestaltungsfähigkeit können nicht erreicht werden, wenn sie nicht als Teilaufgabe des Unterrichts gelernt und geübt werden.

Mitbestimmung - Mitplanung des Unterrichts - fordert schrittweises Vorgehen: gemeinsam einen Zeitplan machen, sich über einen Arbeitsplan verständigen (Wer macht was?), einen Medienplan verabschieden. (Was brauchen wir, was haben wir?), wie können wir die Ergebnisse unserer Arbeit überprüfen und sichern?

Problemorientierung stellt Fragen in den Mittelpunkt

Aufgabe des Unterrichts ist es nicht, "richtiges" Wissen, "richtige" Lösungen zu vermitteln. Aufgabe des Unterrichts ist es vielmehr, Probleme erkennen, bearbeiten und lösen zu lernen.

Im Mittelpunkt steht nicht "eine" Antwort für jede Frage, "eine" Lösung für jedes Problem. Unterricht soll vielmehr an die selbständige Suche nach Problemlösungen gewöhnen, Methoden der Problembearbeitung lehren, Lösungsvorschläge vergleichen, prüfen, gegeneinander abwägen. Unterricht soll nicht antworten, sondern fragen lehren. Lösungsvielfalt tritt an die Stelle von Einheitslösungen.

Diese Position ergibt sich schon daraus, daß Probleme subjektiv wahrgenommen werden, vor unterschiedlichen Erfahrungshintergründen und Kenntnisständen. Die Erfahrungsvielfalt und -differenz setzt Gespräche zwischen den Schülerinnen und Schülern sicher am besten in Gang.

Aufgabe von Schule ist die Stärkung der Bereitschaft, Probleme wahrzunehmen und mit Problemen zu leben. Hartmut von HENTIGS Satz umgreift die Sachorientierung wie die Subjektorientierung: "Die Menschen stärken und die Sachen klären". Ein grobes Raster für Problemlösungsprozesse könnte die folgende Schrittfolge sein:

- unterschiedliche Problemlösungen suchen;
- Argumente für Lösungsvorschläge prüfen;
- unterschiedliche Lösungsvorschläge gegeneinander abwägen;
- Problemlösungsvorschläge durchspielen: handeln;
- sich mit Hilfe nachvollziehbarer Argumente für Lösungen entscheiden;
- nach Abwägung aller Randbedingungen und Konsequenzen auch damit leben können, daß es möglicherweise keine Lösung gibt.

Daß der Lehrer auch eine Meinung hat, ist notwendig und keine Indoktrination. Daß er sie als erster sagt, ist nicht produktiv. Im Interesse der Problemlösung muß befördert werden, von emotionalen oder vorgefaßten Meinungen zu abwägenden Urteilen zu kommen. Die subjektive Meinung kann nur der Ausgangspunkt solcher Prozesse sein. Die schwierige Aufgabe des Lehrers ist die Abwägung zwischen dem notwendigen Maß an Orientierung, die Schüler brauchen, und der erwünschten Pluralität nebeneinanderstehender Problemlösungen.

Lernen mit allen Kräften und Sinnen

Wer anfängt, mit Rahmenplänen zu arbeiten, sollte noch einmal - wieder einmal neu - über Lernen nachdenken. Ein viel zitiertes Motto heißt: Mit Kopf, Herz und Hand lernen. Im Hinblick auf die Praxis in fast allen Schulen heißt das zugespitzt: Nicht nur mit dem Hintern, sondern mit dem ganzen Körper lernen. Aufstehen, rausgehen, handeln, erproben, recherchieren, erkunden und entdecken sind Momente im Lernprozeß. Das Problem besteht in der Integration dieser unterschiedlichen menschlichen Aktivitäten - denken, sinnlich wahrnehmen, handelnd überprüfen, etwas herstellen, sich mit etwas identifizieren, sich für etwas emotional öffnen. Das gelingt leichter, wenn man sich zunächst einmal einer Reihe von Aktivitäten in Lernprozessen versichert, bei denen die Integration verschiedener Vermögen selbstverständlich ist: Spielen, Sammeln, Erkunden, Experimentieren, Entdecken, Zeichnen, Malen, Musizieren, Kooperieren...

Traditionell ist bei uns Schule eher durch Aktivitäten charakterisiert, die im Sitzen ausgeführt werden können und als kognitiv bezeichnet werden: Schreiben, Lesen, Memorieren, Analysieren, auf-den-Begriff-Bringen, Abstrahieren, Systematisieren.

Unterricht kann weder auf Spielen noch auf Memorieren reduziert werden, weder auf Sammeln noch auf Systematisieren. Beide Seiten sind unerläßlich. Also muß bei allen Vorschlägen überprüft werden, inwieweit sie anregen, Aktivitäten aufeinander zu beziehen, miteinander zu verbinden. Das eine kann Basisfunktion für das andere haben. Spannend wird Schule durch die Vielfalt möglicher Erkenntniswege. Sie sind in allen Fächern möglich.

Schule ist Teil der Gesellschaft. Aber Unterricht darf sich durch das höhere Prestige der kognitiven Operationen nicht korrumpieren lassen, weil das auf Kosten der - ja doch gesellschaftlich erwünschten - Lust am Lernen geht.

Differenzieren ist die Antwort auf Unterschiedlichkeit

In der Gesamtschule sind Formen äußerer Differenzierung vorgesehen. In diesem Zusammenhang wollen wir darauf hinweisen, daß die Schüler möglichst lange Zeit die Kurse wechseln können. Auch innerhalb der Kurse ist "innere Differenzierung" auf allen Stufen und in allen Schularten unerläßlich. Differenzierung heißt: gemeinsam Unterschiedliches auf verschiedenen Wegen lernen. Dies kann aus verschiedenen Gründen sinnvoll, oft notwendig sein,

- weil Schüler unterschiedliche - aber durchaus sachdienliche - Interessen und Kompetenzen haben;
- weil Schüler unterschiedlich schnell lernen; wenn der eine noch eine Übungsphase brauchen könnte, will der andere weiterarbeiten;
- weil eine Sache so komplex ist, daß es ratsam ist, in Gruppen miteinander ergänzenden Schwerpunkten zu arbeiten;
- weil die Arbeitsmaterialien nicht für alle ausreichen;
- weil die Aufteilung der Klasse in kleine Arbeitsgruppen das Gespräch zwischen den Schülern intensiviert;
- weil nicht alle Schüler in gleicher Weise belastet werden können.

Es sollte keine Unterrichtseinheit geben, in der nicht mehrere Sozialformen vorgeschlagen werden:

- Schüler arbeiten mit anderen Schülern zusammen.
- Schüler informieren die ganze Klasse.
- Schüler beraten einzelne Schülergruppen.
- Schülergruppen diskutieren Problemstellungen selbständig.
- Die ganze Klasse diskutiert eine gemeinsam zu bearbeitende Fragestellung.
- Ein Experte hält einen Vortrag.
- Eine Schülergruppe baut ein Modell.
- Einzelne Schüler interviewen Außenstehende.
- Jeder arbeitet für sich allein.
- Der Lehrer führt ein Verfahren ein.

Wo immer die Möglichkeit besteht, sollte die "Expertenrolle" neu vergeben werden:

- Schüler als Experten für Teilfragen,
- außerschulische Experten,
- Literatur und Massenmedien als "Experten", von denen Lehrer und Schüler gemeinsam lernen,
- aber auch: der Lehrer als Experte.

Die Differenzierung des Unterrichts erhöht den Aufwand für die Planungsarbeit. Sie differenziert auch das Problem der Rückmeldung über erbrachte Leistungen. Leistungsbewertung bezieht sich nicht nur auf das Ergebnis, sondern auch auf den Prozeß ihres Entstehens. Das fordert zu ungewöhnlichen Entscheidungen heraus:

- Es kann richtig sein, daß alle Schüler einer Arbeitsgruppe dieselbe Beurteilung erhalten.
- Es kann richtig sein, die Beurteilung auf die Kapazität der Gruppe zu beziehen.
- Es kann richtig sein, die Einzelbeurteilung auf die Kapazität der ganzen Klasse zu beziehen.

- Es kann richtig sein, die Leistung einzelner Schüler positiv oder negativ herauszuheben.
- Es ist immer notwendig, die Beurteilung auf die Entwicklung des einzelnen Schülers zu beziehen.

Deutlich wird schon bei dieser Übersicht, daß die Ziffernzensur oftmals kein taugliches Mittel ist, um differenzierte Aktivitäten so zu beurteilen, daß ein Schüler hinterher weiß, was ihm gut gelungen ist und was weniger überzeugt hat.

3 Zum pädagogischen Grundverständnis von Rahmenplänen

Rahmenpläne sind die Grundlage für die Arbeit der Lehrerinnen und Lehrer, schuleigene bzw. lerngruppenspezifische Unterrichtsvorhaben durchführen zu können. Von daher sind sie so gefaßt, daß sie weder als abgeschlossenes und endgültiges Produkt angesehen werden, noch die pädagogische Arbeit inhaltlich und zeitlich einschnüren. Aus diesem Grunde können auch nicht Inhalte als Stoffkataloge verbindlich festgeschrieben werden. Andererseits ist es aber auch nicht beliebig, was Schüler in der Schule lernen.

Pädagogische Freiräume nutzen

Aus diesen Gründen konzentrieren sich die Rahmenpläne darauf, die Aufgaben und grundlegenden Ziele eines Faches zu beschreiben. Ferner formulieren die Rahmenpläne didaktische Prinzipien des Unterrichts. Dabei haben die didaktischen Prinzipien die Funktion, die Grundsätze und Variatiionsmöglichkeiten eines schülerorientierten Unterrichts zu umreißen. Die Beschreibung der Aufgaben des Faches und der didaktischen Prinzipien stellt den verbindlichen Rahmen für die Unterrichtsgestaltung dar und bietet dafür Gewähr, daß die Schüler tragfähige Grundlagen für ihren weiteren Bildungsgang erwerben. Die Lehrerinnen und Lehrer haben in eigener Verantwortung den Unterricht im Sinne der Aufgabenbeschreibung des Faches und seiner Zielsetzungen zu organisieren.

In diesem Zusammenhang dienen die didaktischen Prinzipien dazu, weitgehende Spielräume von Unterrichtsmöglichkeiten zu eröffnen. Das Verbindliche der didaktischen Prinzipien soll die Gewähr bieten, daß einseitige Unterrichtsstrukturen (z. B. fortwährender Frontalunterricht) vermieden werden und stattdessen ein variabler und offener Unterricht als pädagogischer Auftrag der Lehrer in den Mittelpunkt gestellt wird.

Die Verbindlichkeit auf der Ebene der Aufgaben und der grundlegenden Ziele sowie der didaktischen Prinzipien setzt Maßstäbe, ohne zu reglementieren und eröffnet die Möglichkeiten, daß

- Schüler individuell und differenziert gefördert werden,
- regionale und lokale Eigenheiten schulischer Arbeit realisierbar sind,
- das Schulleben bereichert wird,
- das Lernen und Schule sich zur Lebenswirklichkeit in Nähe und Distanz öffnen können und
- Schulen ihr eigenes Profil ausbilden; z. B. schulinterne Profilbildungen im curricularen Bereich.

Balance zwischen Lehrsicherheit und Handlungsspielraum

Die Rahmenpläne vermitteln Lehrsicherheit und gewährleisten Handlungsautonomie von Lehrerinnen und Lehrern. Die Pläne sind einmal so zu formulieren, daß sie als hilfreich angesehen und als handlungsleitende Richtlinie angenommen werden.

Zum anderen sollen sie aber auch die Lehrerinnen und Lehrer herausfordern, ihren konkreten Bedingungen entsprechende Möglichkeiten von Unterricht zu finden. Sie haben die Aufgabe, das Lernen in pädagogischer Freiheit und Verantwortung unter Entfaltung ihrer didaktischen Kompetenzen zu planen und zu gestalten. Das beinhaltet den schöpferischen Prozess der Interpretation des Rahmenplanes.

Von daher verzichtet der Rahmenplan auf normierende Vorgaben im einzelnen, gibt jedoch Anregungen, wie die Lehrerinnen und Lehrer die Intentionen des Rahmenplanes in eine längerfristige Unterrichtsplanung und in die Umsetzung in Unterricht bewerkstelligen können. Solche Anregungen werden oft in Form didaktischer Kriterien gegeben. Mit diesen können die Lehrerinnen und Lehrer unter Mitbeteiligung der Schüler Entscheidungen über die Inhalte und Formen ihres Unterrichts treffen.

Zu Fragen der Leistung Stellung nehmen

Im Rahmenplan wird zu Fragen der Leistungsbeschreibung und Leistungsbewertung Stellung genommen. Hierbei kann nicht nur abfragbares Wissen oder der alleinige Erfolg in Klassenarbeiten im Vordergrund stehen. Neben der Sachnorm, die auch komplexe Fähigkeiten wie z. B. Kreativität, Urteilsfähigkeit und Problemlösungsfähigkeit umfaßt, spielt dabei ebenso die Beachtung der individuellen Lernentwicklung eine Rolle.

Jede begleitende Leistungsbeobachtung und -beurteilung dient der individuellen Förderung, der Personentwicklung und der fachlichen Qualifikation. Sie ist unvertretbar, wenn sie das Selbstvertrauen der Schülerinnen und Schüler untergräbt und sie daran hindert, zu neuen Leistungen bereit und fähig zu werden. Von daher weist ein Rahmenplan seine spezifischen Elemente aus, die in einen Bezug zur Schülerleistung gestellt werden sollen und gibt Hinweise zur differenzierten Aufgabenbearbeitung und Unterrichtsgestaltung.

Es wird nur das bewertet, Was auch Gegenstand des Unterrichts ist. Ziele des kognitiven und affektiven Lernens sowie die Anerkennung der praktischen Fähigkeiten müssen gleichberechtigt gesehen werden. Eine humane Förderung von Leistungsfähigkeit schließt dabei ein, die Möglichkeiten des anderen zu respektieren und die eigene Leistung auch aus Hilfe für den anderen einzsetzen. Das trägt dazu bei, die Fähigkeit zur Kooperation zu entwickeln, in der unterschiedliche Kenntnisse, Fertigkeiten und Interessen zu ihrem Recht kommen.

Pädagogisches Grundverständnis der Schulstufen erarbeiten

Wird die Funktion einer Bildungsstufe ausschließlich mit dem Blick auf ihre "Vorleistung" für folgende Stufen realisiert, führt das zu einem auf ein "Endprodukt" bezogenen Denken und verstellt den Blick auf den Wert der augenblicklichen Lebens- und Lernsituation der Kinder und Jugendlichen. Notwendige stufenübergreifende Zusammenhänge sind das eine; aber im Rahmen der Schulreform sollen die jeweils besonderen pädagogischen Aufträge und Charakterzüge der Schulstufen entfaltet werden. Es geht dabei im Grunde um das auszubalancierende Verhältnis von Lebens- und Lernsituationen von Kindern und Jugendlichen und um die Orientierung an der gesellschaftlichen Brauchbarkeit der Resultate schulischer Bildung und Erziehung.

Von "unten nach oben" (also von der Grundschule bis zur gymnasialen Oberstufe) wird die Abschlußbezogenheit schulischer Bildung immer relevanter. Am Ende der gymnasialen Oberstufe erwerben die Schülerinnen und Schüler die allgemeine Studier- und Berufsbildungsfähigkeit, die den Zugang zum Studium sowie den Weg in eine berufliche Ausbildung außerhalb der Hochschule eröffnet. Es gilt zu berücksichtigen, daß auch unter dem Gesichtspunkt der Abschlußbezogenheit das breite Spektrum möglicher Lernwege erhalten bleibt und daß nicht ausschließlich unter dem Aspekt der wissenschaftspropädeutischen Ausbildung gelernt wird.

Auch mit dem relativ "kleinen" Freiraum für schülerorientiertes Arbeiten in der Oberstufe läßt sich so umgehen, daß die Schülerinnen und Schüler eine neue Art von Unterricht (z. B. themenorientiertes Lernen) erleben können. Stufenübergreifend gilt:

1. Erfahrungs- und handlungsbezogenes Lernen ist für jede Stufe wichtig.
   a) In der Grundschule muß dies "zugelassen" werden,
   b) in der Sekundarstufe I/II oft wieder "hervorgebracht" bzw. eingeübt werden.
2. Jede Lehrerin, jeder Lehrer muß genau prüfen, welche Schülerinnen und Schüler sie/er vor sicht hat (mit welchen Interessen, Fähigkeiten, Lernvoraussetzungen).
3. Je älter die Schülerinnen und Schüler sind, desto eher kann man ihnen unstrukturiertes Material und sehr verschiedene Lernstrategien zumuten, desto eher können sie reflektiert begründen und zielgerichtet handeln lernen.

"Schlüsselprobleme" fächerübergreifend bearbeiten

Schule leistet einen Beitrag, junge Menschen zu befähigen, ihr Leben in Bezug zur menschlichen Gemeinschaft und zur Natur verantwortlich zu gestalten. Dabei werden sie mit Problemen konfrontiert, die ihre eigenen und die Lebenschancen gegenwärtig lebender und zukünftiger Generationen beeinflussen. Zu solchen "Schlüsselproblemen" zählen zum Beispiel:

- Sicherung des Friedens
- Erhaltung der natürlichen Lebensgrundlagen
- Ausgleich von Benachteiligungen von Einzelnen, Gruppen, Völkern...
- Selbstbestimmungsrecht der Völker
- Förderung des Zusammenlebens in einer multikulturellen Gesellschaft
- Humanisierung der Berufs- und Arbeitswelt
- gerechte Verteilung von Lebenschancen (auch in internationaler Sicht)
- selbstbestimmte, verantwortliche Rollen- und Aufgabenverteilung zwischen Frauen und Männern
- Gewährung und Wahrung der Menschenrechte
- Streben nach kultureller Identität.

Der Unterricht muß einen Beitrag dazu leisten, junge Menschen auf die gemeinsame Bewältigung solcher Probleme vorzubereiten bzw. sie dabei unterstützen. Dafür hat jedes Fach seine Möglichkeiten. Die Probleme sind aber in einer Weise komplex und miteinander verwoben, daß bei der Bearbeitung die Fächergrenzen als Behinderungen auftreten können. Daraus ergibt sich die Anforderung, Rahmenpläne so zu gestalten, daß Fächerkoordination möglich sind (Dafür ist die Spezifik des Faches genauer zu erkennen.) und - um noch weiter zu gehen - daß das Lernen (z. B. an Projekten oder in integrierten Lehrgängen) die Fächergrenzen überschreiten kann. Rahmenpläne formulieren deshalb stoffliche Zuweisungen sehr offen.

Stellenwert des Faches in den gesamten Bildungs- und Erziehungsprozeß hineindenken

Neben die Vermittlung von Fachwissen treten übergeordnete Bildungs- und Erziehungsaufgaben. Schulische Bildung und Erziehung bieten jungen Menschen die Möglichkeit, sich im Leben zu orientieren, indem sie dazu die notwendigen Voraussetzungen erwerben. Es gehört deshalb zu den Aufgaben der Fachkommissionen an den Schulen, die formulierten fachlichen Ziele, die konzipierten Lernbereiche, Themen und Lerngegenstände in einen Zusammenhang zu folgenden Grundqualifikationen zu stellen:

- Kooperationsfähigkeit
- Urteils- und Kritikfähigkeit
- gesellschaftliche Handlungsfähigkeit
- Selbständigkeit auch im Hinblick auf den eigenen Lernprozeß
- Mündigkeit
- Konfliktfähigkeit
- Verständigungsfähigkeit.

Begründungszusammenhänge von Ziel-, Inhalts- und Methodenentscheidungen verdeutlichen

Veränderte Vorstellungen und Zielsetzungen von schulischer Bildung machen es erforderlich, über die Beziehungen zwischen Zielen, Inhalten und Organisationsformen des Unterrichts erneut nachzudenken.

Die Strukturierung von Lernprozessen mit der Absicht, selbstinitiiertes Lernen von Schülerinnen und Schülern zu unterstützen, kann anhand von Lernthemen geschehen. In Rahmenplänen sind solche Themen, die zum Unterrichtsgegenstand werden, oft als Beispiele enthalten. Es muß möglich sein, diese weitgehend gemeinsam mit den Schülerinnen und Schülern zu finden oder zu differenzieren. Es ist Aufgabe der Lehrerinnen und Lehrer, für eine sinnvolle Verknüpfung solcher Themen mit den inhaltlichen Lernanforderungen des Rahmenplans zu sorgen.

Zwischenbilanz und Perspektiven

In dem Rahmenplankommissionen wurde dieser Text diskutiert und eine jeweils fachspezifische Strategie entwickelt, wie diesem didaktischen Grundverständnis entsprochen werden kann.

Es sind so Texte entstanden, die eine Grundintention des Faches, des Lernbereiches im Ensemble der allgemeinbildenden Fächer beschreiben und die die fachspezifischen Qualifikationen in einen Bezug zur pädagogischen Aufgabenstellung der jeweiligen Schulstufe herstellen. Spezielle Aufgaben der Schulformen sind nicht in den Rahmenplänen enthalten. Sie sind schulformübergreifend gültig.

Insgesamt ermöglichen die neuen vorläufigen Texte einen grundsätzlichen Wandel der Unterrichtsplanung. Aus der Konfrontation der fachlichen Intentionen mit vorgeschlagenen Lerninhalten ergeben sich möglicherweise interessante Unterrichtsthemen, die weitgehend mit Schülerinnen und Schülern geplant werden können.

Dafür gibt es im Land erste Erfahrungen. Es gibt an der Städtischen Gesamtschule in Finsterwalde ein Konzept für fächerübergreifenden Unterricht im gesellschaftskundlichen Bereich. Seit Beginn des Schuljahrcs 1992/93 werden Unterrichtsthemen bearbeitet, die Lerninhalte aus Geschichte, Erdkunde und Politischer Bildung integrieren. In vielen Fortbildungsveranstaltungen am Landesinstitut stellten Kolleginnen und Kollegen ihre schulinternen Lehrpläne vor, die von den Interessen der Schülerinnen und Schüler ausgehen. Es gibt unterschiedliche Erfahrungen mit einem themenzentrierten Unterricht. Mehr und mehr wird aber deutlich, daß die Veränderung des Unterrichts große Chancen zur Lösung vieler Probleme bietet. So z. B. Demotivationen bei Schülerinnen und Schülern, Gewaltbereitschaft in der Schule, Beeinträchtigungen des Lern- und Arbeitsklimas, Kommunikationsstörungen zwischen den an Unterricht Beteiligten u. a.

Erste Analysen der entstandenen Rahmenpläne zeigen, daß die im Grundsatzpapier entfalteten Anforderungen in Rahmenplantexten unterschiedlich realisiert wurden. Es lassen sich drei Felder der Kritik markieren.

Erstens gibt es in einigen Rahmenplänen noch zu wenig konkrete intentionale Texte auf der Ebene der Ziele und Aufgaben der Fächer. Aus den Erfahrungen im Umgang mit DDR-Lehrplänen ergibt sich die Tendenz, daß Lehrerinnen und Lehrer solche allgemeinen Aussagen eher überlesen, um sich den "Stofflisten" zuzuwenden. Es muß noch deutlicher formuliert werden, daß es sich um Regelungen mit hohem Verbindlichkeitsgrad handelt. Vereinzelt aufgezählte Zielvorstellungen werden praktikabler, wenn sie zu kompakten Grundqualifikationen zusammengefaßt werden. Sie sollten nachvollziehbar und weitgehend überschneidungsfrei formuliert werden. Außerdem muß der Adressatenbezug noch stärker die Diktion bestimmen.

Zweitens fällt in einigen Rahmenplantexten auf, daß zu viele parallel zu beachtende Kriterienkataloge nebeneinander aufgeführt sind. Richtig ist, daß derartige Hinweise von großem Orientierungswert für die Themenfindung und die inhaltliche Strukturierung des Unterrichts an den Schulen sind. Mehr als 4 oder 5 Listen von Auswahlkriterien erschweren eher die Konstruktion von Unterrichtssequenzen durch die Lehrerinnen und Lehrer. Verdichtungen, Kürzungen und gedanklich nachvollziehbare Verknüpfungen der Einzelaussagen könnte eine Möglichkeit der Überarbeitung sein.

Drittens ergibt sich ein Problem aus der lobenswerten Absicht, möglichst wenige Verbindlichkeiten auf der Ebene der Lerninhalte zu formulieren. In einigen Texten sind die Inhaltsempfehlungen auf eine Textseite reduziert worden. Vor dem Hintergrund ehemaliger Stoffülle und dementsprechender Unsicherheiten beim selbstbestimmten Umgang mit Lerninhalten erweist sich das als zu wenig orientierend. Man könnte sich die Frage stellen, ob man nicht lieber eine so große Menge von inhaltlichen Vorschlägen in den Text aufnimmt, daß die Kolleginnen und Kollegen zum Auswählen gezwungen werden.

Für Mathematik z. B. läßt sich feststellen, daß im Sommer 1991 ein vorläufiger Rahmenplan für die Sekundarstufe I entstanden ist, der zwar der inhaltlichen Struktur ehemaliger Lehrpläne folgt, aber deutlich als Rahmen verstanden werden soll. Das wird deutlich, indem auf die Festlegung einer Reihenfolge von Lerninhalten, auf Zeitvorgaben sowie auf definitorische Festlegungen verzichtet wurde. Dieser Rahmenplan bietet - und dies schien im Zusammenhang mit der neu eingeführten Schulstruktur vernünftig - neben der Chance der Erprobung neuer Unterrichtskonzepte auch die Möglichkeit, sich an gewohnten Strukturen zu orientieren (z. B. durch recht differenzierte Vorgaben im Bereich der Lerninhalte).

Für die Sekundarstufe II dagegen ist im Frühjahr 1992 ein offener Rahmenplan entwickelt worden, der die Lehrerinnen und Lehrer dazu auffordert, schulintern eigenständig zu planen.[2] Diese beiden Plantypen bergen einmal die Gefahr der zu starken Vorplanung von Unterricht, zum anderen die Gefahr der Überforderung hinsichtlich der Fähigkeiten, einen schulinternen Lehrplan zu entwickeln.

Solche Überforderungssituationen wurden von Lehrerinnen und Lehrern in einzelnen Fällen erlebt. Rahmenpläne stehen aber nicht allein. Das Landesinstitut Brandenburg verbindet entsprechend seines Einrichtungserlasses Fortbildung und Rahmenplanentwicklung. Die Referenten des Institutes betreuen Rahmenplankommissionen und sind gleichzeitig für die Entwicklung und Realisierung des Lehrerfortbildungskonzeptes in ihrem Verantwortungsbereich zuständig. Diese Struktur hat sich als großer Vorteil erwiesen.

Mit der Auslieferung der Rahmenpläne an die Schulen wurden an verschiedenen Orten im Land regionale Fortbildungen angeboten. Hier konnte der Text den Lehrerinnen und Lehrern erstmals vorgestellt werden.

Im Laufe des Schuljahres wurden am Landesinstitut Konzepte für eine rahmenplanbegleitende Fortbildung entwickelt. An den 10 Außenstellen des Instituts werden demnächst verschiedene Bausteine angeboten, deren wesentlicher Inhalt darin besteht, von den Rahmenplantexten ausgehend schulinterne Pläne zu entwickeln. Wie im Grundsatzpapier erläutert, soll hierbei themenorientiert gearbeitet werden. Exemplarisch werden in diesen Fortbildungsveranstaltungen mit den Kollegen Unterrichtsthemen bearbeitet, und so verdeutlicht, auf welche Weise dabei den neuen Ansprüchen an die Unterrichtsgestaltung entsprochen werden kann. Die Referenten des Instituts glauben, daß so eine handlungsorientierte, auf Erfahrung zielende Fortbildung eher geeignet ist als Lernprozesse, die die Problematik eines schülerorientierten Unterrichts auf einer erziehungswissenschaftlichen Ebene und einer wissenschaftlichen Logik folgend bearbeiten.

In den Rahmenplankommissionen haben ca. 300 Lehrerinnen und Lehrer mitgearbeitet. Viele von ihnen setzen ihre neu erworbene Kompetenz in der Lehrerfortbildung ein. Darüber hinaus haben wir ein Fachmoderatorensystem entwickelt, um den Kollegen bei der Gestaltung des Unterrichts in den Intentionen der Rahmenpläne behilflich zu sein.

Fachmoderatoren sind Lehrerinnen und Lehrer, die für ihre Tätigkeit 5 Anrechnungsstunden bekommen. Sie werden von den Referentinnen und Referenten des Landesinstitutes beraten und betreut. Gemeinsam mit diesen Kolleginnen und Kollegen wurde der Aufgabenbereich für ihre Tätigkeit abgestimmt. Zur Zeit sehen wir 4 große Aufgabenfelder:

---

[2] Vgl. Götz BIEBER, Rolf HANISCH: Vom DDR-Lehrplan zum Rahmenplan - ein Prozeß, der alle überfordert? Ein Beitrag auf der PLIB-Fachtagung "Deutsch-deutscher Einigungsprozeß und die Bildungsreform in Brandenburg", bisher unveröffentlicht.

Koordinierung und Leitung der regionalen Rahmendiskussion und -evaluation

In der Einführungs- und Erprobungsphase der Rahmenpläne unterstützen die Fachmoderatoren die Lehrerinnen und Lehrer beim Kennenlernen der Texte und beim Erlernen eines angemessenen Umgangs mit ihnen. Sie vermittlen ein Grundverständnis für die Textsorte Rahmenpläne und das Verständnis für den unterschiedlichen Verbindlichkeitsgrad der Teile des Textes.

Die Fachmoderatoren gründen und leiten ein bis zwei Arbeitskreise in ihrer Region, die sich regelmäßig alle vier bis sechs Wochen treffen. Hier diskutieren und erproben sie, welche Möglichkeiten der Rahmenplan für die Planung und Gestaltung des Unterrichts bietet. Dabei ist es ihre Aufgabe, Ergebnisse zu dokumentieren und in die Beratung mit den Referenten des Landesinstitutes einfließen zu lassen. Gemeinsam mit Experten auf curricularem Gebiet erarbeiteten die Fachmoderatoren ein für Brandenburg geeignetes Evaluationsverfahren, an dem möglichst viele von Schule Betroffenen beteiligt sind.

Die Gestaltung von Fortbildung in Zusammenarbeit mit den Außenstellen des Institutes

Mit den Fortbildungskonzepten des Landesinstitutes versuchen wir, immer dichter an den realen Bedarf der Lehrerinnen und Lehrer heranzukommen. Aufgabe der Fachmoderatoren ist es dabei, bei der spezifischen Bedarfsermittlung mitzuhelfen. Der Abstand zwischen subjektiv empfundenem und auf der Ebene des Landesinstitutes prognostiziertem Fortbildungsbedarf wird so geringer bzw. ausbalanciert. Sie beraten mit den Außenstellenleitern, wie diesem Bedarf entsprochen werden kann. Davon ausgehend können sie selbst oder in Zusammenarbeit mit anderen Dozenten an den Außenstellen Fortbildungsveranstaltungen anbieten.

Entwicklung von Handreichungen

Was wir mit Handreichungen auf keinen Fall erreichen wollen ist, mit einer Art Unterrichtshilfe nach Art des Volksbildungsministeriums der ehemaligen DDR die gewünschte Offenheit der Rahmenpläne wieder einzuschränken. Handreichungen sollten also nicht Planungsbeispiele über längere Zeiträume vorgeben, die dann als "heimliches Curriculum" im Lande den Unterricht erneut gleichschalten. Handreichungen stellen exemplarisch Beispiele für verschiedene didaktische Grundintentionen vor, stellen Unterrichtsthemen zur Diskussion oder behandeln spezielle Probleme, wie man beispielsweise zu einem schulinternen Lehrplan kommt oder wie man schülerorientiert unterrichten kann. Die Fachmoderatoren können selbst an solchen Texten arbeiten, solche initiieren und betreuen.

Beratung von Fachkonferenzen an den Schulen

Zur Förderung einer neuen Unterrichtswirklichkeit in den Schulen werden die Fachmoderatoren auf Wunsch einer Fachkonferenz beratend tätig. Sie diskutieren mit den Kolleginnen und Kollegen über ein neues fachliches und fächerübergreifendes Denken, über Wege, zu eigenen Planungen zu gelangen (unter Mitwirkung von Schülerinnen und Schülern) sowie über geeignete schülerorientierte Themen und wie man an ihnen entlang bestimmte fachliche Inhalte bearbeiten kann.

Die Idee, fachliche Anforderungen und Schülerinteressen in ein spannungsvolles Verhältnis zu setzen, um schulischer Bildung die Chance neuer Dynamik zu geben, hat für Diskussionen gesorgt.

Dieses Thema fordert uns auch auf, über die Frage nach Überforderungen immer wieder nachzudenken. Dieses birgt aber schon einige Schwierigkeiten. Einerseits gibt es Frustrationen, andererseits auch erfolgreiche Versuche, neuen Unterricht zu organisieren. Hinzu kommt, daß die Menschen in den neuen Bundesländern ohnehin in einer permanenten Überforderungssituation leben. Das ist ohne viele Erläuterungen einsichtig. Es wird aber immer öfter deutlich, daß das nicht nur auf Deutsche mit einer DDR-Sozialisation beschränkt bleibt. Im deutschen Einigungsprozeß verringern sich deutlich die Chancen, auf frühere Erfahrungen und Handlungsmuster zurückzugreifen. Es müssen schon - durchaus auch mit gelegentlichen Rückgriffen auf Früheres - neue Konzepte entwickelt werden.

Das betrifft z. B. auch die in den Rahmenplänen enthaltene Aufforderung an die Lehrerinnen und Lehrer Brandenburgs, schulinterne Lehrpläne zu entwickeln und zu verantworten. Große Entscheidungsunsicherheiten bei vielen, die das hier am Landesinstitut in entsprechenden Fortbildungsveranstaltungen versucht haben, sind sichtbar geworden. Vielleicht ist das ja auch ein ostdeutscher Sozialisationsnachteil, sich so schwer zu tun, etwas zu prononcieren und etwas anderes für einen Zusammenhang als weniger wichtig einzuschätzen. Verständlich ist es allemal, daß ein vormundschaftlicher Staat mit einem Meinungs- und Entscheidungsmonopol solche grundlegenden Fähigkeiten behindert hat.

III. Innovationsprozesse und Innovationsstrategien

Uwe Hameyer

Innovation in Schritten
- Ergebnisse zur Selbsterneuerungsfähigkeit von Grundschulen in vier Nationen

Auf Kriegsfuss mit der Zeit - so vielleicht könnte der Titel eines Presseberichts über pädagogische Innovationen lauten. Ich denke dabei nicht zuvorderst an die Zeitspannen, welche wirklich untersucht werden - obgleich eben diese viel zu episodisch sind, zumeist nur Ausschnitte eines langfristigen Entwicklungsprozesses.

Auf Kriegsfuss mit der Zeit - das könnte eine Meldung sein, die vielmehr von jenen redet, die Innovationen in kleinsten Zeiteinheiten durchsetzen wollen und erwarten, Schule lasse sich in 1 oder 2 Jahren verändern. Episodisches Denken solcher Art widerspricht allen empirischen Studien, die wir aus den achziger Jahren kennen. Selbst aus dem kurzatmigeren US-Kontext werden Mindestlaufzeiten von 3 bis 6 Jahren gemeldet, die Regionen oder einzelne Schulen brauchen, um kleine Veränderungen vorzunehmen (siehe DESSI- und RAND-Studies).

Komplexere Veränderungen ganzer Systeme - zumeist als "Reform" bezeichnet - sind ohnehin nur in dekadischen Einheiten zu messen. Denken Sie an Gesamtschulversuche in Schweden oder bei uns, an US-amerikanische "magnet schools" oder die Reorganisation der Primarschule in den Niederlanden seit Einführung des international beachteten Reformgesetzes aus dem Jahre 1985.

1 IMPACT - Eine internationale Innovationsstudie

Auf diesem Hintergrund richteten wir 1987 ein Forschungsprojekt namens IMPACT ein - *Implementing Activity-Based Science Teaching in Elementary Schools.* An diesem Kooperationsprojekt sind vier Länder beteiligt: Die Niederlande durch Jan van den AKKER, Deutschland durch Uwe HAMEYER, Schweden durch Mats EKHOLM und die USA durch Ron ANDERSON.[1]

---

[1] Die Konzeption entstand in Zusammenarbeit mit Prof. Dr. Jan van den AKKER (Niederlande), Prof. Dr. Ronald ANDERSON (USA), Prof. Dr. Mats EKHOLM (Schweden), Prof. Dr. Matthew B. MILES (USA), Prof. Dr. Karl FREY (Zürich) und Prof. Dr. Uwe HAMEYER (Initiative und Leitung).

Im Projekt wollten wir "kleine" Innovationen über ihre gesamte Laufzeit "von der Quelle bis zur Mündung" untersuchen. Im Mittelpunkt stand das adaptive Durchhalten der einzelnen Schule bei ihrem Bemühen, im Sachunterricht die Selbsttätigkeit des Kindes stärker zum Tragen kommen zu lassen. Die Innovationsschritte solcher Schulen als *"sich selbst korrigierende Systeme"* bis hinein in das Institutionalisierungsstadium umfassten in unseren IMPACT-Schulen eine mittlere Laufzeit von 4 bis 6 Jahren.

2 Ziele von IMPACT

Leitidee war von anbeginn, aus innovativer Schulpraxis zu lernen, der es gelungen ist, eine Neuerung auf Dauer durchzusetzen (*Langzeitinnovationen*). Dabei standen die *Prozesse* der Anreicherung und Neugestaltung von Schulqualität im Mittelpunkt.

Wir wählten "normale" Schulen, nicht den Modellversuch oder das grosse Reformwerk. Im einzelnen ging es um folgende Fragen:

- Was unternimmt eine Grundschule, die nicht über gesonderte Versuchsmittel verfügt, den Sachunterricht ein Stück weit umzugestalten?
- Wie gelang es, die Selbsttätigkeit des Kindes beim Erkunden naturwissenschaftlichtechnischer Phänomene auszuweiten?
- Welche Unterrichtsmuster und Differenzierungsformen wurden zu diesem Zweck realisiert?
- Inwieweit beteiligten sich die Kinder an der Planung von Unterricht - zum Beispiel in Projektstunden, im Wochenplanunterricht oder auch in "normalen" Stunden?
- Was tat die Schulleitung, um schulinterne Innovationsprozesse zu unterstützen? Welche Einflüsse führen auf das Umfeld der Schule zurück (Eltern, Behörden, Bildungspolitik, Verbände), und in welcher Weise?

Abb. 1: Beschreibungsschema für Fallstudien

A	**DURCHFÜHRUNG DER FALLSTUDIE** Auswahl der Schule Erhebungsplan Daten und Feedack Zusatzinformation
B	**PORTRÄT DER GRUNDSCHULE** Das Schulprofil Die Innovation Die Grundsätze Der Kontext Das Curriculum Der Unterricht
C	**PRAXIS ENTDECKENDEN UNTERRICHTS** Selbsttätiges Entdecken Themen im Sachunterricht Illustrationsstunden
D	**EINFLÜSSE AUF DAS LERNEN** Die Kinder Das Kollegium Die Schule
E	**UMSETZUNG IN DER SCHULE** Einstieg Exploration Umstrukturierung Routine Regelpraxis
F	**WIRKUNGEN UND AUSBLICK** Wirkungen in der Schule Zukünftige Schritte Einige Vorschläge
G	**INTERPRETATION**
H	**ANHANG** Anhang A: Fragen Feedbackrunde Anhang B: Klasse 3 Arbeitsplan Anhang C: Wasser-Wort-Rätsel Anhang D: Fragebogen Focke-Museum

3 Methode und Design

Unser Projekt gab uns Gelegenheit, gleichsam selbst "zur Schule" zu gehen, aus Beobachtungen vor Ort zu lernen, die Biographien schulischer Innovationsprozesse nachzuzeichnen.[2] Auf die Methodologie möchte ich aus Platzgründen nicht näher eingehen, sondern gleich am Beschreibungsformat für unsere Fallstudien veranschaulichen, worum es geht. Die nach diesem Format erstellten Schulporträts werden im Hinblick auf innovationsunterstützende Gestaltungsprozesse in den Grundschulen verglichen. Insgesamt sind es 15 Fallstudien in vier Ländern. Wir wählten als eingrenzende Frage das *Entdeckende Lernen durch Selbsttätigkeit im Sachunterricht der 3. und 4. Klasse.* Jedes Schulporträt skizziert die Biographie erfolgreicher Innovationen auf diesem Lerngebiet.

In unserem Fall bedeutete das: In 15 Grundschulen jeweils 6 bis 10 Tage das Lehr- und Lerngeschehen beobachten, Lehrkräfte wiederholt interviewen, am Schulleben teilnehmen, Dokumente sichten und auswerten, umgestaltete Klassenräume und Schülerarbeiten fotografisch festhalten, mit Kindern sprechen und spielen, das Nahumfeld der Schule kennenlernen und rekonstruieren, selbst unterrichten und anderes (vgl. HAMEYER/ANDERSON/AKKER/EKHOLM 1989 und 1991). Die Gesamtauswertung erscheint 1993.[3]

Mit einer *kombinierten Form quantitativer und qualitativer Methodik* nahmen wir "Ein-Sicht" in die Biographie tragfähiger Innovationen, rekonstruierten die Wandlungsprozesse des Neuen, analysierten aufgetretene Konflikte und vor allem Handlungsmuster, welche zu dauerhaften Innovationen führten.

Wie nun gingen wir an diesen Gegenstand methodisch-konzeptionell heran? Mit welcher Optik und Fokussierung?

4 Prozessmodell

Aus der Beteiligung am "International School Improvement Project" der OECD wussten wir, dass die tatsächlich wirksamen Bedingungen für Innovationsprozesse nur näher erschlossen werden können, wenn die Schule als Handlungs- und Analyseeinheit präziser untersucht wird. Wir gingen vom allgemeinen Phasenschema aus, das im ISIP entwickelt wurde.

[2] Die "Innenaufnahmen" aller Schulen werden im nächsten Jahr dokumentiert (EKHOLM/HAMEYER 1993) und vergleichend ausgewertet.

[3] Die Auswertung erscheint bei SUNY Press, New York, unter dem Titel "Portraits oF Productive Schools" (HAMEYER/AKKER/ANDERSON/EKHOLM 1993).

Abb. 2: Drei-Phasen-Modell längerfristiger Innovationsprozesse

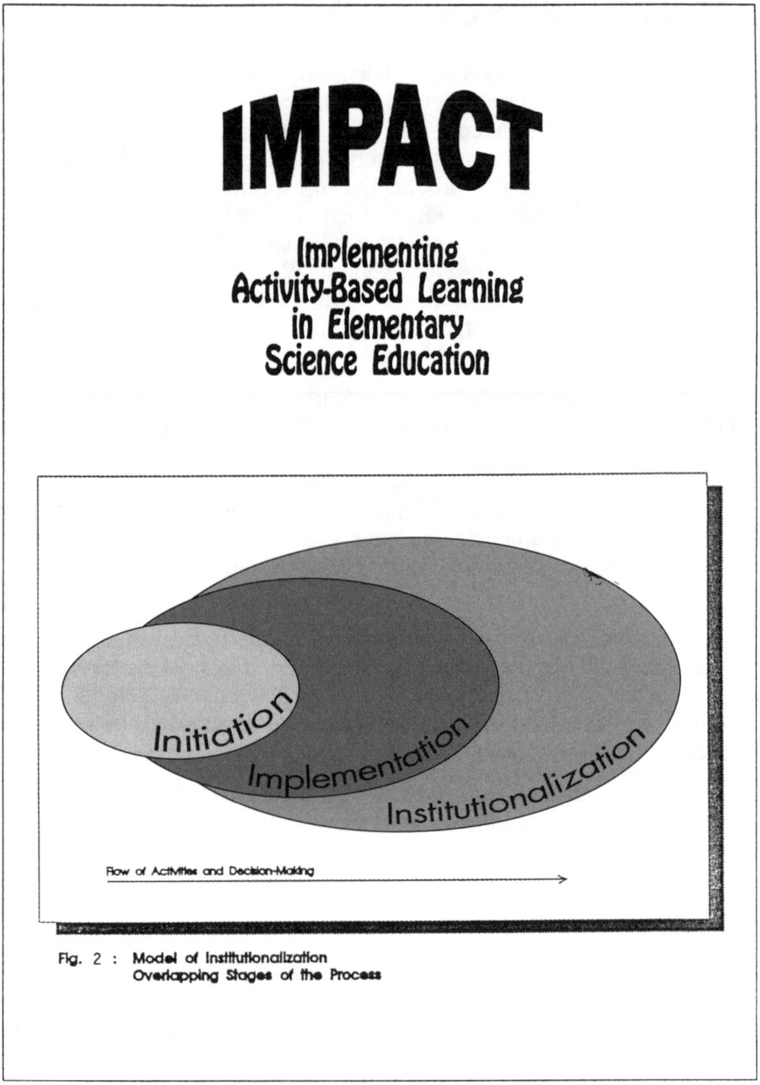

Fig. 2 : Model of Institutionalization
Overlapping Stages of the Process

Unser Modell PROMISE lehnt sich an dieses Modell an und weitet auf fünf überlappende Phasen aus:

Abb. 3: Das PROMISE-Modell zur Analyse schulischer Innovationsprozesse (**Pro**cess **M**odel of **I**nstitutionalization and **Se**lf-Renewal)

Einstieg
Welche Anlässe, Gründe oder Anstöße führten zum Einstieg in tätigkeitsorientierte Lehr- und Lernformen? (Frage nach dem "Debüt"). Was ereignete sich während dieser Phase im einzelnen?

Exploration
In welcher Form haben sich Lehrerinnen und Lehrer, Schülerinnen und Schüler, Schulleiter, Eltern und Verantwortliche aus Behörde oder Gemeinde mit der Innovation auseinandergesetzt? Zu welchen ersten Schlüssen gelangte man dabei? Welche Entscheidungsgrundlagen resultieren aus der Exploration?

Umstrukturierung
Welches sind die wichtigsten Etappen der Implementation? Wie im einzelnen wurde entdeckendes Lernen durch Selbsttätigkeit im Sachunterricht umgesetzt und weiterentwickelt (unterrichtliche Implementation)? Was trug der Schulleiter dazu bei, und welche externen Hilfen erleichterten die Arbeit?

Routine
Aufgrund welcher Voraussetzungen wurden tätigkeitsorientierte Lehr- und Lernformen im Sachunterricht wiederholt praktiziert? Woran war die sich allmählich einstellende Routine zu erkennen? Was erleichterte diesen Prozeß, und welche Schwierigkeiten waren zu überwinden?

Regelpraxis
Woran ist zu erkennen, daß tätigkeitsorientierte Unterrichtsmuster zu einem festen Bestandteil der Regelpraxis wurden? Welche Indikatoren zeigen das an? Welches waren die wichtigsten Ereignisse nach der beginnenden Routine?

Am Einzelfall wollten wir mit Hilfe dieses Modells die Prozessdynamik aufschlüsseln. Das Modell half uns bei der Entwicklung des Instrumentariums für qualitative und quantitative Erhebungsformen.

5 Indikatoren einer selbsterneuerungsfähigen Schule

Auf die Selbsterneuerungsprozesse möchte ich konkret mit Hilfe von Indikatoren eingehen, die Tätigkeiten darstellen. Die Indikatoren sind aus den Erhebungsgrundschulen gewonnen und werden vierfach gruppiert:

Programm

Prozeß

Person

Kontext

Mit *"Programm"* sind die Innovationsziele gemeint. Welche Ziele will die Schule durch die Stärkung der Selbsttätigkeit erreichen? Der Aspekt des *"Prozesses"* deutet auf Lösungswege. Wurden zum Beispiel die Stundentafel umgestellt und Lernmaterialien gemeinsam entwickelt? Wie sahen die Entscheidungsprozesse im Kollegium aus? Bildeten sich neue Förder- und Koordinationssysteme heraus? Der *"Kontext"* ist die Schule und ihr Umfeld, wo solche Prozesse ablaufen - das institutionelle Feld der Ereignisse. Die Kategorie *"Person"* schließlich betrifft die Beteiligten, ihre Erwartungen, Wünsche, Einstellungen, Besorgnisse und Fähigkeiten. Ich beginne mit der Programmkomponente und werde jeweils Ausschnittbeispiele aus den Fallstudien nennen.

Programm

Das Kind stärken. Alle IMPACT-Schulen betonen die schöpferische Funktion der Selbsttätigkeit für sinnstiftendes Lernen der 9- und 10-Jährigen. Die Lehrerinnen und Schulleiter verbinden mit dieser Leitidee eine Stärkung des Selbstvertrauens beim Kinde und die Sicherung der Fähigkeit, das eigene Lernen zunnehmend eigenverantwortlich mitzugestalten.[4]

Unterrichtsqualität erhöhen. Selbsttätigkeit ist nicht unbedingt an Wochenplanunterricht oder an Projektstunden gebunden. Fast immer fanden

[4] Diese Leitidee ist eine Antwort auf die veränderte Kindheit (siehe LICHTENSTEIN-ROTHER 1986; FÖLLING-ALBERS 1989; ROLFF/ZIMMERMANN 1989; GRUNDMANN/HUININK 1991). Gestiegener Medienkonsum beispielsweise beeinträchtige das Lernverhalten und verursache sinkende Lernmotivation, steigende Aggressivität und gestörte Konzentrationsfähigkeit. Schädigende Einflüsse durch Lärm und Hektik werden genannt, grenzenloser Gebrauch neuer Medien, die wachsende Konsumorientierung und belastende familiäre Umstände, das Zurückgehen direkter Naturerfahrung und das Schwächerwerden sozialer Bindungen.

wir das methodische Sandwich: Entdeckendes Lernen, Gruppenarbeit, Kreis- und Klassengespräche, darbietende Methoden und Einzelarbeit.

Der Punkt "Unterrichtsqualität" ist dabei zentral. Jede Fallstudie enthält dazu umfangreiche Daten und Aufzeichnungen von Unterrichtsstunden. Das betrifft zum Beispiel die Einführung von Tages- und Wochenplänen, die Lerndiagnose und Lernhilfe, die didaktische Fantasie der Lehrerinnen und Lehrer, die Zusammenarbeit mit Eltern als Experten in der Schule, die Herstellung von Materialien aller Art, die Differenzierung der Unterrichtsmethoden, das Experiment in der Schulklasse.

Klassenräume umgestalten. Wodurch lassen sich nun die Beteiligten leiten, wenn sie ihren Unterricht ändern? Wir haben nicht nach einzelnen Motiven gesucht. Soviel aber ist sicher: Viele wünschen sich Abwechslung bei der unterrichtlichen Tätigkeit. "Omväxling" ist das Stichwort aus den schwedischen Studien. Lehrerinnen und Lehrer wollen nicht immer nur dasselbe tun. Hinzu kommt noch eine Triebfeder: Die veränderten Bedingungen des Lernens in Schule und Lebenswelt. Mit umgestalteten Klassenräumen könne man die Lust der Kinder am Lernen wiedergewinnen, zu ihrem Wohlbefinden in der Schule beitragen und den Weg zu konkreten Erfahrungssituationen freimachen. Eine Lehrerin aus Bremen dazu: Im traditionellen Unterricht sei sie schnell "kaputt", "ausgelaugt" und - was viel gravierender sei - "enttäuscht" gewesen. Beim Angebotsunterricht in veränderter Lernumgebung "könnte ich den ganzen Tag verbringen". - Die Argumente für umgestaltete Klassenzimmer im Sinne aktivierender Lernumwelten sind weitgehend anerkannt. Die Schule soll den Kindern einen Ausgleich für verlorengegangene Lebens- und Erfahrungsräume bieten, indem sie sich selbst zu einem für Kinder entwicklungsgünstigen "Lernbiotop" verändert. Am meisten würden Kinder lernen, wenn sie den Ort des Lernens gerne aufsuchen.

Die Klassen, in denen *Angebotsunterricht* erteilt wird, sind völlig neu aufgegliedert: Gruppentische, Gesprächskreiszone, Bibliotheksborde und Lernmitteltheken als partielle Raumteiler, offen zugängliche Geräte, eine Sitz- und Theaterecke, Seitentische zur Ab- und Auslage von Exponaten und Projektergebnissen. Einige Zonen im Klassenzimmer sind mit einem Teppich ausgelegt. Diese Lernumwelt ist einladend-freundlich, gemütlich und variabel gehalten.

Prozeß

Am Bewährten ansetzen. Jeder Eingriff in soziale Systeme setzt die Kenntnis geltender Handlungsregeln, Konventionen und Ermessensspielräume in diesem System voraus. Pläne schmieden allein nützt nichts. Umsetzungsprobleme organisatorischer Art erscheinen wie beharrliche Stehaufmännchen und müssen wiederholt angepackt werden: Wie ist Unterrichten zu zweit möglich? Was ist stundenplantechnisch zu tun, um Hospitationen zu erleichtern? Wie sage ich es meinem Hausmeister und dem Reinigungspersonal, daß die Teppiche in einigen Klassen liegen bleiben sollen? Wie kann die Zahl der Doppelstunden erhöht werden? Kommt nichts abhanden, wenn

Experimentiergeräte und Lernhilfen in den Klassen zugänglich sind? Eine Innovation muß angesichts solcher Aspekte bis in kleinste Details durchdacht sein, zumal sie andere als Bedrohung empfinden könnten. Innovative Schulen schützen nicht nur Expeditionen in Neuland, sondern auch bewährte Praxis.

Die Bremer Studie lehrt dazu, daß das Neue den respektierten Praktiker als Mitstreiter braucht: *Schulpraktische Versiertheit* und *pädagogische Fantasie* sind gleichermaßen vonnöten. Die Lehrer/Innen aller Grundschulen, die wir untersuchten, waren nie Außenseiter, sondern als gute Unterrichtspraktiker/Innen anerkannt.

Zielklarheit sichern. Zielklarheit ist eine der wichtigsten Voraussetzungen für die stetige Mitarbeit der Beteiligten. Dieses Kriterium wurde nicht durch umfangreiche Zielkataloge oder Abhandlungen anderer Art eingelöst; Zielklarheit entstand immer wieder erneut durch die Gewähr für *Transparenz der praktischen Versuche*, zum Beispiel im Rahmen von Hospitationen, durch Berichte, Erfahrungsaustausch und Feedback, nicht zuletzt in Gestalt von Materialien, die am anschaulichsten Rechenschaft darüber ablegen, was mit einer neuen Lernform eigentlich beabsichtigt ist. Aber auch das offene Klassenzimmer zum Schnuppern für Neugierige und Interessierte hilft: Eltern, andere Kinder und auch die Nachbarkollegin blicken über den (abgerissenen) Zaun.

Reihenfolge einhalten. In allen Fällen wurden explorative Einführungsphasen eingerichtet - gewissermaßen *Pufferzonen*, um sich auf das Neue zwar gründlich, aber zunächst ohne Langzeitverpflichtung einzulassen. Von niemandem wurde verlangt, das Neue gleich gut zu finden. Eine *Rückzugsgarantie* war gewährleistet. In der Einführungsphase wurde die Arbeit dabei schulintern nach Kräften unterstützt. Der Schulleiter als Impulsgeber und Helfer spielt dabei eine gestaltende Rolle (siehe oben). Bei mißglückten Innovationen sind diese Phasen oft zu kurz oder gar nicht vorhanden. Alles braucht seine *Logik der Reihenfolge.* Dabei scheinen alle Innovationen *adaptiv* eingeführt worden zu sein. Das Tempo wurde gegebenenfalls unter dem Gesichtspunkt der Verkraftbarkeit für alle korrigiert.

Feedback sicherstellen. Bekräftigende Rückkopplungen sind genauso bedeutsam wie rechtzeitige Selbstkritik, um korrigierend eingreifen zu können. Ohne Feedback läuft man rasch an der Realität vorbei. In Bremen konnte man "gewinnen", weil der Unterricht geöffnet wurde: Schule, Eltern und Öffentlichkeit überzeugten sich viele Male von den Auswirkungen tätigkeitsintensiven Unterrichts auf das Schülerverhalten. Die Freude an der Schule war ersichtlich, die Lernleistungen stiegen, was bei den Eltern und im Kollegium Anerkennung zur Folge hatte.

In etwas anderer Darstellung mit Stichwortcharakter lasssen sich die Prozessindikatoren in folgenden Übersichten in Gestalt von Handlungsprofilen zusammenfassen, durch die die IMPACT-Schulen sich auszeichnen:

INNOVATIVES HANDELN STÜTZEN

—> Aktivierende Lernumwelt einrichten
—> Differentielle Methoden erlernen und einsetzen
—> Geld auf Schulebene umverteilen (Anreizsystem)
—> Verantwortlichkeiten ausbauen und ausweiten
—> Risikoverhalten fördern und schützen
—> Zukunftsdenken/konkrete Fantasie initiieren

ARBEITSKOALITIONEN BILDEN

—> Mindestens zu zweit oder dritt arbeiten
—> In allen Phasen kooperativ vorgehen
—> Sich gegenseitig stützen und ermutigen
—> Erfolge teilen/gemeinsam erstreiten
—> Wiederholt prüfen, was an der Innovation gut ist
—> Mindestens eine erfahrene Lehrerin einbeziehen
—> Co-Teaching praktizieren
—> Wechselseitige Hospitationen und Klassenbesuche

DAS NEUE AKTIV VERTRETEN UND VERDEUTLICHEN

—> Eltern einbeziehen !

—> Öffentlichkeitsarbeit leisten (lokale Presse, Fernsehen, Broschüren, booklets)

—> Erfahrungen mit Behörden austauschen

—> Die besten päd. Fachleute gewinnen

—> Vom Schneeballeffekt Gebrauch machen

—> Poster und kleine Berichte erstellen

—> Erfahrungen vorstellen (öffentlich, schulintern)

—> Mit Regionalzentren kooperieren

INFRASTRUKTURELLE UNTERSTÜTZUNG SICHERSTELLEN

—> Stunden- und Wochenplantafel anpassen

—> Die neuen Themen in Gremien einbringen

—> Study Days für die Behandlung des Neuen festlegen

—> Die Unterstützung der Schulleitung festmachen.

—> Zeit für Beratung und Gespräche einplanen

—> Poolstunden für Innovationen nutzen

—> Schulinterne Qualifikationsmerkmale für Lehrerinnen und Lehrer erarbeiten

—> Das Neue in den Regularien der Schule verankern

—> Hilfestellung durch Schulleitung leisten (z. B. Vertretungsstunden)

—> Schulklima pflegen und verbessern

AUFWEIS DES ERREICHTEN

--> Vorteile für die Kinder verdeutlichen:

--> Vorteile für Kinder festhalten:
Spass, Lernfortschritt, Selbständigkeit

--> noch nicht gelöste Probleme inventarisieren

--> Exemplarische Ergebnisse vorstellen:
Materialien - Kompetenzen - Wissen

--> Projektresultate ausstellen und erläutern

--> innovative Arbeit nach aussen öffnen
(andere Klassen, Gemeinde, Eltern, Schulamt)

--> Ausgangslage vor dem nächsten Schritt umreissen

Person

Authentisch handeln. Die Beweggründe innovativer Lehrerinnen und Lehrer sind interessant - kaum Karrieredenken, zumeist intrinsischer Ansporn zu neuen Taten, gelegentlich allerdings vom Schulleiter oder von Kolleginnen und Kollegen ermuntert. Die Beteiligten suchen aktiv nach Möglichkeiten, ihren eigenen Unterricht zu verbessern, auch wenn die Umstellung Zeit kostet und mit Enttäuschungen verbunden ist. Die Ernsthaftigkeit des Engagements steht außer Zweifel. Und noch etwas kennzeichnet ihre Authentizität: *Wissen, Können* und *Wollen* stimmen weitgehend überein. Die stufige Weiterentwicklung der eigenen Praxis erfolgt im Rhythmus des Könnenszuwachses, des Willens zum Weitermachen und der Zuversicht, daß Ziel und Weg richtig sind (hohes *Konsistenzniveau).*

Reflexivität steigern. Die Lehrerinnen und Lehrer der IMPACT-Schulen sind gewohnt, mit sich selbstkritisch umzugehen und Kritik anderer aufzugreifen (etwa im Sinne von SIROTNIK 1983). Sie lernen aus Fehlern und fühlen sich nicht verletzt, wenn andere auf kritische Punkte des eigenen Verhaltens aufmerksam machen. SCHÖN (1979) schreibt solchen *"reflective practitioners"* folgende Merkmale zu: Der reflexive Pädagoge gesteht sich unzureichendes Wissen ein und ist willens, weiterzulernen und sich auf neue Situationen einzustellen.

Proaktiv Schule leiten. In den deutschen Fallstudien sind die Schulleiter proaktive Triebfeder im Uhrenwerk der Schule (in den amerikanischen nur teilweise). Auf die Systemunterschiede will ich jetzt nicht eingehen. Die Schulleiter - in allen fünf Fällen sind es Männer - suchen von sich aus vorausblickend nach Verbesserungsmöglichkeiten, unterstützen Lehrerinitiativen wo immer möglich, sie tragen mit Rat und Tat zum Gelingen bei und schaffen ein innovationsfreundliches Klima, das zum Mitmachen anregt und Negativsanktionen abschottet. Die Schulleiter schaffen *geschützte Aktionsräume.* Für die Kieler Schule gilt, was auch in Nienburg zu beobachten ist: Die Schulleiter überlegen, wie die Schule weiterentwickelt werden und das Kollegium weiter einbezogen werden kann. Meistens erweist er sich als Pionierspitze, fast immer ist er auch Schwungrad. Die Schulleiter *veranlassen Initiativen, fördern ein innovationsfreundliches Schulklima und stellen sich vor Andersdenkende.*

Den Schulleiter als Bremser fand ich nirgendwo in unserer Vier-Länder-Studie, eher den anerkannten Berater, der Unterstützung bietet, aber auch warnt, sich nicht mit dicken Innovationsbündeln gleichsam zu überladen. Er schätzt es, wenn das Neue eingeteilt wird und Überschaubarkeit für alle gewährleistet ist. In der Fallstudie Nienburg stellt sich dieser Sachverhalt wie folgt dar:

Neuartige Lösungen suchen. Die von uns untersuchten Schulen schaffen Selbsterneuerungsspielräume, schützen diese vor externen Zugriff und entwickeln *Initiativgeist.* Lehrerinnen und Lehrer fassen Mut, unerforschtes Terrain zu erkunden, ohne Negativsanktionen befürchten zu müssen, falls etwas nicht gleich gelingt. Die Expedition wird durch stützenden Rat seitens der Schulleitung begleitet.

Exploratives Verhalten wird durch Schulleiter unterstützt. Sie sind *variationstolerant* und erwarten kreative Lösungen aus der Lehrerschaft, auch wenn dadurch an dem einen oder anderen Baustein des Ordnungsgefüges der Schule gerüttelt wird. Ungewöhnliche Ideen finden ihren Zuspruch, soweit sic konkret genug ausformuliert sind. Es gibt kein Veto, nur weil vielleicht von Konventionen abgewichen wird. Auf das Pädagogisch-Konstruktive des Neuen kommt es an. Wird das Engagement das Schulleben bereichern und den Unterricht verbessern?

Vernetzt denken. Die Schulleiter zeichnen sich durch einen hohen Grad vorausschauender Simulation von Innovationsfolgen und Nebenwirkungen aus. Sie bemühen sich um diese abwägende Vorschau, um sich ein Bild zu machen, was auf die Schule als Ganzes zukommt und was begleitend zu tun ist.

Auf den ersten Blick mag es paradox erscheinen, daß die Schulen eine Logik der Reihenfolge einhalten (siehe den Abschnitt unter *"Prozess"*) und gleichzeitig vernetzt-komplex handeln. Mit vernetztem Denken ist gemeint, nicht nur einen Aspekt ins Auge zu fassen, sondern die komplexen Folgen des Eingriffs in das System Schule vorwegzunehmen, um darauf aufbauend eine Logik der Schrittfolge zu entwickeln und die Aktionen abzustimmen. Dieses vernetzte Denken gilt auch für unsere vier Komponenten: Ihre Zusammenschau ist in den Schulen offenbar recht ausgeprägt. Die Einführung des Wochenplans wurde von vorneherein nicht nur von den Zielen her durchdacht, sondern mit den Besonderheiten der betreffenden Schule in Übereinstimmung gebracht. Zugleich wurde überlegt, wie Wochenpläne in der Praxis aussehen könnten, um abzuschätzen, mit welchen Wirbeln im Fahrwasser der Angebotspädagogik zu rechnen ist.

Kontext

Der Kontext ist die Schule und ihr Umfeld. Ich beschränke mich auf die Schule und jene Merkmale, die sich auf die Umsetzung von Selbsttätigkeit im Sachunterricht positiv auswirkten.

Souveränität. Die innovative Schule belohnt *professionell begründete Zivilcourage*, nämlich etwas auch dann zu tun, wenn der Staat es nicht ausdrücklich verlangt oder gebietet. Legalistisches Verhalten hat in "guten" Schulen keinen Platz. Gesetze, Bestimmungen und Lehrpläne werden in erster Linie nach pädagogischen Qualitätskriterien ausgelegt. Dies trifft auch auf die Kontrollmechanismen zu. Innovationsprozesse werden weitgehend schulintern gesteuert und verantwortet. Schulleitung und Kollegium sind die eigentlichen Erfinder oder Macher. Die Gewaltenteilung zwischen pädagogischer Gestaltung und administrativer Kontrolle wird teilweise suspendiert. Als verantwortlicher Souverän der pädagogischen Arbeit vor Ort reklamiert die Schule mehr Kontrollbefugnisse als früher, zumeist allerdings ohne jegliches Aufsehen. Innovationen, die überwiegend aufgrund von Status- oder Staatsautorität durchgesetzt werden, werden in der Regel kritisch beurteilt. Innovationen, die in der Schule entstehen und dort auch der Kontrolle durch das Kollegium unterliegen, haben eine wesentlich größere Überlebenschance.

Schulklima. An "guten" Schulen ist die Zusammenarbeit überdurchschnittlich ausgeprägt (FEND *u.a.* 1987). Lehrer besuchen gegenseitig Unterricht, koordinieren die Entwicklung von Lernmaterialien, gestalten die Klassenräume nach gemeinsamen Plänen aus (alle Bremer Wochenplankassen sind ähnlich eingerichtet). Allen Schulen ist dabei eine offene Struktur der Interaktion gemeinsam. Das erleichtert den Versuch, Unterricht neu zu gestalten, ohne lange Rechtfertigungsdebatten führen zu müssen. Unterstützt wird das durch ein *aktivierendes Schulklima,* stabile Formen der Kooperation, aufgeschlossene und erfindungsreiche Schulleiter sowie eine reflexive Grundhaltung im Kollegium.

Kontinuität. Geringer Personalwechsel gilt - mit Einschränkungen - als Vorteil, auch wenn Routine dann leicht überhand nimmt. In Bremen gab es seit über 10 Jahren keine Fluktuation.

Kontinuität ist Proviant zum Durchhalten: Aus allen mir bekannten Erfolgsberichten ist kaum ein Fall bekannt, in dem sich nicht mindestens eine Person im Sinne eines *"stakeholder"* unbeirrt darum kümmert, gerade den Zögernden und Zweiflern das Gute am Neuen zu verdeutlichen. Diese *"Stakeholder"* sorgen für fortdauernde *Zielklarheit* und versuchen, die *Umsetzbarkeit der Innovation* für alle nachvollziehbar zu machen - eben nicht nur für die ohnehin überzeugten Mitstreiter. Ernste Schwierigkeiten tauchen zumeist dann auf, wenn Schlüsselpersonen, die den Innovationsprozess in Gang setzten, die Schule wechseln. Meistens sind das gerade Kapazitäten von der besten Sorte. Diese Schwierigkeit wird auch in der Literatur beklagt *(Timmermans* 1987). Dann spätestens ist der Augenblick gekommen, wo sich entscheidet, ob die Innovation allein weiterlaufen kann.

Abwechslung. Alternativen zum Herkömmlichen, Gewährung unterschiedlicher Positionen, Werte und Methoden, etwas auch mal anders machen (*Kultur des omvaexling*), Konventionen abwandeln und aktiv verändern: Das alles gehört an diesen Schulen zum Alltag. Einiges davon ist institutionell abgesichert oder gehört zur praktischen Ethik der Schule dazu.

6 Grundeinsichten

Durch alle Fallstudien zieht sich ein roter Faden: *Überzeugende Ideen allein verändern Schule nicht* - selbst dann nicht, wenn der Fall ausreichender Sachmittel eintritt. Aus konkreter Utopie Wirklichkeit schaffen - das ist ein Anspruch, der viererlei verlangt:

- Klarheit der Konzeption
- Triftigkeit der Ziele
- Angemessenheit der Mittel
- Realisierbarkeit der Wege

Die Innovationen müssen für alle Beteiligten - und nicht nur für die ohnehin Begeisterten - nachvollziehbar sein. Es kommt dabei auf das Zusammenspiel aller Kräfte an, auf die Stimmigkeit der "pädagogischen" Komposition, die wie jedes gute Konzert folgendes voraussetzt: Geschulte Orchestermitglieder, hervorragende Instrumente, Mut zum Experimentalstück, eine das Publikum fesselnde Inszenierung, Zeit für gründliches Einstudieren, abgestimmte Partituren, Resonanz in der Öffentlichkeit, attraktive Spielpläne, einen anerkannten, durchsetzungsfähigen und kreativen Intendanten, engagierte Künstler und immer auch neu Engagierte - nicht zuletzt natürlich auch Kritik, Anerkennung und Beifall.

Literatur

Akker, J. van den: The teacher as learner in curriculum implementation. In: Journal of Curriculum Studies 20(1988)1, 47-55.

Baumert, J./Leschinsky, A.: Berufliches Selbstverständnis und Einflußmöglichkeiten von Schulleitern. Ergebnisse einer Schulleiterbefragung. In: Zeitschrift für Pädagogik 32(1986), 247-266.

Berg, R./Hameyer, U./Stokking, K.: Dissemination reconsidered. The demands of implementation. OECD publication. Leuven 1989 (Acco).

Bessoth, R.: Kennzeichen effektiver Schulen. In: Bessoth, R. (Hrsg.): Schulleiter-Handbuch. Band 4. Ergänzung Februar 1985.

Bredderman, T.: Effects of activity-based elementary science on student outcomes: A quantitative synthesis. In: Review of Educational Research 53(1983)4, 499-518.

Corbett, H.D./Dawson, J.A./Firestone, W.A.: School context and school change. New York 1984 (Teachers College Press).

Deutscher Ausschuß für das Erziehungs- und Bildungswesen: Empfehlungen und Gutachten. Sechste Folge, darin "Bemerkungen zur Arbeit der Grundschule". Stuttgart o.J. [1962](Klett).

Deutscher Bildungsrat: Strukturplan für das Bildungswesen. Empfehlungen der Bildungskommission. Bonn 1970 (Bundesdrukkerei).

Einsiedler, W./Rabenstein, R. (Hrsg.): Grundlegendes Lernen im Sachunterricht. Bad Heilbrunn 1985 (Klinkhardt).

Einsiedler, W./Ubbelohde, R.: Modellversuche im Grundschulbereich. Bericht über eine Auswertung. Materialien zur Bildungsplanung der BLK. Bonn 1985 (Geschäftsstelle der BLK).

Ekholm, M.: The institutionalization of study days in Sweden: A long-term historical review. In: Miles, M.B./Ekholm, M./Vandenberghe, R. (eds.): Lasting school improvement: Exploring the process of institutionalization. OECD publication. Leuven 1987, 103-124 (Acco).

Ekholm, M./Hameyer, U. (eds.): Implementation of activity-based learning in elementary schools (IMPACT) - 16 case studies in four countries (Germany, Sweden, The Netherlands, USA). Kiel - Karlstad 1992 (Institute for Science Education - University of Göteborg/Karlstad).

Fend, H.: "Gute Schulen - Schlechte Schulen" - Die einzelne Schule als pädagogische Handlungseinheit. In: Steffens, U./Bargel, T. (Hrsg.): Qualität von Schule. Heft 1 der Beiträge aus dem Arbeitskreis "Qualität von Schule". Wiesbaden 1987, 55-79 (Hessisches Institut für Bildungsplanung und Schulentwicklung).

Fölling-Albers, M.: Veränderte Kindheit - veränderte Grundschule. Beiträge zur Reform der Grundschule 75. Frankfurt 1989 (Arbeitskreis Grundschule).

Freinet, C.: Die moderne französische Schule. Paderborn 1965 (Schöningh).

Frey, K.: Die Projektmethode. Weinheim [1982]21984 (Beltz).

Frey, K.: Allgemeine Didaktik. Zürich 1989 (Eidgenössische Technische Hochschule Zürich).

Fullan, M.: Change processes and strategies at the school level. In: The Elementary School Journal 85(1985)3, 391-421.

Gaudig, H.: Die Schule der Selbsttätigkeit. Herausgegeben von L. Müller. Heilbrunn 1963 (Klinkhardt).

Good, T. L./Brophy, J. E.: School effects. In: Wittrock, M. C. (ed.): Handbook of Research on Teaching. Third Edition. New York 1986 (MacMillan).

Goodlad, J.I.: A place called school. New York 1984 (McGraw-Hill).

Goodlad, J.I. (ed.): The ecology of school renewal. Eighty-sixth Yearbook of the Society for the Study of Education, Part I. Chicago, IL 1987 (University of Chicago Press).

Grundmann, M./Huinink, J.: Der Wandel der Familienentwicklung und der Sozialisationsbedingungen von Kindern - Situation, Trends und einige Implikationen für das Bildungssystem. In: Zeitschrift für Pädagogik 37(1991)4, 529-554.

Haenisch, H.: Was ist eine "gute" Schule? Empirische Forschungsergebnisse und Anregungen für die Schulpraxis. In: Steffens, U./Bargel, T. (Hrsg.): Qualität von Schule. Heft 1 der Beiträge aus dem Arbeitskreis "Qualität von Schule". Wiesbaden 1987, 41-54 (HIBS).

Hameyer, U.: Innovationsprozesse. Weinheim 1978 (Beltz).

Hameyer, U.: Vier Gesichtspunkte zur Förderung von Innovationsprozessen im Bildungssektor. Kiel [1978]21983 (IPN).

Hameyer, U.: Entdeckendes Lernen im Sachunterricht an Schulen für Lernbehinderte. In: Zeitschrift für Heilpädagogik 28(1987)6, 1-21.

Hameyer, U.: Teilstücke zu einem Orientierungsrahmen für die Lehrerbildung in Schleswig-Holstein - Zur Einrichtung eines Innovations- und Forschungszentrums. Kiel 1991 (Polykopie).

Hameyer, U./Akker, J. van den/Anderson, R./Ekholm, M.: Implementing activity-based learning in elementary science education. A plan for a comparative study in four OECD countries. IMPACT booklet. Kiel 1989 (Institute for Science Education).

Hameyer,U./Pallasch, W./Reimers, H.: Die Pädagogische Werkstatt - Ziele und Arbeitsschwerpunkte einer neuen Einrichtung an der Pädagogischen Hochschule Kiel. Kiel 1991 (12 Seiten).

Hameyer,U./Anderson, R./Akker, J. van den/Ekholm, M.: Portraits of productive schools. Activity-based learning in elementary science - sustained improvement compared in four countries. New York 1992 (SUNY Press).

Hentig, H. von: Die Menschen stärken, die Sachen klären. Stutttgart 1985 (Reclam).

Joyce, B./Murphy, C./Showers, B./Murphy, J.: School renewal as cultural change. In: Educational Leadership 47(1989)3, 70-78.

Kasper, H./Pichorowski,A.: Offener Unterricht an Grundschulen. Langenau-Albeck 1978 (Vaas).

Klafki, W.: Ziele zeitgemäßer Grundschulpädagogik. In: Grundschule (1989)2, 25-29.

KMK (Konferenz der Kultusminister der Länder der Bundesrepublik Deutschland: Tendenzen und Auffassungen zum Sachunterricht in der Grundschule (Bericht des Schulausschusses). In: Einsiedler, W./Rabenstein, R. (Hrsg.): Grundlegendes Lernen im Sachunterricht. Bad Heilbrunn 1985, 117-125 (Klinkhardt).

Kohls, E.: Öffnung der Grundschule. In: Kasper, H.: Laßt die Kinder lernen. Offene Lernsituationen. Braunschweig 1989, 55-65.

Kuhlmann, C.: Entdeckendes Lernen und Basisqualifikationen - Entdecken von Wirklichkeiten. In: Hameyer, U.: AKTIF - Erfahrungsberichte und Studien. Kiel 1987, 134-144 (Institut für die Pädagogik der Naturwissenschaften).

Kultusminister des Landes Nordrhein-Westfalen (Hrsg.): Rahmenkonzepte Gestaltung des Schullebens und Öffnung von Schulen. Entwurf. Düsseldorf 1988.

Kyle, W.C. Jr./Shymansky, J.A.: What research says...about teachers as researchers. In: Science and Children 26(1988)3, 29-31.

Landesinstitut für Schule und Weiterbildung (Hrsg.): Lernen verändert sich - Schulen entwickeln sich. Präsentation von Praxisbeispielen zur Gestaltung des Schullebens und Öffnung von Schule. Soest 1989 (Landesinstitut für Schule und Weiterbildung).

Lay, W.A.: Experimentelle Pädagogik mit besonderer Rücksicht auf die Erziehung durch die Tat. Leipzig 1908 (Teubner).

Lichtenstein-Rother, I.: Der pädagogische Ort der Freien Arbeit in der Regelschule. In: Lehrer Journal 54(1986)5, 194-197; 198-200.

Little, J.: The power of organizational setting: school norms and staff development. Paper presented at the annual meeting of the AERA. Los Angeles 1981.

Miles, M.B./Velzen, W. van/Ekholm, M./Hameyer, U./Robin, D.: Making school improvement work. A conceptual guide to practice. OECD publication. Leuven 1985 (Acco).

Miles, M.B./ Ekholm, M./ Vandenberghe, R.: Lasting school improvement. Exploring the process of institutionalization. Leuven 1987 (Acco).

Mortimer, P./Sammons, P./Stoll, L./Lewis, D./Ecob, R.: School matters. The junior years. Somerset 1988 (Open Books).

Murphy, C.: Effective principals: Knowledge, talent, spirit of inquiry. San Francisco 1983.

Neber, H./Wagner, A.C./Einsiedler, W. (Hrsg.): Selbstgesteuertes Lernen. Weinheim 1978 (Beltz).

Petersen, P.: Der Kleine Jena-Plan (1927). Weinheim 1972 (Beltz).

Priesemann, G.: Zur Theorie der Unterrichtssprache. Düsseldorf 1971 (Schwann).

Purkey, S. C./Smith, N. S.: Effective schools: a review. In: Elementary School Journal 83 (1983) 426-452.

Ramseger, J.: Offener Unterricht in der Erprobung: Erfahrungen mit einem didaktischen Modell. München 1977 (Juventa).

Rolff, H.-G./Zimmermann, P.: Kindheit im Wandel. Weinheim 1985 (Beltz).

Rutter, M./Maughan, B./Mortimore, P./Ouston, P.: Fünzehntausend Stunden. Weinheim 1980 (Beltz).

Rutter, M.: School effects on pupil progress: research findings and policy implications. In: Sullivan, L. S./Sykes, G. (Eds.): Handbook of Teaching and Policy. New York 1983 (Longbean).

Schaef, A.W./Fassel, D.: The addictive organization. San Francisco 1988 (Harper & Row).

Schön, D.: The reflective practitioner. New York 1983 (Basic).

Schwarz, H.: Prinzipien und Formen einer offenen Grundschule. Empfehlungen für die Regelschule. Friedrich Forum 2. Seelze 1987 (Friedrich).

Sennlaub, G. (Hrsg.): Mit Feuereifer dabei. Praxisberichte über Freie Arbeit und Wochenplan. Heinsberg [1983]31987 (Dieck).

Shymanski, S./Kyle, W.C./Alport, J.M.: The effects of new science curricula on student performance. In: Journal of Research on Science Teaching 20(1983), 387-404.

Sirotnik, K.: What you see is what you get - consistency, persistency, and mediocrity in classrooms. In: Harvard Educational Review 53(1983), 16-31.

Steffens, U./Bargel, T. (Hrsg.): Erkundungen zur Wirksamkeit und Qualität von Schule. Heft 1 der Beiträge aus dem Arbeitskreis "Qualität von Schule". Wiesbaden 1987 (HIBS).

Steffens, U./Bargel, T. (Hrsg.): Fallstudien zur Qualität von Schule. Heft 2 der Beiträge aus dem Arbeitskreis "Qualität von Schule". Wiesbaden 1987 (HIBS).

Timmermans, R.: Institutionalization of the MAVO-project - A Durch case study. In: Miles, M.B./Ekholm, M./Vandenberghe, R. (eds.): Lasting school improvement: Exploring the process of institutionalization. OECD publication. Leuven 1987, 125-142 (Acco).

Van den Berg, R./ Hameyer, U./ Stokking, K.: Dissemination reconsidered. Demands of implementation. Leuven 1989 (Acco).

Van Velzen, W.G./ Miles, M.B./ Ekholm, M./ Hameyer, U./ Robin, D.: Making school improvement work. A conceptual guide to practice. Leuven 1985 (Acco).

Wagenschein, M.: Die Pädagogische Dimension der Physik. Braunschweig 1962 (Westermann).

Walberg, H.J.: Productive teaching and instruction: Assessing the knowledge base. Chicago 1988 (University of Illinois, Chicago).

Wallrabenstein, W.: Offener Unterricht kontrovers. In: Die Grundschulzeitschrift 2(1988)11, 6-10.

Waterman, R.H.: Leistung durch Innovation. Hamburg 1988 (Hoffmann & Campe).

Weick, K.: Educational organizations as loosely coupled systems. In: Administrative Science Quarterly 21(1976), 1-19.

Wiechmann, J.: Entwicklung einzelner Schulen. Fallstudie einer Region. Kiel 1991

Heinz Günter Holtappels

Innovationsprozesse in "Vollen Halbtagsschulen" - Entwicklung der Lernkultur in Schulen mit erweitertem Zeitrahmen

Die Diskusion um den Umgang mit Schulzeit hat, angesichts der Debatten um eine angemessene Gesamtzeit bis zum Abitur, heute zweifellos neue Aktualität. Ebenso bedeutsam wie dieser, die Schullaufbahnzeit im Längsschnitt betreffende Zeitaspekt, sind aber die Fragen, welche Zeitstrukturen für die Gestaltung von Unterricht und Schulleben erforderlich sind und wie Schulen die alltägliche Schulzeit pädagogisch nutzen.

Dies verweist erneut sowohl auf den zeitlichen Rahmen von schulischen Bildungs- und Erziehungsprozessen als auch auf die zeitlichen Rhythmisierung des Schultags. Nach MEYER (1976) soll der zeitliche und organisatorische Verlauf des Schultags nicht durch eine von außen gesetzte, verwaltungsbürokratisch durchdrungene Schulordnung bestimmt werden, sondern um des Lernens bzw. des Lernerfolgs willen von innen, vom Lebens- und Lernrhythmus der Kinder und Jugendlichen, von ihren individuellen Voraussetzungen, Fähigkeiten, Belastbarkeiten und Bedürfnissen.

Eine alternative Rhythmisierung des Tagesablaufs würde in einem sinnvollen Wechsel von Konzentrations- und Zerstreuungsphasen, Ruhe und Bewegung, Lernarbeit und Spiel verschiedene Elemente der pädagogischen Konzeption integrieren (vgl. auch SCHÖNWÄLDER 1976): gelenkte Unterrichtsblöcke, Übungsstunden, Spielpausen, offene Freizeit und Mittagessen, Arbeitsgemeinschaften und zudem in Grundschulen gleitender Schulanfang, Morgen- und Abschlußkreis.

Aus einer pädagogisch begründeten und offen rhythmisierten Zeitstruktur erwachsen nach MESSNER (1991) Vorteile für die Organisation der Lernprozesse insgesamt: Minderung von Lernstörungen, erweiterte Möglichkeiten für binnendifferenzierte Förderung, Konzepte von Freiarbeit, projektorientiertes Lernen und fächerverbindende Lerneinheiten. Der Abschied vom Diktat eines starren Stundenplans kann zu *offeneren Lernprozessen* mit ganzheitlichen Orientierungen führen. Fächergruppen lassen sich zu Erfahrungsbereichen verbinden, die die Lernmotivation stärken und statt der stofflichen Atomisierung von Wissenskontexten auf integrierende Erkenntnisprozesse, auf Anwendungssituationen mit Ernstcharakter, auf langfristige Projekte und Lernen durch Handeln gerichtet sind. Gleichzeitig werden Möglichkeiten einer *didaktisch-methodischen Differenzierung der Lernzugänge und Lernformen* erweitert.

Will die Schule sowohl den veränderten Sozialisationsbedingungen von Kindern und Jugendlichen als auch den gewandelten Bildungs- und Qualifikationsanforderungen Rechnung tragen, so ist dies nur in einer veränderten Konzeption von Schule realisierbar: Schule ist neu zu denken. Dabei wird für eine förderliche schulische Lernkultur guter Unterricht immer mehr eine notwendige Voraussetzung, aber ist immer weniger eine hinreichende. Förderliche Schulqualität ist vermutlich nur über die Entwicklung von Unterricht *und* Schulleben erreichbar. Eine gestiegene Nachfrage nach erweiterten pädagogischen Angeboten (vgl. BARGEL/KUTHE 1991; HOLTAPPELS 1994) im schulischen Kontext und der gesellschaftliche Druck auf eine Veränderung der Bildungs- und Erziehungskonzepte der Schule allein bewirken jedoch keineswegs schon schulische Innovationen für eine förderliche Lernkultur.

Ob schulische Innovationen in Gang kommen und inwieweit sie gelingende Wirkungen hervorrufen, hängt in entscheidendem Maße vom reformerischen Gestaltungswillen und von der Selbsterneuerungsfähigkeit der einzelnen Schule ab. Im Innovationsprozeß der Einzelschule wird somit das Lehrerkollegium zum Motor der Innovation. Dabei gewinnt die Entwicklung eines konsenshaften und aus verschiedenen Elementen der Lernkultur pädagogisch abgestimmten Schulkonzepts - als Ausdruck einer gemeinsamen programmatischen Plattform pädagogischen Arbeitens - in der Einzelschule eine zentrale Bedeutung.

1 Forschungsleitende Fragestellungen und Untersuchungsmethoden

Zwei zentrale Forschungsfragen stehen im Mittelpunkt der in diesem Beitrag präsentierten Forschung:

(1) Was kann ein erweiterter Zeitrahmen für die Entwicklung der Lernkultur in Primarschulen bewirken?

(2) Wie verlaufen in der Schulpraxis Innovationsprozesse, die einerseits auf einem Rahmenkonzept der Gesamtsystemebene beruhen, andererseits auf die Konzeptentwicklung der einzelnen Schule setzen?

Für eine empirische Antwort der hier skizzierten Fragestellungen ist das Konzept *"Volle Halbtagsschule" in Niedersachsen* aus verschiedenen Gründen geeignet:

Erstens stellt das niedersächsische Konzept aus erziehungswissenschaftlicher Perspektive den von allen Bundesländern schlüssigsten Ansatz für zeitlich erweiterte Betriebsformen im Bereich von Grund- und Sonderschulen dar: Die pädagogisch-organisatorische Konzeption einer täglich gleichbleibenden und festen Schulzeit bis mittags (von in der Regel fünf Zeitstunden, z.B. von 8 bis 13 Uhr), obligatorisch für alle Schüler/innen der jeweiligen Schule, ermöglicht eine weitgehende Veränderung der Tagesorganisation in Verbindung mit der Weiterentwicklung der Lernkultur in Unterricht und Schulleben (vgl. BURK 1990; HOLTAPPELS 1992). Das Schulmodell reagiert damit nicht lediglich auf soziale Betreuungserfordernisse, sondern eröffnet gleichzeitig Chancen für die Schulentwicklung. *Zweitens* gibt die Grundgesamtheit der Zahl der in den Schulversuch einbezogenen Schulen (bis 1992/93= 100, bis 1993/94= 162) eine hinreichende quantitative Basis her, um innovative Entwicklungsprozesse und Wirkungen auch im Überblick empirisch untersuchen zu können. Mittlerweile haben volle Halbtagsschulen den Status der Regelschule; der Schulversuch ist damit abgeschlossen, wobei jedoch weitere Grund- und Sonderschulen zu vollen Halbtagsschulen umgewandelt werden können. *Drittens* bietet sich die einmalige Chance, mit einer explorativen Studie parallel zu den laufenden Prozessen im Schulversuch Analysen über Innovationsbedingungen und -wirkungen anstellen zu können; lediglich ein Vorher-Nachher-Vergleich ist heute nicht mehr möglich.

Dabei bestehen für die Innovation der vollen Halbtagsschule folgende Bedingungen, die die Form der Innovationssteuerung verdeutlichen: Voraussetzungen für die Umwandlung in eine volle Halbtagsschule ist zunächst, daß die Schule neben einem entsprechenden Antrag an das Kultusministerium in schriftlicher Form ein pädagogisches Konzept vorlegt, in dem in pädagogisch-organisatorischer Hinsicht die lokalen Bedingungen und geplanten Umsetzungsformen für die pädagogische Gestaltung einer erweiterten und täglich festen Schulzeit für alle Kinder dargelegt werden; die weiteren Voraussetzungen bestehen in zustimmenden Voten der Schulkonferenz, der unteren Schulaufsicht und des Schulträgers. Die Schule ist darüber hinaus verpflichtet, jährlich einen Erfahrungsbericht vorzulegen. Im Gegenzug erhalten volle Halbtagschulen als personelle Abdeckung eine Personalversorgung von 29 Lehrerwochenstunden pro Klasse (einschließlich Vertretungsreserve); dies entspricht einem Personalzuschlag von plus 19% gegenüber der Grundversorgung. Die Schulen gestalten damit in der Regel eine tägliche Schulzeit von fünf Zeitstunden für alle Schüler/innen, wobei die geregelte Verweilzeit für alle oder einzelne Jahrgänge auch auf 4 bzw. 4,5 Zeitstunden reduziert werden kann (bei Reduktion der Personalzuweisung).

Im folgenden werden - als vorläufiger Zwischenstand - erste empirische Ergebnisse über eine explorative Studie zu Innovationsbedingungen und -wirkungen in vollen Halbtagsschulen vorgelegt. Die Untersuchung wird von der Max-Träger-Stiftung und der Hans-Böckler-Stiftung gefördert. Im Mittelpunkt stehen die ermittelten Bedingungen der Umwandlung von Schulen in solche mit zeitlich erweiterter Betriebsform sowie die schulischen Entwicklungsverläufe und Innovationswirkungen.

Forschungsmethoden:

Die Befragung der Schulen wurde zum Jahresbeginn 1994 begonnen, erfolgt aber in mehreren Wellen. So basieren die folgenden Ergebnisse zunächst auf dem Rücklauf von 46 ausgewerteten Fragebögen. Einbezogen sind zunächst jene 100 vollen Halbtagsschulen, die bis zum Schuljahr 1992/93 in den Schulversuch gestartet sind. Mittlerweile wurde ein Rücklauf von insgesamt 65% (105 von 162 Schulen) erreicht. Der halbstandardisierte Kurzfragebogen ermöglicht qualitativ-kategoriale und quantitativ-standardisierte Auswertungen. Hinsichtlich der Darstellung der Entwicklungsprozesse und der pädagogischen Innovationswirkungen ist freilich eine zurückhaltende Bewertung erforderlich, da eine Überprüfung der konkreten Umsetzung, insbesondere bezogen auf das Unterrichts- und Kooperationshandeln, erst über spätere Beobachtungsreihen, Schüler- und Lehrerbefragungen möglich ist.

Zudem sind Verzerrungen in einzelnen Informationen denkbar, da der Fragebogen zumeist nicht vom gesamten Kollegium (nur 13%), sondern in der Regel von der Schulleitung (59%) bzw. einer "Steuergruppe" (28%) beantwortet wird; die diesbezügliche Art der Beantwortung muß im Fragebogen angegeben werden. Pädagogische Wirkungen (Veränderung von Unterricht, Schulleben, Lehrerkooperation) können letztlich erst über die noch vorgesehene Feldstudie in wenigen ausgewählten Schulen geprüft und ermittelt werden.

Die Befragungsresultate können angereichert werden durch vorläufige Erkenntnisse aus der explorativen Auswertung von 30 Schul-Berichten sowie ausgewählten schriftlichen Schulkonzepten in Verbindung mit erfolgten Schulbesuchen und Schulleitungs-Interviews.

2 Innovationsbedingungen in Vollen Halbtagsschulen

Im folgenden geht es zum einen darum, welche sachlichen Beweggründe und welche Personengruppen die Innovation in Gang gesetzt haben, zum anderen um die aus Sicht der Schulen entstandenen Belastungen im Erneuerungsprozeß sowie um Unterstützungsformen von außen.

2.1 Beweggründe und Schubkräfte der Innovation

Welche Beweggründe und Schubkräfte waren/sind für ein neues Schulkonzept ausschlaggebend? Aus den explorativen Ergebnissen wird deutlich, daß die Initiation der Erneuerung auf zwei Ebenen anzusiedeln ist: Bei einem Teil der Schulen wird zumindest ansatzweise eine pädagogische Erneuerung von Unterricht und Schulleben bzw. des Konzepts der ganzen Schule angezielt. Andere dagegen zielen eher auf eine Wiederherstellung eines gestörten Gleichgewichts der Schule, etwa durch Angleichung von

Zielen und Mitteln, oder fühlen sich einer Kompensation von Defiziten im Schulumfeld verpflichtet. Zentral sind jedoch zielen die Beweggründe auf eine kindorientierte Pädagogik einerseits und einer höheren Problemlösefähigkeit der Schule andererseits. Im einzelnen geben die befragten vollen Halbtagsschulen folgende Anlässe und Beweggründe an (Mehrfachnennungen parallel möglich):

- Fast die Hälfte der Schulen verfolgt mit dem Konzept einer vollen Halbtagsschule eine *grundlegende Neuorganisation der Schule* (20%), insbesondere aber eine Öffnung des Unterrichts und eine didaktisch-methodische Ausdifferenzierung und Weiterentwicklung schulischen Lernen, auch im Sinne einer anderen Nutzung von Zeit (30%).

- Bei mehr als der Hälfte der Schulen verbindet das Erfordernis pädagogischer Erneuerung mit der Beobachtung *unterschiedlicher Lernvoraussetzungen* der Kinder und *defizitärer außerschulischer Lern- und Erziehungsbedingungen.* Aus gewandelten Sozialisationsbedingungen in der Kindheit werden Erfordernisse der Lernförderung, des sonderpädagogischen Förderbedarfs oder des sozialen Lernens und unterrichtsübergreifender Angebote abgeleitet.

- Vier von zehn Schulen sehen die entscheidenden Beweggründe für den eingeschlagenen Weg der Halbtagsschule in der Notwendigkeit, aufgrund veränderter außerschulischer Erziehungs- und Betreuungsbedingungen für Kinder eine *geregelte Schulzeit als familienunterstützende Maßnahme* zu schaffen, besonders für Kinder aus Familien mit berufstätigen Müttern bzw. beiderseits erwerbstätigen Eltern oder Alleinerziehenden.

- Ein kleinerer Teil (9%) sieht in der Neukonzeption *Lösungsansätze für strukturelle Probleme der lokalen Schullandschaft* (Abwendung einer Schulschließung, bessere sozialstrukturelle Durchmischung der Schülerschaft, Betreuungserfordernisse wegen Schulbusverkehrs etc.). Einige Schulen erhoffen sich unter anderem auch eine Verbesserung der personellen Versorgung oder der räumlich-materiellen Ausstattung.

Beachtenswert in den Angaben der Schulen ist, daß es bei manchen Schulen für die Schulversuchsbeteiligung lediglich einer Information über das Halbtagsschulkonzept bedurfte, die Grundkonzeption also für die eigene Schule als überzeugend angesehen wurde. Für die Mehrheit aber gilt, daß die Einführung der Halbtagsschule Ergebnis schulinterner Fortbildungs- und Abstimmungsprozesse zu sehen ist oder aber Anstöße von außen kamen (vom Schulträger, den Eltern, als Anfrage des Landes).

Aus den Schulleitungs-Interviews geht hervor, daß im Zuge des Meinungsbildungs- und Entscheidungsprozesses auf Schulebene im Vorfeld der Schulversuchsbeteiligung Widerstände vor allem durch die Qualität der Pro-Argumente überwunden wurden. Bemerkenswert ist, daß bei mehr als der Hälfte der schriftlich befragten Schulen die oben referierten Beweggründe und Innovationsanlässe auch gleichzeitig schulintern eine entscheidende Argumentationslinie für die Beteiligung am Schulversuch lieferten, nämlich die mit dem vollen Halbtag eröffneten *pädagogischen Ausgestaltungschancen der neuen Zeitstruktur* (mehr Zeit für pädagogische Aktivitäten, geregelte Schulzeiten, Gestaltung der Schule als Lern- und Lebensraum, erweiterte Handlungs- und Kooperationsmöglichkeiten für das Lehrpersonal). Für die Organisationsänderung offenbar ebenso ausschlaggebend waren *Argumente zu günstigen Modalitäten des Schulversuchs* (von 50% genannt): a) die Verbesserung der personellen Unterrichtsversorgung, b) sächlich-räumliche Unterstützung durch den Schulträger, c) die hohe Elternakzeptanz und d) die überzeugende Rahmenkonzeption des Schulversuchs.

Wer waren die *Anschubkräfte* der Innovation? Auf die Frage, welche Personen oder Gruppen entscheidend zur Einführung der Halbtagsschule beigetragen haben, werden in fast neun von zehn Fällen die Schulleitungen genannt, was den bisherigen Erkenntnissen der Innovationsforschung entspricht: Schulleiter sind stets die Türöffner, zum Teil auch die initiierenden und steuernden Personen in schulischen Innovationsvorhaben (vgl. FULLAN 1991). In 56% der Fälle war allerdings das gesamte Kollegium entscheidend, zu 31% eine Teilgruppe oder Steuergruppe im Kollegium. In gut jedem zweiten Fall waren auch Eltern bzw. Elterngruppen entscheidend; der Schulträger (23%) bzw. die Schulaufsicht (17%) spielten dagegen deutlich seltener eine wichtige Rolle für die Einführung der Halbtagsschule.

2.2 Belastungs- und Unterstützungsfaktoren

Welche Arbeitsbelastungen entstehen durch die neuen zeitlich-organisatorischen, didaktisch-methodischen und sozialen Formen und Kooperationserfordernisse? Abgesehen von den besonderen Randbedingungen des Schulversuchs (häufige Schulbesuche, Berichtserstellung, Veranstaltungen etc.) sind die genannten Belastungen auf drei Ebenen anzusiedeln:

(1) *Arbeitsbelastungen durch Planung und Organisation*, von der Informations- und Überzeugungsarbeit, über den Planungs- und Abstimmungsaufwand, Vertretungsregelungen bis hin zur Umgestaltung der räumlichen Lernumgebung, nehmen den quantitativ größten Raum ein (von 83% der Schulen genannt).

(2) *Zeitbelastungen durch Umstellung pädagogischer Handlungsweisen:* Im Zuge der Umstellung auf offeneren Unterricht geht es um die Umstrukturierung der eigenen Vorbereitung und die Entwicklung entsprechender Unterrichtsformen, vor allem spezifischer Kompetenzen der Diagnose und der binnendifferenzierenden Förderung. Die Entfaltung teamartiger Handlungsformen fordert Zeit und Umstellungsprobleme.

(3) *Psychologische Belastungsfaktoren der Erneuerung:* Es geht um Durchhalte-Motivation in der Planungsphase, um Risikobereitschaft und Aufgabe der Routine während der Umsetzung des Schulkonzepts, um Bela-

stungen im Zuge der Umstellung in Rolleneinstellungen und Kooperationsverhalten sowie um konflikthafte Konsensfindungsprozesse.

Besondere organisatorische Belastungen gehen von der Vertretungsproblematik aus, denn sämtliche Kinder sind bei Unterrichtsausfall bis mittags aufzufangen; die Eltern gehen von dieser Verläßlichkeit der erweiterten Schulzeit aus. Einerseits kann die Vertretungsreserve bei mehreren Ausfällen leicht aufgezehrt werden; die Folgen sind eine hohe Belastung der Kolleg/innen, voller Unterrichtseinsatz der Schulleitung, notwendige Absprachen mit Eltern über Unterrichtskürzungen. Lehrerkolleg/innen müssen dann für aufgeteilte Klassen bzw. zur Betreuung von zwei Lerngruppen eingesetzt werden. Andererseits gehen die mit der Halbtagsschule gewonnenen Errungenschaften der Doppelbesetzung zugunsten von Gruppenteilungen und Team-Teaching wieder verloren. Psychische Belastungen und Unsicherheiten entstehen nicht nur bezüglich der neuen Arbeits- und Kooperationsformen und neuer Abhängigkeiten, sondern auch Ängste in bezug auf Mehrarbeit, Erwartungsdruck und Durchhaltevermögen. Umstellungsprobleme, traditionelles Rollenverständnis und neue Eingebundenheit in ein noch fremdes Konzept sind offenbar die Quelle weiterer psychologischer Belastungen: Vorurteile müssen abgebaut, Gegensätze in Auffassungen und Rollenbildern überwunden, zu Umdenken überzeugt und motiviert, Flexibilität und Toleranz entwickelt werden.

Was konkret *erhaltene Unterstützung* anbetrifft, so waren die Schulen hinsichtlich der *Unterstützungsleistungen des Schulträgers* (vgl. Abb. 1) bei der Beantragung einmaliger Finanzmittel für Einrichtung und Materialien weitaus erfolgreicher als bei der Unterstützung durch laufende Mittel für Lern- und Spielmaterial, Finanzmittel für Umbau und der Zuweisung von zusätzlichem (sozialpäd-agogischem) Personal; nur etwas mehr als die Hälfte der Schulen erhielten hier die gewünschten Unterstützungen. Hinsichtlich der *Unterstützungsleistungen der Schulaufsicht* (vgl. Abb. 2) berichten die Schulen fast durchgängig von einer förderlichen Beratung. Dabei fällt jedoch auf, daß die Schulaufsicht von den Schulen äußerst selten in pädagogischen Fragen (konzeptionelle, didaktische bzw. erzieherische Aspekte) konsultiert wird, sondern vornehmlich in formal-organisatorischen (z.B. Personalfragen, Antragsformalien, Grundinformation). Schulträger wie Schulaufsicht haben offensichtlich ihre traditionellen Rollen vielfach noch nicht verändert - die Schulträger im Hinblick auf ihre Sensibilität für innere Reformen, die Schulaufsicht hinsichtlich ihrer Außenwahrnehmung und Beratungskompetenz.

Abb. 1: Unterstützung durch Kommune und Schulträger - Art/Umfang nachgefragter und erhaltener Unterstützungsleistungen

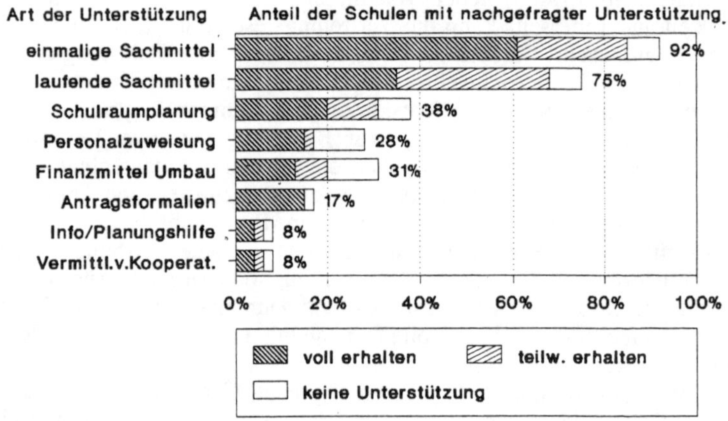

Quelle: IFS-Innovationsstudie "Zeitorganisation" (n=46) -(c)Holtappels 1994

Abb. 2: Unterstützung durch die Schulaufsicht - Art/Umfang nachgefragter und erhaltener Unterstützungsleistungen

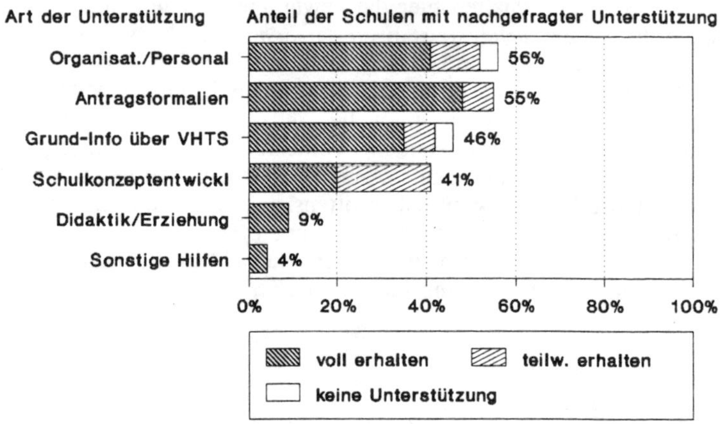

Quelle: IFS-Innovationsstudie "Zeitorganisation" (n=46) -(c)Holtappels 1994

Im Fragebogen wurden die Schulen zudem nach *für erforderlich gehaltenen Unterstützungsleistungen* zur Realisierung, Weiterentwicklung und Stabilisierung der Arbeit der vollen Halbtagsschule befragt. Die von den Schulen genannten Voraussetzungen beziehen sich auf drei Ebenen der Unterstützung:

a) Gewährleistung der Personalversorgung,

b) räumlich-materielle Ausstattung und

c) Strategien zur konzeptionellen Stabilisierung der Innovation.

3 Gelingensbedingungen und Schlüsselfaktoren des Innovationsprozesses

Welche Bedingungen haben sich für eine erfolgreiche Innovation (Einführung der vollen Halbtagsschule) und damit verbundene pädagogische Erfolge bislang als förderlich erwiesen? Dabei ist zu beachten, daß die gelungene Implementation dieser Innovation an der einzelnen Schule folgende Aspekte umfaßt: erstens die Prozesse der Meinungsbildung, zweitens die Entscheidung für das Eingehen einer zumindest mehrjährigen Verpflichtung, unter anderen Zeitstrukturen zu arbeiten, drittens die Erarbeitung eines konsenshaften und pädagogisch begründbaren Schulkonzeptes als gemeinsame verpflichtende Plattform und als Voraussetzung für die Schulversuchsbeteiligung, viertens die pädagogisch-organisato-rische Realisierung auf der Handlungsebene.

Insgesamt lassen sich als Gelingensbedingungen für eine erfolgreiche Innovation aus den schriftlichen Schulkonzepten, den Schulleitungs-Interviews und der Schulbefragung folgende *Schlüsselfaktoren der Innovation* identifizieren, die sich in hohem Maße mit Befunden aus anderen Innovationsstudien (vgl. für NRW HAENISCH 1993, S. 9f.; für Innovationen in vier Nationen HAMEYER 1992) erstaunlich decken:

(1) *Ein Sockelniveau im Entwicklungsstand der Lernkultur*, in didaktisch-methodischer und organisatorischer Schulqualität kennzeichnet die erfolgreichen Schulen durchgängig.

(2) *Initiierende und steuernde Schulleitung*, die sorgfältige pädagogisch-organisatorische Vorbereitung leistet, das Vorhaben nach außen vertritt, nach innen Transparenz und geduldig Freiräume gewährt und die Innovation beständig weitertreibt.

(3) *Innovationsbereitschaft im Kollegium und innere Steuerung durch tragende Kräfte*, in Form der Unterstützung aus innovativ orientierten Lehrer/innen mit treibender Kraft, Vorreiter- und Vorbildfunktion und Meinungsführerschaft, die sich zumeist gegen geringe Widerstände im Kollegium ohne argumentative Basis behaupten.

(4) Innovative Impulse durch personelle Veränderungen, durch eine neue Schulleitung, durch den generativen Wechsel im Kollegium oder durch hinzukommende innovative Lehrkräfte.

(5) *Förderliches Klima der Kommunikation und Entscheidungsfindung*, das zumindest Anfänge der gemeinsamen Entwicklung eines schuleigenen, konsenshaften Schulprogramms aufweist.

(6) *Lokale Unterstützung von außen:* Vorhaben werden von der Schulaufsicht befürwortet und gestützt, die Schule erhält Beratung; der Schulträger leistet Unterstützung durch schulräumliche Maßnahmen und Sachmittel für Einrichtung und Material sowie Planungshilfen. Eltern stützen das Vorhaben und sichern es durch ein breites Votum der Akzeptanz.

Ohne ein gewisses Sockelniveau an Erfahrungen und Kompetenzen geht es also nicht. Drei Viertel der befragten Schulen machen entsprechende Angaben zum Entwicklungs- und Erfahrungsstand des Kollegiums, insbesondere hinsichtlich Teamarbeit, Lehr-Lernmethoden und schulräumlicher Gestaltung. Beispiel: "Schon vorher praktizierte Unterrichtsmethoden brachten Sicherheit und somit eine gute Ausgangsbedingung für den neuen Weg mit" (114).

Innovationsbereitschaft zeigen die Schulen in der Fähigkeit und Bereitschaft, neue Wege zu gehen, zu experimentieren, sich zu verändern. Hin und wieder heben die Beschreibungen innovative Einstellungen, Engagement und konsenshafte Haltungen auf "gleicher Wellenlänge" hervor. Beispiele: "Bereitschaft und Motiviertheit der Lehrkräfte weiterzulernen, Aneignung moderner Unterrichtsformen durch erfahrene, dienstalte Kolleginnen" (43). "Der Wunsch vieler, Unterricht interessanter und kindgerechter zu machen; die Bereitschaft, den eingetretenen Weg zu verlassen und Neues auszuprobieren" (73).

Die Kooperationskultur schlägt sich nieder in einem offenen Austausch, "gutem Einvernehmen" und konstruktivem Arbeitsklima im Kollegium, aber auch in einem weitgehenden Konsens des Kollegiums über pädagogische bzw. didaktisch-methodische Inhalte. Beispiel: "Die Stärke der Schule lag und liegt weiterhin in der Integrationskraft des Kollegiums mit der Wirkung starker Solidarität nach innen und daraus schöpfend die Verstärkung eines positiven Schulklimas als Grundlage zur Weiterführung des Schulversuchs. Die Integrationskraft enthält vor allem zwischenmenschliche Werte, verstärkt um berufliche Kompetenz im Zusammenwirken aller" (80). Effekte dieser Klima-Qualität zeigen sich vor allem in der internen Kooperationsintensität, aber auch in der dialogischen Kooperation mit Eltern und beteiligten Institutionen im Umfeld.

Von den Schulen wird nicht nur die Bedeutung guter Zusammenarbeit hervorgehoben, sondern Teambildung und gemeinsame Formen der Aneignung neuer Handlungsformen ebenso als förderlich herausgestellt wie der heilsame Zwang zur Kooperation. Beispiel: "Es gab nie Klassenlehrer, die isoliert arbeiteten; jeder hatte jemanden zur Zusammenarbeit, hinsichtlich ab-

gestimmter Unterrichtseinheiten, gemeinsamer Unternehmungen, auch größerer Projekte... Neu war nun, daß Kolleg/innen ihre Partner/innen nicht wählen konnten, sondern zur organisierten Zusammenarbeit mit allen Kolleg/innen verpflichtet waren, trotz u.U. gegensätzlicher Einstellungen, Neigungen u.s.w. Zum anderen waren sie nun an das gemeinsame reformpädagogische Konzept gebunden, das in dieser Weise nur wenige Kolleg/innen praktiziert hatten" (44).

Für den schulinternen Entwicklungsprozeß der gesamten Schule und des Lehrerkollegiums lassen sich für Schulen mit hohem Innovationsgrad durchgängig folgende *Prozeßmerkmale* identifizieren (vgl. Abb. 3):

Abb. 3: Schulinterne Entwicklungsprozesse in Vollen Halbtagsschulen

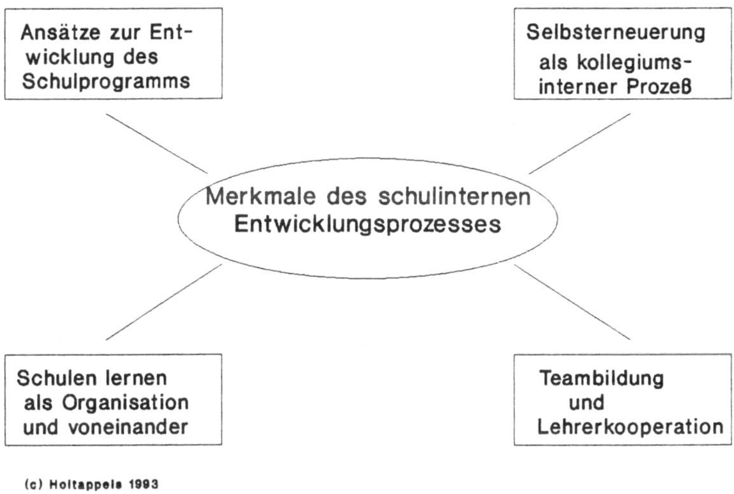

❑ *Pädagogisch-organisatorische Konzepte als Schulprogramm:* Die Lehrerkollegien sind offenbar durchgängig in einen regen pädagogischen Reflexionsprozeß über das pädagogisch-organisatorische Konzept ihrer Schule eingetreten. Zeit- und Raumorganisation, Lehr- und Erziehungsfragen sowie der Personaleinsatz sind eng verknüpft mit Reflexionen über Lernvoraussetzungen und -entwicklungen von Kindern, Leistungsanforderungen und -beurteilung, Lern- und Sozialformen, Lerntempo, -material und -umgebung. Die einzelnen didaktisch-methodischen und erzieherischen Innovationen finden ihre Entsprechung in organisatorischen Entscheidungen und sind im Regelfall in ein abgestimmtes Schulkonzept eingemündet, was in den meisten Fällen bereits das Niveau eines pädagogischen Schulprogramms besitzt. Die Pflicht zur Konzepterstellung im Zuge des Schulversuchsantrags hat damit mehr bewirkt als eine Antragsformalie.

❑ *Selbsterneuerung als kollegiumsinterner Fortbildungsprozeß:* Im Zuge der Umwandlung in eine volle Halbtagsschule wird in den weitaus meisten Schulen die schulische Selbsterneuerung als eine prozeßhafte und dauerhafte Aufgabe für das gesamte, zumindest aber für weite Teile des Lehrerkollegium begriffen. Zum einen haben einzelne Lehrpersonen oder Gruppen aus dem Kollegium an speziellen Fortbildungen teilgenommen, zum anderen wurden fast durchgängig schulinterne Lehrerfortbildungen durchgeführt. Dabei wurden in den meisten Schulen offenbar pädagogische Klausurtagungen und Konferenzen und sogar regelmäßige pädagogische Arbeitskreise zwecks Erfahrungsaustausch und interner Abstimmung und Konsensfindung fest institutionalisiert und auch nach Verabschiedung des Halbtagsschulkonzeptes fortgesetzt. Elemente und Formen der Selbstevaluation finden sich allerdings bislang erst in wenigen Schulen. Die kollegiumsinternen Entwicklungsprozesse gingen zum Teil der Umwandlung in eine Halbtagsschule voraus, zum Teil waren sie Ergebnis der Organisationsänderung.

❑ *Teambildung und Lehrerkooperation:* In zahlreichen Schulen haben veränderte Organisationsstrukturen und Unterrichtsformen auch unter dem Lehrerpersonal zu einer schrittweisen Öffnung zueinander geführt. Dies wird erstens in intensivierten Kooperationsformen in der perspektivischen Unterrichtsplanung, Schulgestaltung und Materialerstellung sowie im Erfahrungsaustausch in konkreten didaktischen und erzieherischen Fragen deutlich. Zweitens werden in zahlreichen Schulen auch einzelne Unterrichtsblöcke oder Fördermaßnahmen im Team-Teaching durchgeführt. Drittens wurden in etlichen Schulen Teamstrukturen in Form von Jahrgangsteams oder klassenbezogenen Tandems eingeführt. Von diesen Formen profitiert offenbar vor allem auch die individuelle Kompetenzentwicklung der einzelnen Lehrpersonen.

❑ *Schulen lernen voneinander:* Im Verlauf des Schulversuchs zeichnet sich ab, daß nicht nur einzelne Schulen als Organisation "lernen", sondern daß zahlreiche Schulen voneinander lernen. Dies dokumentiert sich einerseits bei interessierten Grundschulen in Informationsveranstaltungen und Exkursionen ihrer Lehrerkollegien in bereits umgewandelte bzw. besonders entwickelte volle Halbtagsschulen. Andererseits entstehen - überwiegend auf lokaler Ebene - Arbeitskreise, Workshops und Projektgruppen mit Vertreter/innen aus vollen Halbtagsschulen, die als Unterstützungssystem und Informationsbörse fungieren. Diese Anfänge von Vernetzungen untereinander zeigen, daß Schulen bereit und in der Lage sind, als Organisation voneinander zu lernen, aber auf unterstützende Systeme, insbesondere für Erfahrungssicherung und Wissenstransfer, auch angewiesen sind.

4 Pädagogische Wirkungen der Einführung erweiterter Schulzeit

Anhand der 30 untersuchten Schulkonzepte und der Schulbefragung lassen sich in den meisten Schulen innovative pädagogische Wirkungen identifizieren, die maßgeblich durch die Einführung der Zeitstruktur der vollen Halbtagsschule und dem damit verbundenen schuleigenen pädagogischen Konzept mitbewirkt worden sind:

(1) Lernen in kindgerechtem Zeitrhythmus: Ein beträchtlicher Teil der Schulen berichtet davon, daß die Lernprozesse mit mehr Ruhe und Konzentration vonstatten gehen. Lernpsychologische und methodische Aspekte der Lernorganisation lösen das starre Stundendiktat ab. Ziel ist eine Rhythmisierung, die sowohl an den physiologischen und psycho-sozialen Belastungen und am Lerntempo der Kinder orientiert ist als auch den didaktischen und methodischen Anforderungen der Lernprozesse gerecht wird. Zeitorganisatorisch wird dies im Rahmen eines Wochenstrukturplans erstens durch die Bildung größerer Zeitblöcke (zumindest Doppelstunden) erreicht, wobei die unterschiedlichen Zeitblöcke Phasen mit wechselnden Lern- und Spielaktivitäten im Hinblick auf Inhalte und Formen entsprechen (gelenkte vs. ungelenkte Phasen, Konzentrations- vs. Entspannungsphasen, Ruhe- vs. Bewegungsphasen, Arbeits- vs. Spielphasen). Zweitens bleiben hinreichend lange Zeiteinheiten für freie Aktivitäten, Spiel, Erholung und Rückzug. Drittens werden durch den offenen Beginn im Sinne eines gleitenden Anfangs am Morgen Spannungssituationen gemindert und die Schüler/innen langsam an konzentrierte Phasen herangeführt.

(2) Entwicklung einer ausdifferenzierten Lernorganisation: In zahlreichen Schulen finden sich Hinweise auf eine verstärkte Ausdifferenzierung der Lern- und Sozialformen aufgrund der Zeitumstellung. Dieser didaktische Entwicklungsschub dokumentiert sich in den weitaus meisten Schulen in der dezidierten Anwendung offener Unterrichtsformen, insbesondere des offenen Gesprächskreises, von Freiarbeit im Rahmen von Wochenplanarbeit und projektorientiertes und praktisches Lernen. So ergeben sich Chancen für eine höhere Individualisierung des Lernprozesses und binnendifferenzierte Förderung. Darüber hinaus wird der erweiterte Zeitrahmen in einigen Schulen genutzt, um (zumindest für die Jahrgänge 3 und 4) Neigungsangebote zu unterbreiten, zumeist in Form von Arbeitsgemeinschaften oder Projektthemen. Durch eine zeitliche Parallelisierung bestimmter Blöcke im Stundenplan wird in zahlreichen Schulen zudem die Möglichkeit eröffnet, Freiarbeit, Projekte und Neigungsgruppenarbeit klassen- und jahrgangsübergreifend zu organisieren.

(3) Übung, Differenzierung und Förderung: In den weitaus meisten Schulen werden die Formen der Übung, Wiederholung und Vertiefung des Unterrichtsstoffs im zeitlichen Rahmen des Schulvormittags praktiziert. Damit verbunden ist demnach der weitgehende Wegfall der Hausaufgaben. So

können inhaltliche und methodische Differenzierung sowie Fördermaßnahmen mit den didaktischen Funktionen der Übung, Wiederholung und Vertiefung gekoppelt werden. Überwiegend erfolgt dies offenbar in Anbindung an die entsprechenden Unterrichtsfächer im Zuge der Freiarbeit, teilweise aber auch weiterhin in besonderen Förder- und Aufgabenstunden.

(4) Gestaltung der Schulräume als Lernumgebung: Die didaktisch-organisatorischen Innovationen im Unterricht gehen in der Mehrzahl der Schulen in den meisten ihrer Klassen auch mit einer gezielt lerngerechten Gestaltung der Unterrichtsräume einher. Dabei wird sowohl eine wohnlich-ästhetische Umgestaltung zugunsten einer kindgerechten Lernatmosphäre vollzogen als auch eine anregende und materialreiche Lernumwelt im Sinne eines Werkstattcharakters geschaffen. Etliche Schulen haben zudem auch Flure, Fach- und Mehrzweckräume in Gestaltungsaktivitäten einbezogen.

(5) *Ausgestaltung des Schullebens:* Mit den Veränderungen im Unterrichtssektor vebunden ist in zahlreichen Schulen auch eine pädagogische Ausgestaltung des Schullebens insgesamt. Dies wird insbesondere sichtbar in einem wöchentlichen oder monatlichen Wochenabschlußkreis auf Schulebene, an dem alle Schulklassen teilnehmen und einzelne Lerngruppen etwas vortragen oder vorführen. Daneben gehören in etlichen Schulen größere Projekte (Schulgarten, Theater, Chor etc.) ebenso zu den Gestaltungselementen wie regelmäßig wiederkehrende Feiern und Feste sowie kulturelle Angebote für Eltern oder Lern- und Freizeitangebote unter Mitwirkung von Eltern. Eine pädagogische Öffnung der Schule nach außen und nach innen - etwa durch verstärkte Nutzung außerschulischer Lernorte, Hereinholen von Laien und Experten in das Schulleben und Kooperation mit außerschulischen Institutionen und Organisationen - ist dagegen noch relativ wenig verbreitet und ausgebaut.

4.1 Entwicklung der Lehrerkooperation

Welche Formen der Lehrerkooperation lassen sich hinsichtlich ihrer Art und Intensität (räumlich-technische, curriculare, personelle Kooperation) feststellen? Im Rahmen der Schulbefragung wurden hierzu standardisierte Daten erhoben.

Von den Schulen wurden für eine Liste mit verschiedenen Kooperationsformen (11 Items) zunächst jeweils die Intensität des Kooperationsstands zum Befragungszeitpunkt erfaßt; die Schulen wurden gefragt, wie intensiv die meisten Lehrpersonen die verschiedenen Kooperationsformen praktizieren (Antwort-vorgaben: "häufig/regelmäßig praktiziert", "selten/unregelmäßig praktiziert", "fast gar nicht praktiziert"). Ebenso sollten die Schulen für alle Kooperationsformen Angaben zu Veränderungen machen (Antwortvorgaben: vor Einführung der Vollen Halbtagsschule "intensiver praktiziert", "gleich intensiv praktiziert", "weniger praktiziert").

Tabelle 1 weist im linken Teil zum derzeitigen Kooperationsstand jeweils die Anteile für die Schulen aus, wo die einzelnen Formen intensiv (häufig und regelmäßig) praktiziert werden, während auf der rechten Seite die selbstwahrgenommene Veränderung von der Zeit vor der Innovation bis heute verdeutlicht wird. Alle vorgelegten Resultate stehen allerdings wiederum unter dem Vorbehalt eines möglichen Verzerrungseffekts aufgrund der Neigung von Schulleitungen bzw. Steuergruppen, die eigenen Erfolge in einem guten Licht zu präsentieren. Gleichwohl sind auch unter zurückhaltender Bewertung die Resultate beachtlich.

Ein hoher Kooperationsstand (Tab. 1) zeigt sich keineswegs nur für eher "technische" Bereiche wie Austausch von Unterrichtsmaterialien (93%) und Erstellung von Lehr- und Lernmaterial (72%). Auch in den Kooperationsbereichen, die intensives pädagogisches Handeln in der Interaktion mit den Lernenden (wie die Durchführung von Fördermaßnahmen und von Unterricht im Team) oder eine enge Zusammenarbeit der Lehrpersonen (wie die Diagnose und Erörterung von Lernentwicklungen einzelner Schüler/innen sowie gemeinsame Unterrichtsplanung) betreffen, finden sich unter den Schulen hohe Anteile mit intensiv praktizierter Kooperation (jeweils 60% und mehr). Weit verbreitet über die befragten Schulen ist mit 54% auch die Bildung von Jahrgangsteams (in mehrzügigen SchulEn). Perspektivische pädagogische bzw. curricular-didaktische Planung (Erarbeitung von Stoffplänen, Entwicklung von Unterrichtseinheiten, Teilnahme an regelmäßiger "Pädagogischer Runde" zur pädagogisch-organisatorischen Planung) wird zwar in den Versuchsschulen nicht durchgängig praktiziert, aber in einer durchaus beachtlichen Zahl von Schulen.

Am zurückhaltendsten sind die Schulen bzw. Lehrpersonen noch bei gegenseitiger Hospitation, da sie die konsequente Öffnung und die Gewährung eines schonungslosen Einblicks in das unterrichtliche bzw. erzieherische Handeln der einzelnen Lehrpersonen bedeutet; vor diesem Hintergrund ist die Quote von 30% der Schulen mit intensiverer Hospitation bemerkenswert. Dies trifft für den erreichten Kooperationsstand insgesamt zu, wenn Vergleichsuntersuchungen hinzugezogen werden (vgl. etwa ROLFF/STEINWEG 1980).

Was Veränderungen gegenüber der Zeit vor Einführung der Vollen Halbtagsschule im Zuge des Entwicklungsprozesses der Schulen anbetrifft (vgl. Tab. 1), so gilt: Für alle Kooperationsbereiche konstatiert ein beträchtlicher Anteil der Schulen eine Intensivierung des Kooperationshandelns, nur jeweils wenige eine Minderung. Dies gilt im positiven Sinne vor allem für die teamartige Durchführung von Unterricht und Fördermaßnahmen. Die in Halbtagsschulen ermöglichte Vornahme von Doppelbesetzungen scheint sich hier auszuzahlen.

Tabelle 1: Praktizierte Formen der Lehrerkooperation: Erreichter Kooperationsstand und erfolgte Veränderung (Frage: In welchen Formen wird zwischen einzelnen Lehrer/innen Ihres Kollegiums kooperiert?) - Anteile der Schulen in Prozent (n= 46) -

Formen der Lehrerkooperation	Zwischen den **meisten** Lehrpersonen wird dies...			Vor Einführung der Vollen HTS wurde dies...		
	häufig/ regelmäßig praktiziert	selten/un-regelmäßig praktiziert	fast gar nicht praktiziert	intensiver praktiziert	gleich intensiv praktiziert	weniger praktiziert
a) Austausch von Unterrichtsmaterialien	93	7	0	14	53	33
b) Erstellung von Lehr- und Lernmaterial	72	23	5	11	39	52
c) Erstellung von Stoffplänen	37	49	15	15	63	22
d) Erarbeitung von Unterrichtseinheiten	43	43	15	5	57	38
e) Diagnose und Erörterung von Lernentwicklungen einzelner Schüler/innen	74	23	2	10	56	34
f) Gemeinsame Planung v. Unterricht	60	33	7	2	44	54
g) Gemeinsame Unterrichtsdurchführung im Team	65	26	9	9	12	79
h) Durchführung von Fördermaßnahmen im Team	68	20	11	10	21	69
i) Gegenseitige Hospitation im Unterricht	30	33	37	0	42	58
j) Teambildung auf Jahrgangsebene	54	28	18	5	39	55
k) Regelmäßige Teilnahme an Pädagogischer Gesprächsrunde	40	40	20	2	49	49

Quelle: IFS-Schulbefragung 1994

Besonders beachtlich ist, daß in dem sehr sensiblen Bereich gegenseitiger Unterrichts-Hospitation, mit dem sich Lehrpersonen traditionell schwer tun, beträchtliche Veränderungen berichtet werden: Mit der Einführung der Halbtagsschule setzte hier offenbar ein deutlicher Kooperationsschub ein (in 58% der Schulen wird intensiver hospitiert als vorher, in keiner weniger). Die Zunahme engerer Kooperation von Lehrpersonen wird zudem auch besonders für die Bereiche Unterrichtsplanung, Teambildung im Jahrgang und gemeinsame Materialerstellung sichtbar. Die gemeinsame Erstellung von Stoffplänen scheint eher durch andere, möglicherweise unterrichtlich wirksamere, Kooperationsformen abgelöst zu werden.

4.2 Pädagogische Entwicklungen in Unterricht und Schulleben

Welche Entwicklungsstände in der Lernkultur haben die Schulen zum Befragungszeitpunkt erreicht und welche Veränderungen gegenüber der Zeit vor Beginn des Betriebs als Volle Halbtagsschule sind feststellbar? Im Schulfragebogen wurde zunächst die Selbstbeschreibung der Schule mit der Frage ermitelt: "Welche Elemente des Schullebens und des Unterrichts kommen in Ihrer Schule mit welcher Intensität zum Tragen?" Dazu sind Indikatoren in Itemform für pädagogische Elemente von Unterricht und Schulleben ausgewählt und den Schulen vorgelegt worden, die für eine entwickelte Lernkultur in Grund- und Sonderschulen konstitutiv sein dürften. Von den Schulen wurden für eine Liste von 15 Items (Schulleben) bzw. 10 Items (Unterricht) jeweils verlangt, die Intensität der gegenwärtigen Praxis abzubilden.

Alle vorgelegten Resultate stehen allerdings unter dem Vorbehalt eines möglichen Verzerrungseffekts der Präsentation der eigenen Schule nach außen. Zudem ist eine Überprüfung der pädagogischen Praxis in Unterricht und Schulleben letztlich erst valide über Beobachtungsreihen möglich. Jedoch sind auch unter zurückhaltender Bewertung die ermittelten Resultate ganz beachtlich.

Die Abbildungen 4 und 5 weisen zum derzeitigen Entwicklungsstand jeweils die Anteile für die Schulen aus, wo die einzelnen Elemente intensiv (in hohem Maße und regelmäßig) praktiziert werden. Danach sind Klassenfrühstück und Lernraumgestaltung im Schulleben ebenso durchgängig über fast alle Schulen vorfindbare Elemente wie Morgenkreis und Neigungsangebote im Unterricht (jeweils intensiv praktiziert). Allerdings sind Schullebens-Elemente wie aktive Spielpausen, Feiern/Feste, gleitender Anfang und Gestaltung des Schulgeländes ebenfalls in einer hohen Zahl von Schulen Praxis geworden. Im Unterricht gilt dies besonders für Doppelbesetzungen, die Praktizierung von Freiarbeit, Wochen- oder Tagesplan und Schülergruppenarbeit sowie besondere Maßnahmen der Lern- und Sprachförderung.

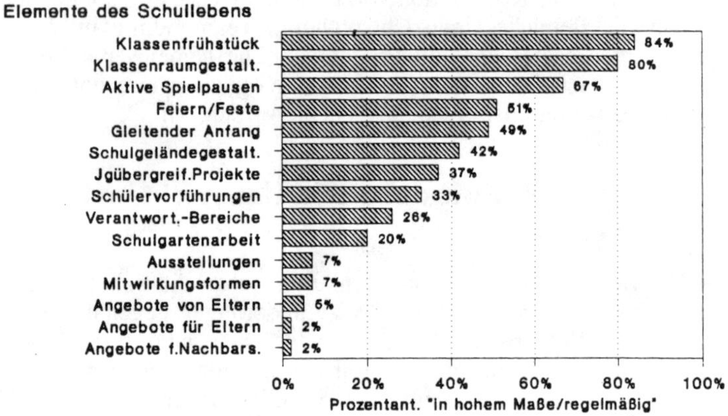

Abb. 4: Entwicklungsstand an "Vollen Halbtagsschulen": Intensiv praktizierte Elemente des Schullebens (Schulen in %)

Quelle: IFS-Schulbefragung "Volle Halbtagsschule" (n=46) - (c)Holtappels 1994

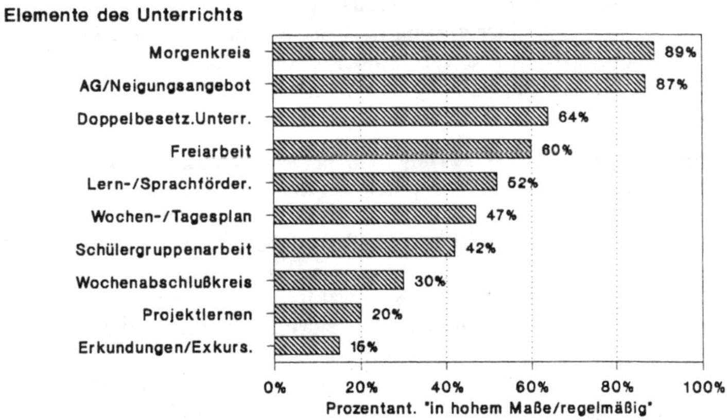

Abb. 5: Entwicklungsstand an "Vollen Halbtagsschulen": Intensiv praktizierte Elemente des Unterrichts (Schulen in %)

Quelle: IFS-Schulbefragung "Volle Halbtagsschule" (n=46) - (c)Holtappels 1994

Weniger intensiv, überwiegend sogar nicht praktiziert werden Elemente wie Ausstellungen, besondere Formen der Schülermitentscheidung, pädagogische Angebote von Eltern sowie für Eltern oder für die Schulnachbarschaft. Im Unterricht finden die für offene Lernansätze prädestinierten Formen des Projektlernens und der Erkundung auch in vollen Halbtagsschulen überwiegend noch wenig Verbreitung.

Die Schulen sollten desweiteren für die gleichen Itemlisten zum einen die *Veränderung seit der Einführung der Halbtagsschule gegenüber der Zeit vor dem Schulversuch* einschätzen (Vorgaben: "intensiver praktiziert", "weniger intensiv praktiziert" und "keine Veränderung"), zum anderen den *Entwicklungsstand vor Beginn der Halbtagsschule* angeben (letztere Angabe erfolgte ohne Abstufung, da die Einschätzung für einen zwei bis drei jahre zurückliegenden Zeitraum ohnehin nur grobe Einstufungen ermöglicht). Tabelle 2 zeigt die Resultate für alle Antwortvorgaben.

Vor Einführung der neuen Zeitstruktur waren in den meisten Schulen im Schulleben insbesondere Elemente wie Feiern/Feste und gemeinsames Klassenfrühstück, im Unterricht Lernformen der Erkundung, Morgenkreis und Gruppenarbeit etabliert. Auch die meisten der anderen Elemente und Formen des Unterrichts und des Schullebens gehörte in zahlreichen Schulen bereits zum Stand der Lernkultur.

Folgt man den Angaben der Schulen zu den stattgefundenen Veränderungen, so sind jedoch die einzelnen Elemente vor der Innovation fast durchgängig weniger häufig oder weniger regelmäßig praktiziert worden als in der heutigen Situation unter veränderten Zeitstrukturen und erneuertem Schulkonzept (vgl. Tab. 2).

Über alle Schulen hinweg haben insbesondere Schullebens-Elemente wie Klassenraumgestaltung, aber auch Klassenfrühstück, aktive Pausen und gleitender Anfang überwiegend an Intensität zugenommen. Im Unterricht gilt dies vor allem für die Praktizierung von Doppelbesetzungen und offenen Unterrichtsformen (Freiarbeit, Wochen-/Tagesplan, Projektlernen).

Betrachtet man zusätzlich auch die hier nicht hervorgehobenen Elemente, so sind durchgängig für alle abgefragten Bereiche über die Gesamtheit der Schulen hinweg in der Bilanz fast durchgängig Veränderungen in Richtung intensiverer Praktizierung vonstatten gegangen (vgl. Tab. 2). Für zahlreiche der abgefragten Elemente trifft eine solche Veränderung im Sinne von Höherentwicklung aber selbstverständlich nur immer einen Teil der Schulen.

Tab. 2: Veränderungen in der Lernkultur vor und nach Einführung der vollen Halbtagsschule (Frage: Haben sich Elemente und Formen des Schullebens und des Unterrichts in Ihrer Schule verändert?)
- Anteile der Schulen in Prozent (n= 46) -

	Wird seit Einführung der vollen HTS... intensiver praktiziert	weniger intensiv praktiziert	Trifft nicht zu/ keine Veränderung zu vorher	Bestand bereits vor Beginn der vHTS
Elemente und Formen des Schullebens:				
1 Gleitender/offener Tagesbeginn	57	5	39	7
2 Gemeinsames Klassenfrühstück	63	4	33	57
3 Spielpausen als aktive Pausen	61	7	33	33
4 Feiern/Feste	33	4	62	69
5 Forum/Schülervorführungen	42	18	40	38
6 Ausstellungen	16	18	66	41
7 Von Eltern durchgeführte Lern- und Freizeitangebote	19	7	74	16
8 Bildungs- u. Kulturangebote für Eltern	18	5	78	10
9 Angebote für die Schulnachbarschaft	7	10	83	12
10 Jahrgangsübergreifende Schulprojekte	47	10	43	33
11 Verantwortungsbereiche für Schüler	38	10	52	29
12 Erweiterte Mitentscheidungsformen (Klassenrat, Schülerparlament)	19	10	71	12
13 Klassenraumgestaltung für differenzierte Lern-/Spielaktivität	93	0	7	33
14 Schulgelände-/Schulhofgestaltung	44	5	51	27
15 Schulgartenarbeit	31	2	67	36
Elemente und Formen des Unterrichts:				
16 Kreisgespräch/Morgenkreis	75	2	23	52
17 Wochenabschlußkreis	34	20	46	20
18 Wochen- oder Tagesplanarbeit	80	4	16	38
19 Freiarbeit	81	9	9	33
20 Projektlernen	63	7	29	27
21 Erkundungen/Exkursionen	37	7	56	61
22 Schülergruppenarbeit	45	10	45	52
23 Lehrer-Doppelbesetzung als Team im Unterricht	84	5	12	9
24 Besondere Lern-/Sprachförderung	43	14	43	48
25 Arbeitsgemeinschaft/Neigungsangebot	71	5	24	38

Quelle: IFS-Schulbefragung 1994

4 Folgerungen und Perspektiven

Bedeutsam ist erstens, daß auf der Steuerungsebene des Gesamtsystems ein überzeugendes Rahmenkonzept entwickelt und eine zugesicherte Grundversorgung bereitgestellt wurde. Allerdings erfordern die strategischen Punkte der Doppelbesetzungen und der Vertretungsreserven eine Verbesserung der Personalversorgung. Zweitens hat sich die Verpflichtung zur Vorlage eines pädagogischen Konzepts der einzelnen Schulen als höchst wirksamer Faktor für die Entwicklung der Lernkultur der Einzelschule insgesamt erwiesen - also verbunden mit einem Reformschub über die spezifische Aufgabe des vollen Halbtags hinaus. Das schuleigene Konzept ist damit Ausdruck der pädagogischen Autonomie der Gestaltungseinheit der einzelnen Schule. Drittens wird allerdings deutlich, daß auf der mittleren - sprich: regionalen - Ebene Unterstützungssysteme zur Absicherung solcher Innovationen dringend erforderlich sind, die zum einen regionale Vernetzungen zwischen Schulen (über regionale Fortbildung/Austausch, Organisationsentwicklung, Lernwerkstätten) herstellen, zum anderen Planung und Koordination durch lokale Steuerungsinstanzen (z.B. Bildungskommissionen, Stadtteilkonferenzen) gewährleisten, um personelle und sächlich-räumliche Erfordernisse zu entscheiden und Kooperationen zu außerschulischen Sektoren und Institutionen anzubahnen.

Bislang kann - auch bei zurückhaltender Bewertung der Selbsteinschätzungen der Schulen - zumindest gefolgert werden, daß die erweiterte und veränderte Zeitorganisation in Verbindung mit dem von den Schulen entwikkelten pädagogischen Konzept die Schulentwicklung in der Primarstufenreform spürbar voranzubringen scheint. Das Projekt Volle Halbtagsschule scheint - gerade in einer Zeit knapper Ressourcen, aber dringlicher Innovationen - ein Beispiel für sozial- und bildungspolitisch adäquate, gut angelegte Bildungsinvestition zu sein.

Literatur

Bargel, T./Kuthe, M.: Ganztagsschule. Untersuchungen zu Angebot und Nachfrage, Versorgung und Bedarf; hrsg. vom Bundesminister für Bildung und Wissenschaft. Bonn 1991

Burk, K. (Hrsg.): Die Ganze Halbtagsschule. Grundschule mit festen Öffnungszeiten. Frankfurt/M. 1990

Fullan, M.: The New Meaning of Educational Change. New York 1991

Haenisch, H.: Wie sich Schulen entwickeln. Eine empirische Untersuchung zu Schlüsselfaktoren und Prinzipien der Entwicklung von Grundschulen. Soest 1993

Hameyer, U.: Die innere Qualität innovativer Grundschulen - Ergebnisse aus Fallstudien zur Selbsterneuerungsfähigkeit. In: U. Hameyer/R. Lauterbach/J. Wiechmann (Hrsg.), Innovationsprozesse in der Grundschule, Bad Heilbrunn/Obb. 1992, S. 77-103

Holtappels, H. G.: Mehr Zeit für Kinder! Pädagogische Orientierungen für schulische Ganztagskonzepte. In: Die Deutsche Schule 84, Heft 2/1992

Holtappels, H. G.: Ganztagsschule und Schulöffnung. Perspektiven für die Schulentwicklung. Weinheim/München 1994

Messner, R.: Die Rhythmisierung des Schultages. Erfahrungen und pädagogische Überlegungen zu einem dringlich gewordenen Problem. In: Ch. Kubina/H.-J. Lambrich (Hrsg.), Die Ganztagsschule, Bestandsaufnahme - Grundlegung - Perspektiven. Wiesbaden 1991, S. 54-66

Meyer, W.: Pädagogische und didaktische Möglichkeiten im Tageslauf der Ganztagsschule oder: Der rhythmisierte und gesellige Tageslauf in der Ganztagsschule. In: R. Dorner/H. Witzel (Hrsg.), Ganztagsschule - Zielsetzungen und Organisation eines alternativen Schulmodells. Ravensburg 1976, S. 100-111

Schönwälder, H.-G.: Zu einigen arbeitsphysiologischen Grundlagen des Lernens an Ganztagsschulen. In: Dorner, R./Witzel, H. (Hrsg.): Ganztagsschule - Zielsetzungen und Organisation eines alternativen Schulmodells. Ravensburg 1976, S. 77-99

Rolff, H.-G./Steinweg, A.: Realität und Entwicklung von Lehrerkooperation. In H.-G. Rolff, Soziologie der Schulreform, Weinheim/Basel 1980, S. 113-129

Hans Haenisch

Curriculare Innovationen in der Schule - Bedingungen für eine erfolgreiche Umsetzung

Seitdem Schule besteht, wird durch geplante Innovationen oder Reformen versucht, Veränderungen in der Schul- und Unterrichtspraxis einzuleiten, um auf diese Weise den sich ändernden Bedingungen der Lebenswirklichkeit Rechnung zu tragen. Diese Maßnahmen - dies zeigen immer wieder die Bilanzierungen über die dabei gemachten Erfahrungen - sind nicht immer erfolgreich. Daß dies so ist, hat viele Gründe. Sie liegen sicherlich zu einem großen Teil in der Unterschätzung des Schwierigkeitsgrades pädagogischen Handelns und in der damit verbundenen Fehlannahme, daß Veränderungen sich schon von selber einstellen, wenn nur die entsprechenden Regelungen, Erlasse und Bestimmungen eingebracht werden. Sie liegen vor allem aber auch in der Nichtberücksichtigung der Tatsache, daß pädagogische Veränderungen immer auch individuelle Veränderungen und damit Lernprozesse erforderlich machen. Lehrerinnen und Lehrer können ihre pädagogische Vergangenheit nicht einfach ignorieren, und es kommt hinzu, daß sie Veränderungen ihrer bewährten Praxis fürchten. Innovationen werden deshalb immer im Lichte des vorhandenen Wissens der jeweiligen Lehrperson interpretiert und damit entsprechend modifiziert.

FULLAN (1991) hat darauf hingewiesen, daß immer mehrere Bedingungen im Verbund zusammenkommen müssen, wenn Reformen eine Chance haben sollen. So reicht es z.B. nicht aus, wenn nur neue Materialien oder Curricula eingesetzt werden, es bedarf darüber hinaus auch anderer Unterrichtsmethoden, anderer organisatorischer Maßnahmen, und - was ganz wichtig ist - es müssen gleichzeitig auch die didaktischen Grundauffassungen verändert werden. Bis eine Innovation tatsächlich zu überdauernden Handlungen im Unterricht durchschlägt, ist es ein sehr weiter Weg (vgl. URBANEK 1990). Selbst wenn man von der Innovation viel gehört oder gelesen hat, heißt dies nämlich noch lange nicht, daß man auch das damit verbundene Anliegen verstanden hat. Ein weiterer Weg ist es dann noch vom Verstehen zur Akzeptanz. Wenn Einverständnis erreicht ist, heißt dies bei weitem noch nicht, daß auch entsprechend gehandelt wird. Damit ist jedoch der Weg noch nicht beendet, denn die Kompetenz zu Handeln bedeutet noch nicht, daß dieses Handeln auch beibehalten wird, geschweige denn, daß es auf andere Situationen übertragen werden kann. Jedesmal sind zum Erreichen der nächstfolgenden Stufe erhebliche Anstrengungen persönlicher und institutioneller Art erforderlich, die im wesentlichen darin bestehen, daß Lernprozesse ermöglicht, angestoßen, begleitet und gefestigt werden müssen.

In den letzten Jahren gibt es zunehmend mehr Erkenntnisse darüber, wie solche Prozesse gestaltet werden können, damit Reformen und Innovationen nachhaltigere Einflüsse in der Schul- und Unterrichtspraxis hinterlassen. Diese Erfahrungen stammen aus ganz unterschiedlichen Quellen, ja teilweise aus ganz unterschiedlichen Wissenschaftsbereichen. Studien zur Bilanzierung von Schulreformen (z.B. BECKER 1979, KLAFKI 1982, WINKEL 1986, v. HENTIG 1990,) sind dabei genauso vertreten wie soziologische Analysen von Schule (z.B. KERN 1986), Studien aus dem Lehrerfortbildungsbereich (z.B. SPARKS 1986, STEVENSON 1987, SMYLIE 1988, STEIN/WANG 1988, MUTZECK 1988, HAENISCH 1994), Arbeiten aus dem Zusammenhang von Organisationsentwicklung (z.B. ROLFF 1986), curriculumtheoretische Analysen (z.B. BRIESE 1982, HARTMANN/ KRAUTHAUSEN 1984, HALLER 1982, HEITMEYER 1982) sowie einige empirische Arbeiten aus unterschiedlichen pädagogischen Erfahrungsfeldern (z.B. GUSKEY 1986, KLOSE 1988, MCLAUGHLIN 1990, COHEN/BALL 1990, DARLING-HAMMOND 1990, WOOD u.a. 1990, WITTENBRUCH/WERRES 1991, HAMEYER 1993, HAENISCH/SCHULDT 1994). Außerdem gibt es einige Forschungsreports, in denen teilweise auch schon Bündelungen dieser Erfahrungen vorgenommen wurden (z.B. SACHER 1983, WAUGH/PUNCH 1987, STRITTMATTER 1989, RICHARDSON 1990, FULLAN 1991).

Im folgenden soll eine Zusammenfassung der bisherigen Erkenntnisse versucht werden, bei der die in der Literatur gefundenen innovationsförderlichen Bedingungen nach verschiedenen Aspekten untergliedert und systematisiert sind. Unterschieden wird dabei zwischen

1 Bedingungen, die die Innovationen selbst betreffen
2 Bedingungen, die sich auf die Lehrerinnen und Lehrer beziehen
3 Bedingungen, die im Zusammenhang mit dem Arbeitsfeld Schule stehen
4 Bedingungen, die den regulativen Rahmen und den unterstützenden Kontext von Schule berühren
5 Bedingungen, die die konkrete Umsetzung der Innovationen im Blick haben

1 Bedingungen, die die Innovationen selbst betreffen

(a) Keine allzu großen Umwälzungen

Neuerungen im Schulalltag dürfen nie mit zu großen Umwälzungen verbunden sein, weil dadurch die bestehenden Normen und Praktiken bedroht und dies zu sehr als Kritik der bisherigen Arbeit aufgefaßt werden würde.

Für die Lehrerinnen und Lehrer muß jedoch trotzdem ein klar umrissener Neuigkeitsgehalt erkennbar sein, der das bisher Vertraute aber nur ein Stück weit durchbrechen darf. Neuerungen, die zu stark von den bisherigen

Praktiken abweichen, haben kaum eine Chance. Günstig ist es deshalb auch, die Neuerung so auszulegen, daß sie das umschreibt, woraufhin sich schon eine Reihe von Schulen hinbewegt haben. Dies gewährleistet nicht nur eine größere Glaubwürdigkeit, sondern fördert auch die Konsensbildungsprozesse vor Ort.

(b) Anknüpfen an bisherigen Erfahrungen

Viele pädagogische Innovationen sind zu überheblich und häufig von einem Paradigmendogmatismus gekennzeichnet, der bei den Betroffenen den Eindruck erweckt, daß das Alte außer Kraft gesetzt werden muß. Neuerungen müssen - wollen sie erfolgreich sein - aber an dem Wissen und den Werten der Lehrkräfte anknüpfen, müssen den Lehrenden die Möglichkeit geben, mit ihren bisherigen Erfahrungen positive Anknüpfungspunkte zu finden. Neuerungen, die - wie die meisten der schulpädagogischen Reformen - zu sehr Ideal- und Optimalkonzepte propagieren, frustrieren die Lehrkräfte und wirken deshalb eher abschreckend als auffordernd.

Zwar müssen die Intentionen der Neuerung in Form von Zielprojektionen klar und begründet sein, doch müssen ebenso Wege und Verbindungsstücke aufgezeigt werden, die die Lehrerinnen und Lehrer in ihren Voraussetzungen ernst nehmen und damit in gewisser Hinsicht auch der Suboptimalität unterrichtlicher Praxis Rechnung tragen. Für die Lehrerinnen und Lehrer ist es nicht nur wichtig, daß sie eine Affinität der Neuerung zu den existierenden Strukturen ihrer Praxis entdecken, sondern sie benötigen auch Hinweise dafür, wie sie beginnen und mit welchen und für sie verkraftbaren Zwischenschritten sie sich den Zielen nähern können.

(c) Ziele und Hintergründe verständlich darstellen

Lehrerinnen und Lehrer fragen bei Neuerungen häufig, warum sie eigentlich etwas anders machen sollen, wo sie doch ihre bisherige Arbeit als durchaus erfolgreich einschätzen. Es ist deshalb nicht nur wichtig, daß die Ziele einer Neuerung klar und prägnant formuliert sind, es müssen auch die Hintergründe und Vorteile aufgezeigt und es muß erläutert werden, was dies alles für die Arbeit des Lehrers/der Lehrerin bedeutet. Dabei ist es gut, wenn auch deutlich gemacht werden kann, wo z.B. Erleichterungen oder Entlastungen für die Lehrenden liegen. Konkrete Angaben und Beispiele zur praktischen Umsetzung helfen hierbei, das Verstehen zu fördern und Ängste abzubauen. Bei einer curricularen Innovation können Mißverständnisse und Ungewißheiten vor allem dann vermieden werden, wenn z.B. eine klare Abgrenzung zwischen verbindlichen Forderungen auf der einen und Empfehlungen und Vorschläge auf der anderen Seite erfolgt.

(d) Spielräume für eigene Ausgestaltungen lassen

Pädagogische Neuerungen müssen offen sein für Revisionen und Modifikationen; sie müssen so angelegt sein, daß Spielräume für eigene Ausgestaltungen deutlich erkennbar und klassen- bzw. schulindividuelle Ausformungen und Akzentuierungen, die die lokalen Interessen und Bedingungen zum Zuge kommen lassen, möglich sind. Lehrerinnen und Lehrer müssen also der Neuerung ihre eigene Bedeutung geben können, wodurch sowohl die Identifikation mit der Sache vergrößert als auch das Selbstbewußtsein gestärkt wird. Für Richtlinien und Lehrpläne ist es deshalb z.B. eher günstig, wenn nicht zu sehr bis ins Kleinste formulierte Vorgaben gemacht werden, sondern auf grundlegende Ziele und breitere Themenbereiche mit transparent dargestellten Anforderungen abgehoben wird. Dadurch wird nicht nur die Stoffülle und damit der Druck auf die Lehrenden reduziert, es wird ihnen auch das Gefühl vermittelt, im Grundsätzlichen abgesichert zu sein und damit überhaupt erst die Möglichkeit und Voraussetzung zu haben, eigene kreative und auf die jeweilige Schülerschaft bezogene Wege gehen zu können.

e) Einflußnahme der Betroffenen schon während des Entwicklungsprozesses

Innovationen sind umso wirksamer, je mehr es gelingt, bereits im Entwicklungsprozeß Transparenz zu schaffen und persönliche Einflußnahme und Beteiligung der Betroffenen zu ermöglichen. Während der gesamten Entwicklungszeit kommt es also darauf an, durch vielfältige Aktivitäten (z.B. Tagungen, Stellungnahmen, schulinterne Konferenzen) einen intensiven Informations- und Meinungsaustausch in Gang zu setzen. Dadurch werden einerseits die in der Schule Tätigen frühzeitig in einen Sensibilisierungs- und Identifikationsprozeß gebracht, andererseits wird aber auch die Innovation selbst durch Anregungen von außen unterstützt und bereichert.

(f) Innovationen über die Fächer transportieren

Da Lehrerinnen und Lehrer ihr Berufsverständnis in starkem Maße über ihre jeweiligen Fächer definieren, hat eine Neuerung im Schulalltag dann eine größere Chance verwirklicht zu werden, wenn sie über die jeweiligen Fächer transportiert und verständlich gemacht wird. Das Fach scheint die Stelle, bei der sich die Lehrenden ernst genommen fühlen und wo sie Sicherheiten entwickelt haben - beides Voraussetzungen dafür, um pädagogische Innovationen besser zu verstehen und sich mit ihnen zu identifizieren. Innovative Konzepte wie z.B. das der Handlungsorientierung oder das des Erziehenden Unterrichts bleiben inhaltsleer und unverständlich, wenn sie nicht fachlich konkretisiert, veranschaulicht und kleingearbeitet werden. Auch Konzepte fächerübergreifenden Arbeitens müssen zunächst vom Fach ausgehen und von da aus Wege schrittweiser behutsamer Weiterentwicklung aufzeigen.

(g) Günstige Zeitpunkte für Innovationen nutzen

Die Chance der Umsetzung pädagogischer Innovationen scheint auch abhängig vom jeweiligen Zeitgeist: Es gibt Zeiten, in denen es Innovationen sehr schwer haben, ja vielleicht sogar kaum eine Chance haben, deshalb weil z.B. die jeweiligen äußeren Rahmenbedingungen keinen günstigen

Nährboden für eine pädagogische Aufbruchstimmung darstellen. Es gibt aber auch Zeiten, in denen die Empfänglichkeit für neue pädagogische Leitideen günstiger ist, z.B. weil die Schulen selbst schon in die entsprechende Richtung gedacht haben. Es ist wichtig, solche Zeitpunkte zu nutzen und alle Kräfte einzusetzen, um mit konzertierten Aktionen deutliche Anschubkräfte für die Innovation zu entwickeln. Andererseits erscheint es nicht sehr erfolgversprechend, in Zeiten deutlicher Einschnitte im Ressourcenbereich von Schule Innovationen zu forcieren, weil die Lehrenden, die solche Einschnitte als eine Art Bestrafung empfinden, dann in ihrer Motivation stark geschwächt sind.

2 Bedingungen, die sich auf die Lehrerinnen und Lehrer beziehen

(a) Lerngelegenheiten für die Lehrenden schaffen

Ein neues pädagogisches Konzept läßt sich nicht einfach umsetzen, sondern es sind auf seiten der Lehrenden zunächst sehr zeitintensive Lernprozesse erforderlich, in denen neue Fähigkeiten entwickelt und neue Praktiken gelernt werden - und zwar deshalb, weil grundlegende Handlungsmuster und Einstellungen betroffen sind. Doch diesbezüglich gibt es einige Schwierigkeiten. So tendieren zum einen Lehrer/innen dazu, möglichst wenig zu verändern, um ihre berufliche Identität nicht zu stören, zum andern muß man allerdings auch konstatieren, daß es in Schulen kaum offizielle Gelegenheiten gibt, um mit solchen Lernprozessen beginnen zu können.

Damit Innovationen im Schulalltag wirksam werden können, ist es deshalb unabdingbar, daß den Lehrenden genügend Zeit zum Lernen zur Verfügung gestellt wird, daß sie Trainings- und Erprobungsmöglichkeiten mit Bezug zu ihrer Alltagspraxis haben, um so nach und nach Bedeutungssinn für die Neuerungen zu gewinnen. Von vornherein müssen dabei unterschiedliche Lernstrategien und -zeiten für die Kollegen/innen einkalkuliert und entsprechende Möglichkeiten geschaffen werden, daß jeder/jede mit dem ihm/ihr eigenen Tempo in die Auseinandersetzung eintreten kann.

(b) Reflexion der bisherigen Erfahrungen

Eine wichtige Voraussetzung zum Lernen neuer Unterrichtskonzepte besteht darin, daß zunächst erst einmal die bisherigen Erfahrungen reflektiert und aufgearbeitet werden müssen. Dies können Lehrerinnen und Lehrer nicht allein, sondern dazu benötigen sie die Mithilfe der Kollegen/innen. Der Erhalt kollegialer Rückmeldungen ist dabei genauso wichtig wie die Kommunikation mit Kollegen/innen in ähnlichen Situationen. Günstig ist es, wenn die Lehrkräfte in Teams oder Tandems zusammenarbeiten, um sich dabei z.B. in gegenseitigen Hospitationen neue Dinge vorzustellen. Dabei ergeben sich auch Vergleichsmöglichkeiten und damit Gelegenheiten, die eigenen unterrichtlichen Erfahrungen zu relativieren. Durch solche Kontrasterfahrungen kann darüber hinaus Zweifel am bisherigen Arbeiten erzeugt und damit ein Anstoß zum Aufbrechen und Verändern der für das Handeln maßgeblichen subjektiven Theorien gegeben werden.

(c) Durch Erfolgserlebnisse Vertrauen und Zuversicht gewinnen

Das Problem vieler pädagogischer Innovationen besteht darin, daß es meist keine Belege dafür gibt, daß damit tatsächlich auch Verbesserungen erzielt werden können. Darüber hinaus sind Lehrerinnen und Lehrer Innovationen gegenüber häufig mißtrauisch und lassen sich erst überzeugen, wenn sie selbst eigene Erfahrungen damit gemacht und festgestellt haben, daß es wirklich auch einen Fortschritt bedeutet. Dabei lassen sie sich insbesondere beeindrucken, wenn durch die Innovation die Leistungen und das Verhalten der Schüler/innen positiv beeinflußt werden.

Es ist deshalb wichtig, daß die Lehrkräfte in Situationen gebracht werden, die es ihnen ermöglichen, solche Erfolgserlebnisse zu verspüren. Auf diese Weise erfahren sie die eigene Wirksamkeit und können Vertrauen in die eigenen Fähigkeiten entwickeln. Beides sind wichtige Voraussetzungen dafür, daß die Motivation, etwas Neues zu tun, erhalten bleibt. Wichtig ist auch, daß positive Erfahrungen mit dem Neuen nicht zu lange auf sich warten lassen, weil sich dann wieder Unsicherheit und damit auch Skepsis breit macht.

(d) Vermeidung von Druck und Anordnung, aber Schaffung von Verbindlichkeiten

Mit Druck und Anordnungen lassen sich Neuerungen im Schulalltag nicht durchsetzen. Neuerungen können aber auch nicht dem Zufall und der Beliebigkeit überlassen werden, sondern es müssen Verbindlichkeiten geschaffen werden, für die es gemeinsam ausgehandelte inhaltliche und zeitliche Vereinbarungen gibt, die dem einzelnen aber auch die Möglichkeit geben müssen, mit Hilfe verschiedener Unterstützungskomponenten die eigene Position zu formen und auszugestalten. Unterstützt wird dies dadurch, daß - auch um dadurch die Ernsthaftigkeit und Bedeutsamkeit zu unterstreichen - die Neuerung als ein Sachverhalt mit hoher Priorität behandelt und auf eine offizielle Schiene gehoben wird. Letzteres bedeutet, daß sich sowohl die offiziellen Gremien der Schule (z.B. die Konferenzen) intensiv und kontinuierlich damit auseinandersetzen, als auch daß offizielle Zeit in die Neuerung investiert wird (z.B. in Form von Hospitationen oder Teamteaching).

3 Bedingungen, die im Zusammenhang mit dem Arbeitsfeld Schule stehen

(a) Impulse und Unterstützung durch die Schulleitung

Neuerungen haben letztlich nur eine Chance, wenn die Schulleitung mitspielt. Zum einen muß sie eine Art psychologische Stütze geben in dem Sinn, daß sich Lehrerinnen und Lehrer, die Neuerungen in Angriff nehmen, sicher sein können, ernst genommen zu werden und durch die Schulleitung Ermunterung, Zuspruch und Würdigung erhalten; dies schafft Legitimität und erhöht die Risikobereitschaft der Lehrenden. Zum andern müssen sich die Schulleiter/innen aber auch als Ideengeber verstehen, die mit Anstößen, Impulsen aber auch Angeboten die Entwicklung fördern, aber dabei immer darauf achten, daß sich die Neuerungen letztlich aus dem Kollegium selbst heraus entwickeln.

(b) Mobilisierung schuleigener Kompetenzen

Die Ausbreitung von Innovationen in einer Schule ist nicht nur angewiesen auf spezifische Kompetenzen, sondern auf Keimzellen, in denen sich Verbündete mit solchen Kompetenzen zusammenschließen. Von daher gilt es, die in einem Kollegium vorhandenen Kompetenzen zu mobilisieren und solche Kollegen/innen zusammenzubringen, die schon vorgearbeitet und bereits eigene Erprobungen vorgenommen haben. Dadurch, daß diese Kollegen/innen die Möglichkeit haben, ihre Ergebnisse vorzustellen, entwickelt sich eine Dynamik, die dazu führt, daß auch andere Kollegen/innen in den Sog der Entwicklung gezogen werden. Den anderen wird dadurch ermöglicht, Neugier zu entwickeln und Annäherung zu erfahren, weil sie das Neue aus eigener Erfahrung kennenlernen und mit eigenen Augen sehen können und weil sie auf diese Weise Ergebnisse und Begründungen aus erster Hand erhalten.

Das Aufgreifen solcher Basisinitiativen und die Unterstützung von Personen, die im Suchen nach neuen Wegen engagiert sind, muß dabei originäre Aufgaben der Schulleitung sein.

(c) Vielschichtige Infrastruktur an Kooperation und Kommunikation

Zum Verstehen und zum Transport von Neuerungen ist der Aufbau einer vielschichtig angelegten innerschulischen Infrastruktur an Kooperation und Kommunikation unverzichtbar. Zusammenarbeitsarrangements und Begegnungsräume auf unterschiedlichen Ebenen (Fachkonferenz, Jahrgangsteams, Arbeitsgruppen, die Material entwickeln, Teamteaching) fördern die Fähigkeit zu lernen und Probleme zu lösen; sie sind auch die einzige Möglichkeit, um pädagogisches Handeln überhaupt angemessen reflektieren zu können. Dadurch wird eine Lernkultur geschaffen, die es den Lehrenden ermöglicht, neue Erfahrungen zu machen, neue Sichtweisen von

Unterricht zu erleben, alternative Methoden kennenzulernen und damit nach und nach zu einem besseren Verständnis der Innovation zu gelangen. Auf diese Weise werden die Lehrerinnen und Lehrer sicherer und gelassener, aber auch sensibler in ihren Wahrnehmungen, werden sie ermutigt, eingefahrene Gleise ihres Unterrichts zu verlassen, lernen sie das Spektrum ihrer Handlungsmöglichkeiten zu vergrößern und damit zunehmend neue Akzentuierungen ihres Unterrichts vorzunehmen.

Allerdings läßt sich eine solche Kooperations- und Lernkultur nicht verordnen. Es ist gut, wenn sie auf einer informellen Schiene aufgebaut und auf einer menschlichen Basis gewachsen ist, weil sie dann bei Störungen und Konflikten weniger anfällig ist.

(d) Entwicklung eines positiven Fortbildungsklimas

Wenn Neuerungen sich entwickeln und ausbreiten sollen, sind sie unbedingt auf ein positives Fortbildungsklima an der Schule angewiesen, das von den Verantwortlichen der Schule auch offensiv vertreten und transparent gemacht wird. Ein solches Fortbildungsklima ist deshalb erforderlich, weil nur auf diese Weise kontinuierlich angelegte Lernprozesse der Lehrenden möglich sind und weil nur dadurch die Chance besteht, daß zusätzlich neue Kompetenzen und Informationen von außen in die Schule gebracht werden.

Entscheidend ist die Reichhaltigkeit der Fortbildungspalette, um damit den unterschiedlichen Interessen und Verarbeitungsstrategien der Lehrenden entgegenzukommen. So ist es wichtig, daß neben dem Besuch externer Fortbildungsveranstaltungen, die gezielt und gemeinsam auch für den Bedarf der Schule ausgewählt werden, schulinterne Fortbildung stattfindet, in der die Neuerung für die spezifischen Bedingungen vor Ort schulpraktisch kleingearbeitet wird. Zur Fortbildungspalette gehört aber auch, daß andere Schulen aufgesucht werden, um sich die neuen Dinge zeigen zu lassen und von anderen Kollegen/innen zu lernen.

(e) Wahrnehmung von Toleranz im Kollegium

Ob sich Neuerungen an einer Schule ausbreiten können, ist auch abhängig von den Stimmungen an der Schule, von der Kultur und den Normen im Kollegium und dem Geist der Organisation. Ganz entscheidend ist die Wahrnehmung von Toleranz im Kollegium und ganz wichtig ist auch, ob es so etwas gibt wie eine Fehlerkultur, in der es möglich ist, ohne Prestigeverlust über persönliche Probleme zu reden. Ein gemeinsamer Konsens über Ziele und Prioritäten ist dabei der Umsetzung neuer Ideen und Konzepte förderlich.

4 Bedingungen, die den regulativen Rahmen und den unterstützenden Kontext von Schule berühren

(a) Konzertierte Aktionen im Bereich Lehrerfortbildung

Innovationen sind nicht umsonst zu haben. Wenn ernsthaft Interesse daran besteht, daß Neuerungen tatsächlich auch in der Breite der Schulen Eingang finden, dann müssen auf unterschiedlichen Ebenen Investitionen vorgenommen werden (vgl. dazu auch Punkt (d) dieses Kapitels). Eine solche Investition könnte beispielsweise die Durchführung konzertierter Aktionen im Bereich Lehrerfortbildung sein. Dabei geht es darum, Lehrerfortbildungsressourcen - ggf. auch durch Verlagerungen aus anderen Schulformen - zu bündeln und zu konzentrieren, um auf diese Weise in der sensiblen Phase einer Innovation (etwa zum Beginn neuer Richtlinien und Lehrpläne) besondere Anschubkräfte zu mobilisieren. Den Lehrerinnen und Lehrern würde auf diese Weise auch deutlich gemacht, daß es sich um eine wichtige Sache handelt.

(b) Bereitstellung materieller Hilfen

Die Ausstattung mit vielfältigen Materialien (beschaffte oder selbst entwickelte) ist eine wichtige Bedingung dafür, daß Innovationen in Schule Fuß fassen und sich stabilisieren können. Lehrerinnen und Lehrer lassen sich nicht nur durch Materialien animieren, um dann auch etwas Neues auszuprobieren, Materialien sind auch eine wichtige Stütze, d.h. sie geben bei neuen Konzepten Anhaltspunkte und Anregungen und dienen damit der Orientierung und Vergewisserung. Günstig sind vor allem unterrichtsnah aufbereitete Materialien. Solche praktischen Hilfen veranschaulichen und beschreiben Umsetzungsmöglichkeiten, sie tragen aber auch dazu bei, daß eine gemeinsame Verständigungsgrundlage geschaffen und damit vermieden wird, daß zu sehr abstrakte Begriffe die Oberhand gewinnen.

(c) Angleichung des regulativen Rahmens für Schule

Nicht selten findet sich die Situation, daß Innovationen auf dem Papier eine hohe Überzeugungskraft haben, daß jedoch der sich in Bestimmungen und Erlassen ausdrückende regulative Rahmen der Alltagspraxis keine Entsprechung bietet, d.h. unverändert bleibt und damit vielfach die Intentionen der Neuerung unterläuft bzw. unmöglich macht. Denjenigen, die keine Veränderung wollen, kommt dies vielleicht als Alibi sogar gelegen, weil sie sagen können, daß Reformen bei solchen Bedingungen schon gar nicht machbar sind; andere, die die Intentionen umzusetzen versuchen, müssen dagegen ständig gegen irgendwelche Bestimmungen verstoßen, um erfolgreich zu arbeiten. Wenn Innovationen eine Chance haben sollen, dann ist eine Überprüfung und ggf. Angleichung des bestehenden regulativen Rahmens unabdingbar, ja möglicherweise sind sogar neue Regelungen erforderlich, die die Umsetzung befördern helfen.

(d) Investition von offizieller Zeit

Neuerungen werden von den Lehrerinnen und Lehrern auch unter dem Aspekt von Aufwand und Zeit kalkuliert und bewertet. Innovationen, die zu große Anforderungen an Vorbereitung und Durchführung stellen und die die Erwartung von Extraarbeit induzieren, werden auf Resistenz stoßen, wenn sie nicht gleichzeitig Kompensationsmöglichkeiten für den in die Innovation investierten Aufwand bieten. Für die Lehrenden ist es nicht nur wichtig, daß sich Einsatz und Nutzen die Waage halten müssen, ebenso wichtig ist es für sie, daß Energie, die für die Innovation eingesetzt wurde, an anderer Stelle zumindest partiell wieder eingespart werden muß. Von äußerster Bedeutsamkeit ist es deshalb, daß auch offizielle Zeit (z.B. unter Verwendung des in der Schule vorhandenen Stundenpools) in die neuen Aktivitäten investiert wird. Damit wird nicht nur der Stellenwert der Innovation unterstrichen, die Investition offizieller Zeitanteile kann auch als eine Art weicher Gratifikation interpretiert werden, die von den Lehrenden als anerkennende Rückmeldung ihrer geleisteten Arbeit verstanden wird.

(e) Unterstützung und Ermutigung durch Schulaufsicht

Wie Schulleiter/innen haben auch Schulaufsichtspersonen bei Innovationen eine wichtige unterstützende Funktion. Sie müssen vor allem die für Innovationen so wichtigen Freiräume der Schulen schützen, müssen Rückhalt und Rückendeckung geben. Ihre Aufgabe ist es aber auch, beharrliche Überzeugungsarbeit zu leisten, zu ermutigen, zu sensibilisieren und anerkennende Rückmeldungen zu geben. Wenn Schulen diese Stütze spüren, trauen sie sich mehr zu und können sich selbstbewußter an die Gestaltung der Schule heranwagen. Konkret können Innovationen von Schulaufsichtspersonen z.B. dadurch gefördert werden, daß sie Kontakte und Besuche zwischen Schulen vermitteln, Arbeitskreise zur Materialentwicklung einrichten, Lehrerfortbildungsveranstaltungen organisieren, regelmäßige Schulleiterbesprechungen zu inhaltlichen Themen durchführen, durch Versetzungen Lehrer/innen zusammenbringen, die gut miteinander arbeiten können oder den Schulen Hinweise dafür geben, wie sie durch geschicktes Ausnutzen der vorhandenen Stundenkontingente Ressourcen für gemeinsame Lernräume der Lehrer/innen schaffen können. Schulaufsichtspersonen können aber auch dahingehend unterstützend tätig sein, daß durch eine flexiblere und unkonventionellere Verwaltung nicht zu viele Reibungsverluste entstehen und damit nicht zuviel pädagogische Zeit verlorengeht.

(f) Einbeziehung der Eltern

Innovationen in der Schule brauchen auch die Unterstützung der Eltern. Dies gelingt aber nur, wenn die Schule die Eltern über ihre Innovationen nicht im Unklaren läßt und versucht, durch eine sehr offensive Elternarbeit (z.B. Elternstammtische, Mitarbeit von Eltern bei Materialerstellung) an die Eltern heranzukommen. Ziel all dieser Aktivitäten muß es sein, den Eltern die Arbeit der Schule verständlich zu machen und einen pädagogischen

Konsens zu ermöglichen, damit die Eltern die für sie häufig unkonventionellen Aktivitäten der Schule verstehen lernen und auf dieser Grundlage dann auch selbst einen Beitrag zur Unterstützung und Verstärkung der schulischen Arbeit leisten zu können.

5 Bedingungen, die die konkrete Umsetzung der Innovationen im Blick haben

(a) Nicht zu viel auf einmal

Wichtig für den Erfolg einer Neuerung ist, daß nicht zu viel auf einmal angegangen wird, sondern daß zunächst eine Konzentration auf wenige Teilaspekte der Innovation erfolgt. Die Erfolgschance ist dabei umso größer, je mehr es gelingt, diese Aspekte parallel in den verschiedenen Gremien der Schule zu behandeln, um die Aktionsbereiche miteinander zu verklammern und damit den Grad der Auseinandersetzung zu erhöhen:

Pädagogische Konferenzen greifen die Innovation systematisch-theoretisch auf, in schulinternen Fortbildungsmaßnahmen berichten externe Experten und Expertinnen über ihre Erfahrungen, Fachkonferenzen versuchen eine fachspezifische Akzentuierung, Kleingruppen entwickeln Unterrichtseinheiten und Materialien. Erst wenn die Lehrer/innen den Eindruck haben, daß sie positive Wirkungen im Umfeld ihres Aktionskreises verspüren, ist eine gute Basis gelegt, um zuversichtlich neue Ziele in Angriff nehmen zu können.

(b) Viel Zeit zum Ausprobieren und Reflektieren

Es ist wichtig, daß die Innovation in kleinen, aber verbindlichen Schritten angegangen wird und man sich bewußt auf einen längeren Zeithorizont einläßt. Günstig ist es dabei, den Weg des Ausprobierens verschiedener Möglichkeiten zu nutzen. Solche Probeläufe, die zunächst auf bestimmte Jahrgangsstufen begrenzt werden sollten, haben den Vorteil, daß die Neuerungen nicht nur bewußter in Augenschein genommen werden können und damit eine größere Aufmerksamkeit auf sich ziehen, sie ermöglichen es auch, daß die zunächst nicht direkt Betroffenen die Sache in Ruhe beobachten, sich mehr und mehr Informationen aus eigener Anschauung besorgen und damit nach und nach Vertrauen in die Sache gewinnen können.

Auch wenn die o.g. günstigen Bedingungen vorliegen, haben Innovationen in Schulen keinen leichten Stand. Es gibt viele Einflüsse, die aufkeimende, aber noch nicht stabilisierte Entwicklungen wieder schwächen können. So geraten beispielsweise innovative Entwicklungen unter Druck und werden vielleicht sogar unterlaufen, wenn in den benachbarten Teilen des Schulsystems weiterhin traditionelle pädagogische Leitideen curriculare Geltung haben. Auch Einschnitte im Ressourcenbereich können entwicklungshemmend wirken und die Motivation reduzieren. Schließlich gibt es Hemmnisse, die aus dem didaktischen Denken der Lehrerinnen und Lehrer resultieren, insofern als sich bewährte Gewohnheiten etabliert haben, die stark prägend sind und die nur langsam verändert werden können. Von daher ist es sicherlich angebracht, bei Innovationen sich auf längere Zeithorizonte einzustellen, Geduld zu wahren, viel Unterstützung und Toleranz aufzubringen und mit Ermutigung und Beispielen langsam die Entwicklung neuer didaktischer Denkmuster voranzutreiben.

Literatur

Becker, H.: Die Schule und ihre Lehrer - Schwierigkeiten bei der Schulreform. In: Neue Sammlung, 1979, S. 134-154

Briese, V.: Die Zeitperspektive bei der Implementation bildungspolitischer Maßnahmen. In: Heitmeyer, W. (Hrsg.): Zeit für Veränderungen. Opladen 1982, S. 9-31

Cohen, D.K./Ball, D.L.: Relations Between Policy and Practice: A Commentary. In: Education and Policy Analysis, 1990, S. 249-256

Darling-Hammond, L.: Instructional Policy Into Practice: "The Power of the Bottom Over the Top". In: Educational Evaluation and Policy Analysis, 1990, S. 233-241

Fullan, M.: The New Meaning of Educational Change, London 1991

Guskey, T.R.: Staff Development and the Process of Teacher Change. In: Educational Researcher, 1986, S. 5-12

Haenisch, H.: Wie Lehrerfortbildung Schule und Unterricht verändern kann. Arbeitsberichte zur Curriculumentwicklung, Schul- und Unterrichtsforschung, Nr. 26, Soest 1994

Haenisch, H./Schuldt, W.: Schulentwicklung. Zur Wechselwirkung zwischen curricularen Rahmenbedingungen und inneren Gestaltungskräften von Grundschulen. Arbeitsberichte zur Curriculumentwicklung, Schul- und Unterrichtsforschung Nr. 25, Soest 1994

Haller, H.D.: Die Bedeutung des Zeitfaktors für die Veränderung des Lehrerverhaltens durch Curriculumentwicklung. In: Heitmeyer, W. (Hrsg.), a.a.o., 1982, S. 156-184

Hameyer, U.: Innovation in Schritten. In: Holtappels, H.G. (Hrsg.): Lernkultur an Sekundarschulen. Werkheft 42. Institut für Schulentwicklungsforschung. Dortmund 1993, S. 73-94

Hartmann, R./Krauthausen, G.: Lokale Projektstudie zum Innovationsprozeß in Grundschulen anläßlich der Überarbeitung der Richtlinien und Lehrpläne für die Grundschule in NW. Düsseldorf 1984 (Unveröffentlichtes Manuskript)

Heitmeyer, W. (Hrsg.): Zeit für Veränderungen. Opladen 1982

Heitmeyer, W.: Folgen unterbewerteter Formbestimmtheit von Veränderungsversuchen im staatlichen Schulsystem. In: Heitmeyer, W.; a.a.O., 1982, S. 32-78

v. Hentig, H.: Bilanz der Bildungsreform. In: Pädagogik 6/1990, S. 49 bis 51

Kern, B.: Neuerungen im Schulalltag - Initiativen entfalten und aushandeln statt Vorschriften studieren und klagen! In: Die Deutsche Schule, 1986, S. 212-222

Klafki, W.: Zur Pädagogischen Bilanz der Bildungsreform. In: Die Deutsche Schule, 1982, S. 339-352

Klose, P.: Verwendung und Rezeption staatlicher Lehrpläne in Schule. Frankfurt, Bern, New York 1988

Mc Laughlin, M.W.: The Rand Change Agent Study Revisited: Macro Perspectives and Micro Realities. In: Educational Researcher, 1990, S. 11-16

Mutzeck, W.: Von der Absicht zum Handeln. Rekonstruktion und Analyse Subjektiver Theorien zum Transfer von Fortbildungsinhalten in den Berufsalltag. Weinheim 1988

Richardson, V.: Significant and Worthwhile Change in Teaching Practice: In: Educational Researcher, 1990, S. 10-18

Rolff, H.G.: Was ist Organisationsentwicklung von Schulen? Eine Einführung. Institut für Schulentwicklungsforschung, Dortmund 1986 (Manuskript)

Sacher, W.: Kodifizierte Bestimmungsfaktoren curricularer Lernereignisse: Lehrpläne. In: Hameyer, U., Frey, K., Haft, H., (Hrsg.): Handbuch der Curriculumforschung, Weinheim, Basel 1983, S. 501-520

Smylie, M.A.: The Enhancement Function of Staff Development: Organizational and Psychological Antecedents to Individual Teacher Change. In: American Educational Research Journal, 1988, S. 1-30

Sparks, G.M.: The Effectiveness of Alternative Training Activities in Changing Teaching Practices. In: American Educational Research Journal, 1986, S. 217-225

Stein, M.K./Wang, M.C.: Teacher Development and School Improvement: The Process of Teacher Change. In: Teaching und Teacher Education, 1988, S. 171-187

Stevenson, R.B.: Staff Development for Effective Secondary Schools: A Synthesis of Research. In: Teaching and Teacher Education, 1987, S. 233-248

Strittmatter, A.: Von der Akzeptanz von Neuerungen zur schulischen Organisationsentwicklung. In: Bund-Länder-Kommission für Bildungsplanung (Hrsg.): Wie öffnet sich Schule neuen Entwicklungen und Aufgaben, Bonn 1990, S. 178-188

Urbanek, R., u.a.: Didaktisierte Materialien in der Lehrerfortbildung, Soest 1990, S. 18

Waugh, R.F./Punch, K.F.: Teacher Receptivity to Systemwide Change in the Implementation Stage. In: Review of Educational Research, 1987, S. 237-254

Winkel, R.: Zur pädagogischen Arbeit in Reformruinen und zur Wiederherstellung pädagogischer Vernunft. In: Die Deutsche Schule, 1986, S. 264-274

Wittenbruch, W./Werres, W.: Innenansichten von Grundschulen. Berichte-Portraits-Untersuchungen zu katholischen Grundschulen. Weinheim 1991

Wood, T., u.a.: Change in Teaching Mathematics: A Case Study. In: American Educational Research Journal, 1991, S. 587-616

Claus G. Buhren

Entfaltung der Lernkultur durch Organisationsentwicklung

Schulforschung zum Bereich der "Lernkultur" einer Schule ist für die Bundesrepublik noch ein recht junges und - um im Bild zu bleiben - unbeackertes Feld pädagogischer Forschung; ganz im Gegensatz zur Unterrichtskultur oder zur Schulkultur, die in den 70er und 80er Jahren zum Gegenstand verschiedener empirischer Untersuchungen wurden (vgl. z.B. HAFT/HAMEYER 1977 und REISS/V.SCHÖNEBECK 1988). Hinzu kommt, daß in den letzten Jahren die Begriffe "Schulkultur", "Lernkultur", aber auch "Organisationskultur" (mit Blick auf die Schule) synonym verwandt werden, was eine systematische Differenzierung oder eine einheitliche Definition der einzelnen "Kulturen" in gewisser Weise behindert. So hat Schulkultur einen deutlichen Schwerpunkt in den außerunterrichtlichen Aktivitäten der Schule, den nachmittäglichen Arbeitsgemeinschaften, den Inititiativen zur Gestaltung des Schullebens, der künstlerischen, sozialen und/oder politischen Betätigung von der Schule innerhalb und außerhalb ihrer Mauern (vgl. TERHART 1994, S. 690 f). Wenn auch diese Beschränkung inzwischen kritisch gesehen wird (ebd.), hat sich doch ein weiter gefaßter, auf alle Aspekte des Schullebens und den Unterricht bezogener Verwendungszusammenhang der Schulkultur bisher kaum durchsetzen können (vgl. DUNCKER 1992).

Der Begriff der Organisationskultur hingegen ist aus der Wirtschaft entlehnt und könnte vielleicht am ehesten die durch Organisationsentwicklung bedingten Veränderungsprozesse der Schule als Organisation beschreiben. Andererseits hat der Begriff im schulischen Bereich wenig Tradition und dürfte zudem auf die Schule übertragen zur Begriffsverwirrung führen, da der Bereich der Schulorganisation zu eng den schulverwalterischen Aspekt der Unterrichtsverteilung und Stundenplangestaltung berührt.

Lernkultur hat bisher ebenfalls keine eindeutig zuzuordnende Bedeutung in der schulpädagogischen oder erziehungswissenschaftlichen Fachterminologie, wenn auch verschiedene Nuancierungen in der begrifflichen Verwendung vorliegen. So bezieht sich HOLTAPPELS (1993) in seinem Definitionsversuch zur Lernkultur vor allem auf das Beziehungsgefüge zwischen den Bedingungen des schulischen Umfeldes und den in der Schule vor diesem Hintergrund entwickelten pädagogischen Konzepten bzw. vorzufindenden Potentialen. " Jede einzelne Schule entscheidet als relativ autonomes System weitgehend selbst darüber, wie Schulbedingungen des Umfelds und des eigenen sozialen Systems wahrgenommen werden und verarbeitet werden. Je nachdem welche förderlichen und nicht förderlichen Konstellationen definiert und welche Lösungsmuster entwickelt werden, entsteht ein jeweils spezifisches - mehr oder weniger differenziertes - System pädagogischer Konzepte, das als die Schulkultur oder 'Lernkultur' einer Schule bezeichnet werden kann" (a.a.O., S. 9).

BAUER (1993) wiederum betont in seiner Betrachtung der Lernkultur von Schulen stärker die Beziehungsebenen innerhalb des Kollegiums sowie die symbolischen Handlungs- und Wahrnehmungsmuster, die diese Beziehungen prägen. "Jede Organisation entwickelt eine eigene Kultur, die als Muster gemeinsamer Wahrnehmungen und Überzeugungen auf neue Mitglieder übergeht (...). Mit 'Lernkultur' ist somit gemeint: von Lehrenden und Lernenden gemeinsam verwendete Muster der Wahrnehmung und Überzeugungen, die auf die Verwirklichung pädagogischer Werte zielen. Gestützt werden Lernkulturen durch Symbole, symbolische Handlungen und symbolische Artefakte. (...) Funktionalistisch betrachtet läßt sich sagen: Kulturen dienen der ökologischen Feineinpassung. Sie bieten dem Individuum Orientierung und ermöglichen Gemeinschaft" (a.a.O., S. 64).

Ich gehe davon aus, daß die Lernkultur einer Schule am ehesten als ein Zusammenwirken verschiedener Elemente und Aspekte zu beschreiben ist, die einerseits die Binnenstruktur der Schule betreffen - durchaus unter Einbeziehung der Außenfaktoren wie schulisches Umfeld, rechtliche bzw. ministerielle Rahmenbedingungen, etc. - und andererseits die "Lernfähigkeit" einer Schule als System, als Organisation mitberücksichtigen. Solche Elemente könnten etwa sein:

- die Identifikation des Kollegiums mit den Zielsetzungen, Werten und Normen der jeweiligen Schule;
- die Formen der Kooperation, Koordination und Kommunikation innerhalb des Kollegiums;
- die Entwicklung oder Ausgestaltung eines spezifischen pädagogischen Profils;
- die Erfolge in der Vermittlung erzieherischer, sozialer und fachlicher Kompetenzen bezogen auf die jeweilige Schülerschaft;
- die Fähigkeit, spezifische Umfeldbedingungen einer Schule zu erkennen und die schulische bzw. pädagogische Arbeit dementsprechend auszurichten;
- der professionelle und flexible Umgang einer Schule - resp. der Lehrerinnen und Lehrer - mit sich verändernden Anforderungen und Erfordernissen, d.h. die Innovationsfähigkeit einer Schule vor dem Hintergrund gesellschaftlichen Wandels.

Ich verstehe die "Lernkultur" einer Schule allerdings auch als eine Art Suchbegriff, eine Metapher für die Differenziertheit und Unterschiedlichkeit der Einzelschule, für ihre spezifischen Ausgangsbedingungen und Veränderungsmöglichkeiten, sowie für den Prozeß, auf den sich die Schule auf dem Weg zur "lernenden Organisation" einläßt.

Allein die genannten Aspekte oder Elemente von Lernkultur machen deutlich, daß die Lernkultur einer Schule kein fest umrissenes Konzept ist, kein vorgegebener Standard, den eine Schule erfüllen oder erreichen muß. Ganz im Gegenteil, die Lernkultur einer Schule wird an jeder Schule unterschiedlich ausgebildet und von daher auch nicht ohne weiteres vergleichbar sein, sie wird auch als Entwicklungsprozeß betrachtet werden müssen, der sich an jeder Schule verschieden gestaltet.

Ein Modellversuch und ein damit verbundenes Forschungsprojekt kann folglich keine vergleichende Schulforschung beabsichtigen, sondern muß sich als Handlungsforschung begreifen, dergestalt, daß die Entwicklung der Einzelschule in den Vordergrund des Interesses rückt. Somit gilt es zum einen, Schulen bei der Bestandsaufnahme und Weiterentwicklung ihrer Lernkultur zu unterstützen und zum anderen, diesen Entwicklungsprozeß wissenschaftlich zu begleiten und zu untersuchen.

Die Unterstützung von Schulen in der Bestandsaufnahme ihrer spezifischen Lernkultur erfordert Methoden der Evaluation, die Weiterentwicklung der Lernkultur einer Schule erfordert hingegen Methoden der Organisationsentwicklung. Beides sind Elemente eines BLK-Modellversuches (begleitet vom Institut für Schulentwicklungsforschung der Universität Dortmund) in Nordrhein-Westfalen und Brandenburg, der die Grundlage für diesen Beitrag bildet.

1 Die Schule als Organisation und als Individualität

Die Schule als "soziale Organisation", nicht nur als Institution oder sogar als "Unternehmen" auf betriebswirtschaftlichem Prüfstand (wie das Kienbaum-Gutachten in NRW es tat) zu definieren und zu begutachten, erfordert eine völlig veränderte Sichtweise von Schule. Weder die Systemebene (Schulformen im Vergleich) noch die Mikroebene (der einzelne Lehrer) sind hier von entscheidender Bedeutung. Denn obwohl Lehrerinnen und Lehrer vermutlich die für den Lernerfolg der Schülerinnen und Schüler entscheidendsten Mitglieder dieser Organisation sind, führt eine singuläre Betrachtung des Lehrers als Merkmal für die Qualität von Schule und Unterricht nicht selten zum sog. "Matterhornsyndrom", wie es der Basler Schulrat Elmar OSSWALD einmal ausdrückte: ".. mit dem überforderten auf dem Gipfel stehenden Superpädagogen und der breiten Masse, der am Fuße des Berges stehenden unterforderten Normallehrer, verfestigt durch so verheerend magische Sätze wie: Es kommt auf die einzelne Lehrerpersönlichkeit an !" (OSSWALD 1994, S. 5)

Doch auf diese kommt es eben nicht alleine an, denn dies würde bedeuten, daß jegliches Versagen, jedweder Mißerfolg von Schule auch auf den einzelnen Lehrer zurückzuführen ist - sicherlich eine der Ursachen für das immer mehr zu konstatierende Burn-out-Syndrom in der Lehrer/innenschaft.

Den Blick auf die Einzelschule zu lenken, heißt die Schule als Organisation zu betrachten und als solche ist die Schule auf den ersten Blick eine Organisation wie viele andere, vergleichbar etwa mit Krankenhäusern, Jugendzentren oder Kirchen und Gewerkschaften. Vor allem in dem Sinne, daß es sich um dauerhafte soziale Gebilde handelt, zum Zwecke der Erreichung gemeinsamer Ziele (vgl. MAYNTZ 1968).

In der neueren Organisationssoziologie geht man in der Bestimmung und Interpretation von Organisationen allerdings noch einen Schritt weiter: Danach sind Organisationen keineswegs formale Systeme, sondern "lebensweltlich begründete Handlungszusammenhänge mit eigenen unverwechselbaren Kulturen und Subkulturen" (TÜRK 1989). Das heißt, es sind in gewisser Weise "lebendige" Systeme, die nicht durch Stabilität sondern durch Bewegung gekennzeichnet sind. "Organisationen verändern sich sozusagen durch Adaption, indem Anforderungen wechseln, Aufgaben sich neu formieren und Autoritäten sich etablieren bzw. in Frage gestellt werden. Sie verändern sich auch dadurch, daß permanente Lernprozesse des Personals stattfinden (vgl. ROLFF 1993, S. 123).

Auf die Schule als Organisation bezogen bedeutet dies:

- Schulen sind Individualitäten mit einer spezifischen und identifizierbaren Lernkultur.
- Schulen werden geprägt durch die Handlungs- und Deutungsmuster ihrer Mitglieder innerhalb der Organisation.
- Schulen sind in ihrer inneren Struktur instabil bzw. veränderlich, auch wenn die äußere Struktur stabil bleibt.

Doch bei Schulen handelt es sich nicht nur um Organisationen, die in der vorgenannten Art und Weise kurz charakterisiert werden könnten, es handelt sich auch um Institutionen, die einem staatlichen Bildungs- und Erziehungsauftrag verpflichtet sind. Schulen haben u.a. die Aufgabe, kulturelle Normen und Werte zu tradieren, der nachwachsenden Generation Fähigkeiten und Fertigkeiten zu vermitteln und möglichst vergleichbare Berechtigungszertifikate für den späteren Berufs- und Lebensweg von Kindern und Jugendlichen zu vergeben. Schulen unterliegen aufgrund dieses Bildungs- und Erziehungsauftrages einer staatlichen Aufsicht, Kontrolle und Reglementierung. Der Lehrer selbst verfügt in diesem System zwar über ein relativ hohes Maß an Autonomie, was die Gestaltung und Durchführung seines Unterrichts angeht - hierbei unterscheidet er sich auch kaum von anderen klassischen Professionen wie Ärzten oder Juristen. Als Teil der Institution Schule ist er jedoch ebenso den Reglementierungen und Vorgaben der Institution ausgeliefert, die sich für ihn in Stundenplanvorgaben, Fachcurricula, Differenzierungserlassen, Klassenstärken, Schüler-Lehrer-Relationen oder auch Raumprogrammen und Ausstattungskriterien widerspiegeln.

Trotz dieses Bedingungsgefüges, das für die meisten Schulen mehr oder weniger gleich (schlecht) ist und sicherlich notwendiger Veränderungen und Reformen bedarf, entwickeln Schulen eine äußerst unterschiedlich ausgeprägte Lernkultur. Sie entwickeln bei nahezu gleichen Bedingungen und Voraussetzungen (das Schulumfeld, die Schülerzusammensetzung o.ä. inbegriffen) eine unterschiedliche Qualität bezogen auf Schülerleistungen, Schulabschlüsse und auch hinsichtlich der Arbeitsfreude, der Arbeitseffizienz und der Arbeitszufriedenheit ihrer Mitglieder, sprich der Lehrerinnen und Lehrer sowie der Schülerinnen und Schüler.

Das heißt, eine "gute" Schule ist auch von anderen Merkmalen abhängig, als von den institutionellen Rahmenbedingungen und Vorgaben der staatlichen Schulaufsicht und der kommunalen Schulverwaltung.

Welche Merkmale zum "Gelingen von Schule" beitragen, welche Faktoren eine gute Schule ausmachen, ist bisher - einmal abgesehen von der Ebene des Unterrichts - in bundesdeutschen Schulen empirisch nur sehr unzureichend untersucht worden (vgl. als Überblick HAENISCH 1987). Alle Untersuchungen weisen allerdings darauf hin, daß diese Frage nur für jede einzelne Schule zu beantworten ist, die Einzelschule folglich den "Schlüssel zum Erfolg" liefern kann und nicht eine bestimmte Schulform oder ein Schulsystem. Ein im Jahre 1985 beim Hessischen Institut für Bildungsplanung und Schulentwicklung initiierter Arbeitskreis zur "Qualität von Schule" hat in den vergangenen neun Jahren eine Vielzahl von Erkenntnissen über die Gestaltungsmöglichkeiten der Schule von innen heraus zusammengetragen (vgl. STEFFENS/BARGEL 1993). Dabei wurden immer wieder die innerschulischen Bedingungen hervorgehoben, die letztendlich zum Gelingen von Schule beitragen. Schulen sind dementsprechend "Individualitäten" mit einem eigenen Profil und einer gleichwohl eigenen Qualität. Betrachtet man die Schule als sich selbst gestaltende Individualität, so besagt dies zugleich, daß ein Kollegium das Schicksal seiner Schule selbst in der Hand hat. Dies ist ein entscheidender Paradigmenwechsel in der Schulforschung, wenn man bedenkt, daß noch in den 70er Jahren die Strukturreform des Bildungswesens als die vielversprechendste Qualitätssteigerung der Schule betrachtet wurde.

Doch trotz dieser veränderten Perspektive sollten die strukturellen und außerschulischen Bedingungen, die die Arbeit einer Schule beeinflussen, nicht völlig außer acht gelassen werden. Das heißt, die Umfeldbedingungen der Einzelschule, die sozialräumliche Struktur des schulischen Umfeldes, die Schulstruktur innerhalb des Einzugsgebietes und der soziale und familiale Hintergrund der Schülerschaft haben ebenso einen nicht zu unterschätzenden Einfluß auf die "Qualität" von Schule wie die räumliche und sächliche Ausstattung durch den Schulträger oder die personelle Ausstattung durch das Land.

Wir können also davon ausgehen, daß die Qualität einer Schule von einer Vielzahl von Faktoren abhängig ist, die zum Teil für jede einzelne Schule mehr oder weniger konstant sind (Klassenstärken, Lehrpläne und Stundentafel, Ausbildungsstand der Lehrer, etc.) und zum Teil erheblich von Schule zu Schule variieren (soziales Umfeld, Schülerzusammensetzung, Unterrichtsformen und -methoden, Elternarbeit, etc.). Für uns stellt sich die Lernkultur einer Schule somit durch Innen- und Außenbereiche dar, die sich einerseits gegenseitig bedingen und voneinander abhängig sind und die sich andererseits auch inhaltlich überlappen (vgl. Abb.1).

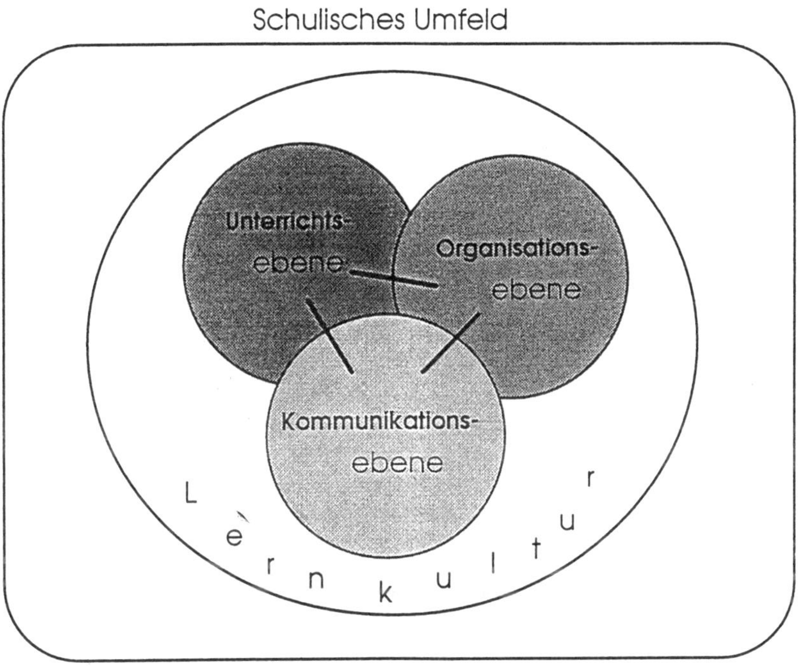

(Abbildung 1/ IFS)

Im Außenbereich der Lernkultur einer Schule ist das soziale Umfeld anzusiedeln, die Zusammensetzung der Schülerschaft, die durch den Einzugsbereich der Schule mit beeinflußt wird sowie die soziokulturelle und städtebauliche Struktur des Schulstandortes. Ferner kann zum Außenbereich der Lernkultur auch die mögliche Konkurrenzsituation der einzelnen Schule zu anderen weiterführenden Schulen gezählt werden; ein Aspekt, der besonders für die Konkurrenz zwischen Integrierter Schulform (Gesamtschule) und den gegliederten Schulformen (Hauptschule, Realschule, Gymnasium) eine Rolle spielen kann. All diese Faktoren bedingen sicherlich die Arbeit einer Schule, in welchem Ausmaß ist jedoch schwer feststellbar. Einen

Einfluß auf die Qualität von Schule können sie allerdings kaum haben, da diese zum einen vor dem Hintergrund der jeweiligen spezifischen Bedingungen einer Schule zu beurteilen ist und zum anderen sehr viel stärker vom Innenbereich der Lernkultur bestimmt wird. Denn dieser Innenbereich der Schule ist entwickelbar, veränderbar. Die Außenbedingungen muß eine Schule hinnehmen, ebenso wie die Verwaltungsvorschriften der Schulaufsicht. Sie unterliegen in der Regel nicht ihrem Einflußbereich. Die Innengestaltung der Schule, die Weiterentwicklung ihrer Lernkultur hingegen obliegt dem Kollegium der einzelnen Schule. Hier kann es seine Potentiale entfalten und verbessern. Wir sehen dabei drei Bereiche, die der Ausgangspunkt für Schulentwicklung sein können: die Unterrichtsebene, die Kommunikationsebene und die Organisationsebene von Schule.

Aspekte einer solchen entwickelten Lernkultur von Schule sind im folgenden stichwortartig benannt. Die Liste erhebt dabei keinen Anspruch auf Vollständigkeit. Sie ist auf der Grundlage der bisherigen Zusammenarbeit mit den Projektschulen des Modellversuches entstanden und beinhaltet quasi eine systematisierte Zusammenstellung der von Lehrerinnen und Lehrern benannten positiven Elemente einer entwickelten Lernkultur: ein möglicher Qualitätsmaßstab für gute Schule.

Unterrichtsebene

- Flexibilität in der Unterrichtsgestaltung
- Vielfalt von Unterrichtsformen und Unterrichtsmethoden
- Einbeziehung von Schüler/innen in die Unterrichtsplanung
- Effektive Nutzung von Unterrichtszeit
- Kooperation mit außerschulischen Einrichtungen
- Nutzung außerschulischer Lernorte
- Einbeziehung außerschulischer Experten

Kommunikationsebene

- Kooperation auf Jahrgangs- und auf Fachebene
- Entwicklung gemeinsamer pädagogischer Ziele und Werte
- Offenheit und Transparenz im Informationsfluß
- Kollegiumsinterne Fortbildung
- Entwicklung einer effektiven Konferenzgestaltung
- Teambildung
- Aufbau einer aktiven Elternarbeit

Organisationsebene

- Entwicklung einer kooperativen Schulleitung
- Delegation von Verantwortung an das Kollegium
- Förderung von Teamstrukturen innerhalb des Kollegiums
- Flexibilität in der Unterrichtsverteilung und Stundenplangestaltung
- Entwicklung eines Schulprofils unter Beteiligung von Eltern und Schüler/innen
- Transparenz von Entscheidungs- und Organisationsstrukturen

Die einzelnen Bereiche der Lernkultur sind dabei nicht trennscharf zu differenzieren, sie beziehen sich gleichwohl auf unterschiedliche Ebenen schulischer Arbeit: Erstens, die Ebene des Unterrichts, die den wesentlichen Teil der Arbeit von Lehrern darstellt und auch vornehmlich in die individuelle Verantwortung des einzelnen Lehrers fällt. Zweitens, die Ebene der Kommunikation und Kooperation innerhalb des Kollegiums, die einen wesentlichen Einfluß auf das Arbeitsklima an der Schule hat und gleichzeitig die Unterrichtsebene berührt, im Hinblick auf die pädagogische und fachliche Zusammenarbeit der Lehrerinnen und Lehrer und der Entwicklung gemeinsamer Ziele und Perspektiven. Drittens, die Ebene der Organisation, die traditionellerweise in der Verantwortung der Schulleitung liegt und sowohl den Unterricht, im Hinblick auf die Unterrichts- und Stundenverteilung betrifft, als auch die Kooperationsstrukturen im Kollegium, vor dem Hintergrund einer Förderung von kollegialer Zusammenarbeit und der Delegation von Verantwortung.

Schulische Entwicklungsprozesse werden folglich immer einzelne der oben genannten Aspekte und Ebenen betreffen. In welchem Ausmaß und mit welcher Intensität hängt letztlich von der einzelnen Schule ab, vom Veränderungswillen der Lehrerinnen und Lehrer und von der jeweiligen Ausgangslage an der Einzelschule. Die Organisationsentwicklung ist eine Möglichkeit, schulische Entwicklungsprozesse zu fördern und zu unterstützen, ihre Lernkultur weiterzuentwickeln und damit einen Schritt hin zur "selbstlernenden Organisation" zu vollziehen.

2 Schulentwicklung durch Organisationsentwicklung

Können Schulen überhaupt lernen, dürfte eine Frage sein, die im Zusammenhang mit Organisationsentwicklung (OE) auf den ersten Blick durchaus berechtigt zu sein scheint. Denn lernen können in erster Linie Individuen. Individuen lernen aber nicht nur als Individuen, sie lernen auch in und mit Organisationen, womit ich wieder zu den eingangs erwähnten Merkmalen der Schule als sozialer Organisation zurückkehre: Organisationen sind nicht zuletzt durch die Handlungs- und Deutungsmuster ihrer Mitglieder oder deren "kognitiven Landkarten" (TÜRK 1989) geprägt, die Bilder und Vorstellungen, die die Mitglieder von ihrer Organisation haben.

Als Gegenstück, aber auch als Ergänzung zum individuellen Lernen könnte man somit das Organisationslernen bezeichnen. Organisationslernen bezieht sich auf das Ganze der Organisation. Die Organisation wird als Lernsystem verstanden, als Bündel von Annahmen, Normen und Handlungsstrategien. Konzepte des Organisationslernens laufen demnach auf eine Erhöhung der Problemlösekapazität hinaus, auf Selbstorganisation und Selbstregulierung (vgl. ROLFF 1993, S. 138f).

Organisationsentwicklung (OE) ist dementsprechend der Ansatz, der Schulen als Organisationen in die Lage versetzen soll, sich von innen heraus zu verändern, weiterzuentwickeln. ROLFF definiert OE als "ein offenes, planmäßiges, zielorientiertes und langfristiges Vorgehen im Umgang mit Veränderungsforderungen und Veränderungsabsichten in sozialen Systemen" (a.a.O., S. 153).

Während für den Bereich der Wirtschaft Ansätze der Organisationsentwicklung bereits seit den 40er Jahren praktiziert werden (vgl. z.B. FRENCH/BELL 1977) und inzwischen für das Management kaum noch wegzudenken sind, haben sich für den sogenannten Non-profit-Sektor derartige Ansätze nur sehr langsam durchgesetzt. In den USA war es vor allem Richard SCHMUCK, der seit Mitte der 60er Jahre OE-Projekte mit Schulen durchführte (vgl. SCHMUCK/RUNKEL 1994). In Westeuropa ist es Per DALIN, der federführend in der Weiterentwicklung von Ansätzen zur Organisationsentwicklung mit Schulen war und gemeinsam mit ROLFF auch ein Konzept für die Arbeit in bundesdeutschen Schulen entwickelte (vgl. DALIN/ROLFF 1990).

Organisationsentwicklung geht von mehreren Annahmen aus, die in vier Punkten zusammengefaßt werden können (vgl hierzu ausführlich DALIN/ROLFF 1990, S. 34 f):

1. *Die Schule ist der Ort der Veränderung und der Motor der Entwicklung*, d.h. die Schule, die Mitglieder dieser Organisation, sind für den Veränderungsprozeß selbst verantwortlich. Er kann zwar von außen beispielsweise durch externe Schulentwicklungsmoderatoren angeleitet und begleitet werden, allerdings sollte diese Form der Unterstützung zeitlich begrenzt sein. Der Entwicklungsprozeß muß letztlich in die Hände derer gelegt werden, die vor Ort arbeiten und auch von den angestrebten Veränderungen direkt profitieren können.

2. *Veränderung entsteht aus Kooperation und Konflikte sind als Chance zu begreifen*, d.h. Organisationsentwicklung setzt an gemeinsamer Veränderung an, wobei die individuelle Veränderung des einzelnen Lehrers durchaus eingeschlossen sein kann. Gemeinsame Veränderung erfordert Kooperation und Kommunikation, macht Zielklärungsprozesse und Absprachen über Werte und Normen notwendig, die nicht unbedingt konfliktfrei verlaufen. Hier werden die unterschiedlichen Wahrnehmungen und Sichtweisen von und über Schule, die "kognitiven Landkarten" innerhalb eines Kollegiums sichtbar, die zwar permanent existent sind, aber auf der Konfliktebene häufig vermieden werden. Im Rahmen von OE wird versucht, diese Konflikte produktiv zu nutzen. Denn unausgesprochen schwelende Konflikte sind oft Hindernisse für Kooperation und Kommunikation und damit letztlich für Veränderung.

3. *Planung und Ausführung sind miteinander verbunden*, d.h. in der Organsiationsentwicklung mit Schulen wird Wert darauf gelegt, daß ein Kollegium von Anfang an in den Prozeß involviert ist und sich mit den Bedürfnissen und Anforderungen für Veränderungen identifiziert. Denn auch die Implementation, die praktische Umsetzung von Veränderungen muß

vom Kollegium gemeinsam getragen und verantwortet werden, damit sie schließlich zum "Eigentum" der Schule werden können. Eine Trennung von Planung auf der einen Seite und Umsetzung auf der anderen, wie sie traditionell in vielen Schulen praktiziert wird, ist nicht nur undemokratisch, sie widerspricht auch den Zielsetzungen einer professionell arbeitenden Schule, die Selbstorganisation und Selbstregulation anstrebt.

4. *Schulen können lernen und sie haben die Freiheit zu handeln*, d.h. Schulen sind zwar Teil eines hierarchischen und bürokratischen Systems, sie sind diesem aber nicht völlig ausgeliefert. Schulen können den Spielraum ihrer Freiheit durch Handeln erkennen und sie können lernen, diese Freiheit im Handeln für sich zu nutzen. Organisationsmitglieder lernen einerseits für sich, sie lernen aber auch gemeinsam. Aus der Summe des individuellen und gemeinsamen Lernens kann neues Handeln entstehen, das die Organisation formt und prägt. Organisationsentwicklung unterstützt diesen Akt des Lernens durch einen geleiteten Entwicklungsprozeß und verhilft ihr zu mehr Effektivität und Professionalität. Auf der Grundlage dieser Annahmen kann Organisationsentwicklung mit Schulen konsequenterweise kein Arbeitsansatz, kein Verfahren, keine Methode sein, die lediglich einen Teil des Kollegiums, eine ausgewählte Lehrergruppe oder gar ausschließlich die Schulleitung involviert. Vielmehr muß OE grundsätzlich einen Prozeß intendieren und initiieren, der alle Mitglieder einer Schule einbezieht. Dies sind in erster Linie die "konstanten" Mitglieder der Schule, die Lehrerinnen und Lehrer. Schülerinnen und Schüler als "temporäre" Mitglieder der Organisation Schule sind bisher kaum an OE-Prozessen beteiligt worden, auch wenn sie letztendlich die eigentlichen Nutznießer schulischer Weiterentwicklung von Lernkultur sein sollten. Ebensowenig wie Eltern, die zwar nicht im eigentlichen Sinne Mitglieder der Organisation Schule sind, allerdings in vielen Bereichen wie Elternpflegschaft, Schulkonferenz oder Fachkonferenzen an Entscheidungs- und Entwicklungsprozessen der Schule aktiv teilhaben.

Im Rahmen des erwähnten Modellversuches zur "Weiterentwicklung von Lernkultur an Sekundarschulen" wollen wir diesen Aspekten in unterschiedlicher Weise Rechnung tragen. Das heißt, wir initiieren, begleiten und evaluieren einerseits OE-Prozesse mit Kollegien unterschiedlicher Sekundarschulen in NRW und Brandenburg und erproben andererseits Verfahren zur Schüler- und Elternbeteiligung an ebensolchen Schulentwicklungsprozessen mit einzelnen ausgewählten Schulen des Modellversuches. Über die Arbeit mit Kollegien sowie über die ersten Ergebnisse des OE-Prozesses in und mit den Modellschulen soll im folgenden berichtet werden. Die Beteiligung von Schülern und Eltern muß hierbei vorerst unberücksicht bleiben, da sich diese Verfahren noch im Erprobungsstadium befinden.

3 Organisationsentwicklung in der Praxis

Organisationsentwicklungsprozesse mit Schulen lassen sich grundsätzlich in die fünf Phasen unterteilen: Kontaktaufnahme, Diagnosephase, Zielklärungsphase, Umsetzungsphase und Evaluationsphase. Dieses Phasenschema ist keineswegs originär für die Arbeit mit Schulen entwickelt worden. Es kommt ebenso in der Wirtschaft oder in der Beratung von Non-Profit-Unternehmen, wie Vereinen oder karitativen Organisationen zur Anwendung und hat sich dort seit Jahren bewährt. Gleichwohl unterscheiden sich die methodischen Zugänge und Verfahren in den einzelnen Phasen zum Teil erheblich voneinander. Wir haben für die OE-Prozesse in NRW-Schulen eine Methode gewählt, die sich am Konzept des ISP - Institutionelles Schulentwicklungsprogramm - (vgl. DALIN/ROLFF 1990) orientiert und leicht modifiziert bzw. durch Interviews ergänzt. Die einzelnen Phasen des OE-Prozesses sind im folgenden kurz erläutert:

1. Kontaktaufnahme und Klärung der Zusammenarbeit

- Gespräch mit der Schulleitung/Vertretern des Lehrerrats
- Informationskonferenz/Abstimmung im Kollegium
- Bildung einer Steuergruppe/Projektgruppe
- Interviews mit Lehrer/innen und SL

2. Diagnose und Analyse der Ausgangssituation

- Vorbereitung und Durchführung einer Datensammlung/Fragebogenerhebung
- Analyse der Schule/Problembeschreibung im Rahmen einer Pädagogischen Konferenz

3. Zielklärung und Aktionsplanung

- Zielklärung/Zielvereinbarung
- Bildung von Themengruppen
- Projektentwicklung in den Themengruppen
- Teamentwicklung in der SL

4. Umsetzung

- Vorstellung/Diskussion und Abstimmung der Projekte in einer Pädagogischen Konferenz
- Koordinierung und Management der Entwicklungsmaßnahmen, Innovationsprojekte etc. durch die Steuergruppe und die SL

5. Evaluation

- Auswertung der Ergebnisse und des Prozesses

Die erste Phase, als *Kontaktaufnahme und Klärung der Zusammenarbeit* bezeichnet, beinhaltet dabei Gespräche mit der Schulleitung und Vertretern des Kollegiums, wie beispielsweise dem Lehrerrat. Hier wird über die Ziele und Inhalte des Projektes informiert, sowie das spezifische Interesse der einzelnen Schule abgeklärt. Eine Informationskonferenz mit dem gesamten Kollegium dient der Vorstellung des OE-Prozesses für alle Beteiligten sowie der Bildung einer schulinternen Projektgruppe oder Steuergruppe, die vor allem die Bestandsaufnahme zum Ist-Zustand der schulischen Lernkultur vorbereiten und durchführen soll. Die schulinterne Projektgruppe (etwa 6 bis 10 Mitglieder) sollte idealtypischerweise den Querschnitt der unterschiedlichen Meinungen und Interessen innerhalb des Kollegiums bezüglich der schulischen Arbeit, ihrer Zielsetzungen und potentiellen Profilierungen repräsentieren. Allerdings ist dieser Anspruch nur selten einlösbar, da die "Gruppe" derer, die einem solchen Prozeß eher skeptisch oder verhalten gegenüberstehen, in dieser Phase des Projektes in der Regel nicht einzubeziehen sind. Auch die Schulleitung sollte in der Projektgruppe mit einem oder zwei Mitgliedern vertreten sein, da sie letztlich eine Schlüsselfunktion für Veränderungsprozesse in Schule innehat, als Katalysator für Innovation ebenso wie als Garant für Kontinuität. Einer komplexen Innensicht der Schule dienen ferner ausführliche Interviews mit einzelnen Lehrerinnen und Lehrern, die die unterschiedliche Sichtweise der jeweiligen Entwicklung und des aktuellen „Ist-Zustandes" der Schule widerspiegeln sollen.

Die zweite Phase dient der *Diagnose und Analyse der Ausgangssituation* der einzelnen Schule. In dieser Phase besteht die wesentliche Aufgabe der schulinternen Projektgruppe darin, ein geeignetes Instrument zur Analyse des Ist-Zustandes der Schule oder besser gesagt zum derzeitigen Entwicklungsstand ihrer Lernkultur zu erstellen bzw. auszuwählen. Diese Form der Datensammlung ist sowohl mit vorhandenen Erhebungsinstrumenten wie beispielsweise dem GIL (Guide to Institutional Learning) möglich (vgl. ROLFF/DALIN 1990 S. 92f) als auch durch selbsterstellte Fragebögen oder Erhebungsformen. Mithilfe dieser Datensammlung können Aspekte wie Arbeitsklima, Kooperation im Kollegium, Formen der Belastung, Entscheidungsprozesse, Umgang mit Schülern, etc. abgefragt werden. Durch die Einbeziehung des gesamten Kollegiums in diese Bestandsaufnahme wird somit erstmalig ein umfassendes Bild der Lernkultur einer Schule erstellt, das nicht lediglich auf der Wahrnehmung und Interpretation einzelner Kollegiumsmitglieder basiert, sondern alle Sichtweisen berücksicht. Die datengestützte Analyse der Schule - im Rahmen einer pädagogischen Konferenz - die gemeinsame Interpretation der Ausgangslage, mündet schließlich in einer Problembeschreibung, bei der die Stärken und Schwächen der Arbeit an und in der jeweiligen Schule thematisiert wird. Hieraus folgt die Zielklärung und Zielvereinbarung innerhalb des Kollegiums für den weiteren Schulentwicklungsprozeß.

Mit diesem Schritt wird auch bereits die dritte Phase des OE-Prozesses eingeleitet, der als *Zielklärung und Aktionsplanung* bezeichnet werden kann. Die Analyse des Ist-Zustandes der Schule generiert in der Regel eine Vielzahl von möglichen Themen und Handlungsfeldern, die eine schulinterne Weiterentwicklung und Weiterbearbeitung notwendig erscheinen lassen. Dabei sind kaum alle Themen und Aspekte gleichzeitig zu behandeln, so daß eine Prioritätensetzung mit dem Kollegium nötig ist, dergestalt daß gemeinsam entschieden werden muß, welche Themen als vordringlich zu betrachten sind und im Sinne einer konkreten Aktionsplanung fortgeschrieben werden sollen. Die bisherige Erfahrung hat gezeigt, daß für eine Schule kaum mehr als vier oder fünf Themenfelder gleichzeitig zu bearbeiten sind. Die Aktionsplanung reduziert sich demnach auf die Aspekte, die in den folgenden Wochen und Monaten von entsprechenden Themengruppen behandelt werden. Die Mitglieder der schulinternen Projekt- oder Steuergruppe übernehmen dabei in der Regel die Aufgabe, diese Themengruppen zu moderieren und den Prozeß der schulischen Planungs- und Entwicklungsarbeit zu koordinieren. Für Schulen mit einer differenzierten Schulleitung, wie man sie vor allem in Gesamtschulen vorfindet, kommt zudem der Teamentwicklung mit den Mitgliedern der Schulleitung eine wichtige Bedeutung zu. Sie wird von den externen Beratern angeleitet, mit dem Ziel, auch innerhalb der Schulleitung gemeinsame Leitlinien für die Entwicklung der Schule zu erarbeiten, Rollen- und Funktionsklärungen vorzunehmen sowie die Führungseigenschaften der einzelnen Schulleitungsmitglieder weiterzuentwickeln. Diesem Arbeitsbereich liegt die Annahme zugrunde, daß eine Schule nur dann gemeinsame Zielsetzungen ihrer Arbeit entwickeln kann, wenn diese auch in der Schulleitung Resonanz und Unterstützung finden.

In der vierten Phase, der *Umsetzungsphase* ist die erneute Einbeziehung des gesamten Kollegiums in den Planungsprozeß der Themengruppen der erste Schritt zur Realisierung einzelner Vorhaben. Denn auch wenn nicht alle Mitglieder des Kollegiums gleichermaßen von Veränderungen zur Schulorganisation, zum Unterricht oder beispielsweise zu den Formen der Kooperation betroffen sind, sollten sie von allen Lehrerinnen und Lehrern getragen werden. Die Vorstellung und Diskussion der Arbeitsergebnisse der Themengruppen im Rahmen einer weiteren Pädagogischen Konferenz ist somit eine notwendige Voraussetzung für die Implementation von Veränderungen. Die Koordination und das Management der Veränderung einer Schule wird in dieser Phase wiederum die Aufgabe der Steuergruppe und der Schulleitung sein. Denn erst wenn Veränderungen zur Routine des Schulalltages geworden sind, können sie als institutionalisiert gelten, als Weiterentwicklung der Lernkultur einer Schule verstanden werden.

Zur erfolgreichen Implementation von Veränderungen zählt notwendigerweise auch die Bewertung und Beurteilung des Entwicklungsprozesses einer Schule, die *Evaluation*. Sie ist Gegenstand der fünften Phase und erfordert Methoden und Instrumente der Auswertung von Ergebnissen, Erfolgen und Mißerfolgen geplanter und realisierter Veränderungen. Erst aus der

Analyse von Zielsetzungen im Verhältnis zu den tatsächlich erzielten Ergebnissen einer intendierten Veränderung bzw. Weiterentwicklung einzelner Arbeits- oder Organisationsbereiche von Schule lassen sich Rückschlüsse auf Planungsfehler bzw. Umsetzungsschwierigkeiten in der Praxis ziehen. Die Phase der Evaluation generiert somit tatsächliche Lernzuwächse einer Schule, eines Kollegiums im Hinblick auf einen weiteren Aspekt der Lernkultur von Schule, nämlich dem Ziel, eine selbstlernende Organisation zu werden und damit die Planung, Steuerung und Implementation von Veränderung zu professionalisieren.

4 Ziele und Themen einer Organisationsentwicklung mit Schulen

Die Frage nach den konkreten Zielen einer Organisationsentwicklung mit Schulen wird immer wieder in den Vorgesprächen mit Schulleitungsmitgliedern und Vertretern des Kollegiums thematisiert. Dabei scheint es zunächst einmal in der Natur der Sache zu liegen, daß diese Ziele immer ein wenig abstrakt bleiben und auf den ersten Blick den Hauptanteil der täglichen Arbeit von Lehrerinnen und Lehrern - den Unterricht - nicht zu berühren scheinen. Da allerdings die weitverbreitete Blickrichtung von Lehrern hauptsächlich auf den eigenen Unterricht, die eigene Klasse oder Schülergruppe zielt und die Schule als gemeinsam organisierte Veranstaltung nur selten in den Blick rückt, ist ein Perspektivwechsel vonnöten, um gemeinsame Ziele zu erkennen und als wichtig zu erachTen. In der Diskussion sowie in den Interviews mit den am Modellversuch beteiligten Schulen wurden von Lehrerinnen und Lehrern vier zentrale Ziele häufiger benannt:

- *Erhöhung der Kompetenz im Erkennen und Lösen schulinterner Probleme*
- *Steigerung der Attraktivität der einzelnen Schule*
- *Verbesserung des Arbeitsplatzes Schule für Lehrer und Schüler*
- *Selbstorganisation und Selbstevaluation von Entwicklungsprozessen*

Dabei stellen diese Ziele keine Rangfolge dar, sondern sie ergeben sich sozusagen aus den unterschiedlichen Problemlagen der Schulen. Deutlicher und konkreter werden diese Ziele, wenn man einmal die während der Analysephase ermittelten Problemfelder der am Modellversuch beteiligten (Gesamt)Schulen genauer betrachtet.

Sie lassen sich in fünf Bereiche unterteilen, wobei sie je nach Entwicklungsstand und Alter der jeweiligen Gesamtschule unterschiedlich stark ausgeprägt sind:

1. Werte und Ziele der Gesamtschule

- unklare pädagogische und/oder gesellschaftliche Zielsetzungen
- fehlende Wertediskussion innerhalb der Schule

- soziale Orientierung vs. Leistungsorientierung
- hohe Ideale, die in der täglichen Praxis nicht erfüllt werden können
- politische und gesellschaftliche Akzeptanz der Gesamtschule zu gering

2. Unterricht

- Mangel an schülerorientierten Unterrichtsformen
- fehlende Kompetenz im Bereich der inneren Differenzierung
- Erziehung zur Selbständigkeit, zur Eigenverantwortlichkeit und zur Kooperationsfähigkeit von Schüler/innen ist unzureichend
- Hilflosigkeit und Ratlosigkeit im Umgang mit "neuem Schülertyp"
- Notendruck durch Orientierung auf Sek. II bzw. Abitur

3. Arbeitsklima/Kooperation im Kollegium

- Informationsfluß zwischen einzelnen Gruppen auf Jahrgangs-, Klassen- und Fachebene ist häufig mangelhaft
- unterschiedliche Sichtweisen in der Zielsetzung der Gesamtschule führen zu Mißtrauen und Konkurrenz
- Absprachen auf Fachkonferenz- und Jahrgangsebene werden mißachtet
- Koordination zwischen SI und SII ist zum Teil durch Konfrontation und gegenseitige Vorwürfe gekennzeichnet
- Arbeitsbelastung wird als ungerecht verteilt empfunden

4. Entscheidungsprozesse

- Konferenzen werden als ineffektiv und ermüdend empfunden
- Entscheidungsprozesse sind oft für das Kollegium nicht transparent
- Kompetenzen und Zuständigkeiten sind nicht klar geregelt
- Einfluß des Kollegiums z.B. auf Unterrichtsverteilung, Stundenplangestaltung und Schulorganisation wird als zu gering empfunden

5. Schulleitung/Führung

- Schulleitung wird oft nicht als Team empfunden
- Schulleitung zieht sich aus dem Kollegium zurück, nicht mehr "präsent"
- Verantwortungsbereiche innerhalb der Schulleitung sind nicht geklärt
- Kollegium wird zuwenig in Entscheidungsprozesse einbezogen
- Schulleitung vernachlässigt die persönliche, menschliche Ebene im Umgang mit dem Kollegium

Bezogen auf die Ausgeprägtheit der Problembereiche in den einzelnen Schulen ist deutlich geworden, daß vor allem ein Zusammenhang zum Alter der jeweiligen Schule besteht. Das heißt, je länger eine Schule existiert, umso stärker treten bestimmte Probleme in den Vordergrund. Während bei Gesamtschulen im Aufbaustadium, also bis zum dritten oder vierten Jahr ihres Bestehens, Problemfelder wie Schulleitung oder Entscheidungsprozesse in der Regel noch nicht sonderlich ins Gewicht fallen, werden mit zunehmendem Entwicklungsalter auch diese Aspekte virulent. Im Laufe der Entwicklungsgeschichte einer Schule werden demnach bestimmte Strukturen herausgebildet und verfestigt, die in den von den Kollegien ermittelten

Stärken und Schwächen der Schule sichtbar werden. Spätestens zu diesem Zeitpunkt des Organisationsentwicklungsprozesses der Schule werden die zuvor genannten Ziele bedeutsam. Denn in der *Erhöhung der Kompetenz im Erkennen und Lösen schulinterner Probleme* liegt ein Schlüssel zur Bearbeitung von Fehlentwicklungen - liegen sie auf der Ebene des Unterrichts, des Arbeitsklimas oder den Entscheidungs- und Führungsstrukturen der Schule? Die *Steigerung der Attraktivität und Akzeptanz der einzelnen Schule* rekurriert wiederum auf die fehlenden gemeinsamen Werte und Ziele einer Schule sowie auf die Orientierungslosigkeit im Hinblick auf einheitliche pädagogische Zielsetzungen, auf das Profil einer Schule. Die *Verbesserung des Arbeitsplatzes Schule für Lehrer und Schüler* tangiert hingegen alle Problemfelder und macht deutlich, daß nicht nur der Unterricht für Lehrer und Schüler als überaus belastend empfunden wird, sondern auf vielen Ebenen der schulischen Arbeit Verbesserungen erforderlich sind. Das Ziel der *Selbstorganisation und Selbstevaluation von Entwicklungsprozessen* kann vor diesem Hintergrund als Globalziel interpretiert werden. Es unterstreicht noch einmal die Notwendigkeit, Probleme selbst in die Hand zu nehmen und die Entwicklung von Schule künftig als selbstgewählte Aufgabe zu betrachten.

Welche Themen von den beteiligten Schulen als vordringlich gesehen wurden und in der Prioritätensetzung mit den Kollegien die höchste Zustimmung erhielten, zeigt die folgende Übersicht. Sie sollte allerdings nicht darüber hinwegtäuschen, daß natürlich auch externe Bedingungen den Schulalltag belasten und beeinträchtigen: die steigenden Klassenstärken, die Erhöhung der Pflichstundenzahl von Lehrern, die geringe öffentliche Anerkennung der Arbeit von Lehrerinnen und Lehrern, die Verrechtlichung des Schulalltages durch Erlasse und Vorschriften - um nur einige zu nennen. Sie fehlen in dieser Liste, nicht weil sie unwichtig sind, sondern weil die Beseitigung dieser Probleme die Möglichkeiten einer einzelnen Schule übersteigen.

- *Gemeinsame pädagogische Werte und Normen entwickeln*
- *Alternative Unterrichtsformen und -methoden erarbeiten und erproben*
- *Kommunikation und Kooperation innerhalb des Kollegiums verbessern*
- *Teamstrukturen fördern*
- *Verzahnung zwischen Sekundarstufe 1 und Gymnasialer Oberstufe erzielen*
- *Positive Führungsqualitäten der Schulleitung stärken*

5 Eine Schule auf dem Weg zur selbstlernenden Organisation - ein Fallbeispiel

Wie sieht die Arbeit nun in der Praxis aus und vor allem, was bedeutet es konkret für ein Kollegium, für eine Schule, sich auf einen solchen Entwicklungsprozeß einzulassen? Dies soll am Beispiel einer Schule darstellt werden, die nunmehr seit über einem Jahr am Modellversuch beteiligt ist - auf dem Weg zur Weiterentwicklung ihrer Lernkultur und zur selbstlernenden Organisation:

Die Erich-Fried-Gesamtschule in Andersstadt ist eine sechszügige Gesamtschule mit differenzierter Oberstufe der sogenannten 2. Generation. Das heißt, sie hat aus den Gründerjahren der ersten Gesamtschulen lernen können, wurde in der Zügigkeit nicht mehr überdimensioniert und bestand von Anfang an aus einem Team erfahrener und engagierter Gesamtschullehrerinnen und -lehrer, die Schulleitung eingeschlossen. Die ersten Abiturjahrgänge haben die Schule auch inzwischen erfolgreich absolviert und was die Anmeldungen für den 5. Jahrgang angeht, so braucht sich die Schule keine Existenzsorgen zu machen. Ganz im Gegenteil, in den letzten Jahren mußten immer wieder Schüler abgewiesen werden, da die Kapazität der sechs parallelen Klassen nicht ausreichte. Auch die Gebäude- und Raumsituation der Schule ist zufriedenstellend, über Platzmangel kann man nicht klagen, wenn auch die Lehrerversorgung in den vergangenen zwei, drei Jahren zu einzelnen Stundenkürzungen geführt hat.

Dennoch sind auch an der Erich-Fried-Gesamtschule die gesellschaftlichen Entwicklungen, die Veränderungen in der Schülerschaft und der langsam fortschreitende Alterungsprozeß des Kollegiums nicht spurlos vorübergegangen. Thomas Schneider, Mitglied des Lehrerrates und seit Gründung der Schule im Kollegium, faßt die Situation so zusammen: " Viele von uns haben mit großem Elan begonnen und sich im Laufe der Jahre sicherlich auch aufgerieben. In den letzten Jahren ist kaum eine Neueinstellung ins Kollegium gekommen und wir haben mit unseren Ideen und Vorstellungen ein bißchen im eigenen Saft geschmort. Nach dem Kienbaum-Gutachten und den damit verbundenen Verschlechterungen der Arbeitsbedingungen auch an dieser Schule, haben eine Reihe von Kolleginnen und Kollegen ihren Arbeitseifer auf ein Minimum zurückgeschraubt und faktisch Dienst nach Vorschrift geleistet. Wohl wissend, daß dies auch keine Lösung ist und es an anderen Schulen und in anderen Bundesländern zum Teil noch schlechter um die Arbeitsbedingungen für Lehrer bestellt ist. Der Modellversuch ist deshalb für einige von uns mit der Hoffnung verbunden, noch einmal einen neuen Impuls zu liefern und nach fast 15 Jahren der Frage gemeinsam nachzugehen, wohin wir uns eigentlich entwickeln wollen und können."

Der Erstkontakt mit der Erich-Fried-Gesamtschule für die Teilnahme am Modellversuch war über die Schulleitung gelaufen, was allerdings nicht gleichbedeutend damit sein muß, daß auch bei der Schulleitung das Hauptinteresse für dieses Projekt lag. Das erste Gespräch zwischen Schule und den Moderatoren des Modellversuches war folglich auch nicht auf die Schulleitung beschränkt, sondern schloß eine Gruppe von Lehrerinnen und Lehrern ein, die hauptsächlich im 9. Jahrgang unterrichtete und sich als Initiativgruppe für dieses Projekt herausstellte.

Der letztliche Auslöser für den Entschluß, daß an dieser Schule andere Wege der Weiterentwicklung beschritten werden müssen, war eine schulinterne Fortbildung zum Thema "Gewalt" gewesen, bzw. der Frust darüber, daß man zwar während dieses Tages im Kollegium engagiert über eine Vielzahl von Veränderungen und neue Projekte diskutiert und beraten hatte, die Euphorie (zumindest in Teilen des Kollegiums) über diese gelungene Veranstaltung jedoch schon wenige Wochen später wieder im täglichen Trott des Schulalltages versickerte. Helmut Müller, Mitglied der Initiativgruppe konstatiert: "Wie schon bei früheren Tagungen dieser Art, ließen sich alle Vorschläge und Ideen schon nach kurzer Zeit auf die Formel reduzieren: wir sollten künftig! Nur wann, wie und mit wem blieb zum wiederholten Male unklar und einzelnen Kolleginnen und Kollegen war deutlich anzumerken, daß sie kein Interesse mehr an solchen gemeinsamen schulinternen Fortbildungen hatten und sich stattdessen mehr und mehr in die innere Emigration zurückzogen. Deshalb verband sich mit dem OE-Projekt bei einigen von uns der Wunsch und die Hoffnung, daß auch diese alten Themen wieder aufgegriffen werden könnten und durch die Kontinuität des Prozesses eine gewisse Gewährleistung für die Umsetzung von Ideen und Vorhaben gegeben sein würde."

Die Vorstellung des Modellversuches und des damit verbundenen OE-Projektes in dieser durch die Schulleitung erweiterten Initiativgruppe traf auf einhellige Zustimmung, obgleich die (in diesem Zusammenhang immer wieder gestellte) Frage nicht ausreichend beantwortet werden konnte, was denn nun das Ergebnis eines solchen Projektes <u>konkret</u> sein könnte. Da es sich bei Organisationsentwicklungsprojekten um einen Prozeß handelt, der sich ausschließlich an den spezifischen Bedingungen und Vorstellungen der einzelnen Schule orientiert und bezogen auf die jeweilige Schulsituation keinerlei inhaltliche (Curriculum, Unterrichtsformen, Fächerkanon, etc.) oder organisatorische (Stundenraster, Zeitabläufe, Unterrichtsverteilung, etc.) Vorgaben von seiten der Moderatoren beinhaltet, ist eine solche Frage tatsächlich erst im Laufe des Prozesses genauer zu beantworten. Denn bei OE handelt es sich analog zur eingangs zitierten Definition von ROLFF um ein "offenes Vorgehen" , das dementsprechend keine konkreten Zielorientierungen vorwegnehmen kann. Für Schulen, die gewohnt sind, Vorgaben und Erlasse in Handlungsmuster umzusetzen, scheint ein solches Vorgehen verständlicherweise auf den ersten Blick eher ungewöhnlich zu sein.

Nach der Vorstellung des Projektes in der Initiativgruppe wurde noch einmal die Lehrerkonferenz ausführlich über den Projektverlauf und die einzelnen Phasen des Prozesses informiert, da sie letztendlich mit Abstimmung dem Projekt seine mehrheitliche Zustimmung geben muß. In der Lehrerkonferenz wurden auch die Mitglieder der einzurichtenden Steuergruppe benannt bzw. gewählt, mit der die Moderatoren in den kommenden Wochen und Monaten in erster Linie zusammenarbeiten sollten. Die Steuergruppe nimmt eine Schlüsselfunktion innerhalb des Prozesses ein. Sie repräsentiert idealtypischerweise die unterschiedlichen Interessensgruppen und Meinungen innerhalb des Kollegiums, sie steuert im ureigensten Sinn des Wortes den Prozeßverlauf und sorgt für die nötige Information und Transparenz gegenüber dem Gesamtkollegium.

An der Erich-Fried-Gesamtschule setzte sich die Steuergruppe hauptsächlich aus Mitgliedern der ehemaligen Initiativgruppe zusammen sowie einem gewählten Vertreter der Schulleitung, in diesem Fall dem didaktischen Leiter. Martin Klein, Mitglied der Steuergruppe: "Natürlich ist die Gruppe im Kollegium, die sich aus allem raushalten, aber selbst keine Initiative ergreifen nicht in der Steuergruppe vertreten. Hiermit muß man sich wohl abfinden, denn eine Mitarbeit in diesem Gremium würde ja bereits eine innere Wende voraussetzen, die zur aktiven Auseinandersetzung mit der vorfindbaren Schulrealität!"

Die Aufgabe der Steuergruppe in dieser zweiten Phase des Prozesses besteht hauptsächlich darin, gemeinsam mit den Moderatoren eine Bestandsaufnahme im Kollegium vorzunehmen, ausgehend von den Fragen: Wo stehen wir? Was sind unsere augenblicklichen Probleme? Wo liegen unsere Stärken und Schwächen? Nach längeren Diskussionen entschied sich die Steuergruppe der Erich-Fried-Gesamtschule für eine Datensammlung mithilfe des GIL (Guide to Institutional Learning). Dieses Instrument, entwickelt vom norwegischen Institut IMTEC (vgl. DALIN/ROLFF 1990, S. 92f), ermöglicht eine umfangreiche Diagnose in zehn verschiedenen Kategorien (u.a. Werte und Ziele, Normen und Erwartungen, Unterrichtspraxis, Arbeitsklima, Leitung, Einfluß und Kontrolle). Der GIL ist nicht in Form von Fragen, sondern in Statements konzipiert und man erhält so ein recht gutes Gesamtbild über die Einstellungen und Meinungen innerhalb des Kollegiums. Natürlich sind auch andere Möglichkeiten der Datensammlung denkbar, wie beispielsweise die Entwicklung eines eigenen Fragebogens oder die Selbstuntersuchung mithilfe von ermittelten Themenfeldern (vgl. PHILIPP 1992).

Innerhalb der Steuergruppe führte die Beschäftigung mit den unterschiedlichen Analysemethoden jedoch bereits zu heftigen Diskussionen und Auseinandersetzungen über einzelne Inhalte und Probleme, die die Schule direkt angehen und schon häufiger Thema schulinterner Debatten gewesen waren, wie zum Beispiel die Absprachen über pädagogische und curriculare Fragen innerhalb der Jahrgänge oder die Führungsqualitäten einzelner Schulleitungsmitglieder.

Die Diskussionen in der Steuergruppe machten deutlich, daß die Datensammlung und damit auch die Instrumente für diese Datensammlung im Grunde variabel sind. Entscheidend ist die anschließende "kommunikative Validierung" der erhobenen Daten. Sie geht von der Annahme aus, daß bei der Interpretation von Daten ein Dialog mit den befragten Subjekten unerläßlich ist, gerade auch wenn es sich um widersprüchliche oder strittige Daten handelt. Es geht somit um eine datengestützte Diskussion einzelner Themen mit dem gesamten Kollegium, die zwar in der Regel schon seit längerem in jeder Schule gären, aber nunmehr durch konkrete Zahlen und Ergebnisse ein anderes Gewicht erhalten. So mag beispielsweise die Unzufriedenheit mit den soeben erwähnten Absprachen des öfteren Tischgespräch im Lehrerzimmer gewesen oder als Tagesordnungspunkt auf der Stufenkonferenz erschienen sein: daß aber tatsächlich die überwiegende Mehrheit des Kollegiums mit dieser Situation überaus unzufrieden ist, wird nun durch die Datensammlung zum Fakt.

Ein Teil dieser kommunikativen Validierung wird im Grunde bereits von der Steuergruppe vorweggenommen, wenn nämlich zum ersten Mal die im Kollegium erhobenen Meinungen und Stellungnahmen diskutiert werden. So auch in der Erich-Fried-Gesamtschule, wo etwa 85% des Kollegiums den Fragebogen zurückgegeben hatten. Themen und Probleme, die durch den GIL "ans Licht kamen", waren im Grunde für alle Mitglieder der Steuergruppe nicht gänzlich überraschend. So wurde beispielsweise die Kooperation innerhalb des Kollegiums moniert, die Schulleitung in der Transparenz ihrer Entscheidungen und der Beteiligung des Kollegiums an Entscheidungen kritisiert, gemeinsame Werte und Ziele dieser Schule in Frage gestellt.

Die Hauptaufgabe der Steuergruppe bestand nun darin, die Datenmenge, das Datenmaterial so aufzubereiten, daß es dem gesamten Kollegium im Rahmen einer 1½-tägigen Pädagogischen Konferenz vorgestellt werden konnte. Lese- und Verständnishinweise zum Datenmaterial wurden erstellt und teilweise provokante Thesen zu bestimmten Themen formuliert, um die Diskussion etwas "anzuhei-zen". Da jedes Steuergruppenmitglied während der Pädagogischen Konferenz die Aufgabe hatte, eine Kollegiumsgruppe zu moderieren, war es für sie erforderlich, die Ergebnisse der Befragung genau zu kennen.

Die Pädagogische Konferenz, die erste Zusammenkunft des gesamten Kollegiums, fand etwa ein 3/4 Jahr nach der Informationskonferenz statt, auf dem sich die Lehrer mehrheitlich für die Teilnahme am Projekt entschieden hatten. Der Tagungsort war von der Steuergruppe mit Bedacht außerhalb der Schule gelegt worden, auch wenn nicht alle Kolleginnen und Kollegen dies vorbehaltlos befürworteten. Denn man wollte endlich einmal wieder unbelastet von der gewohnten Umgebung die Zeit haben, sich auszutauschen und miteinander ins Gespräch zu kommen.

Die Diskussion der Ergebnisse des GIL und die anschließende Zusammenfassung und Gewichtung der unterschiedlichen Aspekte brachte schließlich fünf Themen zu Tage: Neue Schüler/Neue Arbeitsmethoden, Führung, Kooperation zwischen Sek. I und Sek. II, Arbeit in der Eingangsstufe 5/6, Werte und Ziele der Gesamtschule. In neu zusammengesetzten Arbeitsgruppen wurden diese Themen am zweiten Tag der Pädagogischen Konferenz noch einmal differenziert in Ziele und Projektvorschläge. Es liegt auf der Hand, daß die Ergebnisse dieser beiden Tage nicht schon am nächsten Schultag in praktikable Handlungsstrategien umzusetzen sind - auch wenn diese Erwartung bei einigen Kollegiumsmitgliedern sicherlich vorhanden war. Die Verdichtung der Vielzahl von Zielen, Projektvorschlägen und Arbeitsaufträgen auf einige wenige, konkret umsetzbare Themen war der weiteren Arbeit der Steuergruppe vorbehalten. Da nicht alle Mitglieder des Kollegiums die Diskussionsergebnisse in den verschiedenen Arbeitsgruppen mitbekommen konnten, bereitete die Steuergruppe im nächsten Schritt eine weitere Lehrerkonferenz vor, in der diese dem Kollegium präsentiert werden. Die Lehrerkonferenz entschied dann auch darüber, welche Themen die vordringlichsten sind und nun mithilfe von Projektgruppen bearbeitet werden, wobei jedes Steuergruppenmitglied sich einer Projektgruppe zugeordnet hat.

Die Umsetzung der Zielabsprachen in die Aktionsplanung, die nun im kommenden Schulhalbjahr beginnen wird, ist sicherlich eine der schwierigsten Phasen im Prozeß. Denn hier kommt es nun darauf an, Ziele und Mittel in Einklang zu bringen, d.h. ein gutes Projektmanagement zu beweisen, indem Projekte auch im Hinblick auf ihr Realisierungspotential geplant und bearbeitet werden müssen. Denn nichts wäre für den Prozeß kontraproduktiver als Projekte, die bereits auf der Planungsebene steckenbleiben. Hier wird es wiederum die Steuergruppe sein, die die Verantwortung für diesen wichtigen Entwicklungsabschnitt trägt. Sie ist Mittler und Katalysator zugleich, verbindendes Glied zwischen Planung und Initiierung und damit ein wesentliches Medium für den Selbstlernprozeß einer Schule. Wenn es ihr gelingt, ihre Arbeit nicht nur immer wieder dem gesamten Kollegium gegenüber transparent zu machen, sondern auch weitere Mitglieder des Kollegiums zu aktivieren und in den Gestaltungsprozeß der Schule einzubeziehen, ist die Schule auf dem besten Weg eine lernende Schule zu werden. In der Erich-Fried-Gesamtschule hat die Motivation zur weiteren Arbeit bisher noch keinen Einbruch erlitten - auch dies ist bereits ein Erfolg im Vergleich zu bisherigen Aktivitäten zur Veränderung von Schule und Arbeitsalltag.

Literatur

Bauer, K.O.: Lehrerprofessionalisierung und Lernkultur. In: Holtappels, H.G. (Hg.): Lernkultur an Sekundarschulen, Dortmund 1993, IFS-Werkheft 42

Dalin, P.: Organisationsentwicklung als Beitrag zur Schulentwicklung, Paderborn 1986

Dalin, P./Rolff H.G.: Institutionelles Schulentwicklungsprogramm, Soest 1990

Duncker, L.: Kulturfragen der Schulpädagogik. In: Neue Sammlung, Heft 1, 1992

French, W.C./Bell, C.H.: Organisationsentwicklung, Stuttgart 1977

Haenisch, H.: Was ist eine gute Schule? In: HIBS, 1987, S. 41-54

Haft, H./Hameyer, U.: Handlungsorientierte Schulforschungsprojekte, Weinheim 1977

HIBS (Hg.): Beiträge aus dem Arbeitskreis "Qualität von Schule", Bände 1-7, Wiesbaden 1987f

Holtappels, H.G. (Hg.): Lernkultur an Sekundarschulen, Dortmund 1993, IFS-Werkheft 42

Horster, L.: Wie Schulen sich entwickeln können, Soest 1993

Mayntz, R. (Hg.): Bürokratische Organisationen, Köln 1968

Osswald, E.: Gemeinsam eine bessere Schule schaffen, In: Nürnberger Lehrerzeitung, Nr. 19, 1994, S. 4-6

Philipp, E.: Gute Schulen verwirklichen. Ein Arbeitsbuch mit Methoden, Übungen und Beispielen der Organisationsentwicklung. Weinheim/Basel 1992

Purkey, S.C./Smith, M.S.: Effective Schools. A Review. In: The Elementary School Journal 1983, Heft 4, S. 427-452

Reiss, G./v. Schönebeck, M.: Schulkultur, Beispiele aus NRW, Bd. 1 und 2 Frankfurt/M. 1987

Rolff, H.G.: Wandel durch Selbstorganisation, Weinheim und München 1993

Schmuck, R.A./Runkel, P.J.: The Handbook of Organization Development in Schools and Colleges. Fourth Revised Edition, Palo Alto 1994

Steffens, U./Bargel, T.: "Qualität von Schule" - Ein neuer Ansatz der Schulentwicklung, In: HIBS 1987, S. 1-20

Steffens, U./Bargel, T.: Erkundungen zur Qualität von Schule, Neuwied 1993

Türk, K. E.: Der Prozeß des Organisierens, Frankfurt/M. 1985

Christoph Burkard

Selbstevaluation - ein Instrument zur Qualitätsentwicklung von Einzelschulen?

Evaluation führt in der Bundesrepublik nicht nur in Schulen, sondern auch in vielen weiteren pädagogischen Arbeitsfeldern ein Schattendasein. Auch wenn die Relevanz systematischer Auswertung und Bewertung pädagogischer Arbeit nur selten in Frage gestellt wird, im Alltag bleibt Evaluation nur zu oft (lästiges) Anhängsel. Am Ende des Fortbildungsseminars ist für eine Bilanz keine Zeit oder Kraft mehr vorhanden, die Erfolge eines Schulprojektes erscheinen so offensichtlich zu sein, daß man glaubt, auf eine systematische Auswertung verzichten zu können: Eine "Kultur" der Evaluation pädagogischer Arbeit mit bewährten und akzeptierten Verfahren und Instrumenten ist in der Bundesrepublik noch sehr wenig weit entwickelt. In anderen Staaten wie beispielsweise Großbritannien (vgl. WILCOX 1992, HOPKINS 1989), Skandinavien (vgl. EKHOLM 1993a) oder den Niederlanden (vgl. LIKET 1993) ist man uns in diesen Dingen ein gutes Stück voraus. Zwar gab es bereits in den 70er Jahren im Zusammenhang mit Projekten, die sich der Aktions- bzw. Handlungsforschung verpflichtet fühlten, eine relativ intensive Diskussion über die Möglichkeiten, Evaluation als Instrument der Qualitätsverbesserung auch von Einzelschulen zu nutzen (vgl. HAMEYER 1984), doch schon bald rückte dieses Thema wieder in den Hintergrund des bildungspolitischen Interesses.

Eine gewisse Renaissance erlebt die systematische Evaluation seit Beginn der 90er Jahre im Bereich der Hochschulen. Die aktuelle Debatte um die Qualität von Forschung und Lehre führte in fast allen Bundesländern zu Initiativen, die Arbeit von Universitäten und Fachbereichen zu evaluieren (vgl. BERENDT/STARY 1993). Besondere Bedeutung kommt hierbei der Evaluation der Ausbildungssituation an den Hochschulen zu. Aus der Menge von Projekten und Versuchen, die in diesem Arbeitsfeld gestartet wurden, scheinen sich die studentische Veranstaltungskritik (vgl. Empirische Pädagogik 1994) und die sog. Lehrberichterstattung von Fachbereichen und ganzen Hochschulen als Kern eines Qualitätssicherungssystems von Lehre herauszuschälen (vgl. WEBLER 1993).

Im Bereich der schulischen Ausbildung bekommt die Diskussion um Evaluation gegenwärtig aus zwei Gründen Auftrieb. Zum einen stützen sich Handlungskonzepte zur Qualitätsentwicklung von Einzelschulen in immer größerem Umfang auf Organisationsentwicklungskonzepte als Grundlage für Schulentwicklungsprozesse (vgl. DALIN 1986, ROLFF 1991). Die datengestützte Diagnose der eigenen Situation einer Schule und die Evaluation von Projekten sind dabei bereits konstitutive Bestandteile der schulinternen Entwicklungsarbeit (vgl. DALIN/ ROLFF 1990).

Zum anderen rücken im Rahmen der aktuellen Diskussion um eine vergrößerte Selbständigkeit von Schulen Fragen der Qualitätssicherung und staatlichen Steuerung ins Blickfeld des bildungspolitischen Interesses. Wie kann die Vergleichbarkeit von Bildungsangeboten garantiert werden, wenn Schulen weitgehende Gestaltungsfreiheiten haben? Welche Instrumente und Formen staatlicher Steuerung und Unterstützung sind der Arbeit von Schulen mit vergrößerten Entscheidungsspielräumen angemessen? Bislang sind diese Fragen noch weitgehend unbeantwortet. Ein Blick auf die internationale Entwicklung zeigt jedoch, daß der Evaluation von Einzelschulen in diesem Zusammenhang eine Schlüsselfunktion zukommen könnte. In Ländern mit so unterschiedlichen Schulsystemen wie beispielsweise den Niederlanden, England, Frankreich oder Schweden wird gegenwärtig mit Verfahren der externen und internen Evaluation von Einzelschulen als Mittel der Qualitätssicherung experimentiert (vgl. BURKARD/ROLFF 1994).

Im Bundesland Nordrhein-Westfalen werden diese Fragen im Rahmen der landesweiten Fortbildungsmaßnahme "Schulentwicklung und Schulaufsicht" (EIKENBUSCH/BUCHEN 1994) bearbeitet. Eine wichtiges Ziel dieser Maßnahme ist, Erfahrungen mit der Selbstevaluation von Schulen und mit der externen Evaluation durch die Schulaufsicht zu sammeln. Das Wechselspiel von interner und externer Evaluation - so die Vorstellung - könnte eine wichtige Grundlage für ein neues, auf Selbstorganisation und Selbstgestaltung beruhenden Schulentwicklungskonzepts (vgl. ROLFF 1993) darstellen.

Im zweiten Teil dieses Beitrages soll berichtet werden, welche konkreten Initiativen im Rahmen dieser Maßnahme zur (Selbst)Evaluation von Schulen bislang unternommen wurden und welche Erfolge, aber auch Schwierigkeiten dabei auftraten. Vorher erscheint es jedoch notwendig, in einem ersten Teil den oft mißverstandenen und vieldeutigen Begriff Evaluation näher zu bestimmen.

1 Evaluation - ein Instrument zur Selbstreflexion, Planung und Entwicklung

Im Schulalltag löst Evaluation in vielen Fällen Erinnerungen an Kontrolle, Beurteilung, Hierarchie oder "technokratisches" Datensammeln aus. Der Begriff Evaluation muß von daher als "belastet" gelten. Um so wichtiger sind Klärungsprozesse. Was ist unter Evaluation eigentlich zu verstehen?

1.1 Was ist Evaluation?

Das Joint Committee on Standards for Educational Evaluation, eine von verschiedenen US-amerikanischen Berufsverbänden aus den Bereichen (Erziehungs)Wissenschaft, Schulpraxis und Schuladministration getragene Projektgruppe zur Formulierung von Qualitätsstandards für Evaluationsvorhaben, definiert Evaluation als

> *"die systematische Untersuchung des Wertes und Nutzens eines Gegenstands" (Joint Committee 1994, S.3).*

Es geht also um die Bewertung und Auswertung von - in unserem Zusammenhang - Bildungsangeboten und Arbeitsabläufen einer Schule. Menschen bewerten im (Berufs)Alltag fortwährend den Erfolg und Ertrag von Dingen, Angeboten oder Arbeitsergebnissen. Insofern ist das Grundanliegen von Evaluation nichts eigentlich "Neues". SCRIVEN schlägt deshalb auch vor, Evaluation als eine Art Basiskomponente aller intellektueller und praktischer Arbeit zu begreifen (vgl. SCRIVEN 1991, S.1). Im Unterschied zum Bewerten im Alltag wäre Evaluation jedoch ein systematisch geplanter und zielgerichteter Aus- und Bewertungsprozeß.

Offen bleibt bei diesen ersten Definitionsversuchen allerdings die entscheidende Frage, *wer* mit welchem *Ziel* eine Evaluation schulischer Arbeit vornimmt. Denn ein wichtiger Grund für Vorbehalte gegenüber systematischer Evaluation von Schulen ist offenbar die Form, wie in Deutschland Evaluationsansätze und -verfahren in der Vergangenheit erprobt bzw. rezipiert wurden. Im Vordergrund standen dabei in erster Linie Vorstellungen von Evaluation entweder als wissenschaftliche Begleitforschung oder als externe Kontrolle und Bewertung. Dagegen spielte Evaluation verstanden als Selbstreflexion zur Unterstützung von Planungs- und Entwicklungsarbeit eine eher untergeordnete Rolle.

(1) Evaluation als Kontrolle/Bewertung

Ohne Frage verfügen Schulen über umfangreiche Evaluationserfahrungen im Bereich der Analyse und Überprüfung von Schülerleistungen. Für die Beurteilung von Lernerfolg und Schülerkompetenzen haben Lehrerinnen und Lehrer ein vielfältiges Instrumentarium entwickelt: Klassenarbeiten, Tests, Prüfungen usw. Fast hat es den Anschein, als ob Evaluation in Schulen nahezu ausschließlich mit Lernerfolgskontrolle gleichgesetzt würde. Diese Praxis von Evaluation im Sinne der Beurteilung individueller Kompetenzen setzt sich auf einer zweiten Ebene bei der Beurteilung von Lehrern durch die Schulaufsicht fort. Lehrerinnen und Lehrer haben deshalb im Bereich der Evaluation von individuellen Kompetenzen nicht nur die umfangreichsten Erfahrungen als aktive "Evaluatoren" (Beurteilung von Schülerinnen und Schülern), sondern auch als "Gegenstand" von Evaluation (Lehrerbeurteilung durch Schulaufsicht).

Schaubild 1: Drei Grundformen von Evaluation

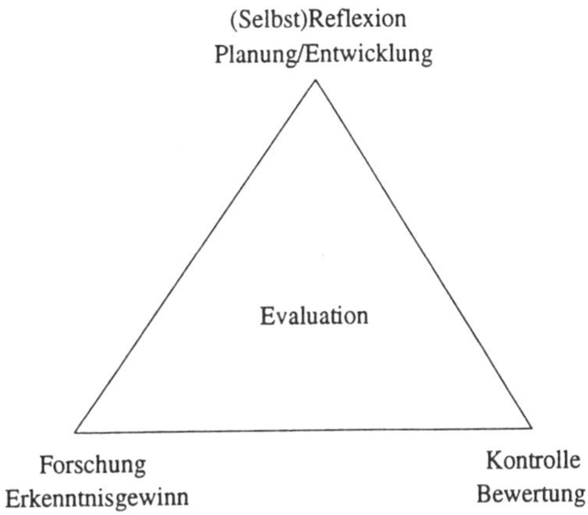

Charakteristisch für diese Form von Evaluation ist, daß Kriterien und Standards vom Bewerter gesetzt werden. Evaluation ist jeweils auf die einzelne Person bezogen, die zum "Objekt" der Evaluation wird und auf deren Ablauf und Folgen nur geringen Einfluß hat.

(2) Evaluation als Forschung/Erkenntnisgewinn

Neben dieser personenzentrierten Form der Evaluation spielte in Deutschland die wissenschaftsorientierte Evaluation von Schulversuchen oder -projekten eine wichtige Rolle für die Evaluationspraxis in Schulen. In diesem forschungsorientierten Verständnis von Evaluation, bei dem nach dem Nutzen und der Wirkung pädagogischer Maßnahmen bzw. Reformen gefragt wird, wurde die systematische Evaluation zum Begleiter vieler Reformanstrengungen seit den 70er Jahren (vgl. WULF 1972). Kennzeichen dieser Form von Evaluation ist die Orientierung an wissenschaftlichen Standards. Sie wird zumeist von externen Wissenschaftlern geplant und durchgeführt, und die Ergebnisse dienen als Gundlage, um über die Übertragbarkeit der zur Frage stehenden Aspekte auf das Gesamtsystem entscheiden zu können. Auch wenn es in der Praxis der pädagogischen Begleitforschung viele Initiativen gibt, die betroffenen Schulen in die Evaluationsarbeit miteinzubeziehen (vgl. HAMEYER 1984), erscheint Evaluation in diesem Licht als etwas, das von anderen geplant und durchgeführt wird und das der betroffenen Schule in vielen Fällen Mehrarbeit und nur indirekt Nutzen bringt.

(3) Evaluation als (Selbst)Reflexion, Planung und Entwicklung

Die Idee der Selbstevaluation, also die Durchführung und Planung von Evaluationsmaßnahmen durch die Akteure einer pädagagogischen Institution selbst, wurde in der Bundesrepublik bislang nur selten realisiert. Evaluation als regelmäßige, systematische Selbstreflexion pädagogischer Arbeit (vgl. HEINER 1988) dient dabei als Grundlage für die Planung und Weiterentwicklung der eigenen schulischen Arbeit. Ziel ist dabei, das Wissen über die eigene Schule und die eigene Arbeit zu erweitern, um die Angemessenheit von Handlungsstrategien und Organisationsstrukturen überprüfen zu können. Kennzeichen dieses Ansatzes von Evaluation ist, daß das Gesetz des Handelns stets bei den Mitarbeiterinnen und Mitarbeitern der Schule selbst liegt. Der Orientierungsrahmen für Standards und Erfolgskriterien wird von der einzelnen Schule definiert. Methoden und Verfahren können zwar dem Wissenschaftzusammenhang entnommen werden, die Ergebnisse zielen jedoch nicht auf verallgemeinerbare Daten, sondern sollen die Grundlage für eine Verbesserung der konkreten Situation in der einzelnen Schule liefern. Evaluation ist in diesem Verständnis stets unmittelbarer Teil des Arbeits- und Entwicklungsprozesses einer Schule.

Eine Folge der Tradition von Evaluation im Sinne von Bewertung individueller Kompetenzen oder im Sinne von wissenschaftsorientierter Begleitforschung war und ist, daß mit Evaluation - wie einleitend angedeutet - Begriffe wie externe Kontrolle, Bewertung, Beurteilung und zusätzliche Belastungen verbunden werden. Allerdings hat auch in einem entwicklungsorientierten Verständnis Evaluation nach wie vor etwas mit Selbstkontrolle zu tun und dient in gewisser Weise dem "Erkenntnisgewinn" (man möchte etwas über die eigene Situation wissen, was man bisher noch nicht wußte). Der Schwerpunkt eines konkreten Evaluationsvorhabens wäre demnach je nach Zielstellung und Anlage in der Fläche des oben abgebildeten Dreiecks zu suchen (Schaubild 1). Von großer Bedeutung für den Erfolg eines Evaluationsvorhabens dürfte es aber sein, vor Beginn der konkreten Arbeit ein möglichst gemeinsames Verständnis von Evaluation bei allen Beteiligten zu erarbeiten.

Daß dies mit größeren Schwierigkeiten verbunden sein kann, erlebten auch die Teilnehmerinnen und Teilnehmer einer internationalen Konferenz zu Fragen der Selbstevaluation in Schottland (TILLER 1990). Nach längeren Diskussionen über das, was die einzelnen Personen unter Evaluation verstanden, wurden die Ergebnisse in der folgenden "cognitive map" zusammengefaßt.

Deutlich wird in Schaubild 2 das Spannungsverhältnis zwischen Evaluation als Kontrollinstrument auf der einen und Werkzeug der Schulentwicklung auf der anderen Seite, zwischen real vorhandenen Machtstrukturen und notwendigem Vertrauen und zwischen Evaluation als interner Aufgabe der Schule oder Angelegenheit externer Evaluatoren (beispielsweise der Schulaufsicht).

Schaubild 2: Evaluation - eine kognitive Landkarte

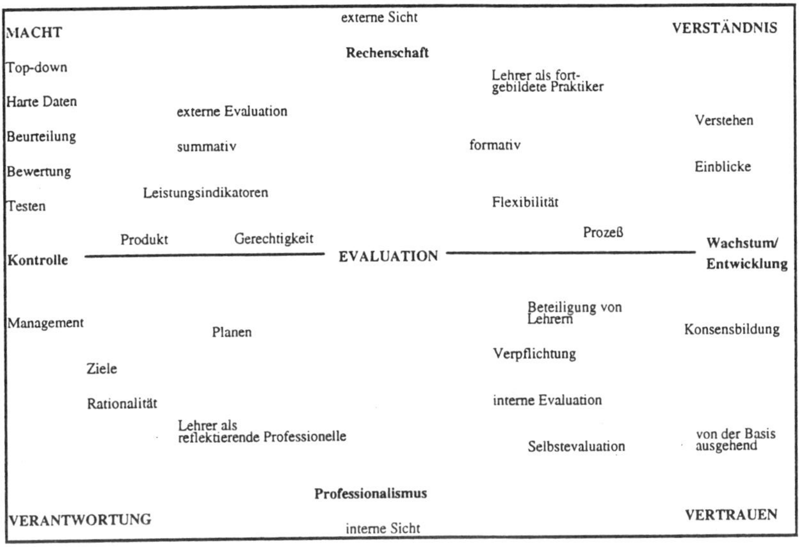

Versteht man Selbstevaluation in erster Linie als Form der Selbstreflexion der Arbeit von Lehrerinnen und Lehrern bzw. einer Schule, wird deutlich, daß Evaluation keine "neue", Schulen bislang völlig fremde Arbeitsform darstellt. Eher handelt es sich um ein Kontinuum (vgl. EKHOLM 1993b), auf dessen einer Seite Aktivitäten stehen, die man als "alltägliches Bewerten und Reflektieren" bezeichnen könnte: Informationen werden im Schulalltag aufgenommen und verarbeitet, man tauscht sich über aktuell Erlebtes und Erfahrenes aus, analysiert und trifft auf dieser Grundlage Entscheidungen. In der Mitte des Kontinuums stehen systematischere Formen der Erfahrungssicherung und Entscheidungsfindung in Kollegien: Fachkonferenzen werten die Arbeit mit bestimmten Lehrbüchern aus, eine Arbeitsgruppe reflektiert die Erfahrungen, die im Rahmen einer Projektgruppe gewonnen wurden. Das andere Ende des Kontinuums bilden schließlich systematische, geplante Selbstevaluationsvorhaben: im Rahmen eines Schulentwicklungsprozesses wird eine Schülerbefragung durchgeführt, auf der Grundlage der Schulstatistik wird im Rahmen einer pädagogischen Konferenz eine Bestandsaufnahme der aktuellen Arbeit vorgenommen.

Schaubild 3: Selbstreflexion und Selbstevaluation in Schulen: Ein Kontinuum

Alltägliches Bewerten und Reflektieren	Aufarbeiten/Auswerten	Systematische (Selbst)Evaluation
ungeplant		geplant
unregelmäßig/punktuell		regelmäßige Aktivität
beruht auf einzelnen Eindrücken und Einzelmeinungen		auf breiter Datenbasis
		unterschiedliche Sichtweisen
individuelle, zufällige Erfahrungen als Basis		Informationen werden gezielt gesammelt
ungeklärte Bewertungskriterien		vorab geklärte Bewertungkriterien
keine klaren Fragestellungen		klare Fragestellungen
wird nicht dokumentiert		Dokumentation
Beispiel: Pausengespräche über Unterrichtserfahrungen	Beispiel: Konferenz zur Auswertung einer Projektwoche	Beispiel: (Selbst)Befragung des Kollegiums zum Förderbedarf

Wer für die (Selbst)Evaluation als Werkzeug professioneller pädagogischer Arbeit wirbt, muß vor dem Hintergrund der skizzierten Vorbehalte Aufklärungs-, Fortbildungs- und Überzeugungsarbeit leisten. Eine der zentralen Fragen, die in diesem Zusammenhang gestellt werden, ist: Welche Argumente gibt es, die den Aufwand einer systematischen Selbstevaluation von Schulen rechtfertigen?

1.2 Warum Selbstevaluation in Schulen?

Wie bereits angedeutet, gibt es in anderen Staaten bereits seit längerem Erfahrungen mit Selbstevaluation in Schulen. Betrachtet man zusammenfassend die diesen Initiativen zugrunde liegenden Konzepte, lassen sich vier Begründungsstränge für Selbstevaluation in Schulen finden.

Schaubild 4: Vier Begründungen für Selbstevaluation in Schulen

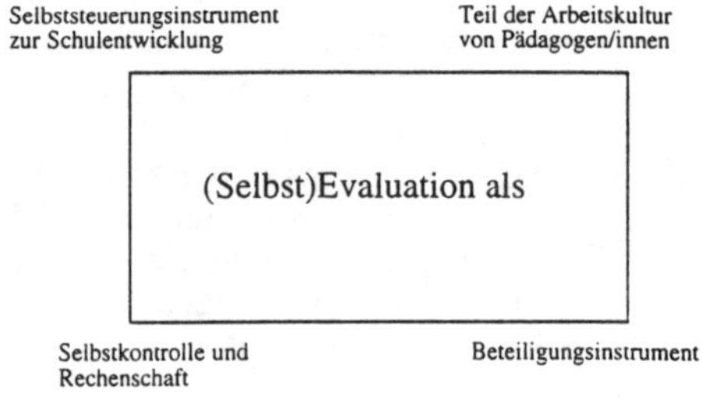

(1) Evaluation als Teil der Arbeitskultur von Pädagoginnen und Pädagogen

Eine erste Begründung für Selbstevaluation von Schulen setzt beim einzelnen Lehrer an. Unterrichten und Erziehen erfordern wie jede pädagogische Arbeit einen ständigen Reflexions- und Rückkopplungsprozeß, um adäquate Handlungsformen für die Problemlagen des pädagogischen Alltags zu finden. Maja HEINER (1988, S.17) nennt in diesem Zusammenhang drei Grundfragen, die pädagogisches Problemlöseverhalten kennzeichnen: "Weiß ich genug?", "Urteile ich richtig?" und "Stimmen meine Begründungen?". Die ständige Selbstreflexion ist in diesem Verständnis also konstitutiver Bestandteil professioneller pädagogischer Arbeit und im Grunde Teil der - wie es Mats EKHOLM (1993a) formuliert - "Arbeitskultur" von Schule. Ein Großteil dieser Reflexionsarbeit geschieht im unmittelbaren Arbeitszusammenhang von Lehrerinnen und Lehrern beim Entwickeln von Handlungsstrategien mit einer Klasse, bei Unterstützungsangeboten für einzelne Schüler oder Entscheidungen über methodische Vorgehensweisen. Selbstevaluationsprojekte, die bei diesen professionellen Arbeitsformen und Handlungsweisen von Lehrern ansetzen, versuchen, Instrumente und Verfahren zu entwickeln und Lehrerinnen und Lehrern an die Hand zu geben, die es ermöglichen, mehr Infomationen über den eigenen Unterricht, die eigene Klasse zu bekommen, um damit eine systematischere Datengrundlage für pädagogische Entscheidungen zur Verfügung zu haben. Im deutschen Sprachraum wurde diese Form der Selbstevaluation in Projekten der Lehrerfortbildung und -beratung entwickelt. So werden beispielsweise In Österreich in mehreren Projekten ausgehend vom englischen Vorbild des "Teachers-As-Researchers"-Ansatzes auf der Basis von Aktionsforschungsmethoden Instrumente und Verfahren zur systematischen Unterrichtsreflexion vermittelt. Die Erfahrungen aus der eigenen Evaluationsarbeit können in Kollegiumsgruppen eingebracht und gemeinsam mögliche Konsequenzen entwickelt werden (ALTRICHTER/POSCH 1990; KROATH 1991). In Deutschland liegen Erfahrungen aus der schulklassenbezogenen Lehrerberatung vor (REDLICH 1990, BESSOTH 1989).

(2) Evaluation als Selbststeuerungsinstrument zur Schulentwicklung

Stand im ersten Begründungszusammenhang für Selbstevaluation in Schulen die Arbeit einzelner Lehrerinnen und Lehrer im Zentrum, so hat Evaluation als Selbststeuerungsinstrument zur Entwicklung der Schule die ganze Institution im Blick. Wenn Schulen weniger als bisher in Deutschland üblich durch zentrale Vorgaben gesteuert werden und stattdessen mehr Gestaltungsspielraum erhalten sollen, dann steigt in den einzelnen Schulen der Bedarf an konzeptioneller Arbeit zur Entwicklung und Umsetzung eines spezifischen Schulprofils und Schulprogramms. Qualitätsentwicklung und Selbstorganisation werden zu ständigen Aufgaben, die von einer Schule geleistet werden müssen. Erreichen wir unsere Ziele? Sind unsere Strategien angemessen? Wo besteht Veränderungsbedarf? Evaluation ist in diesem Begründungszusammenhang unmittelbar eingebunden in den Prozeß der Schulentwicklung und soll verläßliche Informationen und Daten zur Verfügung stellen, die dem Kollegium und der Schulleitung die Möglichkeit geben, Veränderungsnotwendigkeiten zu erkennen, aber auch Bewährtes festzuhalten. In Staaten wie beispielsweise England, wo Schulen bereits traditionell über mehr Gestaltungsfreiheiten verfügen, wurden bereits in den 80er Jahren verschiedene Projekte zur Selbstevaluation von Schulen durchgeführt. Evaluation stand hier immer im Dienst von Schulentwicklungsprozessen, die durch die Bereitstellung von Daten nicht nur unterstützt, sondern gegebenenfalls auch korrigiert werden sollten (HOPKINS 1989, ASPINWALL u.a. 1992). In Deutschland wurden mit dieser Form der Selbstevaluation insbesondere bei Bestandsaufnahmen im Rahmen von Maßnahmen der schulinternen Lehrerfortbildung und Organisationsentwicklung Erfahrungen gesammelt (DALIN/ROLFF 1990).

(3) Evaluation als Selbstkontrolle und Rechenschaft

Größere Entscheidungs- und Gestaltungsspielräume von Schulen haben zur Folge, daß Schulen in einem stärkeren Grad Verantwortung für die Qualität ihrer Arbeit übernehmen müssen. Evaluation spielt deshalb nicht nur als Steuerungsinstrument zur Qualitätsentwicklung, sondern auch als Verfahren der Qualitätssicherung eine wichtige Rolle. Gegenüber den "Kunden" von Schule (Schüler, Eltern, Abnehmer) und der Öffentlichkeit soll in diesem Begründungszusammenhang für Selbstevaluation offengelegt werden, was der augenblickliche Arbeits- und Entwicklungsstand einer Schule ist, welche Entscheidungen getroffen werden sollen und was dafür die Begründungen sind. In besonderer Weise wird in den Niederlanden gegenwärtig an solchen Formen schulischer Selbstevaluation gearbeitet (LIKET 1993). Deutlich wird bei diesem Argumentationszusammenhang, daß bei der Qualitätssicherung von Schule die Selbstevaluation nur die eine Seite einer Medaille sein kann, die auf der anderen Seite von Verfahren "externer Evaluation" ergänzt werden muß (Kap. 1.5).

(4) Evaluation als Beteiligungsinstrument

Dieser Begründungszusammenhang für Selbstevaluation in Schulen betont die Notwendigkeit, Schülerinnen und Schüler, Eltern oder Abnehmer von Schule in Entscheidungen und Gestaltung der Schule miteinzubeziehen. Grundlage für die Entscheidung über Entwicklungsschwerpunkte sind hier beispielsweise nicht nur Datenerhebungen innerhalb eines Kollegiums, sondern auch regelmäßige Schüler- und Elternbefragungen über deren Sicht schulischer Abläufe. Evaluation wird in diesem Sinne auch als Beitrag zur Demokratisierung von Schule verstanden. Formen dieser Praxis finden sich in vielen europäischen Staaten. Stellvertretend sei hier auf Skandinavien (LSW 1993) und die Niederlanden (Handboek Kwaliteitszorg 1993) hingewiesen.

1.3 Grundschritte im Evaluationsprozeß

Vier Grundschritte im Evaluationsprozeß

1. Evaluationsfragen und Bewertungskriterien klären
2. Datensammlung
3. Analyse/Diagnose
4. Aktion/Handlung

Ziel eines Selbstevaluationsvorhabens kann nicht nur Ergebniskontrolle sein. Sie dient stattdessen ganz wesentlich der Optimierung und Weiterentwicklung der pädagogischen Arbeit (vgl. HEINER 1988, S.11). Der Prozeß der Reflexion und Bilanzierung der eigenen Arbeit mündet in Veränderung und Aktion. Im wesentlichen lassen sich vier Grundschritte eines Evaluationsprozesses identifizieren. Am Anfang steht eine erste Phase, in der es darum geht, Klarheit über die Fragestellungen des Vorhabens ("Was wollen wir wissen?" "Für was brauchen wir welche Informationen?") zu erhalten. Daran an schließt sich eine zweite Phase, in der systematisch Informationen/Daten zu den fraglichen Bereichen gesammelt werden, die in einer dritten Phase analysiert und bewertet werden, bevor als vierter Schritt die Umsetzung der Entscheidungen in die Praxis erfolgt. Diese vier Grundschritte kennzeichnen Evaluationsvorhaben unabhängig davon, welche Reichweite das Vorhaben hat, d.h. ein einzelner Lehrer seine Arbeit in einer Klasse evaluiert oder eine gesamte Schule eine Selbstbewertung ihrer Arbeit durchführt.

Soll Selbstevaluation die Entwicklungsarbeit von Schulen unterstützen und begleiten, muß man Evaluation und Schulentwicklung als aufeinander bezogene Aktivitäten begreifen. Selbstevaluation ist dann viel weniger "technisches" Datensammeln, als im wesentlichen ein sozialer Prozeß in einem Kollegium oder einer ganzen Schule, in dessen Mittelpunkt die gemeinsame Auseinandersetzung aller Beteiligter mit den Evaluationsergebnissen steht und der zum Ziel hat, eine möglichst hohe Übereinstimmung verschiedener Sichtweisen herbeizuführen. Seine Dynamik erhält der Evaluationsprozeß deshalb ganz wesentlich durch das gemeinsame Gespräch, den "Diskurs" und das gemeinsame Verhandeln von Daten und Ergebnissen (vgl. GUBA/LINCOLN 1989).

Die enge Einbindung von systematischen, datengestützen Reflexions- und Evaluationsprozessen in Verfahren der Organisationsentwicklung von

Schulen, wie beispielsweise dem Institutionellen Schulentwicklungsprogramm (ISP) (DALIN/ ROLFF 1990), erscheint aus diesen Gründen eine notwendige Voraussetzung für den Erfolg und die Wirksamkeit von Selbstevaluationsvorhaben zu sein. Evaluation wäre nur "Selbstzweck", wenn ihre Ergebnisse nicht in Handlungs- und Entwicklungsschritte münden. Die für eine Selbstevaluation notwendigen Vereinbarungen und Entscheidungen können bereits einen wichtigen Bestandteil des Schulentwicklungsprozesses darstellen, beispielsweise wenn im Kollegium über Evaluationsfragen, Erfolgskriterien und Verfahren der Datensammlung entschieden werden muß.

Evaluation kann deshalb eine Reihe von Funktionen im Schulentwicklungsprozeß übernehmen:

- Grundlage für Zielklärung
- Informationsgewinnung
- Entscheidungs-/Planungshilfe
- Feedback-Verfahren
- Beteiligungsverfahren
- Bewertung/Bilanzierung
- Überprüfung der Zielerreichung
- Ergebnis-/Selbstkontrolle
- Dokumentation/Erfahrungssicherung
- Rechenschaftslegung/Legitimation

In diesem Sinne ist Selbstevaluation keine einmalige Aktivität, die nach einem erfolgten Durchgang abgeschlossen wäre, sondern ständiger Prozeß der Schulentwicklung. Vielfach wird deshalb der Ablauf einer Evaluation nicht als linearer Pozeß, sondern als Zyklus oder Spirale dargestellt. Hat ein Evaluationsvorhaben zu einer Revision von Zielen oder Handlungsstrategien geführt, können diese bereits wieder als Ausgangspunkt der nächsten Reflexionsphase begriffen werden.

1.4 Gegenstand und Methoden von Evaluationsvorhaben

Was zum Gegenstand eines Evaluationsvorhabens einer Schule wird, hängt einerseits von den Zielen ab, die im Schulentwicklungspozeß angestrebt werden und andererseits von den Funktionen, die Evaluation im Schulentwicklungsprozeß zukommen sollen. So können die "Ergebnisse" und "Erfolge" der Arbeit einer Schule ebenso ins Blickfeld kommen, wie die Erziehungsprozesse oder die Rahmenbedingungen und Voraussetzungen der schulischen Arbeit.

Typische Beispiele für Selbstevaluationsvorhaben in Schulen sind:

Klassenevaluation

Eine Möglichkeit für Selbstevaluation im Sinne der profesionellen Reflexion der eigenen Arbeit, stellen Klassenevaluationen dar. Ein interessierter Lehrer oder Lehrerin sammelt als Rückmeldung über die eigene Arbeit mit einer Klasse systematisch Informationen über Klassenklima, Lernerfolg, Lehrerverhalten, Unterrichtsmethoden etc. aus Sicht der Schülerinnen und Schüler. Die Ergebnisse können gemeinsam mit den Schülern verhandelt werden und als Grundlage für die Unterrichtsplanung und Klassengestaltung dienen. Dieses Verfahren kann regelmäßig (beispielsweise pro Halbjahr) wiederholt werden und, wenn es gemeinsam mit (Fach)Kolleginnen und -kollegen paralleler Klassen durchgeführt wird, als Grundlage für die gemeinsame Fachgruppen- oder Jahrgangsarbeit dienen.

Projektevaluation

Eine Beispiel für Selbstevaluation verstanden als Selbststeuerungsinstrument zur Schulentwicklung wäre die systematische Auswertung von Erfahrungen, die mit bestimmten Schul- oder Unterrichtsprojekten gesammelt wurden. Was konnte erreicht werden? Was hat sich bewährt? Was sollte man beim nächsten Mal anders machen? Was könnte wiederholt werden? Diese Form der Erfahrungssicherung und Dokumentation kann als Entscheidungshilfe die Grundlage für die weitere Planung eine erhebliche Arbeitshilfe darstellen.

Bestandsaufnahmen

Hierunter sind Verfahren zu verstehen, bei denen als Einstieg in Schulentwicklungsprozesse oder als Zwischenbilanz auf der Grundlage einer systematischen Datensammlung oder Analyse vorhandener Daten versucht wird, den Ist-Zustand in einem Teilbereich oder der gesamten Schule zu erfassen. Beispiele könnten die Arbeit von Jahrgangsteams oder von Fachgruppen sein, die zum Gegenstand von Bestandsaufnahmen werden. Die Ergebnisse dienen als Grundlage für Entscheidungen über weitere Entwicklungsvorhaben und können darüber hinaus der Rechenschaftslegung gegenüber Externen dienen.

Als Methoden der Datensammlung bieten sich insbesondere die folgenden vier Grundformen an:

(1) Schriftliche Befragung

Vermutlich die am häufigsten eingesetzte Form der Datensammlung stellt die schriftliche Befragung dar. Für eine Reihe von schulischen Problembereichen gibt es hierfür bereits ausformulierte Fragebögen aus dem Bereich der Schulforschung bzw. Schulberatung, die - gegebenenfalls auf die spezifische Situation hin angepaßt - in der eigenen Schule eingesetzt werden können. Die enge Verbindung von Selbstevaluation und Schulentwicklung bringt es allerdings mit sich, daß in vielen Fällen kein geeignetes Instrument vorhanden ist und ein für die eigenen Ziele maßgeschneidertes Verfahren erst entwickelt werden muß. Dabei muß es sich nicht unbedingt um umfangreiche Fragebögen handeln. Erfahrungen aus dem Bereich der Organisationsentwicklung und der prozeßbegleitenden Beratung von Schulen zeigen, daß sich für diese Zwecke häufig relativ einfache Verfahren wie beispielsweise "Kartenabfragen" (vgl. HORSTER 1991), "Selbstuntersuchungen" (vgl. PHILIPP 1992) oder "Blitzumfragen" bei Lehrern und Schülern (vgl. MESSNER/HUBER-SÖLLNER 1989) bewährt haben.

(2) Strukturierte Gespräche

Eine weitere Möglichkeit der Datensammlung bilden strukturierte, an gezielten Leitfragen orientierte Gespräche mit einzelnen Personen oder mit Gruppen. In Schweden sind beispielsweise "Bilanzkonferenzen" verbreitete Praxis. Dabei führen am Vormittag die Klassenlehrer auf der Grundlage eines von einer Vorbereitungsgruppe erarbeiteten Leitfadens strukturierte Gespräche mit ihren Klassen. Die Ergebnisse bilden dann am Nachmittag die Grundlage für einen Rückblick auf die Arbeit der Schule im vergangenen Schuljahr und für die Vereinbarung notwendiger weiterer Entwicklungsschritte im Rahmen der Arbeitsplanung.

(3) Beobachtungen

Bei schriftlichen oder mündlichen Befragungen werden subjektive Sichtweisen von Lehrern, Schülern oder Eltern erhoben. Für manche Ziele von Evaluationsvorhaben mag dies jedoch nicht die geeignete Datenquelle sein. So beispielsweise, wenn nicht von Interesse ist, wie sich Schülerinnen und Schüler die Pausengestaltung wünschen, sondern wenn ein Kollegium wissen möchte, was Kinder in der Pause tatsächlich tun. In diesem Fall bieten sich strukturierte Beobachtungen an, bei denen das Verhalten von Personen Gegenstand der Evaluation ist. "Klassisches" Beobachtungsinstrument im Bereich der Schule ist die Unterrichtshospitation, die sich - von einer Lehrergruppe gemeinsam geplant und durchgeführt - für unterrichtsbezogene Themen ohne Frage als sehr gut geeignete Evaluationsmethode bewährt hat.

(4) Auswertung vorhandener Daten

Nicht immer ist es notwendig, neue Daten zu sammeln. Für eine Reihe von Evaluationsfragen kann auch das ohnehin in Schulen gesammelte Datenmaterial als eine geeignete Grundlage für Analyse- und Diagnosezwecke genutzt werden. Die Entwicklung von Übergangsquoten, Abschlüssen, Wiederholern und Abbrechern, der Leistungsbewertung, der Kurswahlen und ähnlicher Indikatoren bieten sich hierfür an. Auch diese Werte stellen keine gleichsam "objektiven" Kennwerte schulischer Leistungsfähigkeit dar. Entscheidend - wie bei allen anderen Formen der Datensammlung - ist auch bei dieser Methode die gemeinsame Interpretation und Bewertung der Ergebnisse im Kollegium.

1.5 Externe Evaluation als Spiegel und Korrektiv

Alleine durch Selbstevaluation die eigene Arbeit kritisch reflektieren zu wollen, kann an Grenzen stoßen. Trotz des Bemühens, möglichst viele Sichtweisen zu berücksichtigen und Analysen auf der Grundlage einer umfangreichen Datengrundlage vorzunehmen, kann der eigene Blick eingeschränkt bleiben. "Betriebsblindheit" läßt eventuell bestimmte Bereiche als nicht relevant erscheinen, andere Interpretationsmöglichkeiten von Daten oder mögliche Handlungsalternativen kommen nicht ins Blickfeld, weil sie in der Schule unbekannt sind. An dieser Stelle ist es notwendig und sinnvoll, schulische Selbstevaluation durch externe Evaluation gleichsam als Spiegel zu ergänzen. In Schweden beispielsweise wurden hierzu Verfahren entwickelt, bei denen Kolleginnen und Kollegen einer anderen Schule die Selbstevaluationsergebnisse und Interpretationen kritisch "gegenlesen" und Rückfragen stellen (Franke-Wikberg 1994). In Deutschland wird mit solchen sog. Peer-Review Verfahren gegenwärtig bei der Hochschulevaluation experimentiert. Hochschulen holen zu ihren Evaluationsergebnissen Stellungnahmen von Professoren und Experten einer selbstgewählten anderen Hochschule ein.

Betont wird bei solchen Verfahren, daß die Personen, die für externe Rückmeldungen über die Qualität schulischer Arbeit in Frage kommen, über ein großes Maß an Vertrauen und Respekt in der betroffenen Schule verfügen und in keinem hierarchischen Verhältnis zu den beteiligen Lehrerinnen und Lehrern stehen sollten. In manchen Ländern, wie beispielsweise England und den Niederlanden wird diese Funktion der externen Rückmeldung allerdings als Aufgabe der Schulaufsicht definiert. Auf der Grundlage von schulischen Selbstevaluationsvorhaben führt dort die Schulaufsicht in regelmäßigen Zeitabständen Inspektionen und Beratungsgespräche durch.

2 Selbstevaluation in der Schulpraxis - Erste Erfahrungen aus einer Fortbildungsmaßnahme

Die Frage des Zusammenspiels von schulischer Selbstevaluation und externer Qualitätssicherung durch die Schulaufsicht ist ein zentrales Arbeitsfeld der nordrhein-westfälischen Fortbildungsmaßnahme "Schulentwicklung und Schulaufsicht", aus deren Arbeitszusammenhang im Folgenden erste Erfahrungen mit der Selbstevaluation von Schulen berichtet werden sollen.

2.1 Die Fortbildungsmaßnahme "Schulentwicklung und Schulaufsicht"

Die Fortbildungsmaßnahme "Schulentwicklung und Schulaufsicht - Qualitätsentwicklung und -sicherung von Schule (QUESS)" wurde vom Kultusminister des Landes Nordrhein-Westfalen im Schuljahr 1992/93 eingerichtet. Die Leitung und konzeptionelle Entwicklung liegt beim Landesinstitut für Schule und Weiterbildung (LSW) in Soest. Als externe Berater wirken Per DALIN und Hans-Günter ROLFF mit. Insgesamt sind an der Maßnahme derzeit 15 Schulaufsichtsbeamtinnen und -beamte sowie 18 Schulen beteiligt, wobei jede der fünf Bezirksregierungen des Landes in der Regel mit einer Schulform vertreten ist.

Konzeptionell knüpft die Maßnahme an Erfahrungen an, die in Nordrhein-Westfalen seit Mitte der 80er Jahre mit Organisationsentwicklung als Verfahren der systematisch geplanten Schulentwicklung gesammelt wurden (vgl. BUCHEN/EIKENBUSCH 1993). Insbesondere wird auf Verfahren und Ansätze des "Institutionellen Schulentwicklungsprogramms" (ISP) (DALIN/ROLFF 1990, HORSTER 1991) zurückgegriffen.

"Ziel des Institutionellen Schulentwicklungs-Programms ist es, eine Schule zu unterstützen bzw. zu befähigen, ein konkretes Entwicklungsvorhaben auf der Grundlage einer eigenen Bedarfsanalyse, Zielklärung und -vereinbarung zu planen und durchzuführen. In der Bearbeitung eines solchen Projektes soll die Schule generell ihr Vermögen, Probleme zu bewältigen, so entwickeln und ausbauen, daß sie fähig wird, in Zukunft solche Entwicklungsprozesse selbständig zu handhaben" (BUCHEN/EIKENBUSCH 1993, S.38).

Im Mittelpunkt steht also die Selbstentwicklung einer Schule, die im Rahmen des ISP von jeweils zwei Moderatoren begleitend unterstützt wird. Die Beratung der "Schulentwicklungsmoderatoren" bezieht sich hierbei auf Fragen der Gestaltung von Schulentwicklungsprozessen innerhalb des Kollegiums und der gesamten Schule. Inhaltliche, auf das jeweilige Projektthema der Schule bezogene Fortbildung durch die ISP-Moderatoren ist nicht vorgesehen. Koordiniert wird der Prozeß an jeder ISP-Schule durch eine "Steuergruppe", in der die Schulleitung und die unterschiedlichen Interessengruppen eines Kollegiums vertreten sein sollten.

Idealtypisch verläuft der ISP-Prozeß in fünf Phasen (vgl. DALIN/ROLFF 1990, S.38ff.). In der ersten "Diagnosephase" nimmt das Kollegium auf der Grundlage einer die aktuelle Situation der Schule betreffenden Datensammlung eine Bestandsaufnahme und Selbstbewertung der eigenen Arbeit vor. Auf dieser Basis werden in der zweiten Phase Entwicklungsziele und Entwicklungsvorhaben formuliert. Bevor es in der dritten Phase um die Planung des Entwicklungsprozesses im engeren Sinne geht. Daran an schließt sich die Umsetzungsphase in die Schulpraxis, bis schließlich in der fünften Phase die Zielerreichung und Ergebnisse evaluiert werden.

Eine systematische Einbindung der Schulaufsicht in Prozesse der Schulentwicklung ist im Rahmen des ISP nicht vorgesehen. Die Erfahrung zeigte jedoch, daß in dem Maße, in dem Schulen in größerer Selbständigkeit ihre Arbeit und ihre Qualität entwickeln und mehr Eigenverantwortung übernehmen, traditionelle Formen der schulaufsichtlichen Beratung und Unterstützung sowie der Qualitätssicherung überdacht werden müssen.

Diese Fragen wurden deshalb zum unmittelbaren Gegenstand der Maßnahme "Schulentwicklung und Schulaufsicht". D.h. es geht erstens darum, Erfahrungen mit unterschiedlichen Formen der Unterstützung von Schulentwicklungsprozessen durch Schulaufsichtsbeamte zu sammeln. Und zweitens sollen im Rahmen der Maßnahme Verfahren der schulinternen Evaluation und der externen Qualitätssicherung schulischer Arbeit durch Schulaufsicht entwickelt und erprobt werden.

Besonderes Kennzeichen der Fortbildungsmaßnahme ist deshalb, daß in SchulentwicklungsproZesse jeweils Schule und Schulaufsicht gemeinsam eingebunden sind und beide Seiten ihre spezifischen Sichtweisen und Interessen in ein gemeinsames Projekt einbringen. Der Ablauf auf Seiten der Schulen orientiert sich dabei an den im Rahmen des ISP bewährten Verfahren und Phasen (Steuergruppe, Diagnosephase, Arbeit an einem konkreten Projekt, s.o.), wobei die Mitarbeit von Schulentwicklungsmoderatoren in Schulen möglich, aber nicht zwingend ist. In einem "Kontrakt" vereinbaren Schule und Schulaufsicht die jeweiligen inhaltlichen Interessen und die Formen und Ebenen ihrer gemeinsamen Projektarbeit. Basis der Arbeit ist somit ein konkretes Entwicklungsvorhaben (Projekt) der Schule im Rahmen dessen Planung, Durchführung und Auswertung gemeinsam Erfahrungen im Umgang mit Schulentwicklungsprozessen gesammelt werden sollen. Inhaltliche Vorgaben oder Beschränkungen für die Schulprojekte gibt es im Zusammenhang der Maßnahme "Schulentwicklung und Schulaufsicht" nicht. Vielmehr ist die Entscheidung für konkete Inhalte bereits Bestandteil der Schulentwicklungsprozesse und Sache der Kollegien in Absprache mit der zuständigen Schulaufsicht.

Für projektbezogene Fortbildungsanteile und Aufarbeitung der Erfahrungen wurde eine "Zentrale Projektgruppe", in der alle beteiligten Schulaufsichtsbeamtinnen und -beamte vertreten sind, eingerichtet. Auf der regionalen Ebene der Bezirksregierungen gibt es darüber hinaus "Regionale Projektgruppen", in der jeweils die beteiligten Schulen und Schulaufsichtsbeamten einer Schulform zusammenkommen und die insbesondere Raum für die Reflexion der gemeinsamen Arbeit zwischen Schulaufsicht und Schulen geben sollen (vgl. ROLFF 1994).

Der bisherige Verlauf der Maßnahme erbrachte, daß sich die Einbindung der Schulaufsichtsbeamten und -beamtinnen in die Entwicklungsprojekte sehr unterschiedlich gestaltete: von regelmäßiger Mitarbeit und Beratung der schulischen Steuergruppen, über gezielte Leitungsberatung bis hin zu punktueller Mitarbeit in Entscheidungssituationen oder eher distanzierter Begleitung und Qualitätssicherung der schulischen Arbeit. Erste Erfahrungen über die gemeinsame Arbeit von Schulen und Schulaufsicht in den Schulentwicklungsprojekten der Maßnahme werden in einer Zwischenbilanz von EIKENBUSCH/BUCHEN (1994) berichtet. Insbesondere erschwerten die Traditionen im Verhältnis zwischen Schulen und Schulaufsicht die Anfangsphase des Projektes in nicht unerheblichem Maße. Ursachen waren hier Ängste der Schulen vor Kontrolle durch die Schulaufsicht, fehlende Erfahrungen auf Seiten der Schulaufsicht und der Schulen, Schulentwicklungsprozesse gemeinsam zu bearbeiten sowie Unklarheiten über die Funktionen, die der Schulaufsicht in Schulentwicklungsprozessen zukommen können.

Vergleichbare "Anlaufschwierigkeiten" ergaben sich auch im zweiten Experimentierfeld der Maßnahme, bei der Entwicklung von internen und externen Formen der Evaluation und Qualitätssicherung, über die an dieser Stelle ausführlicher berichtet werden soll.

2.2 Erfahrungen bei der Durchführung und Unterstützung von (Selbst)Evaluationsvorhaben im Rahmen der Maßnahme

Neben der kontinuierlichen Beteiligung der Schulaufsicht an den Schulentwicklungsprozessen ist ein zweiter konstitutiver Bestandteil der Vorhaben innerhalb der Maßnahme die systematische Evaluation der in Angriff genommenen Projekte. Im Rahmen der Gesamtmaßnahme soll dabei untersucht werden,

- in welchem Maße Evaluation Schulentwicklungsprozesse unterstützen und befördern kann,
- inwieweit Evaluation ein geeignetes Verfahren zur schulinternen Qualitätssicherung und Rechenschaftslegung ist,
- wie Schulaufsicht schulinterne Evaluationsprozesse unterstützen kann und
- mit welchen Verfahren Schulaufsicht im Sinne externer Qualitätssicherung schulinterne Evaluationsergebnisse "spiegeln" und mit Schulen verhandeln kann.

In noch ausgeprägterem Maße, als es bereits im Rahmen der ISP-Prozesse praktiziert wird, sollen deshalb in allen Schulprojekten bei Planung und Durchführung von Schulprojekten Evaluationsvorhaben als Planungshilfen und Entwicklungswerkzeuge eingesetzt werden ("formative" Evaluation) sowie die Ergebnisse und Zielerreichung abschließend evaluiert werden ("summative" Evaluation). Als neues Erfahrungsfeld kommt hinzu, daß "aggregierte" Evaluationsergebnisse, also Daten, die keine Rückschlüsse auf einzelne Personen zulassen, mit der jeweils zuständigen und in das Projekt integrierten Schulaufsicht diskutiert werden. Diesem Umgang der Schulaufsicht mit Evaluationsergebnissen der Schule soll besondere Bedeutung als möglichem neuen Instrument schulaufsichtlicher Qualitätssicherung zukommen. Unterstützung erhalten die beteiligten Schulen und Schulaufsichtsbeamten für ihre Evaluationsvorhaben durch Schulentwicklungsmoderatoren, darüber hinaus stehen Mitarbeiter des Landesinstituts als Berater zur Verfügung.

Da im bisherigen Zeitablauf der Maßnahme (rund zwei Jahre nach Beginn) noch keines der Schulprojekte zum Abschluß gebracht wurde, beziehen sich die bisher vorliegenden Erfahrungen mit Selbstevaluation in erster Linie auf die Funktion von Evaluation zur Unterstützung und Planung von Schulentwicklungsprozessen. Abschließende "summative" Bewertungen der Schulentwicklungsprozesse stehen also noch aus, ebenso liegen bisher noch wenige Erfahrungen mit der schulaufsichtlichen "Spiegelung" schulinterner Evaluationsergebnisse vor. In na-hezu allen 18 an der Maßnahme beteiligten Schulen wurde jedoch inzwischen mit Evaluationsverfahren experimentiert. Darüber hinaus setzten einige Schulaufsichtsbeamtinnen und -beamte Evaluationsverfahren als Rückmelde- bzw. "Feedback"verfahren zu Selbstüberprüfung ihrer Arbeit ein. Die bisher im Rahmen der Maßnahme durchgeführten Evaluationsvorhaben lassen sich in die folgenden vier Bereiche gliedern:[1]

(1) Bestandsaufnahmen zur Entscheidung über Entwicklungsvorhaben

- ❑ Einstellungen des Kollegiums und der Schülerinnen und Schülern zu Aspekten des Unterrichts, Schullebens und der Schulorgansiation (von der Projektgruppe der Schule selbstenwickelter Fragebogen für Kollegium und Schüler),
- ❑ Einstellungen von Lehrerinnen und Lehrern zur Situation der Schule ("Selbstuntersuchung" mittels offener Fragen zu einer Liste vorgegebener Aspekte des Schullebens und der Schulorganisation),
- ❑ Einstellungen von Lehrerinnen und Lehrern zur Situation der Schule (Abfrage von Sichtweisen zu ausgewählten Bereichen mittels "Spinnennetz")
- ❑ Stärken und Schwächen der Schule aus Sicht des Kollegiums (Kartenabfrage),
- ❑ Verhältnis von Lehrern und Schülern (von der Steuergruppe selbstenwickelter Fragebogen für Schüler),

---

[1] Eine Dokumentationsbroschüre mit Fallbeispielen, Erfahrungsberichten der Kollegien und den eingesetzten Instrumenten ist derzeit in Vorbereitung und wird voraussichtlich im Sommer 1995 erscheinen.

- ❑ Sichtweisen von Eltern zur Situation der Schule (Fragebogen in Anlehnung an ein Erhebungsinstrument aus einem schwedischen Evaluationsprojekt).
- ❑ Einstellungen von Kolleginnen und Kollegen zur Situation der Schule (standardisierter Fragebogen aus dem ISP: "Guide for Institutional Learning" (GIL),

(2) Projektevaluation zur Revision von pädagogischen Konzepten in Teilbereichen der Schule

- ❑ Förderbedarf von Schülerinnen und Schülern aus Sicht des Kollegiums (selbstentwickelter Fragebogen an das Kollegium),
- ❑ Ganztagskonzept aus Sicht von Schülerinnen und Schülern sowie der Eltern (von der Steuergruppe der Schule selbstenwickelter Fragebogen für Eltern und Schüler),
- ❑ Revision der Pausengestaltung (von der Steuergruppe der Schule selbstentwickelter Leitfaden für Beobachtungen),
- ❑ Mädchenförderung (Analyse der Leistungsbewertung in naturwissenschaftlichen Fächern).
- ❑ Form und Inhalt von Beratungsangeboten zur Berufswahlvorbereitung (von der Projektgruppe selbstentwickelter Fragebogen an Schülerinnen und Schüler)

(3) Beteiligung von Schülerinnen und Schülern an Schulentwicklungsprozessen

- ❑ Sichtweisen und Einstellungen von Schülerinnen und Schülern zu Schule und Unterricht (strukturierte Gespräche mit Klassen).

(4) Rückmeldeverfahren zur Selbstüberprüfung der persönlichen Arbeit

- ❑ schulaufsichtliche Tätigkeit aus Sicht von Schulleiterinnen und Schulleitern (selbstentwickelter Fragebogen der zuständigen Schulaufsichtsbeamten),
- ❑ schulaufsichtliche Beratung aus Sicht von Lehrerinnen und Lehrern (selbstentwickelter Fragebogen der Schulaufsichtsbeamtin),
- ❑ Unterrichts- und Klassensituation im Fach Englisch aus Sicht von Schülerinnen und Schülern (selbstenwickelter Fragebogen der Fachlehrerin).

Ein Teil der aufgeführten Methoden, beispielsweise Einsatz des "GIL" oder der Selbstuntersuchung im Rahmen der Diagnosephase, wurde von mehreren Schulen durchgeführt. Ein (kleiner) Teil der Schulen setzte bereits verschiedene Verfahren ein. Eine "Evaluation der Evaluationen", also eine systematische Analyse der Erfahrungen, die die Schulen im Rahmen ihrer Entwicklungsprozesse mit Selbstevaluation machen konnten, steht noch aus und soll im weiteren Verlauf der Maßnahme erfolgen. Dennoch können bereits zum gegenwärtigen Zeitpunkt erste wichtige Erfahrungen im Umgang mit Selbstevaluation als Entwicklungsinstrument berichtet werden.

Zu Beginn der Gesamtmaßnahme und der einzelnen Schulprojekte zeigten sich erhebliche Vorbehalte auf Seiten der Schulen und teilweise der Schulaufsicht, Evaluation als Arbeitsinstrument in die Schulentwicklungsprojekte zu integrieren. Die Gründe für diese Distanz gegenüber einer der Grundideen der Maßnahme lagen im wesentlichen auf drei Ebenen. Zunächst war vielen Beteiligten in den schulischen Steuergruppen, den Schulleitungen und der Schulaufsicht unklar, was mit Evaluation im Zusammenhang der Maßnahme intendiert ist, was Evaluation bedeutet und was damit erreicht werden kann. Drängendere Probleme waren für die Schulen in der Anfangsphase, Fragen der Projektkonstituierung, des Umgangs mit "Widerständen" gegen Entwicklungsprozesse und die konkrete Einbindung der Schulaufsicht in die Projektarbeit. Diese konzeptionellen Unklarheiten wurden zweitens durch die angestrebte Verknüpfung von schulinterner Evaluation mit externer Spiegelung durch die Schulaufsicht verstärkt. Hier traten Vermutungen und Ängste auf, Evaluation könne von der Schulaufsicht als neues Kontrollinstrument benutzt und "alte" Traditionen schulaufsichtlicher Arbeit lediglich mit neuen Methoden fortgesetzt werden. Ein dritter Grund für Vorbehalte liegt in der Tatsache, daß mit dem Einsatz von Evaluationsverfahren für Kollegien Aufwand verbunden ist, und der "Nutzen" solcher bisher eher ungewohnter Verfahren sich nicht in jedem Fall sofort erschließt.

- Bestätigt hat sich deshalb, daß es von großer Bedeutung ist, die Planung und Durchführung von Evaluationsvorhaben immer sehr eng in die jeweilige Projektarbeit der Schule zu integrieren und in deren "Dienst" zu stellen. Die Phase der Planung einer Evaluation und der Auswahl bzw. Entwicklung von Evaluationsverfahren und -instrumenten unterstützte in vielen Fällen die Klärungsprozesse in Steuergruppen und Kollegien. Bewährt hat sich im Zusammenhang der Maßnahme deshalb auch, Datenerhebungsinstrumente wie beispielsweise Fragebögen oder Gesprächsleitfäden in Steuergruppen selbst zu entwicklen und auf die jeweilige Schulsituation zuzuschneiden. Die Identifikation mit den eingesetzten Verfahren und der Evaluation insgesamt kann sich dadurch deutlich erhöhen. Problematisch bleibt bei diesem Vorgehen allerdings, daß eventuell bestimmte (sensible) Frage- oder Untersuchungsbereiche nicht in den Blick einer Steuergruppe kommen, die durch vorliegende, fertige Analyseinstrumente einbezogen würden. Insgesamt zeigte sich in den Projekten der Maßnahme eine "Vorliebe" für Fragebogentechniken als Methode der Datensammlung. Vermutlich kann hier von Steuergruppen am ehesten auf eigene Vorerfahrungen zurückgegriffen werden, die für andere methodische Verfahren (strukturierte Gespräche, Beobachtungen) weniger vorhanden sind. Als wichtiger Gesichtspunkt bei der Auswahl von Evaluationsverfahren erwies sich, möglichst an bereits in einer Schule erfolgte Initiativen anzuknüpfen (beispielsweise bereits vorliegende, von Initiativgruppen gesammelte Daten etc.).

- Als Wirkung von Evaluationsmaßnahmen läßt sich den bisherigen Erfahrungen nach festhalten, daß derartige Datensammlungen für Kollegien gute Grundlagen für kollegiumsinterne Verständigungs-und Klärungsprozesse bieten. Sachverhalte liegen dadurch klarer und bearbeitbarer vor, Entscheidungen für weitere Entwicklungsschritte konnten in der Tat erleichtert werden. Allerdings ist das durch eine Evaluation erweiterte Wissen um notwendige Handlungsschritte noch lange keine Garantie dafür, daß diese tatsächlich erfolgen und zum Ziel führen. Die Umsetzung der Ergebnisse in Handlung erscheint als der schwierigste Schritt im Evaluationsprozeß.
- Evaluation erscheint auf den ersten Blick als ein rationales, aufklärerisches Verfahren. In der Praxis zeigt sich häufig sehr schnell der "emotionale Tiefgang". Selbst scheinbar sehr einfache Verfahren wie beispielsweise die Aufforderung an Schülerinnen und Schüler, in einem Fragebogen aus ihrer Sicht positive und negative Aspekte des Schullebens zu notieren, birgt das Risiko, mit sehr unverblümt formulierter Kritik konfrontiert zu werden. Es kann nicht vorausgesetzt werden, daß dies von allen Mitgliedern eines Kollegiums erwünscht ist. Evaluation kann deshalb immer auch Ängste mobilisieren. Wichtige Voraussetzung ist aus diesen Gründen die Bereitschaft, sich innerhalb eines Kollegiums möglicherweise auch schmerzlichen Erkenntissen zu stellen und Problembereiche tatsächlich bearbeiten zu wollen. Insgesamt kommt unseren bisherigen Erfahrungen nach im Rahmen der Auswertungsprozesse der gemeinsamen Formulierung von positiven Ergebnissen von Datenerhebungen häufig eine noch zu geringe Bedeutung zu. Auswahl von Evaluationsfragen und Ergebnisse von Datenerhebungen unterliegen darüber hinaus der jeder Schule innewohnenden "Mikropolitik". D.h. es muß damit gerechnet werden, daß Ergebnisse dazu benutzt oder "mißbraucht" werden, um Interessen einzelner Personen oder Gruppen zu befördern. Diese Erfahrungen deuten darauf hin, wie wichtig es ist, im Kollegium gemeinsam Formen einer "Evaluationskultur" aufzubauen, d.h. insbesondere Verfahren der Kommuikation von Ergebnissen und der Abstimmung unterschiedlicher Sichtweisen. Ein Minimum an wechselseitigem Vertrauen zwischen den Mitgliedern eines Kollegiums scheint dafür eine notwendige Voraussetzung zu sein.
- Widersprüchlich sind im Rahmen der Maßnahme bisher die Erfahrungen mit der externen Spiegelung von Evaluationsergebnissen, insbesondere durch die Schulaufsicht. In einigen Projekten war im Rahmen der Maßnahme die Schulaufsicht in Beratungsfunktion bereits unmittelbar an der Planung von Datenerhebungen und der internen Auswertung der Ergebnisse beteiligt. Das Vertrauensverhältnis zwischen Kollegium und Schulaufsicht war in diesen Fällen so weit entwickelt, daß dies trotz teilweise "sensibler" Ergebnisse zu keinen Widerständen auf Seiten des Kollegiums führte. Deutlich wurden jedoch die Rollenkonflikte, in die Schulaufsicht bei dieser Form der Beteili-

gung an schulinterner Evaluation geraten kann, beispielsweise wenn Aspekte offenkundig und im Kollegium diskutiert werden, die rechtliche Grenzen überschreiten. Günstiger erscheint deshalb vor Diskussion von Ergebnissen mit Externen bzw. der Schulaufsicht, Daten in einem ersten Schritt kollegiumsintern zu interpretieren und zu bearbeiten. Es zeigte sich jedoch, daß eine externe Spiegelung von Daten wichtige korrigierende Funktionen haben kann. In manchen Fällen reproduziert und stabilisiert eine rein kollegiumsinterne Interpretation von Daten lediglich altbewährte Vorurteile. Ein Blick von außen kann hier auf Dinge aufmerksam machen, die schulintern "übersehen" werden (sollen). Als produktiv erwies sich in diesem Zusammenhang, Einstellungen zu Aspekten der Schule parallel von Lehrern und Schülern oder Eltern zu erheben. Die Klärung dieser unterschiedlichen Sichtweisen kann zur Entwicklungsdynamik entscheidend beitragen.

- Systematische Evaluation ist für viele Kollegien eine neue, ungewohnte Arbeitsform. Entsprechend groß ist der Unterstützungs- und Fortbildungsbedarf. Dies bezieht sich zum einen auf den Umgang mit Verfahren und Methoden der Datensammlung, in besonderer Weise jedoch auch auf Formen der gemeinsamen Interpretation und Auswertung von Daten. Bewährt haben sich im Rahmen der Maßnahme deshalb Unterstützungsformen, bei denen Fortbildung für Evaluation in den Steuergruppen im Rahmen der laufenden Schulentwicklungsprozesse organisiert werden konnte.
- Evaluation ist kein Allheilmittel zur Lösung schulischer Probleme. Ihrem Charakter nach schafft sie Grundlagen, um Lösungen erarbeiten oder Entscheidungen treffen zu können. Sie stellt Hilfsmittel, Werkzeuge und Informationen zur Verfügung, ersetzt jedoch nicht die Erarbeitung von Handlungsstrategien oder notwendige Entscheidungen. Der Effekt von Evaluation kann jedoch sein, diese häufig widerspruchsvollen Prozesse in Schulen zu erleichtern, in dem sie das Wissen eines Kollegiums über die eigene Schule erweitert und eine verläßliche Grundlage für Kommunikationsprozesse in Kollegien bereitstellt.

2.3 Standards für Selbstevaluationsprozesse

Im Kapitel 1.1 wurde bereits davon berichtet, daß in den USA ein Joint Committee on Standards for Educational Evaluation gegründet wurde. Die von dieser Kommission formulierten Qualitätsstandards sollen helfen, Evaluationsvorhaben so zu planen, daß sie möglichst große Wirkung und Erfolge haben. Dabei geht die Kommission allerdings trotz eines entwicklungsorientierten Veständnisses von Evaluation davon aus, daß Evaluationsvorhaben in der Regel von externen Evaluatoren durchgeführt werden. Zusammenfassend soll zum Abschluß deshalb versucht werden, auf der Grundlage der Erfahrungen im Rahmen der Maßnahme "Schulentwicklung und Schulaufsicht" entsprechende "Standards für interne Selbstevaluation in Schulen" zu formulieren, d.h. es sollen Bedingungen benannt werden, die den Nutzen und die Wirkung von Evaluationsvorhaben für die Schulentwicklung erfahrungsgemäß erhöhen.

(1) Beteiligung aller Betroffener

Alle von einem Evaluationsvorhaben betroffene Personengruppen sollten am Prozeß beteiligt werden. Ein erster Schritt besteht also darin, diese zu identifizieren und zu entscheiden, wer über das Vorhaben informiert werden muß (Eltern, Schüler, Schulaufsicht ...), wessen Zustimmung notwendig ist, wer an der Planung und Durchführung beteiligt werden soll und in welchen Gruppen die Ergebnisse diskutiert werden sollen.

(2) Klare Zielsetzung des Evaluationsvorhabens

Von besonderer Bedeutung ist, daß vor Durchführung der Evaluation klar und allen Beteiligten bekannt ist, zu welchem Zweck die Evaluation durchgeführt wird, welche Ziele damit angestrebt werden, auf wessen Initiative das Vorhaben zurückgeht und wer welche Interessen damit verfolgt.

(3) Durchführungsnormen vorab klären

Vor der Datensammlung sollte klar vereinbart werden, wer für welche Schritte innerhalb der Schule die Verantwortung übernimmt, wer ggf. mit welchem Auftrag das Vorhaben von außen unterstützt (Moderatoren, Experten etc.), wer in welcher Form Ergebnisse erhält und an der Interpretation beteiligt wird und wie Datenschutz gewährleistet wird.

(4) Klare, relevante Fragestellungen

Die Fragestellungen, auf die die Evaluation Antworten liefern soll, sollten möglichst klar und eindeutig formuliert und gemessen an den Entwicklungszielen der Schule von hoher Relevanz sein.

(5) Handhabbare Methoden und handhabbarer Umfang

Die Auswahl der Methoden und des Umfangs einer Datensammlung sollte sich an den realistisch verfügbaren Zeitressourcen für die Durchführung der Datensammlung, aber vor allem auch für die Interpretation und Bewertung der Daten orientieren.

(6) Unterschiedliche Sichtweisen einbeziehen

Um "Betriebsblindheit" zu vermeiden, sollte sich die Datengrundlage möglichst auf verschiedene Sichtweisen beziehen, beispielsweise nicht nur das Kollegium, sondern auch Schülerinnen und Schüler oder Eltern. Ist dies wegen des Arbeitsaufwands nicht möglich, können zumindest in die Interpretation und die Bewertung der Ergebnisse Sichtweisen verschiedener

Gruppen eingehen (beispielsweise das Kollegium sowie Schülerinnen und Schüler oder Spiegelung durch Externe).

(7) Schnelle Rückmeldung an alle Beteiligten

Generell sollte gelten, wer Daten liefert, muß auch über die Ergebnisse informiert werden. Ergebnisse von Schülerbefragungen sollten deshalb beispielsweise in jedem Fall auch mit Schülern diskutiert werden.

(8) Auseichend Zeit für Auswertung

Entscheidender Schritt eines Evaluationsprozesses ist die gemeinsame Auswertung der Ergebnisse und die Formulierung von Konsequenzen. Hierfür muß ausreichend Zeit eingeplant und der Schritt ggf. in verschiedenen Gruppen (Gesamtkonferenz, Fachkonferenzen, Schülervertretung ...) durchgeführt werden.

(9) Dokumentation der Ergebnisse, Bewertungen und Beschlüsse

Evaluation bedeutet einen erheblichen Arbeits- und Energieaufwand. Ergebnisse und Bewertungen sollten deshalb sorgfältig dokumentiert werden, um für eine weitere Bearbeitung im Rahmen des Entwicklungsprozesses zur Verfügung zu stehen.

(10) Wiederholung von Evaluationen

Veränderungen erkennt man erst im Zeitablauf. Viele Ergebnisse und Fortschritte lassen sich erst durch wiederholte Datensammlungen erkennen. Eine "gute" Selbstevaluation ist deshalb keine einmalige Angelegenheit, sondern im Idealfall regelmäßige Aktivität.

Literatur

Altrichter, Herbert/Posch, Peter: Lehrer erforschen ihren Unterricht. Eine Einführung in die Methoden der Aktionsforschung. Bad Heilbrunn 1990.

Aspinwall, Kath u.a.: Managing Evaluation in Education. A developmental approach. London 1992.

Behrendt, Brigitte/Stary, Joachim (Hrsg.): Evaluation zur Verbesserung der Qualität der Lehre und weitere Maßnahmen. Weinheim 1993.

Bessoth, Richard: Verbesserung des Unterrichtsklimas. Neuwied 1989.

Buchen, Herbert/Eikenbusch, Gerhard: Organisationsentwicklung auf dem Weg in die Schule. In: Organisationsentwicklung (1993) 2, S.34-42.

Burkard, Christoph/Rolff, Hans-Günter: Steuerleute auf neuem Kurs? Funktionen und Perspektiven der Schulaufsicht für die Schulentwicklung. In: Rolff, H.-G. u.a. (Hrsg.): Jahrbuch der Schulentwicklung, Bd. 8. Weinheim, München 1994, S.205-265.

Clift, P.S./Nuttall, D.L./McCormick, R. (Ed.): Studies in School Self-Evaluation. London 1987.

Dalin, Per/Rolff, Hans-Günter: Institutionelles Schulentwicklungsprogramm. Soest 1990.

Dalin, Per: Organisationsentwicklung als Beitrag zur Schulentwicklung. Innovationsstrategien für die Schule. Paderborn 1986.

Eikenbusch, Gerhard/Buchen, Herbert: Schulaufsicht in Schulentwicklungsprozessen. Ansätze, Entwicklungen und Beobachtungen aus einer Fortbildungsmaßnahme zur Qualitätsentwicklung und -sicherung von Schule. In: Pädagogische Führung, 5 (1994) 2, S.59-63.

Eikenbusch, Gerhard: Zwischen Sisyphus, Don Quichotte und rasender Schnecke ... Schulaufsicht und Qualitätssicherung in der Schule und für die Schule. In: Schulverwaltung NW, 5 (1994) 5, S.115-120.

Ekholm, Mats: Evaluation als Bestandteil der Arbeitskultur von Schule. In: LSW (Hrsg.): Schulentwicklung und Qualitätssicherung. Entwicklungen, Diskussionen, Ansätze und Verfahren aus Schweden. Soest 1993a, S.121-129.

Ekholm, Mats: Evaluation in Skandinavien. In: LSW (Hrsg.): Schulentwicklung und Qualitätssicherung. Entwicklungen, Diskussionen, Ansätze und Verfahren aus Schweden. Soest 1993b, S.115-120.

Empirische Pädagogik: Themenheft Evaluation der Lehre. 8 (1994) 2, S.105-240.

Franke-Wikberg, Sigbrit: Qualitätsverbesserung durch Selbstevaluation. Ein praxisorientierter Ansatz. In: Pädagogische Führung 5 (1994) 2, S. 67-71.

Grüner, Herbert: Evaluation und Evaluationsforschung im Bildungswesen. In: Pädagogische Rundschau 47 (1993) 1, S.29-52.

Guba, Egon G./Lincoln, Yvonna S.: Fourth Generation Evaluation. Newbury Park, London 1989.

Hameyer, Uwe: Interventive Erziehungsforschung. In: Lenzen, Dieter (Hrsg.): Enzyklopädie Erziehungswissenschaft, Bd. 2, Stuttgart 1984, S.145-181.

Handboek Kwaliteitszorg. De ontwikkeling en invoering van systematische kwaliteitszorg in een BVE instelling. Nijmeegs Institut voor Beroepsonderwijs. Nijmegen 1993.

Heiner, Maja: Von der forschungsorientierten zur praxisorientierten Selbstevaluation. Entwurf eines Konzepts. In: dies. (Hg.): Selbstevaluation in der sozialen Arbeit. Fallbeispiele zur Dokumentation und Reflexion beruflichen Handelns. Freiburg 1988, S.7-40.

Hopkins, David: Evaluation For School Development. Milton Keynes 1989.

Horster, Leonhard: Wie Schulen sich entwickeln können. Der Beitrag der Organisationsentwicklung für schulinterne Projekte. Soest 1991.

Joint Committee on Standards for Educational Evaluation: The Program Evaluation Standards. How to Assess Evaluation of Educational Programs. Second Edition. Thousand Oaks, London 1994.

Kroath, Franz: Lehrer als Forscher. Fallstudien zur Evaluation forschungsorientierter Lehrerfortbildung unter beruflichen Alltagsbedingungen. München 1991.

Landesinstitut für Schule und Weiterbildung (Hrsg.): Schulentwicklung und Qualitätssicherung. Entwicklungen, Diskussionen, Ansätze und Verfahren aus Schweden. Soest 1993.

Liket, Theo M. E.: Freiheit und Verantwortung. Das niederländische Modell des Bildungswesens. Gütersloh 1993.

Messner, Rudolf/Huber-Söllner, Elfriede: "Blitzumfragen". Die Selbsteinschätzung der Schulrealität durch Schüler/innen und Lehrer/innen als Teil wissenschaftlicher Begleitung. In: Die Deutsche Schule 81 (1989) 2, S.210-227.

Philipp, Elmar: Gute Schule verwirklichen. Ein Arbeitsbuch mit Methoden, Übungen und Beispielen der Organisationsentwicklung. Weinheim; Basel 1992.

Redlich, Alexander: Schulklassenbezogene Beratung. Ein Erfahrungsbericht aus der Hamburger Beratungslehrerausbildung. Materialien aus der Beratungsstelle für soziales Lernen. Band 11. Hamburg 1990.

Rolff, Hans-Günter: Gestaltungsautonomie verwirklichen. Lehrerinnen und Lehrer als Träger der Entwicklung. In: Pädagogik (1994) 4, S.40-44.

Rolff, Hans-Günter: Neuorientierung der Schulaufsicht: Qualitätssicherung und Unterstützungssystem. In: ders.: Wandel durch Selbstorganisation. Weinheim; München 1993, S.193-204.

Rolff, Hans-Günter: Schulentwicklung als Entwicklung von Einzelschulen?. Theorien und Indikatoren von Entwicklungsprozessen. In: Zeitschrift für Pädagogik 37 (1991) 6, S.865-886.

Scriven, Michael: Evaluation Thesaurus. Fourth Edition. London 1991.

Tiller, Tom: Evaluation in a decentralised school system: Where do we stand? Where are we heading? In: Granheim, Marit/Kogan, Maurice/Lundgren, U. P. (Ed.): Evaluation as policymaking. Introducing evaluation into a national decentralised educational system. London 1990, S.219-233.

Webler, Wolff-Dietrich: Evaluation der Lehre: Praxiserfahrungen und Methodenhinweise. In: Beiträge zur Hochschulforschung (1993) 4, S.407-428.

Wilcox, Brian: Time-Constrained Evaluation. A practical approach for LEAs and schools. London 1992.

Wulf, Christoph (Hg.): Evaluation. Beschreibung und Bewertung von Unterricht, Curricula und Schulversuchen. München 1972.

Die Autorinnen und Autoren

Bauer, Karl-Oswald, 1949, Dr. paed., Dipl. paed., Akademischer Oberrat am Institut für Schulentwicklungsforschung, Universität Dortmund. Arbeitsschwerpunkte: Schulforschung, Lehrerforschung, Pädagogische Organisationsentwicklung.

Buhren, Claus G., 1955, Dr. paed., Dipl. paed., Lehrer, Projektleiter des Modellversuchs „Weiterentwicklung von Lernkultur an Sekundarschulen" am Institut für Schulentwicklungsforschung, Universität Dortmund. Arbeitsschwerpunkte: Organisationsentwicklung, Schulberatung, Evaluationsforschung.

Burkard, Christoph, 1961, Dipl.-Päd., wissenschaftlicher Mitarbeiter am Landesinstitut für Schule und Weiterbildung, Soest. Arbeitsschwerpunkte: Evaluation von Schule, Schulaufsicht, Organisationsentwicklung.

Fels, Sabine, 1961, wissenschaftliche Mitarbeiterin im Modellversuch „Integration schul- und sozialpädagogischer Handlungskonzepte im Rahmen ganztägiger Gestaltung des Schullebens in der Grundschule", Universität-GH Essen. Arbeitsschwerpunkte: Berufsrolle und -identität, schulische Organisationsentwicklung, Supervision, Gestaltpädagogik.

Haenisch, Hans, 1948, Dr. rer. soc., Regierungsdirektor, wiss. Referent, Landesinstitut für Schule und Weiterbildung, Soest. Arbeitsschwerpunkte: Schulqualitätsforschung, Wirkungen von Lehrerfortbildung.

Hameyer, Uwe, 1949, Prof. Dr., Geschäftsführender Direktor des Instituts für Pädagogik, Universität Kiel. Arbeitsschwerpunkte: Fallstudien professioneller Schulen, Vergleichende pädagogische Innovationsanalysen, Didaktik entdeckenden Lernens, Lehr- und Lernhilfen im Sachunterricht, Hochschuldidaktik forschenden Lernens i. V. m. der Pädagogischen Werkstatt Kiel.

Hanisch, Rolf, 1951, Dr., Leiter der Abteilung Förderschule/Grundschule/ Sekundarstufe I des Pädagogischen Landesinstituts Brandenburg (PLIB). Arbeitsschwerpunkte: Lehrerfortbildung in der Gesellschaftslehre, Curriculumentwicklung.

Holtappels, Heinz Günter, 1954, Dr. rer. soc., Dipl. Soz. Wiss., Privatdozent am Institut für Schulentwicklungsforschung, Universität Dortmund, z. Zt. wissenschaftlicher Angestellter der Universität Bielefeld, Sonderforschungsbereich 227. Arbeitsschwerpunkte: Schultheorie und Allgemeine Didaktik, Schulforschung, pädagogische Entwicklungsprojekte, schulbezogene Beratung und Organisationsentwicklung.

Hornberg, Sabine, 1961, Dipl.-Päd., wissenschaftliche Mitarbeiterin an der Universität Bochum, Institut für Pädagogik, Vergleichende Erziehungswissenschaft. Arbeitsschwerpunkte: Interkulturelle Erziehung und Bildung, Vergleichende Erziehungswissenschaft, Schulforschung.

Knauf, Tassilo, 1944, Prof. Dr. phil., Hochschullehrer für Grundschulpädagogik an der Universität-GH Essen, z. Zt. Universität Potsdam, Institut für Grundschulpädagogik. Arbeitsschwerpunkte: Grundschulinnovation, offener Unterricht, Grundschule im europäischen Vergleich, schulbezogene Beratung, Fortbildung, Begleitforschung.

Krieg, Elsbeth, 1950, Dr., wissenschaftliche Mitarbeiterin im Modellversuch „Integration schul- und sozialpädagogischer Handlungskonzepte im Rahmen ganztägiger Gestaltung des Schullebens in der Grundschule“, Universität-GH Essen. Arbeitsschwerpunkte: Elementarpädagogik, Grundschulpädagogik, Sozialpädagogik.

Schlömerkemper, Jörg, 1943, Dr. phil., Akademischer Oberrat, Pädagogisches Seminar der Universität Göttingen. Arbeitsschwerpunkte: Theorie der Schule, Schulentwicklung, Lehren und Lernen, Forschungsmethoden.

Steffens, Ulrich, 1948, M. A., Dezernent für Angewandte Schulforschung am Hessischen Institut für Bildungsplanung und Schulentwicklung, Wiesbaden. Arbeitsschwerpunkte: Gesamtschulforschung, Schulentwicklung und wissenschaftliche Begleitung schulischer Erneuerungsprozesse, Schulqualitätsforschung und -entwicklung.